新媒体美工设计营销

实/战/手/册

蒋珍珍◎编著

中国铁道出版社有限公司
CHINA RAILWAY PUBLISHING HOUSE CO., LTD.

内 容 简 介

本书编写前已做了充分的市场调研，从 58 同城、前程无忧、智联招聘等网站，全面搜集、整理了新媒体美工的岗位要求，并由经验丰富的新媒体设计师编写，从 3 条线帮助新手从入门到成为新媒体美工高手。

第 1 条是平台制作线，讲解了 19 个新媒体平台的案例制作，如朋友圈、公众号、小程序、头条号、微博、知乎、快手、抖音、微课、直播、电商等。

第 2 条是广告设计线，包括了 18 个新媒体广告设计效果，如节日广告、促销广告、新品推广、海报、宣传册、动画、H5 设计、APP 设计、视频设计等。

第 3 条是新媒体运营线，包括文案撰写、图文排版、图片编辑以及视觉运营等内容，这些是新媒体美工和运营者必备的核心技能，掌握以上内容能更好地胜任工作岗位。

本书适合对新媒体行业感兴趣的美工、运营者和管理员等阅读使用，也可作为电子商务专业相关院校的辅导教材。

图书在版编目（CIP）数据

新媒体美工设计营销实战手册 / 蒋珍珍编著 .—北京：中国铁道出版社，2019.1（2022.1 重印）

ISBN 978-7-113-24882-6

Ⅰ . ①新… Ⅱ . ①蒋… Ⅲ . ①网络广告 - 设计 - 手册 Ⅳ . ① F713.852-62

中国版本图书馆 CIP 数据核字（2018）第 195488 号

书　　名：新媒体美工设计营销实战手册
作　　者：蒋珍珍

责任编辑：张亚慧　**编辑部电话：**（010）51873035　**邮箱：**lampard@vip.163.com
封面设计：MXK DESIGN STUDIO
责任印制：赵星辰

出版发行：中国铁道出版社有限公司（100054，北京市西城区右安门西街 8 号）
印　　刷：佳兴达印刷（天津）有限公司
版　　次：2019 年 1 月第 1 版　2022 年 1 月第 2 次印刷
开　　本：700 mm×1 000 mm　1/16　**印张：**23.5　**字数：**348 千
书　　号：ISBN 978-7-113-24882-6
定　　价：79.00 元

前言

PREFACE

2017 年，“内容创业，知识变现”让一大批自媒体人看到了新的希望。

2018 年，新媒体大时代来临了，越来越多的个人、企业和品牌争相涌入。

新媒体和新媒体营销已经耳熟能详，最大的特点就是创意和创新。在移动互联网中，没有永久保持热度的产品和品牌，所有的内容都在不断地迭代更新，瞬息万变，日新月异，其中也包含了一波又一波的机遇和风口。

因此，很多人都在呼吁要拥抱新媒体，但究竟该如何拥抱？大家又说不出个所以然来。新媒体是随着移动互联网而产生的，也是未来几年的大趋势，新媒体成为我们做好公关、品牌推广、产品宣传、增粉引流的重要渠道和方法。

新媒体营销传播速度快、成本低、信息量大、内容丰富、互动性强，能为企业宣传、产品销售、自媒体吸粉带来良好的效果，因此对于运营人员来说十分重要。对于新媒体来说，内容和链接是最为重要的两个部分，把内容和链接做好，就是我们做好营销推广的利器。

本书给出了解决方案，紧扣新媒体运营的两个要点，即“内容和链接”，从四个方面深入讲解新媒体的美工设计，一是新媒体的垂直平台、二是新的内容形态、三是特定人群的垂直内容、四是新的传播媒介。

本书的主要特色如下：

新媒体内容“接地气”：调研了 58 同城、前程无忧、智联招聘等网站，全面搜集、整理了人才市场新媒体美工岗位的主要内容，整理了 15 个要点，在书中进行了统筹安排。

新媒体平台涵盖广泛：朋友圈、公众号、小程序、头条号、微博、知乎、豆瓣、论坛、快手、抖音、微课、直播、电商等 20 多个平台，都举例进行了美工设计。

新媒体广告效果众多：节日、促销、新品推广、海报、宣传册、图形、图像、动画、H5 设计、APP 设计、视频设计等，常见主题效果设计，应有尽有。

本书适用于初学者快速自学新媒体美工实战技能，汇集作者多年在实践工作中汲取的宝贵经验，全书从实战角度出发，系统地讲解了新媒体美工的实战运用，以 Photoshop CC 2018、Animate CC 2018 以及会声会影 2018 等全新版本的软件为操作平台，采用商业案例与设计理念相结合的方式进行编写，安排了大量具有针对性的实例，并配以精美的步骤讲解详图和教学视频，层层深入地讲解案例制作，帮助读者轻松掌握软件的使用技巧和具体应用，做到学用结合。

本书还配有同步教学视频，生动演示案例制作过程，并起到抛砖引玉的作用。愿本书能为广大新媒体美工打开一扇通往成功的胜利之门。

编　者

2018 年 7 月

目录 CONTENTS

新手入门篇

| 平台制作篇 |

| 文案排版篇 |

视觉运营篇

新手
入门篇

章前知识导读

新媒体是在新技术的支持下产生的一种新的媒体形态，它可以同时向所有人提供同样的内容，它被形象地称为“第五媒体”。新媒体将成为新时代的主要传播方式，所以美化新媒体界面的新媒体美工也将成为热门职业。

CHAPTER 1 快速入行：了解新媒体美工设计

新手重点索引

- 基础知识：新媒体美工设计入门
- 配色常识：色彩让界面更具魅力
- 文字应用：字体赋予界面竞争力
- 布局版式：新媒体美工版式设计

效果图片欣赏

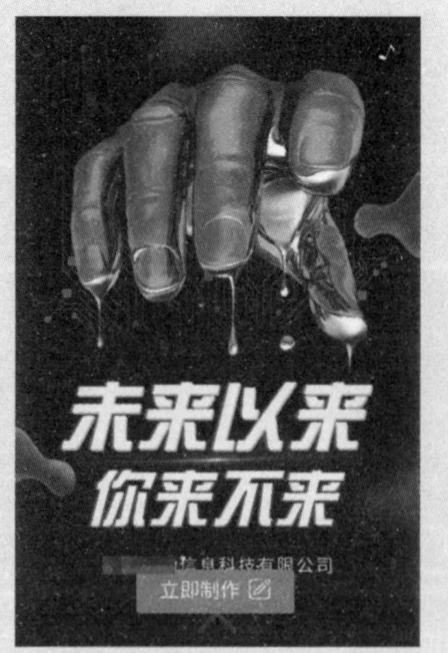

1.1 基础知识：新媒体美工设计入门

新媒体将成为新时代的主要传播方式，它重塑了信息传播流程，最大限度地激发了各行各业的生产潜力；而且现在互联网的普及降低了信息的发布门槛，使得大众不再是单纯的信息接收者，他们也可以参与到信息生产中，并慢慢地成为一个新的信息传播者。作为美化新媒体界面的新媒体美工的重要程度也不言而喻。本节主要介绍新媒体美工设计的基础知识。

1.1.1 什么是新媒体美工

新媒体是相对于传统媒体来说的，它是一种利用数字技术、网络技术、移动技术，通过互联网、无线通信网、有线网络等渠道以及电脑、手机、数字电视机等终端，向用户提供信息和娱乐的传播形态。

在整个互联网时代，电商、广告以及增值服务的需求非常大，借助新媒体，可以自然地连接起自媒体和广告主，让前者有收益，后者有流量，各取所需。

由于新媒体逐渐由热门转向火爆的趋势，新媒体美工也应运而生。新媒体美工主要是对传播的新型媒体如朋友圈、公众号、小程序、头条号、微博以及微店等界面进行图片美化与布局排版的设计师，使其给大众更加舒适的视觉体验，也让信息可以更快捷地传递给大众。如图 1-1 所示为一些运用新媒体美工技术设计的界面。

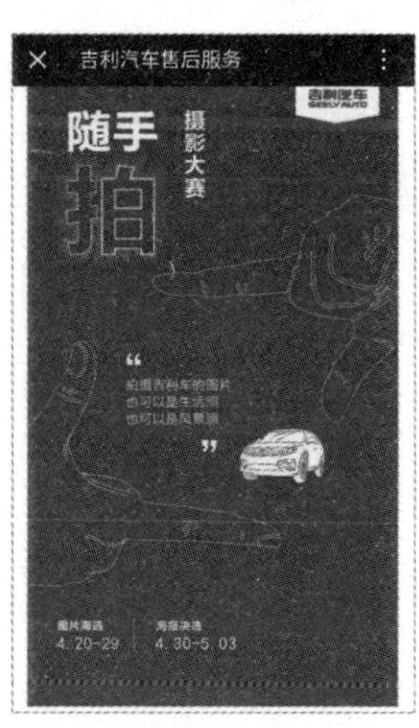

图 1-1　运用新媒体美工技术设计的部分界面

1.1.2 新媒体美工的设计原则

从网络上的点击量来看，新媒体一直是一个热门话题，界面作为用户打开时第一眼看到的东西，美观性是很重要的，它的美观度直接关系到用户是否会留下来继续查看界面内的信息，所以新媒体美工的作用是很大的。不过新媒体界面是否美观、信息是否准确，它们的核心都是为了促进信息的交流、产品的交易。

新媒体美工设计的主要原则就是符合企业的需求。新媒体美工设计通常会与商业活动相关，要在商业目的上做合适的设计。在设计过程中，一方面要掌握色彩搭配、网页构成以及消费者心理，同时也要了解文案创意、市场营销和用户体验研究等，如图 1–2 所示。

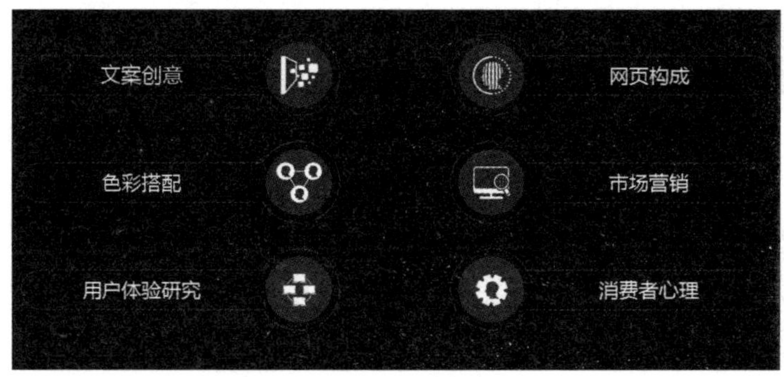

图 1–2　符合企业需求的新媒体美工技术

新媒体美工设计的核心是视觉创意设计，通过视觉表现让各种新媒体内容更具冲击力和吸引力，并引起用户的注意和兴趣，从而将内容和信息传达给他们，最终获得用户的点击、关注、转发以及参与等行为。

例如，“乐水魔方”通过微信公众号这个新媒体渠道发布活动信息，通过精美的广告封面、图文详情页以及手机微店设计等，吸引广大用户参与，如图 1–3 所示。

因此，新媒体与美工设计具有极强的互动关系，新媒体可以更好地传达设计者的美工创意作品，同时为他们带来了更加广阔的发展空间。但是新媒体也在制约着美工设计，所有的设计作品必须以新媒体为渠道进行传播，这也是新媒体美工获得快速发展的原动力。

图 1-3　微信公众号中的新媒体美工设计

1.1.3 新媒体美工的岗位要求

新媒体美工设计师是“互联网＋时代”的“黄金职业”，前景广、就业好、薪资高，已成为人才市场上十分紧俏的职业，就业行业前景非常广阔。同时，新媒体美工的发展方向非常广，更容易转型成为网站设计师、UI 设计师、产品经理以及平面设计师等，甚至有可能成长为全能设计师。

当然，很多企业对新媒体美工这个岗位有一定的要求，如图 1-4 所示为一些常见的新媒体美工的岗位要求。

新媒体美工

五险一金　周末双休　饭补

职位描述

岗位职责：

1、完成微信平台页面美化设计，配合内容编辑，增强文章阅读感；

2、根据微信策划的主题及内容，制定插画风格，设计特色的图画、漫画、GIF制作；

3、独立完成插画的创意手稿和成品工作，并进行全程的质量跟踪；

任职资格：

1、美术院校插画、绘画等相关专业优先；

2、较强手绘能力并且能够熟练应用手绘板；

3、热爱绘画，具备优秀的艺术构思能力和设计技巧；

4、熟练使用各种插图相关软件和平面设计软件；

5、较强的创意、策划能力，思维敏捷；

6、熟练使用Photoshop等常用设计制作软件；

7、应聘时请务必提供个人作品

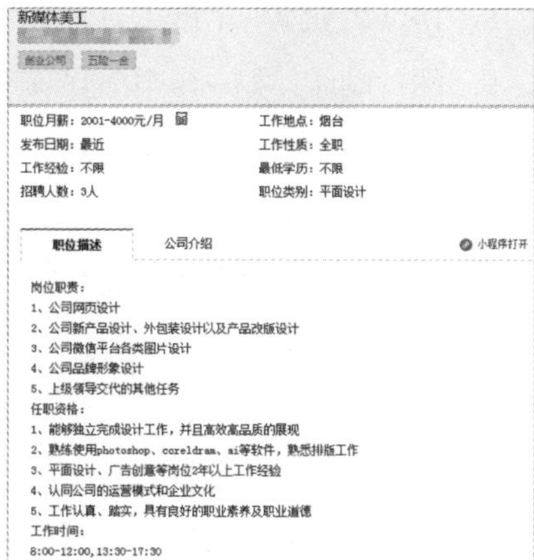
新媒体美工

职位月薪：2001-4000元/月　　工作地点：烟台

发布日期：最近　　工作性质：全职

工作经验：不限　　最低学历：不限

招聘人数：3人　　职位类别：平面设计

职位描述　公司介绍　小程序打开

岗位职责：

1、公司网页设计

2、公司新产品设计、外包装设计以及产品改版设计

3、公司微信平台各类图片设计

4、公司品牌形象设计

5、上级领导交代的其他任务

任职资格：

1、能够独立完成设计工作，并且高效高品质的展现

2、熟练使用photoshop、coreldram、ai等软件，熟悉排版工作

3、平面设计、广告创意等岗位2年以上工作经验

4、认同公司的运营模式和企业文化

5、工作认真、踏实，具有良好的职业素养及职业道德

工作时间：

8:00-12:00,13:30-17:30

图 1 4　新媒体美工的岗位要求

另外，新媒体美工设计人员还需要学习一些工具的使用方法，如图 1-5

所示。本书将从商业案例的讲解中贯穿设计软件的使用，让读者不只是单纯学习软件操作，更懂得设计软件的使用技巧与设计原理的完美融合。

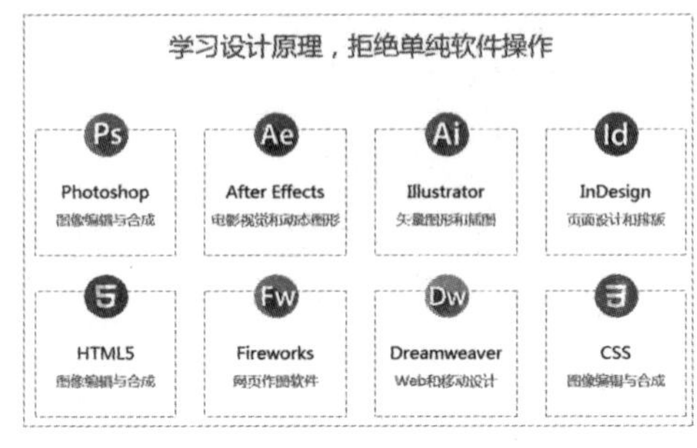

图 1-5　新媒体美工常用的工具

下面根据 58 同城、前程无忧以及智联招聘等平台，总结了一些新媒体美工岗位的具体要求：

1. 会 PS、AI、CDR 等设计软件。

2. 完成微信平台页面美化设计、活动方案设计、VI 设计、产品 Logo 和宣传彩页等。

3. 微信朋友圈及公众号图片的处理和美化设计等，微信公众号进行更新及维护。

4. 负责微博、微信各种创意广告图片、海报、宣传册、画册、促销专题页面的设计。

5. 活动海报的设计、推广页面的设计、企业宣传册、产品图册、单页以及招商手册的设计等。

6. 进行新媒体互动页面的整体美工创意、设计、制作以及美化。

7. 为网站设计广告图片、横幅及动画广告。

8. 协助各业务部门制作 PPT 和产品演示文本等。

9. 图片制作：如一年中不同节日主题的祝福图片，适用于微信表情的早晚问安及其他主题图片，简单海报制作；易企秀等软件制作宣传小视频及邀请函等。

10. 负责微信小程序产品的发布与设计。

11. 根据微信策划的主题及内容，设计特色的图画、漫画以及 GIF 制作。

12. 负责微博、微信大型活动方案的策划、创意、执行、运营以及汇报和总结。

13. 负责公司平面宣传资料的设计。

14. 精通拍摄后期修片流程工作，熟练掌握 PS 和 LR 等相关修图软件，有相关作品。

15. 擅长微信公众号平台的文案编辑，提升粉丝数量。

1.2 配色常识：色彩让界面更具魅力

对于看到新媒体作品的用户来说，他们首先会被界面中的色彩吸引，然后根据色彩的走向对画面的主次进行逐一了解。本节主要对新媒体的色彩设计知识进行讲解，这些基础知识也是后期新媒体设计配色中的关键所在。

1.2.1 色调奠定主旋律

在大自然中，我们经常见到这样一种现象：不同颜色的物体或被笼罩在一片金色的阳光之中，或被笼罩在一片轻纱薄雾似的、淡蓝色的月色之中；或被秋天迷人的金黄色笼罩；或被笼罩在冬季银白色的世界之中。这种在不同颜色的物体上，笼罩着某一种色彩，使不同颜色的物体都带有同一色彩的倾向，这样的色彩现象就是色调。

色调指的是新媒体界面中画面色彩的总体倾向，是大方向的色彩效果。在新媒体美工设计的过程中，往往会使用多种颜色来表现形式多样的画面效果，但总体都会持有一种倾向，要么是偏黄或偏绿，要么是偏冷或偏暖等，这种颜色上的倾向就是画面给人的总体印象，被称为色调，如图 1–6 所示。

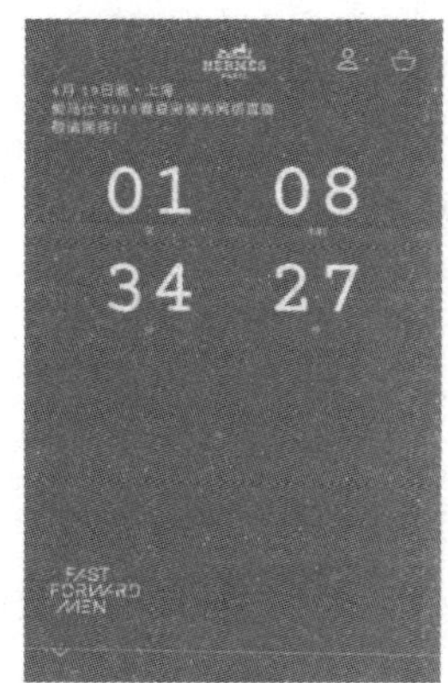

图 1–6　不同色调的新媒体美工设计

色调是色彩运用中的主旋律，是构成新媒体界面的整体色彩倾向，也可以被称为“色彩的基调”，画面中的色调不仅仅是指单一的色彩效果，还是色彩与色彩直接相互关系中所体现的总体特征，是色彩组合的多样、统一呈现出的色彩倾向。

1. 色调色相的倾向

色相是决定色调最基本的因素，对色调起着重要的作用。色调的变化主要取决于画面中设计元素本身色相的变化，如某个页面呈现为红色调、绿色调或黄色调等，其指的就是画面设计元素的固有色相，就是这些占据画面主导地位的颜色决定了画面的色调倾向。如图 1–7 所示，这是一款由天天 P 图和迅雷共同打造的一款关于结婚的 H5，该 H5 画面中以粉色为主色调，粉色代表着可爱、青春、恋爱，符合结婚的主题特征。

图 1–7　色调、色相的倾向

专家指点

在新媒体界面中使用大面积的低明度色彩时，浓重、浑厚的色彩会给人以深沉、凝重的感觉，并表现出具有深远寓意的画面效果。而如果使用低明度的色调，则会让画面呈现出一派神秘、幽远的格调，可以给人留下品位高端的印象。

2. 色调明度的倾向

当构成画面的基本色调确定之后，接下来的色彩明度变化也会对画面造成极大的影响。画面明亮或者暗淡，其实就是明度的变化赋予画面的不同明暗倾向，因此在界面进行构思设计时，采用不同的明度的色彩能够创造出丰富的色调变化，如图 1–8 所示。

图 1–8　色调明度的倾向

这是 VIVO 推出的《乐享非凡每一刻》H5 活动界面，该 H5 界面中使用明度值较高的色彩进行配色时，高明度色彩之间的明暗反差会变小，使得画面呈现出清淡、明快之感。同时，运用相近色调作为文字的颜色，可以让画面显得更为欢快，符合界面的主题表现。

3. 色调纯度的倾向

在色彩的三大基本属性中，纯度同样是决定色调不可或缺的因素，不同纯度的色彩所赋予的画面感觉也不同，我们通常所指的画面鲜艳度或昏暗均为色彩的纯度所决定的。在新媒体设计中，色调纯度的倾向一般会根据具体主题的色彩来确认。不过，就色彩的纯度倾向而言，高纯度色调和低纯度色调都能赋予画面极大的反差，给顾客带来不同的视觉印象，如图 1–9 所示。

图 1–9（左）为网易考拉海购推出的《妈妈是超人？网易不同意！》H5 宣传页，该 H5 使用低纯度的手绘漫画风格，页面色彩以灰色、白色、黑色等为主，一些重点，则选用鲜艳的颜色突出，简单又让人印象深刻。

图 1–9（右）为“南方 +”客户端推出的《愚人节大考验》H5 游戏页，以高纯度的红色和蓝色为主色调，辅色调为黄色，添加移动的小人以增加游戏的戏剧性，更增加了考验眼力的感觉。

图 1-9　色调纯度的倾向

1.2.2 调和配色使画面更和谐

“调”是调整、调配、安排、搭配和组合等意思；“和”可理解为和谐、融洽、恰当、适宜、有秩序、有条理，没有尖锐的冲突，相得益彰等解释。配色的目的就是为了制造美的色彩组合，而和谐是色彩美的首要前提，它使色调让人感觉到愉悦，同时调配后的颜色还能满足人们视觉上的需求以及心理上的平衡。

我们知道，和谐来自于对比，和谐就是美。没有对比就没有刺激神经兴奋的因素，但只有兴奋而没有舒适的休息会造成过分的疲劳，会造成精神的紧张，这样调和也就成了一句空话。所以，在设计新媒体作品时，既要有对比来产生和谐的刺激美，又要有适当的调和来抑制过分的对比刺激，从而产生一种恰到好处的对比。总的来说，色彩的对比是绝对的，而调和是相对的，调和是实现色彩美的重要手段。

1. 以色相为基础的调和配色

在保证色相大致不变的前提下，通过改变色彩的明度和纯度来达到配色的效果，这类配色方式保持了色相上的一致性，所以色彩在整体效果上很容易达到调和。

以色相为基础的配色方案主要有以下几种。

◎ 同一色相配色：指相同的颜色在一起的搭配，比如蓝色的上衣配上蓝色的裤子或者裙子，这样的配色方法就是同一色相配色法。如图 1-10 所示，画面中海报的文字、背景等都使用蓝色进行搭配，通过明度的变化使其产生强烈的差异，也使得画面配色丰富起来，表现出柔和的特性。

图 1-10 同一色相配色

◎ 类似色相配色：指色相环中类似或相邻的两个或两个以上的色彩搭配。例如：黄色、橙黄色、橙色的组合；紫色、紫红色、紫蓝色的组合等都是类似色相配色。类似色相配色在大自然中出现得特别多，如嫩绿、鲜绿、黄绿以及墨绿等。

◎ 对比色相配色：指在色环中位于色环圆心直径两端的色彩或较远位置的色彩搭配。它包含了中差色相配色、对照色相配色、辅助色相配色。在 24 色相环中，两色相相差 4 ～ 7 个色，称为基色的中差色；在色相环上有 90° 左右的角度差的配色就是中差配色；它的色彩对比效果明快，是深受人们喜爱的颜色；在色相环上，色相差为 8 ～ 10 的色相组合，被称为对照色。从角度上说，相差 135° 左右的色彩配色就是对照色。色相差 11 ～ 12 个色，角度为 165° ～ 180° 的色相组合，称为辅助色配色。

◎ 色相调和中的多色配色：在色相对比中，除了两色对比，还有三色、四色、五色、六色、八色甚至更多色的对比。在色环中成等边三角形或等腰三角形的三个色相搭配在一起时，称为三角配色。四角配色常见的有红、黄、蓝、绿及红、橙、黄、绿等颜色。

2. 以明度为基础的调和配色

明度是人类分辨物体色最敏锐的色彩反应，它的变化可以表现事物的立体感和远近感。如希腊的雕刻艺术就是通过光影的作用产生许多黑白灰的相互关系，形成了立体感；中国的国画也经常使用无彩色的明度搭配。有彩色的物体也会受到光影的影响产生明暗效果，如紫色和黄色就有着明显的明度差。

明度可以分为高明度、中明度和低明度三类，这样明度就有了高明度配高明度、高明度配中明度、高明度配低明度、中明度配中明度、中明度配低明度、低明度配低明度 6 种搭配方式。其中，高明度配高明度、中明度配中明度、低明度配低明度，属于相同明度配色。

在新媒体设计中，一般使用明度相同、色相和纯度变化的配色方式。如图 1–11 所示，画面中背景图片的配色均为高明度调和配色，带给人清爽、亮丽以及非常阳光的印象，表现出优雅和含蓄的氛围，是一组柔和且明朗的色彩组合方式，非常符合画面中女性饰品的特点。且通过同样大小的圆形字母来组成主题文字，利用相同色相的不同明度完成配色，给人一种安静的视觉体验。

图 1–11　以明度为基础的调和配色

3. 以纯度为基础的调和配色

纯度的强弱代表着色彩的鲜活程度，在一组色彩中，当纯度的水平相对一致时，色彩的搭配也就很容易达到调和的效果，因为纯度高低的不同，色彩的搭配也会有不一样的视觉感受。

如图 1–12 所示是以纯度为基础的微店海报调和配色方案，画面处于一种鲜艳的高纯度的色调中，让人产生一种活泼、亮丽的感觉。

图 1–12　以纯度为基础的调和配色

4. 无彩色的调和配色

无彩色的色彩个性并不明显，将无彩色与任何色彩搭配都可以取得调和的色彩效果，通过无彩色与无彩色搭配，可以传达出一种经典的永恒美感；将无彩色与有彩色搭配，可以用其作为主要的色彩来调和色彩之间的关系。

因此，在新媒体美工设计中，有时为了达到某种特殊的效果，或者凸显出某个特殊的对象，可以通过无彩色调和配色来对设计的画面进行创作。

如图 1-13 所示，这是由栖梦台推出的《梦想栖息地 闲居田园间》H5 宣传广告，采用无彩色手绘画的设计方式，展示了田园生活的美好，整体页面设计返璞归真，与栖梦台的田园居主题配合得非常贴切。

图 1-13 无彩色的调和配色

1.2.3 色彩的使用要点

对于新媒体设计者来说，色彩是最重要的视觉因素，不同颜色代表不同的情绪，因此对色彩的使用应该和设计的主题相契合。如图 1-14 所示，“贝贝 VIP”小程序的底部导航栏通过运用不同颜色的按钮来代表其激活状态，使用户快速知道自己所处的位置。

图 1-14 “贝贝 VIP”小程序界面

在新媒体界面的制作过程中，根据色彩的特性，通过调整其色相、明度以及纯度之间的对比关系，或通过各色彩间面积调和，可以搭配出变化无穷的新媒体界面效果。

1.3 文字应用：字体赋予界面竞争力

在新媒体设计中，文字的表现也是很重要的，它可以对商品、活动、服务等信息进行及时说明和指引，并且通过合理的设计和编排，让信息的传递更加准确。本节将对新媒体设计中的文字设计和处理进行详细讲解。

1.3.1 文字要易于识别

在设计新媒体界面中的文字时，要谨记文字不但是设计者传达信息的载体，也是新媒体设计中的重要元素，必须保证文字的可读性，以严谨的设计态度实现新的突破。通常，经过艺术设计的字体，可以使新媒体界面中的信息更形象、更具美感，并让用户铭记于心。

随着智能手机的崛起，人们在智能手机上进行操作、阅读与信息浏览的时间越来越长，也促使用户的阅读体验变得越来越重要。在新媒体界面中，文字是影响用户阅读体验的关键元素，因此设计者必须让界面中的文字可以准确被用户识别。

如图 1-15 所示，左图为没有大小写的字母 O 与阿拉伯数字 0，从图中基本上看不出区别；而右图则区分了大小写的字母，使信息更加清楚明了。

图 1-15 不同大小写的字母 O 与阿拉伯数字 0

另外，还要注意避免使用不常见的字体，这些缺乏辨识度的字体可能会让用户难以理解其中的文字信息，如图 1-16 所示。

另外，新媒体界面中的文字应尽量使用熟悉的词汇与搭配，这样可以方便用户对界面的理解与操作。在进行新媒体界面的设计与文字编排时，应该多使用一些用户比较熟悉与常见的词汇进行搭配，这样不仅可以避免用户去思考其含义，还可以防止用户对文字产生歧义，让用户更加轻松地对界面进行操作。

图 1-16 避免使用不常见的字体

1.3.2 文字的层次感要强

在设计以英文为主的新媒体界面时，设计者可以巧用字母的大小写变化，不但可以使界面中的文字更加具有层次感，而且可以使文字信息在造型上富有乐趣，同时给用户带来一定的视觉舒适感，让用户更加快捷地接受界面中的文字信息。

如图 1-17 所示，通过对这三幅界面图像对比可以发现，第一、二幅界面中的英文全部为大写或小写字母，这时界面文字整体上显得十分呆板，给用户带来的阅读体验十分差；而第三幅采用传统首字母大写的文字组合穿插方式，可以让新媒体界面中的文字信息变得更加灵活，可以突出重点，更便于用户阅读。

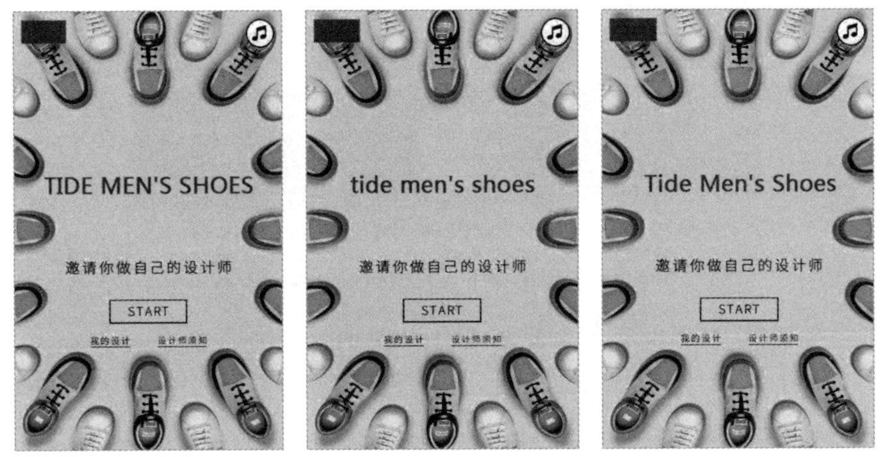

图 1-17　采用不同方式书写的界面文字

另外，设计新媒体界面中的文字效果时，还可以通过不同粗细或不同类型的字体，带给阅读者不同的视觉效果，如图 1-18 所示。

图 1-18　不同粗细的字体

1.3.3 清晰地表达文字信息

在设计新媒体界面中的文字效果时，除了要注意英文字母的大小写外，字体以及字体大小的设置也是影响表达效果的一个重要因素。如图 1-19 所示，通过比较可以发现，不同大小和字体的文字可以更清晰地表达文字信息，有助于用户快速抓住文字的重点，可以达到更吸引人眼球的效果。

图 1-19　不同大小和字体的文字

当然，对于一般阅读类小程序界面中的文字尺寸，根据小程序的定制特性，用户都是可以通过相关设置或者手势进行调整的，然后再进行阅读。

1.3.4 握好文字之间的间距

在人们观看新媒体界面中的文字时，不同的文字间距也会带来不一样的阅读感受。例如，文字之间过于紧密的间距可能会带给读者阅读上的紧迫感，而过于稀疏的文字间距则会使文字显得断断续续，缺少连贯感。

因此，在进行新媒体界面的文字设计时，一定要把握好文字之间的间距，这样才能给用户带来流畅的阅读体验。如图 1-20 所示，原本界面中的正文显得十分拥挤，用户在浏览这些文字时容易会产生疲劳感，因此需要对行距和字符间距进行适当地调整；调整字符间距后，可以减轻用户的阅读负担，而且更能让用户提起阅读的兴趣。

图 1-20　不同间距的文字效果

1.3.5　适当设置文字的色彩

适当地设置新媒体界面中文字的色彩，也可以提高文字的可读性。通常的方法是给文字内容穿插不同的颜色或者增强文字与背景色彩之间的对比，使界面中的文字有更强的表达能力，帮助用户更快地理解文字信息，同时也方便用户对其进行浏览和操作。

如图 1-21 所示，原图中的文字虽然有大小和间距的区别，但色彩比较单一，用户无法快速获取其中的重点信息，此时可以尝试转换文字的色彩。从图 1-21 中可以发现，通过改变不同区域的文字色彩，可以使这两个部分的文字区别更加明显。其中，可以发现红色部分的文字比黑色部分的文字更加突出，设计者可以利用此方法来突出新媒体界面中的重点信息。

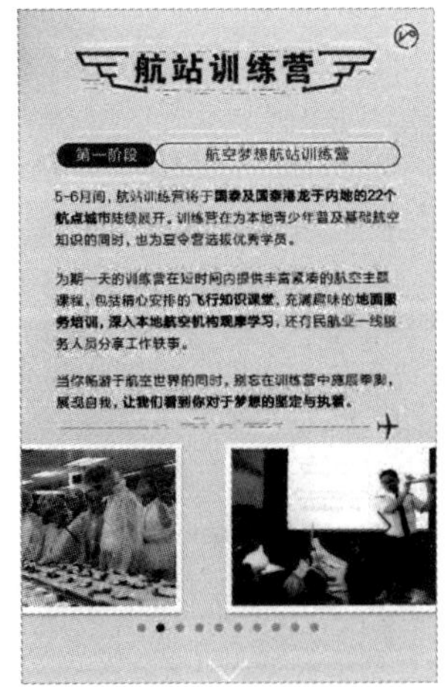

图 1-21　不同色彩的文字效果

另外，还可以通过调整文字色彩与背景色彩的对比关系来改变用户的阅读体验。如图 1-22 所示，采用适当的颜色对比，可以清晰地呈现文字效果，而且更适用于长时间阅读，可以让用户阅读起来更加流畅与舒适。

图 1-22　恰当的文字色彩与背景色彩的对比

1.4 布局版式：新媒体美工版式设计

在设计新媒体界面的过程中，可以通过制作美观、适合的界面，达到吸引用户、提高浏览量与点击率的目的，而制作美观界面的关键之处就在于板式布局。本小节将重点讲述各类常见的布局方式与布局原则等内容。

1.4.1 常见的版式布局

在设置新媒体界面时，通常包含了太多的元素，这些元素的布局没有固定的章法可循，主要靠设计师的灵活运用与搭配。只有在大量的设计实践中熟练运用，才能真正理解版式布局设计的形式原则，并加以运用，从而创作出优秀的新媒体广告作品。

1. 对称与均衡

对称又称“均齐”，是在统一中求变化；均衡则侧重在变化中求统一。

对称的图形具有单纯、简洁的美感，以及静态的安定感，对称给人以稳定、沉静、端庄与大方的感觉，产生秩序、理性、高贵和静穆之美。对称的形态在视觉上有安定、自然、均匀、协调、整齐、典雅、庄重以及完美的朴素美感，符合人们通常的视觉习惯。

均衡的形态设计让人产生视觉与心理上的完美、宁静与和谐之感。静态平衡的格局大致是由对称与均衡的形式构成。均衡结构是一种自由稳定的结构形式，一个画面的均衡是指画面的上与下、左与右实现面积、色彩和重量等的大体平衡。

在画面上，对称与均衡产生的视觉效果是不同的，前者端庄静穆，有统一感、格律感，但如果过分均等就易显呆板；后者生动活泼，有运动感，但有时因为变化过强而易失衡。因此，在设计中要注意把对称、均衡两种形式有机地结合起来并加以灵活运用，如图 1-23 所示。

该商品的详情页面中使用左右对称的形式进行设计，但不是绝对的对称，画面中的布局在基本元素的安排上赋予固定的变化，对称均衡，更灵活、更生动，是设计中较为常用的表现手段，具有现代感的特征，也让画面中的商品细节与文字搭配更显得自然和谐。

图 1-23　对称与均衡的布局表现形式

专家指点

对称与均衡是一切设计艺术最为普遍的表现形式之一。对称构成的造型要素具有稳定感、庄重感和整齐的美感，它属于规则式均衡的范畴；均衡也称平衡，它不受中轴线和中心点的限制，没有对称的结构，但有对称的重心，主要是指自然式均衡。

在设计中，均衡不等于均等，而是根据景观要素的材质、色彩、大小、数量等来判断视觉上的平衡，这种平衡带来的是视觉上的和谐。对称与均衡是把无序的、复杂的形态组构成有秩序性的、视觉均衡的形式美。

常用的版式布局的对齐方式有左对齐、右对齐、居中对齐和组合对齐，各自的特点如下。

◎ 左对齐：左对齐的排列方式有松有紧，有虚有实，具有节奏感。如图 1-24 所示，文字使用左对齐的方式排列，让版面整体上具有很强的节奏感。

◎ 右对齐：右对齐的排列方式与左对齐刚好相反，整个画面的视觉中心向右偏移，具有很强的视觉性，适合表现一些特殊的画面效果。

图 1-24　左对齐布局

◎ 居中对齐：是指让设计元素以中心轴线为对称中心的对齐方式，可以让用户视线更加集中，具有庄重、优雅的感觉。如图 1-25 所示为万科的 H5 广告，文字与设计元素都使用居中对齐的方式，给人带来视觉上的平衡感。

图 1-25　居中对齐布局

2. 节奏与韵律

节奏与韵律是物质运动的一种周期性表现形式，是有规律的重复、有组织的变化现象，是艺术造型中求得整体统一和变化，从而形成艺术感染力的一种表现形式。韵律是通过节奏的变化产生的，对于版面来说，只有在组织上符合某种规律并具有一定的节奏感，才能形成某种韵律。

在新媒体美工设计中，合理运用节奏与韵律，可以将复杂的信息以轻松、优雅的形式表现出来。如图 1-26 所示，在今日头条广告图中，3 幅图片的色彩和布局统一，相同形式的构图体现出画面的韵律感，而每个画面中的文字形态和内容又各不相同，这样又表现出节奏上的变化，让广告信息的展示显得十分轻松。

图 1-26　节奏与韵律的版面布局表现形式

3. 对比与调和

从文字含义上分析，对比与调和是一对充满矛盾的综合体，但它们实质上却又是相辅相成的统一体。在新媒体广告设计中，画面中的各种设计元素都存在着相互对比的关系，但为了找到视觉和心理上的平衡，设计师往往会在不断对比中寻求能够相互协调的因素，让画面同时具备变数与和谐的审美情趣。

◎ 对比：对比是差异性的强调。对比的因素存在于相同或相异的性质之间，也就是把相对的两个要素互相比较之下，产生大小、明暗、黑白、强弱、粗细、疏密、高低、远近、动静以及轻重等对比关系。对比的最基本要素是显示主从关系和统一变化的效果。如图 1-27 所示为保时捷的 H5 广告页面，画面中的主色调为暗色，而前景色则为比较鲜明的彩色，产生了鲜明的对比，让 H5 页面整体视觉效果更加炫酷、大气、高品位，符合汽车产品的属性，让人产生想看下去的欲望。

图 1-27　对比布局的表现形式

◎ 调和：调和是指适合、舒适、安定、统一，是近似性的强调，是两者或两者以上的要素之间具有的共性。如图 1-28 所示为奥迪 A3 的 H5 宣传广告，以统一的“怪兽”元素为背景图层，同时又在前景安排了蓝黄两辆不同颜色的奥迪 A3 汽车产品，形成了一种对比关系，低调而奢华，充分宣传了奥迪品牌。

图 1-28 调和布局的表现形式

对比与调和是相辅相成的，在新媒体的版面构成中，一般整体版面宜采用调和，局部版面宜采用对比。

4. 重复与交错

在新媒体的版面布局中，不断重复使用相同的基本形象，它们的形状、大小、方向都是相同的，这种重复使设计产生安定、整齐、规律的统一。但重复构成后的视觉感受有时容易显得呆板、平淡、缺乏趣味性。因此，我们在版面中可安排一些交错与重叠，打破版面呆板、平淡的格局。

如图 1-29 所示为川崎 Kawasaki 的 H5 产品宣传广告，所有画面的背景都重复运用了一个电视机的界面，模拟电视机来播放不同的视频内容，创意非常新颖。同时，采用复古且优美的设计风格，既达到了宣传产品的目的，同时也表达了品牌的传承精神。

5. 虚实与留白

虚实与留白是新媒体的版面设计中最重要的视觉传达手段之一，主要用于为版面增添灵气和制造空间感。两者都是采用对比与衬托的方式将版面中的主体部分烘托出来，使版面结构主次更加清晰，同时也能使版面更具层次感。

任何形体都具有一定的实体空间，而在形体之外或形体背后呈现的细弱或朦胧的文字、图形和色彩就是虚的空间。实体空间与虚的空间之间没有绝对的分界，画面中每一个形体在占据一定的实体空间后，常常会需要利用一定的虚的空间来获得视觉上的动态与扩张感。版面虚实相生，主体得以强调，使画面更具连贯性。

图 1-29 重复布局的表现形式

中国传统美学上有“计白守黑”这一说法。就是指编排的内容是“黑”，也就是实体，斤斤计较的却是虚实的“白”，也可为细弱的文字、图形或色彩，这要根据内容而定。

留白则是版面中未放置任何图文空间，它是“虚”的特殊表现手法。其形式、大小、比例决定着版面的质量。留白给人的感觉是轻松的，最大的作用是引人注意。在新媒体的排版设计中，巧妙地留白，讲究空白之美，是为了更好地衬托主题、集中视线和塑造版面的空间层次。

留白即指版面中未配置任何图文的空间，在版面中巧妙地留出空白区域，使留白空间更好地将主体衬托，将读者视线集中在画面主题之上。留白的手法在版式设计中运用广泛，可使版面更富空间感，给人丰富的想象空间，如图 1-30 所示。

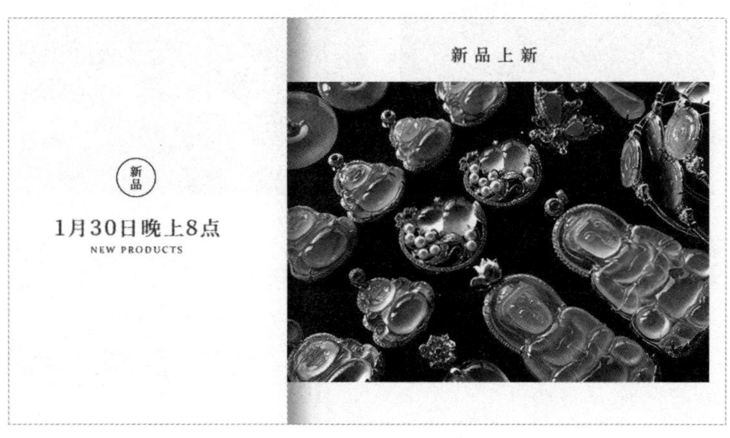

图 1-30　留白版面布局表现形式

1.4.2 图片的布局处理

在新媒体界面设计的过程中，图片是除了文字之外的另一个重要的传递信息途径，也是网络销售和微营销中最需要重点设计的一个元素。图片比文字的表现力更直接、更快捷、更形象、更有效，可以让信息传递更简洁。

1. 裁剪抠图，提炼精华

在设计新媒体界面时，大部分的图片都是由摄影师拍摄的照片，它们在表现形式上大都是固定不变的，或者是内容上只有一部分符合装修需要，此时就需要裁剪图片或者对图片进行抠图处理，使它们符合版面设计的需求，如图 1-31 所示。

2. 缩放图片，组合布局

对于同一种商品照片的布局设计来说，如果进行不同比例的缩放，也会获得不同的视觉效果，从而突显出不同的重点。如图 1-32 所示为某帆布鞋的详情页。

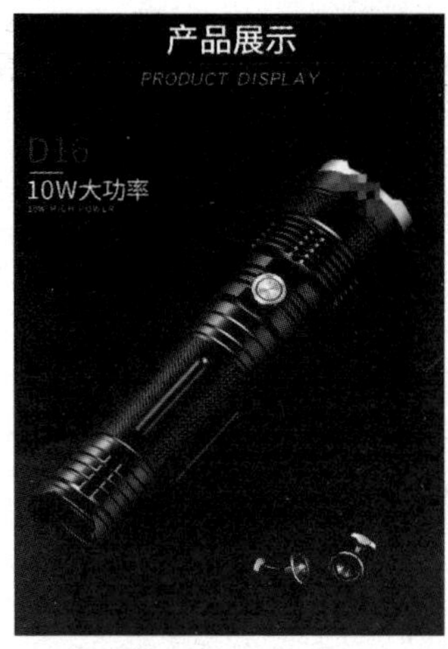

将手电筒从繁杂的背景中抠取出来，并适当的组合，使产品有了新的含义，让顾客能够对商品的展示具有非常积极的作用，也让产品的外形、特点更加醒目，避免过多的信息影响顾客的阅读体验。

图 1-31　抠图并重新布局图片

在处理图片的过程中，通过实拍照片展示商品的整体效果，突显出商品的外形特点，让顾客对商品的注意更加集中。

将图片进行缩放，搭配文字展现产品的色彩说明。

图 1-32　缩放图片进行组合布局

在新媒体美工的设计过程中，可以适当对图像元素进行遮盖，可以让产品的特点得以突显，从而获得用户更多的关注。

章前知识导读

随着新媒体的不断发展，现如今，越来越多的人从事新媒体行业。可见，新媒体发展的前景不可估量。而在新媒体领域，它又是以各种工具为载体的。本章主要从工具运用出发，对新媒体运营做进一步的讲解。

CHAPTER 2 工具应用：掌握新媒体美工运营工具

新手重点索引

- 朋友圈设计：名人版背景封面设计
- 公众号设计：企业推广求关注设计
- 小程序设计：食品小程序界面设计

效果图片欣赏

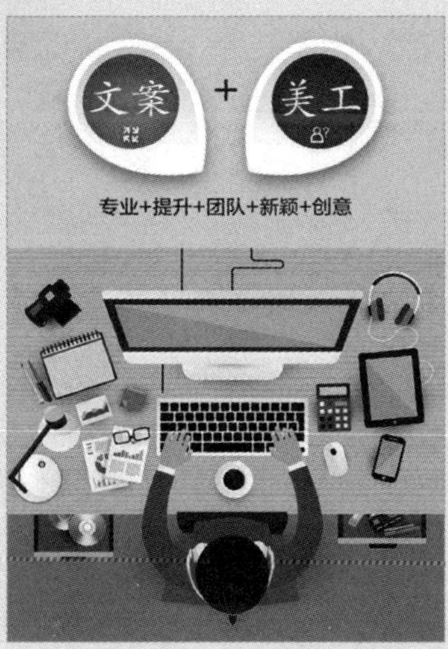

2.1 文案运营：新媒体文案小工具

在现代商业竞争中，精彩的文案往往能够让一个企业在众多的同类型公司中脱颖而出。文案是竞争的利器，更是新媒体内容的核心和灵魂所在。本节主要介绍新媒体文案的工具选择和使用技巧。

2.1.1 话题寻找工具：高流量的热点在哪

对新媒体运营者来说，内容应该是让其最头疼的事。因为，要想每天都有高质量、流量大的内容，确实是挺难的。而其中一类比较受到受众欢迎的内容就是包含热点话题的内容。

要寻找热点选题，就要了解当前的热点资讯。其中，各大新闻的门户网站是寻找热点选题的首选，如搜狐新闻、今日头条和新浪微博等平台。例如，新媒体运营者想要了解最近的新鲜事，可以进入新浪微博的“新鲜事”页面来查看相关资讯，如图 2-1 所示。

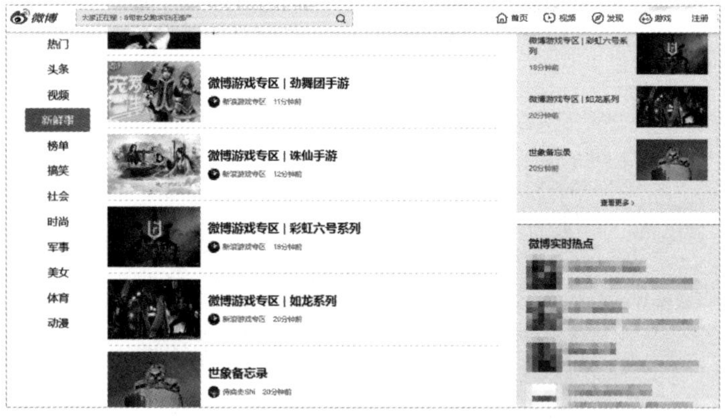

图 2-1　新浪微博的“新鲜事”页面

另外，如果运营者要想查找众多平台的干货热点内容，可以通过搜狗搜索来进行。打开搜狗搜索页面可以发现，现在已经加入了一些新元素。图 2-2 所示为搜狗搜索的页面。

由图 2-2 可见，运营者在利用搜狗搜索时，可以进行“微信搜索”和“知乎搜索”。只要点击图 2-2 的“微信”或“知乎”，就能够进入相应的链接，找到你想要的热点话题以及干货材料。

图 2-2　搜狗搜索的页面

2.1.2　文案策划工具：好的文案怎样写

对于运营人员而言，一篇策划得优秀的营销文案所能起到的作用是十分巨大的。在此就为大家介绍文案策划过程中需要用到的一些工具和网站。

1. 第一范文网：提供实用性资料

第一范文网是一家专门提供范文参考的网站，它以提供各种实用性资料为主，受到广大师生以及其他各领域从业者的喜爱，如图 2-3 所示。

图 2-3　第一范文网

2. 爱墨日记：轻松做好文案采集

爱墨日记是一款公认的最好用的文案采集软件之一，如图 2-4 所示。运营者在利用爱墨日记进行文案采集时，只要将剪切板上的内容复制到爱墨日记的文本编辑框中，然后保存就可以了。爱墨还有一个好处就是在利用爱墨日记复制文本时，可以直接保存为文档的形式，并且同步到印象笔记。

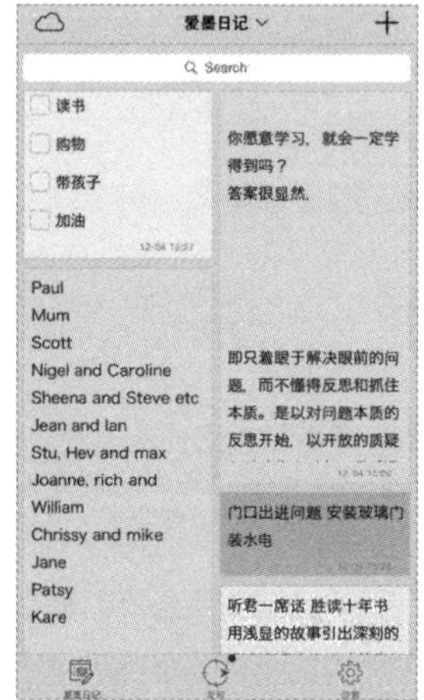

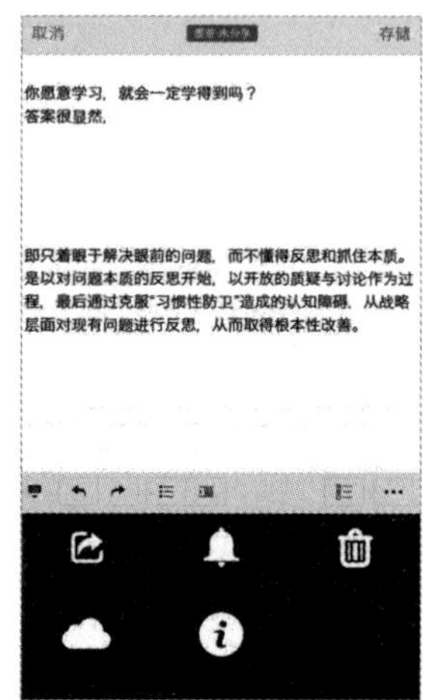

图 2-4　爱墨日记

3. Office：最基本、经常用到的软件

Office 软件是一个最基本的、经常用到的办公软件，它主要包括 Word、Excel 以及 PPT 这 3 个组成部分，如图 2-5 所示。对一个文案策划者来说，熟练掌握 Office 软件是这个职业的必备要求，也是所有职场办公人员需要掌握的一项基本技能。

图 2-5　Office 软件

4. PopClip：文本扩展实用工具

PopClip 是一个强大的文本扩展工具，该软件的基本操作方法是将所有文本操作归结到一个弹出框中，运营者选择相应的文本时，可以在弹出框内做复制、剪切、粘贴、搜索、校正、进入超链、写邮件和查看辞典等操作。

5. Paste：重复粘贴，节省时间

Paste 是一个方便人们进行复制、粘贴的工具，它的主要特点是可以进行重复粘贴，以节省时间，如图 2-6 所示。

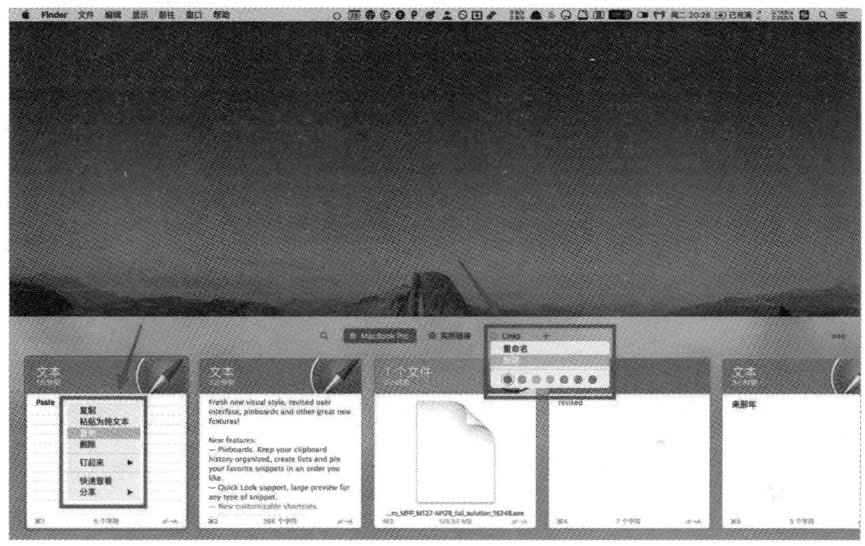

图 2-6 Paste 软件

运行 Paste 之后，运营者只需使用【Ctrl + C】组合键，对文章的多处内容进行复制，然后将光标放到需要粘贴的地方，按【Ctrl + V】组合键，即可对复制的内容进行循环地粘贴操作，提高编辑文档的工作效率。

2.1.3 活动策划工具：如何确保强互动性

众所周知，对新媒体的发展而言，平台与粉丝之间的互动是非常重要的。平台在线上进行的一系列活动是加强粉丝互动的重要方式之一。因此，做好线上的活动策划，对新媒体工作人员来说，是必不可少的工作内容之一。下面介绍几种常见的在进行活动策划时会用到的工具

1. LiveApp：汇集 APP 展示场景

LiveApp 是一个移动 APP 的场景应用平台，它汇集了众多的可以展示手机 APP 场景应用模板的网站，这不仅为人们提供了一个可以展示自己作品的平台，也为企业购买适合的场景提供了方便，如图 2-7 所示。

图 2-7 LiveApp 平台

运营者在官网完成注册之后，可以获得一个免费的 LiveApp 模板。拥有这个模板之后，可以根据自身的具体情况来设计模板，运用这种模板内容，可以上传自己需要的商品信息。

2. iH5 互动大师：融合多种交互方式

iH5 互动大师是一个在线交互媒体设计平台，其主要特点是交互效果好、显示速度快、制作流程方便，融入了众多的新媒体元素，如图 2-8 所示。用户可以在线完成交互媒体设计，不需要写任何代码。并且在完成设计之后，运营者可以快速将其分享到互联网上的任何网站。

iH5 互动大师的在线交互设计主要体现在对视频、音频、图片以及文字等的集合上。其实，对 iH5 互动大师来说，这些东西都是具有交互性的，用户通过这个工具可以加入各种事件，实现了网页可以感受用户行为的可能。正是因为 iH5 互动大师的作品具有多种交互方式，才使用户与网页之间实现了直接互动。

图 2-8 iH5 互动大师

3. 易企秀：手机网页 DIY 制作

易企秀，作为一款针对移动互联网营销的手机工具，它主打的是手机网页 DIY 的制作。就个人来说，只要在易企秀 APP 上完成注册，即可在 APP 上制作相册、贺卡、恋爱笔记、美食记忆、旅行记忆、精美简历、生日祝福等。

企业也可以在易企秀 APP 上制作邀请函、招聘海报、促销海报、名片设计和活动推广设计等。通过易企秀，运营者可以直接进行手机网页的编辑以及制作精美的手机幻灯片，并且不需要去学习那些复杂的编程技术就可以轻松搞定。此外，还可以将自己编辑的网页以及制作的手机幻灯片分享到社交网络，易企秀也可以通过报名表单来收集潜在的客户或其他反馈信息。

2.1.4 内容编辑工具：如何打造多彩内容

作为一名新媒体的编辑人员，在寻找到热点选题之后，需要对自己想要编辑的具体内容进行考虑。本节主要以 135 编辑器和快站微信编辑器为例对新媒体的内容编辑方法进行介绍。

1. 135 编辑器

135 编辑器是一个为微信文章进行美化的工具。它不仅操作简单，而且样式多样、模板精美。微信用户利用 135 编辑器进行图文排版之后，会产生优质的效果，并且也能够让读者赏心悦目。图 2-9 所示为 135 编辑器的界面，该界面功能齐全，运营者可根据需要进行相关图文操作与编辑。

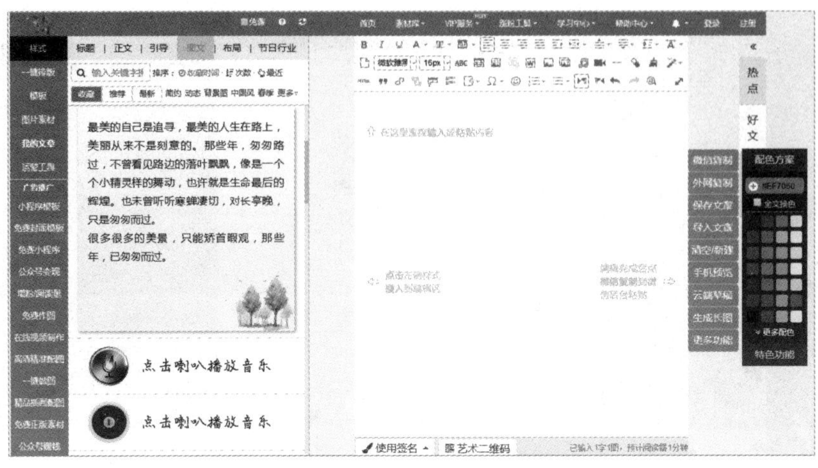

图 2-9　135 编辑器界面

2. 快站微信编辑器

快站微信编辑器主要为用户提供的是多图文编辑、一键同步等功能，它拥有搜狐快站庞大的站点用户群，页面也是很清新简洁的，如图 2-10 所示。同时，它为用户提供了多图文编辑、一键同步的特色功能。运营者只要回复“笑话”、“听歌”或者“天气”等就可以弹出相应的对话框，快速实现用户的需求。

图 2-10　快站微信编辑器

在利用快站微信编辑器进行多图文编辑时，运营者首先应该在图片素材库中对那些需要编辑的图片进行上传。图片上传完之后，就可以对图文进行编辑。此外，还要填写好标题和摘要，并且上传封面。最后，单击“保存并同步”按钮，即可将多条图文信息同步到微信公众号后台了。

2.2 美工设计：新媒体设计小工具

在制作新媒体内容时，通常要处理各种形式的内容，如图片、视频、音频、动画、H5 以及二维码等，因此大家还需要掌握不同的新媒体设计小工具，快速做出漂亮的作品。

2.2.1 图片处理工具：如何打造满意图片

新媒体运营者在编辑完主要内容之后，需要对图文设计进行考虑了。本节主要以截图工具、美图秀秀和 Photoshop 为例，向大家介绍一些图文处理的方法。

1. 截图工具：快捷捕获图片画面

一般来说，大家普遍都是利用 QQ 来进行截图的。其实，在 Windows 的“附件”中就自带“截图工具”，如图 2-11 所示。运营者只需在“截图工具”界面单击“新建”按钮，然后拖动光标选取要捕获的区域即可截取图片画面。

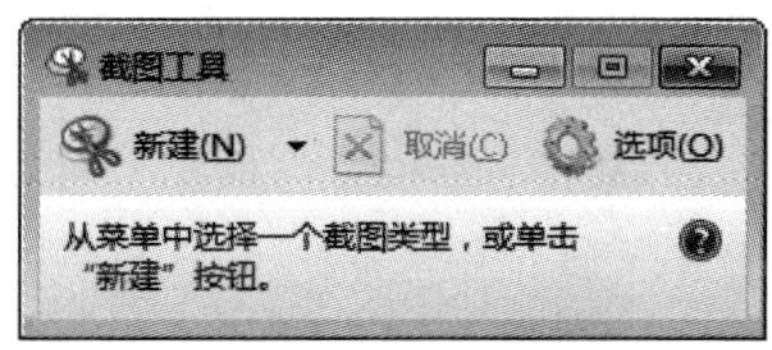

图 2-11　Windows 中自带的截图工具

专家指点

此外，还可以利用各种快捷键来进行截屏，比如，利用【PrtSc】键可以截取整个电脑屏幕，【Alt + PrtSc】键可以截取当前的活动程序窗口。Windows 自带的截图方式会为用户在进行电脑操作时提供很大的方便。因此，每一个运营者都应该掌握好 Windows 自带的截图工具，以及熟悉这些快捷键的使用。

2. 美图秀秀：操作灵活的 P 图工具

美图秀秀是大众普遍使用的一种 P 图工具，尤其在年轻群体中，非常受欢迎，如图 2–12 所示。美图秀秀最大的特点就是简单、易上手，操作方式非常灵活、方便，而且还为用户提供很多有用的素材。

图 2–12　美图秀秀

虽然美图秀秀是一种简单的 P 图小工具，但是它的用途却十分广泛，它所具有的功能对那些非专业的用户来说是非常有用的，受到很多用户的赞赏与青睐，对那些爱自拍的女性来说，更是一款手机必备的软件。美图秀秀的常用工具主要包括裁剪旋转、去水印、图片拼接、压缩图片大小和新建画布做海报等。用户可以利用这些工具对自己所拍的图片进行加工处理，以达到自己想要的效果。

3. Photoshop：功能强大的修图工具

Photoshop 是一款专业的图片编辑工具，主要是对那些由像素构成的数字图像进行处理，并在这方面具有非常强大的功能，涉及图像、图形、文字和视频等方面，如图 2–13 所示。

在 Photoshop 工作界面中，单击“图像”|“调整”菜单，即可弹出菜单列表，其中有很多修图的功能，包括亮度 / 对比度、色阶、曲线、曝光度、饱和度、色彩白平衡、照片滤镜、阴影 / 高光、色调均化等，用户可以通过这些功能完成对图片的编辑与精修。

现如今，除了 Photoshop 外，虽然有很多修图软件，但当所需要的图片在清晰度和制作等方面的要求较高时，就应该多学习使用 Photoshop 工具。

图 2-13 Photoshop CC 2018 软件

2.2.2 视频音频工具：创新有声、动画内容

为了进一步美化并丰富新媒体推送的内容，运营者也可以在内容中加入视频或音频。这不仅是对内容推送的一种创新，也更加符合受众的观看习惯，是满足受众诉求的一种表现。编辑视频音频内容需要借助一定的工具才能完成，因此运营者也需要了解和学习一些基本的视频音频软件。

1. 屏幕录制：电脑、手机，多种终端

在录制视频时，运营者可以通过不同的终端来实现，下面分别介绍利用手机和电脑录制屏幕的工具。

（1）Camtasia Studio：电脑屏幕录制编辑软件

Camtasia Studio 是一款专业的电脑屏幕录制与编辑软件，它主要的功能是对屏幕、配音、声音的录制以及视频制作等，如图 2-14 所示。Camtasia Studio 录制的屏幕清晰度非常高，声音也特别清晰，由于其操作的简单性，深受广大用户的喜爱。

（2）Shou：手机屏幕录制软件

Shou 是一款免费的手机屏幕录制软件，这款软件不仅屏幕高清，支持

分辨率的修改，而且对视频的录制时长也没有限制，如图 2-15 所示。运营者可以直接选择用自己的 Facebook 或 Twitter 直接登录。

图 2-14　Camtasia Studio 软件

图 2-15　Shou 手机屏幕录制软件

Shou 手机屏幕录制软件有以下三大特点：

◎可录制高清屏幕视频，或播放录制的高品质视频。

◎拥有顶级的手机游戏、玩家和电子竞技赛事，用户可以通过游戏频道的名称来实现浏览。

◎拥有全功能的聊天模式，用户可享受创新的浮动聊天，甚至可以开启“聊天 -only”的模式。

2. 音频编辑器：更加方便的手机音频编辑

音频编辑器是一种对音频进行调试的工具，自从这种音频编辑器开发了手机 APP 后，运营者在处理各种音频时便更加方便了，如图 2-16 所示。在音频编辑器上方有一排编辑音频的按钮，只要单击相应的按钮，就可以实现对音频的相应编辑。

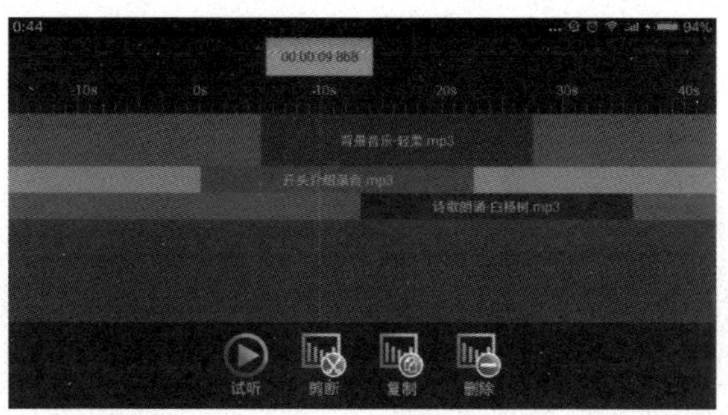

图 2-16　音频编辑器 APP

3. 会声会影：效果丰富的视频后期处理

会声会影2018是一款强大的照片、图片和视频制作、剪辑软件，具有多种的视频编辑功能和制作动画效果，如图 2-17 所示。会声会影 2018 通过将那些屡获好评的易用性和有趣的新功能相结合，把用户的照片和视频转换成精彩的电影，讲述一个精彩纷呈的故事内容。会声会影的主要特点是操作简单，适合家庭日常使用，同时也非常适用于新媒体视频创作，具有从拍摄到分享的完整影片编辑流程。

图 2-17　会声会影 2018

2.2.3　H5 制作工具：如何制作吸睛 H5 海报

在移动社交时代，H5 营销凭借其简单、快捷、灵活、酷炫的特点获得了大量用户的认可。同时，它也因此迎来了新的发展，推升了移动营销的新热度。

一份 H5 海报一般包括文字、图片、声音、视频、链接等多种元素，包含多种用户使用场景。H5 海报制作的主要目的是帮助企业展开宣传推广活动，介绍产品信息以及具体的营销内容。

1. 人人秀：功能多样的建站工具

人人秀（rrxiu.net）可以帮助用户制作各种 H5 页面、微场景、创意海报、微杂志、微信邀请函、场景应用、微信贺卡，即使是不懂设计、不会编程的新手，也可以快速上手，如图 2-18 所示。

图 2-18 人人秀（rrxiu.net）主页

2. 初页：移动端社交媒体展示与传播

初页是一种类似于 PPT 的移动端设备展示与传播的 H5 页面，其主要功能是在移动端社交媒体展示与传播，如图 2-19 所示。

图 2-19 初页主页

对企业来说，初页可以帮助它们制作精致的邀请函或海报；对普通用户来说，初页可以为其制作生日贺卡、纪念册以及旅行图志等。对个别特定用户而言，也可以利用初页来制作微信公众号的欢迎页，甚至可以利用它在朋友圈展示自己的产品等。

3. MAKA：提供模板与图文编辑功能

MAKA是国内首家HTML5数字营销创作及创意平台，如图2–20所示。具体来说，它不仅是一个海量的行业模板，也是一个图文编辑工具。它的主要功能是为用户提供表单，收集潜在客户信息，方便用户随时创作、编辑和管理H5项目。

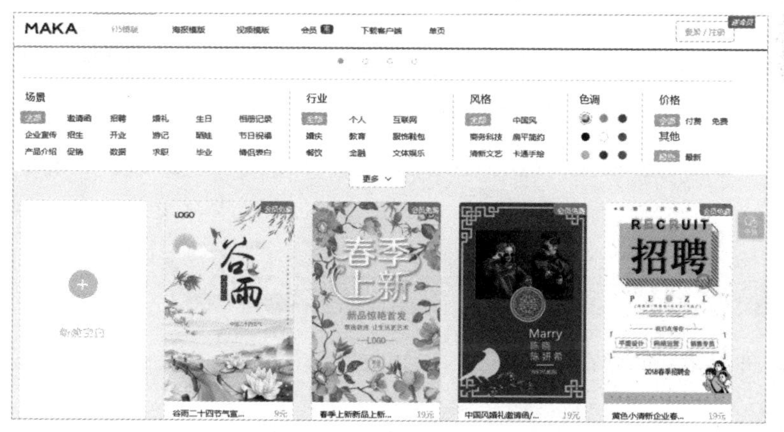

图2–20 MAKA中的H5模板

在使用MAKA制作作品时，有一个简单的方法，就是利用MAKA提供的模板来制作需要的内容。如果用户对提供的模板不满意，则需要新建一个项目，上传自己的作品封面、命名和描述等，对背景内容进行设置，在文本框中添加相应的文字，即可出现制作后的效果，最后制作完成后，点击“预览”就可以实现对作品的查看预览了。

2.2.4 动画制作工具：让新媒体内容更有趣

Animate CC是由Adobe公司推出的一款矢量图形编辑和动画制作软件，由原Adobe Flash Professional CC更名而来，具有界面友好、功能强大、易于掌握、使用方便和体系结构开放等特点，广泛应用于卡通动画、片头动画、游戏动画、广告动画和教学课件等领域，深受广大动漫制作和动画设计人员青睐，如图 2-21 所示。

图 2-21　Adobe Animate CC 主页

Animate CC 的界面清新、简洁、友好，用户能够快速掌握软件的使用方法。同时，Animate CC 可以轻松制作出各种动画效果，是由一帧帧的静态图片在短时间内连续播放造成的视觉效果，表现为动态过程，能满足新媒体动画设计的基本需求。

2.2.5　二维码生成工具：多种形式尽在“草料”

二维码是新媒体时代不可或缺的营销工具，各种新媒体界面中都可以看到二维码的身影，如图 2-22 所示。

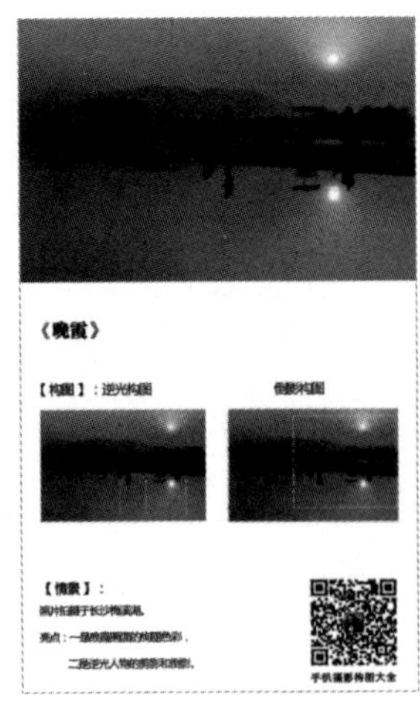

图 2-22　随处可见的二维码

二维码的使用范围如此之广，给大众生活带来了诸多便利。但二维码的制作却并不复杂，可以直接在线生成。新媒体美工人员可以依据自身需求，制作独属于自己的二维码。

例如，“草料”二维码是一个专业的二维码服务提供商，提供二维码生成、美化、印制、管理以及统计等服务，如图 2-22 所示。它不仅可以为用户提供电话、短信、邮件和 Wi-Fi 等二维码制作，也可以提供图片、视频以及音频等内容的二维码制作。“草料”二维码凭借其领先的技术，不仅可以快速地生成及制作二维码，而且还可以根据用户的需要对扫描二维码后的内容进行修改。

图 2-23 “草料”二维码

平台制作篇

章前知识导读

移动互联网时代，微信已成为一种新型的营销模式，用户可以通过微信公众号、微信朋友圈以及小程序等新媒体渠道来进行相关的界面设计，从而达到推广自己产品的目的。本章主要向读者介绍微信平台的新媒体设计案例。

CHAPTER 3 微信平台：朋友圈＋公众号＋小程序

新手重点索引

- 朋友圈设计：名人版背景封面设计
- 公众号设计：自媒体名人求关注设计
- 小程序设计：婚纱摄影小程序界面设计

效果图片欣赏

3.1 朋友圈设计：名人版背景封面设计

在制作招代理朋友圈界面时，运用深蓝色背景加金黄色的光斑点缀作为背景图像，并且主体文字采用金色渐变，可以使整体更显贵气。

本实例最终效果如图 3–1 所示。

图 3–1　实例效果

配套资源下载	素材文件	素材 \ 第 3 章 \ 朋友圈背景 .jpg、朋友圈文字 .psd、朋友圈头像 .psd
	效果文件	效果 \ 第 3 章 \ 朋友圈设计 .psd、朋友圈设计 .jpg
	视频文件	视频 \ 第 3 章 \ 3.1 朋友圈设计：名人版背景封面设计 .mp4

3.1.1 制作朋友圈相册封面背景

下面详细介绍制作朋友圈相册封面背景效果的方法。

STEP 01 在菜单栏中，单击“文件” | “打开” 命令，打开 “朋友圈背景 .jpg” 素材图像，如图 3–2 所示。

STEP 02 选取工具箱中的矩形选框工具，在图像编辑窗口中的合适位置处绘制一个矩形选框，如图 3–3 所示。

STEP 03 单击 “选择” | “修改” | “羽化” 命令，弹出 “羽化选区” 对话框，设置“羽化半径”为 100 像素，单击“确定”按钮，即可羽化选区，效果如图 3–4 所示。

STEP 04 单击“窗口”|“调整”命令，展开“调整”面板，单击“曲线”按钮，新建“曲线 1”调整图层，如图 3-5 所示。

图 3-2　打开素材图像

图 3-3　绘制矩形选框

图 3-4　羽化选区

图 3-5　新建调整图层

STEP 05 展开“属性”面板，❶在曲线上单击新建一个控制点；❷在下方设置“输入”为 172、“输出”为 125，如图 3-6 所示。

STEP 06 适当降低选区内图像的亮度，效果如图 3-7 所示。

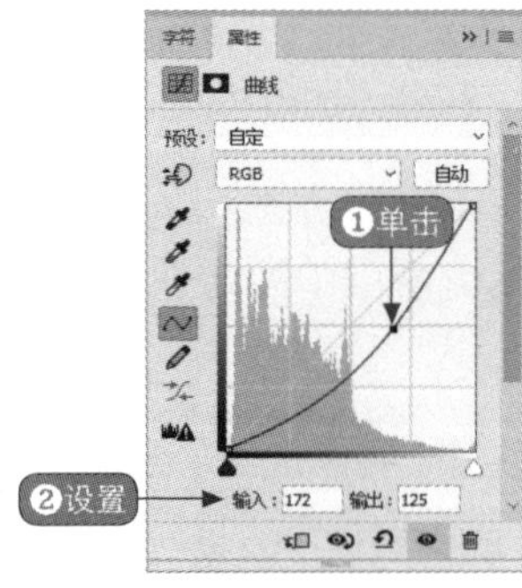

图 3-6　设置各参数

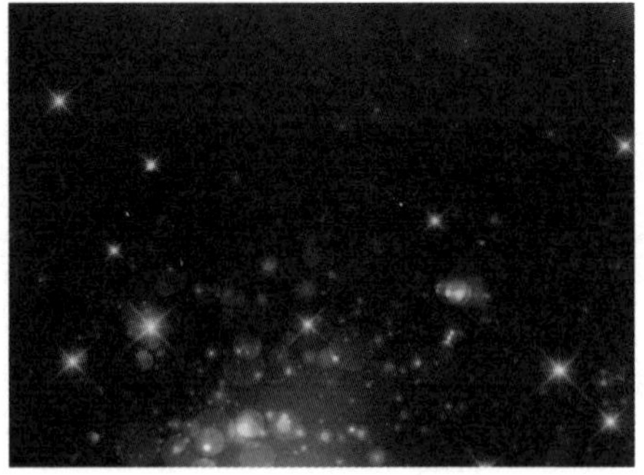

图 3-7　图像效果

3.1.2 制作朋友圈相册封面头像

下面详细介绍制作朋友圈相册封面头像效果的方法。

STEP 01 按【Ctrl + O】组合键，打开“朋友圈头像.jpg”素材图像，运用移动工具将素材图像拖动至背景图像编辑窗口中，适当调整图像的位置，如图 3-8 所示。

STEP 02 选取工具箱中的自定形状工具，在工具属性栏中单击“填充”右侧的色块，在弹出的下拉列表框中选择“渐变”选项，在“预设”选项区中选择“橙，黄，橙渐变”渐变色，如图 3-9 所示。

图 3-8 取消选区

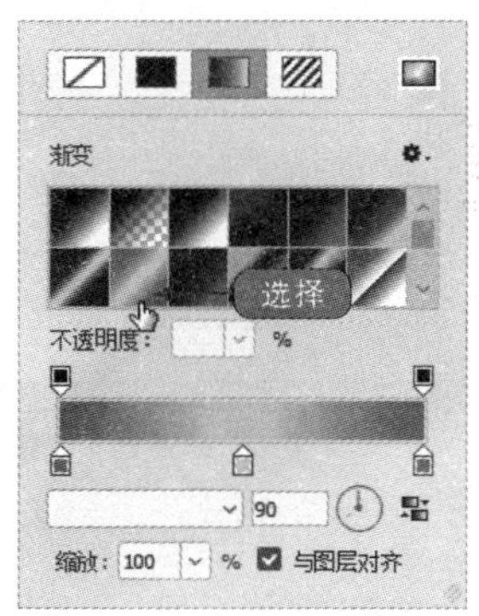

图 3-9 选择“橙，黄，橙渐变”渐变色

STEP 03 选择渐变条下的第三个色标并将其删除，如图 3-10 所示。

STEP 04 继续在工具属性栏中设置“描边”为无、“形状”为“皇冠 1”，在图像编辑窗口中的适当位置绘制一个形状，如图 3-11 所示。

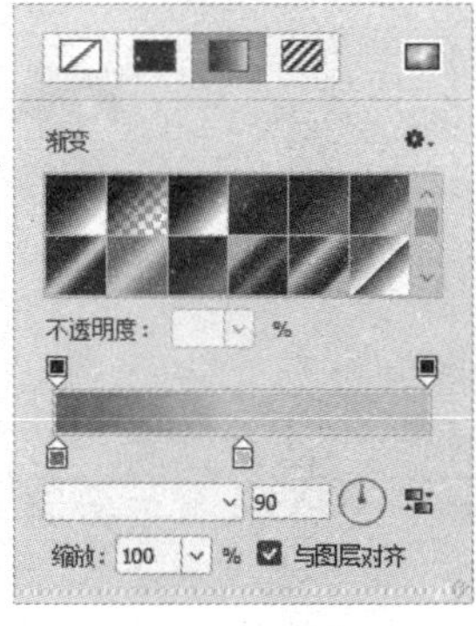

图 3-10 删除色标

图 3-11 绘制形状

STEP 05 在图层面板中，❶选择"形状 1"图层，右击；❷在弹出的快捷菜单中选择"栅格化图层"选项，如图 3-12 所示，将形状栅格化。

STEP 06 按【Ctrl + T】组合键，调出变换控制框，适当旋转图像，并按【Enter】键确认变换，如图 3-13 所示。

图 3-12 栅格化形状

图 3-13 旋转图像

3.1.3 制作朋友圈相册封面文案

下面详细介绍制作朋友圈相册封面文案效果的方法。

STEP 01 选取工具箱中的横排文字工具，❶在"字符"面板中设置"字体系列"为"方正大黑简体"、"字体大小"为 15 点、"设置所选字符的字距调整"为 200、"颜色"为白色（RGB 参数值均为 255）；❷在图像编辑窗口中输入文字，运用移动工具调整文字位置，如图 3-14 所示。

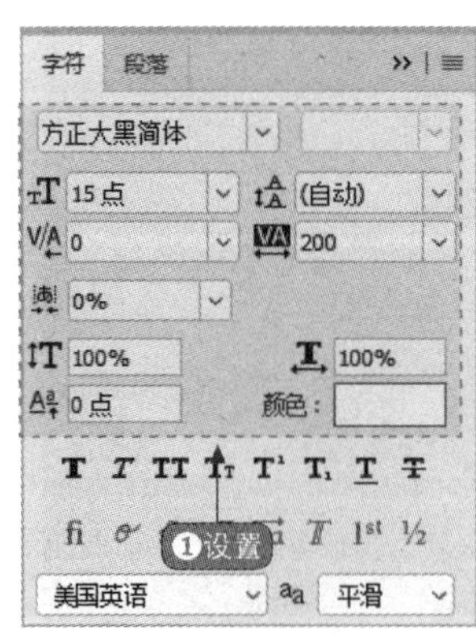

图 3-14 输入并调整文字

STEP 02 在图层面板中，选择文字图层，右击，在弹出的快捷菜单中选择“混合选项”选项，弹出“图层样式”对话框，❶选中“渐变叠加”复选框；❷设置渐变颜色为“橙，黄，橙渐变”；❸继续设置“样式”为“线性”、“角度”为 90 度，如图 3-15 所示。

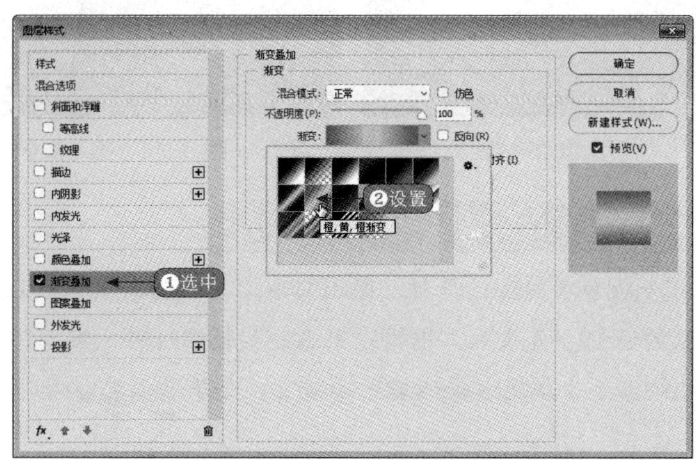

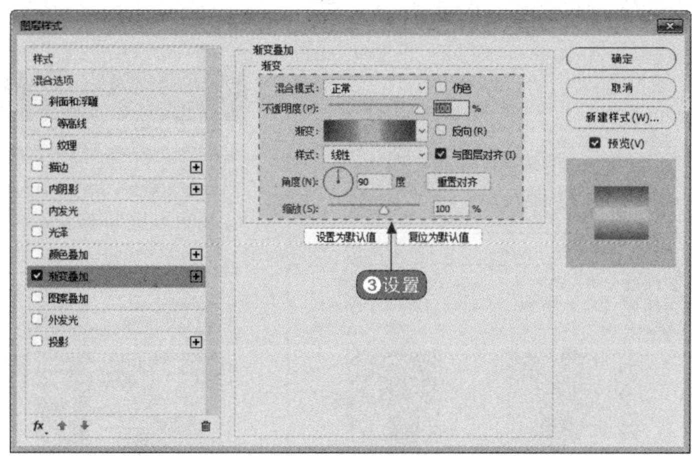

图 3-15 设置图层样式选项

STEP 03 单击“确定”按钮，即可应用“渐变叠加”图层样式，效果如图 3-16 所示。

STEP 04 按【Ctrl + O】组合键，打开“朋友圈文字 .psd”素材图像，运用移动工具将素材图像拖动至背景图像编辑窗口中，适当调整图像的位置，效果如图 3-17 所示。

图 3-16　应用图层样式效果

图 3-17　拖动图像

3.2 公众号设计：自媒体名人求关注设计

在制作公众号求关注设计时，运用矩形工具绘制出线框效果，加上适当的装饰性的图形，再放入二维码，配上一些说明性的文字，可以准确地将信息传达给读者，帮助自媒体名人和微信公众号获得更好的引流效果。

本实例最终效果如图 3-18 所示。

图 3-18　实例效果

配套资源下载	素材文件	素材\第 3 章\公众号二维码 .psd、自媒体名人照片 .jpg、名人二维码 .psd、求关注按钮 .psd
	效果文件	效果\第 3 章\公众号求关注设计 .psd、公众号求关注设计 .jpg
	视频文件	视频\第 3 章\3.2 公众号设计：自媒体名人求关注设计 .mp4

3.2.1 制作矩形框背景效果

下面详细介绍制作公众号求关注界面中的矩形框背景效果的方法。

STEP 01 单击“文件”|“新建”命令，弹出“新建”对话框，设置“名称”为“公众号求关注设计”、“宽度”为 926 像素、“高度”为 976 像素、“分辨率”为 300 像素 / 英寸、“颜色模式”为“RGB 颜色”、“背景内容”为“白色”，如图 3-19 所示。单击“创建”按钮，新建一个空白图像。

STEP 02 选取工具箱中的矩形工具，在图像编辑窗口中绘制一个矩形框，设置“填充”为白色（RGB 参数值均为 255）、“描边”为灰色（RGB 参数值均为 130）、“描边宽度”为 1 点，效果如图 3-20 所示。

图 3-19 设置各选项

图 3-20 矩形框效果

STEP 03 复制“矩形 1”图层，得到“矩形 1 拷贝”图层，如图 3-21 所示。

STEP 04 复制矩形框，并适当调整其大小和位置，效果如图 3-22 所示。

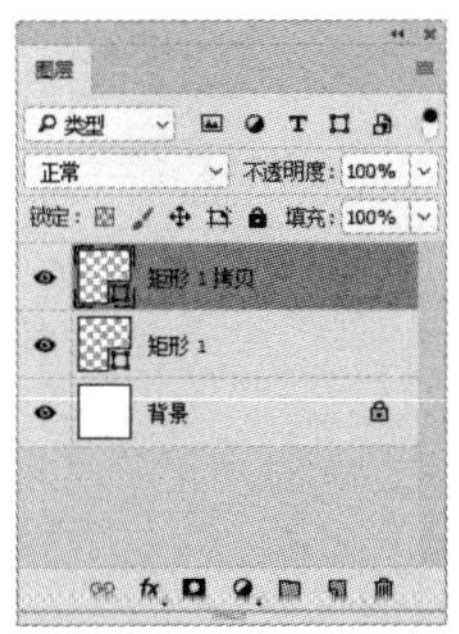

图 3-21 “矩形 1 拷贝”图层

图 3-22 调整大小、位置

3.2.2 制作公众号求关注主体效果

下面详细介绍制作公众号求关注主体效果的方法。

STEP 01 单击“文件”|“打开”命令，打开“公众号二维码 .psd”素材图像，运用移动工具将素材图像拖动至背景图像编辑窗口中的适当位置，如图 3-23 所示。

STEP 02 选取工具箱中的横排文字工具，在“字符”面板中设置“字体系列”为“方正兰亭纤黑”、“字体大小”为 10 点、“颜色”为黑色（RGB 参数值均为 0），在图像编辑窗口中输入文字，效果如图 3-24 所示。

图 3-23 拖动图像

图 3-24 绘制正圆选框

STEP 03 用同样的方法，输入其他的文字效果，如图 3-25 所示。

STEP 04 选取工具箱中的矩形工具，设置“填充”为灰色（RGB 参数值均为 217）、“描边”为无，在图像编辑窗口中绘制一个合适大小的矩形图像，效果如图 3-26 所示。

图 3-25 取消选区

图 3-26 设置 RGB 参数

STEP 05 选取工具箱中的横排文字工具，在“字符”面板中设置“字体系列”为“方正兰亭纤黑”、“字体大小”为 10 点、“颜色”为黑色（RGB 参数值均为 0），在图像编辑窗口中输入相应文字，效果如图 3–27 所示。

图 3–27　矩形选框效果

3.2.3　制作自媒体求关注主体效果

下面详细介绍制作自媒体名人求关注界面主体效果的方法。

STEP 01 按【Ctrl + O】组合键，打开“自媒体名人照片 .jpg”素材图像，运用移动工具将素材图像拖动至背景图像编辑窗口中，适当调整图像的位置和大小，效果如图 3–28 所示。

STEP 02 按【Ctrl + O】组合键，打开“名人二维码 .psd”素材图像，运用移动工具将素材图像拖动至背景图像编辑窗口中，适当调整图像的位置，效果如图 3–29 所示。

STEP 03 选取工具箱中的矩形工具，设置“填充”为灰色（RGB 参数值均为 217）、“描边”为无，在图像编辑窗口中绘制一个合适大小的矩形图像，如图 3–30 所示。

图 3–28　选择“通过剪切的图层”选项

图 3–29　调整图像位置

图 3–30　载入选区

STEP 04 复制多个矩形图像，并适当调整其位置，效果如图 3–31 所示。

STEP 05 选取工具箱中的横排文字工具，在“字符”面板中设置“字体系列”为“方正兰亭纤黑”、“字体大小”为 6.3 点、“颜色”为黑色（RGB 参数值均为 0），激活仿粗体图标T，在图像编辑窗口中输入相应文字，效果如图 3–32 所示。

STEP 06 按【Ctrl + O】组合键，打开“求关注按钮 .psd”素材图像，运用移动工具将素材图像拖动至背景图像编辑窗口中的合适位置处，效果如图 3–33 所示。

图 3–31　取消选区

图 3–32　输入文字

图 3–33　修改文本内容

3.3 小程序设计：婚纱摄影小程序界面设计

在制作婚纱摄影小程序界面时，运用两张婚纱主题照片来设计程序界面，让人一眼就能看明白页面的经营内容；色彩主要使用各种浅色来搭配，营造出浪漫唯美的氛围。

本实例最终效果如图 3–34 所示。

图 3–34　实例效果

配套资源下载	素材文件	素材\第 3 章\婚纱摄影小程序背景 .jpg、婚纱人物 .jpg、婚纱文字 1.psd、客服中心背景图 .jpg、婚纱文字 2.psd、导航栏图标 .psd
	效果文件	效果\第 3 章\婚纱摄影小程序设计 .psd、婚纱摄影小程序设计 .jpg
	视频文件	视频\第 3 章\3.3 小程序设计：婚纱摄影小程序界面设计 .mp4

3.3.1 制作首页广告效果

下面详细介绍制作首页广告效果的方法。

STEP 01 按【Ctrl + O】组合键，打开“婚纱摄影小程序背景 .jpg”素材图像，如图 3-35 所示。

STEP 02 按【Ctrl + O】组合键，打开“婚纱人物 .jpg”素材图像，如图 3-36 所示。

图 3-35　打开背景素材图像　　图 3-36　打开婚纱素材图像

STEP 03 单击“图像”|“调整”|“曲线”命令，弹出“曲线”对话框，在曲线上单击新建一个控制点，在下方设置“输入”为 156、“输出”为 180，单击“确定”按钮，如图 3-37 所示。

STEP 04 单击“图像”|“调整”|“自然饱和度”命令，弹出“自然饱和度”对话框，设置“自然饱和度”为 71，单击“确定”按钮，效果如图 3-38 所示。

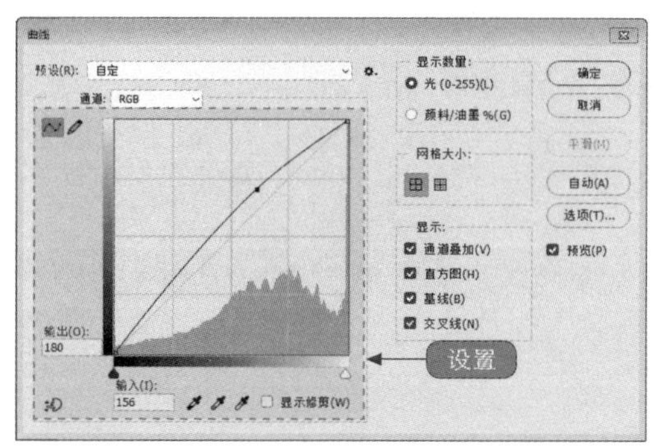

图 3-37 设置各参数

图 3-38 调整饱和度效果

专家指点

“曲线”命令是功能强大的图像校正命令，该命令可以在图像的整个色调范围内调整不同的色调，还可以对图像中的个别颜色通道进行精确地调整。在 Photoshop 中，用户使用“曲线”命令可以只针对一种色彩通道的色调进行处理，而且不影响其他区域的色调。

按【Ctrl + M】组合键，可以快速弹出“曲线”对话框。另外，若按住【Alt】键的同时，在对话框的网格中单击，网格显示将转换为 10×10 的网格显示比例，再次按住【Alt】键的同时单击，即可恢复至默认的 4×4 的网格显示状态。

STEP 05 运用移动工具将素材图像拖动至背景图像编辑窗口中，适当调整图像的大小和位置，效果如图 3-39 所示。

STEP 06 选取工具箱中的横排文字工具，设置“字体系列”为“方正大标宋简体”、“字体大小”为 50 点、“颜色”为深灰色（RGB 参数值均为 27），激活仿粗体图标**T**，在图像编辑窗口中输入文字，如图 3-40 所示。

STEP 07 选取工具箱中的矩形工具，在工具属性栏中设置“选择工具模式”为“形状”、“填充”为无、“描边”为灰色（RGB 参数值均为 151）、“描边宽度”为 2 像素，在图像编辑窗口中的适当位置绘制一个矩形形状，如图 3-41 所示。

STEP 08 按【Ctrl + O】组合键，打开“婚纱文字 1.psd”素材图像，运用移动工具将素材图像拖动至背景图像编辑窗口中，适当调整图像的位置，效果如图 3-42 所示。

图 3-39　拖动图像

图 3-40　输入文字

图 3-41　绘制矩形

图 3-42　添加文字素材

专家指点

在设计小程序 UI 时，需要对界面中的各个元素进行恰当的摆放，使画面看上去更有冲击力和美感，这就是构图。构图起初是绘画中的专有术语，后来广泛应用于摄影和平面设计等视觉艺术领域。

一个成功的小程序 UI 作品，大多都是拥有严谨的构图，能够使得作品重点突出，条理清晰，富有美感，赏心悦目，而且适当的构图形式还能提高设计效率。

3.3.2 制作服务中心效果

下面详细介绍制作婚纱摄影小程序客服中心背景效果的方法。

STEP 01 新建图层，选取工具箱中的矩形选框工具，在图像编辑窗口中绘制一个矩形选区，如图 3-43 所示。

STEP 02 为选区填充灰色（RGB 参数值均为 239），并取消选区，如图 3-44 所示。

图 3-43　绘制矩形选区

图 3-44　填充选区

STEP 03 按【Ctrl + O】组合键，打开“客服中心背景图 .jpg”素材图像，运用移动工具将素材图像拖动至背景图像编辑窗口中，适当调整图像的位置和大小，效果如图 3-45 所示。

STEP 04 按住【Ctrl】键的同时，单击“图层 3”图层的图层缩览图，载入选区，❶新建一个图层并填充黑色（RGB 参数值均为 0）；❷设置图层的“不透明度”为 30%，取消选区，效果如图 3-46 所示。

STEP 05 选取工具箱中的圆角矩形工具，在工具属性栏中设置“填充”为浅黄色（RGB 参数值分别为 255、251、203）、“描边”为无、“半径”为 10 像素，在图像编辑窗口中绘制一个圆角矩形，并设置其“不透明度”为 65%，如图 3-47 所示。

图 3-45　拖入背景素材　　　　图 3-46　图像效果

STEP 06 选取工具箱中的横排文字工具，设置“字体系列”为“方正细黑一简体”、“字体大小”为 40 点、“颜色”为黑色（RGB 参数值均为 0），并激活仿粗体图标 T，在图像编辑窗口中输入文字，如图 3-48 所示。

图 3-47　绘制圆角矩形　　　　图 3-48　输入文字

STEP 07 选择圆角矩形图像和文字图层，复制相应图层，并将其移动至合适位置，如图 3-49 所示。

STEP 08 选取工具箱中的圆角矩形工具设置“填充”为蓝色（RGB 参数值分别为 207、245、255），效果如图 3-50 所示。

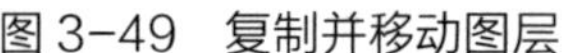
图 3-49 复制并移动图层

图 3-50 调整填充色

专家指点

把小程序界面的配色设计好，让界面更好看一点，更漂亮一点，这样就会在视觉上吸引用户，给小程序带来更多的流量。小程序的配色首先要简单，然后尽可能地反映品牌特性。对于进入小程序的用户来说，他们首先会被界面中的图片色彩吸引，然后根据色彩的走向对画面的主次进行逐一了解。

另外，为了让用户快速获知页面中的信息，在设计小程序界面时可以使用空间和组块有意识地突出重点内容，让界面看上去更加干净整洁。

STEP 09 选取工具箱中的横排文字工具，修改文本内容，效果如图 3-51 所示。

STEP 10 按【Ctrl + O】组合键，打开“婚纱文字 2.psd”素材图像，运用移动工具将素材图像拖动至背景图像编辑窗口中，适当调整图像的位置，效果如图 3-52 所示。

图 3-51　修改文本内容

图 3-52　拖动图像

3.3.3　制作彩色导航栏

下面详细介绍制作小程序彩色导航栏的方法。

STEP 01 选取工具箱中的直线工具，在工具属性栏中设置“选择工具模式”为“形状”、“粗细”为 2 像素、“填充”为灰色（RGB 参数值均为 195），在图像编辑窗口中绘制一个直线形状，如图 3-53 所示。

STEP 02 按【Ctrl ＋ O】组合键，打开“导航栏图标 .psd”素材图像，运用移动工具将素材图像拖动至背景图像编辑窗口中，适当调整图像的位置，效果如图 3-54 所示。

图 3-53　绘制直线

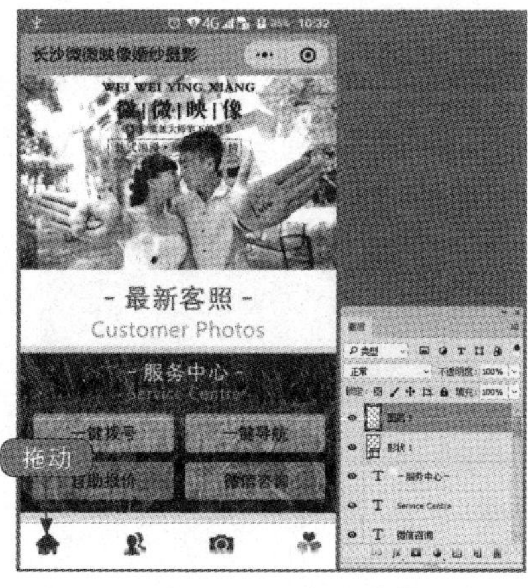

图 3-54　拖动图像

STEP 03 单击前景色色块，弹出“拾色器（前景色）”对话框，设置RGB参数值分别为213、161、141，单击“确定”按钮，如图3-55所示。

STEP 04 选取工具箱中的魔棒工具，在图像编辑窗口中适当位置单击，创建选区，并按【Alt + Delete】组合键为选区填充前景色，如图3-56所示，取消选区。

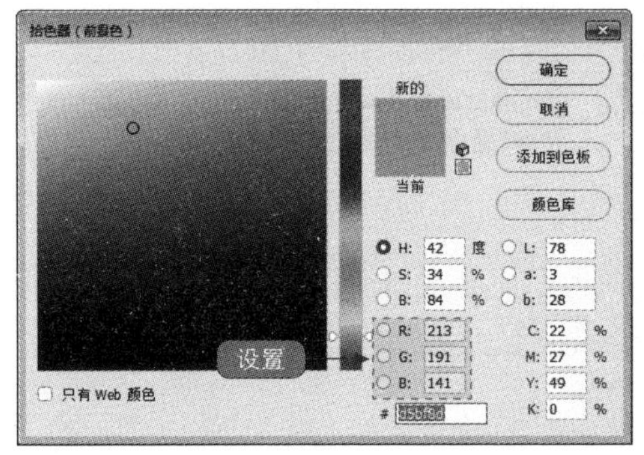

图3-55　设置前景色

图3-56　填充选区

STEP 05 选取工具箱中的横排文字工具，设置“字体系列”为“方正细黑一简体”、“字体大小”为9点、“设置所选字符的字距调整”为-25、“颜色”为深灰色（RGB参数值均为34），并激活仿粗体图标，在图像编辑窗口中输入文字，如图3-57所示。

STEP 06 选中相应文字，并修改颜色为棕色（RGB参数值分别为179、152、133），按【Ctrl + Enter】组合键确认输入，如图3-58所示。

图3-57　输入文字

图3-58　修改颜色

章前知识导读

在移动互联网时代，人们在捕捉信息时更倾向于选择各种资讯类的新媒体平台，如今日头条、一点资讯以及百度新闻等。因此，企业和自媒体人在进行营销推广时，需要重点针对这些新媒体资讯平台进行广告设计。

资讯平台：今日头条＋一点资讯＋百度新闻

新手重点索引

- 今日头条：企业品牌 LOGO 设计
- 一点资讯：主页横幅广告设计
- 百度新闻：图文推送广告封面设计

效果图片欣赏

4.1 今日头条：企业品牌 LOGO 设计

头像就等于辨认一个用户的标准，有时甚至比用户名还重要，因为眼睛一般是先读图，而不是文字。所以，一个有特色、能引起人注意力的今日头条头像，可以给企业带来更多的关注。本实例主要介绍企业头条号的头像设计，通过将企业的品牌 LOGO 作为头像，加强品牌在粉丝心中的记忆。

本实例最终效果如图 4-1 所示。

图 4-1　实例效果

配套资源下载	素材文件	素材 \ 第 4 章 \ 高光 .psd
	效果文件	效果 \ 第 4 章 \ 企业品牌 LOGO 设计 .psd、企业品牌 LOGO 设计 .jpg
	视频文件	视频 \ 第 4 章 \ 4.1 今日头条：企业品牌 LOGO 设计 .mp4

4.1.1 制作企业品牌 LOGO 主体效果

下面介绍制作头条号企业品牌 LOGO 主体效果的方法。

STEP 01 执行“文件 | 新建”命令，弹出“新建文档”对话框，在其中设置“名称”、“宽度”、“高度”、“分辨率”、“颜色模式”、“背景内容”等参数，如图 4-2 所示。

STEP 02 选取椭圆工具，在工具属性栏上选择工具模式为“路径”，在图像编辑窗口的正上方绘制一个合适大小的椭圆形路径，效果如图 4-3 所示。

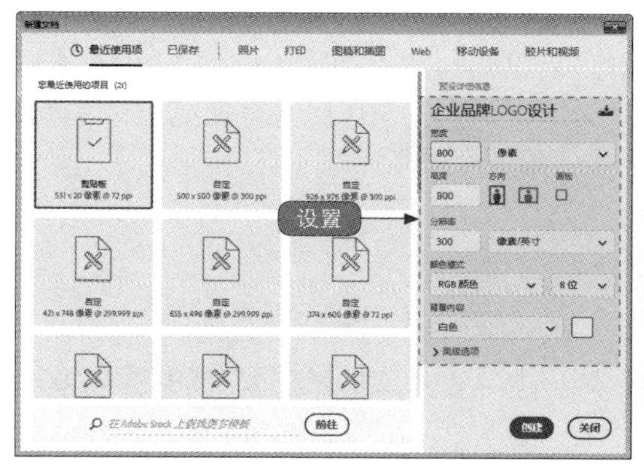

图 4-2 “新建文档”对话框

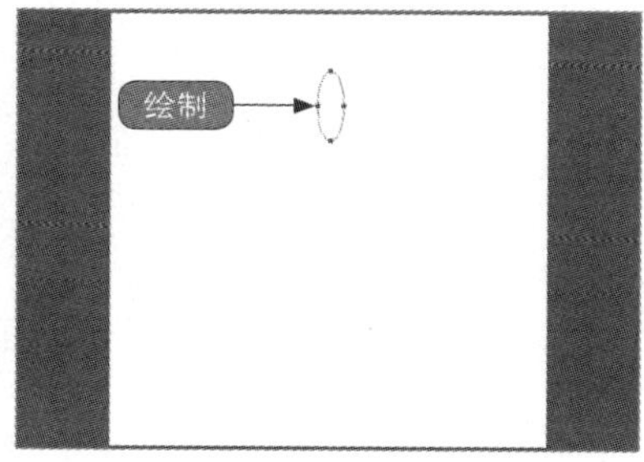

图 4-3 绘制椭圆路径

STEP 03 选取 (转换点工具)，将鼠标指针移至椭圆路径的上方锚点，此时鼠标指针呈 形状，效果如图 4-4 所示。

STEP 04 单击，即可将平滑锚点转换为尖突锚点，效果如图 4-5 所示。

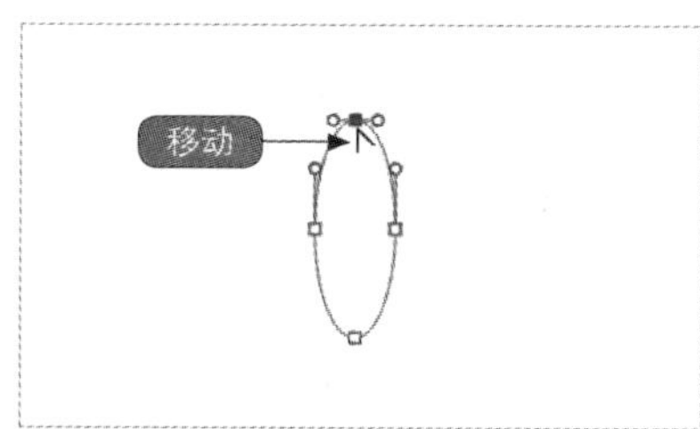

图 4-4 鼠标指针的形状

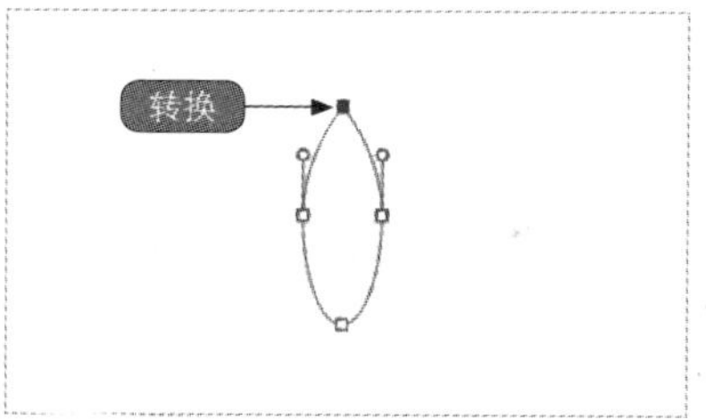

图 4-5 转换锚点 1

专家指点

“转换点工具”主要用于转换路径锚点的属性。若锚点为尖突锚点，运用转换点工具在锚点上单击并拖动，即可将该锚点转换为平滑锚点；若锚点为平滑锚点，在该锚点上单击，即可将平滑锚点转换为尖突锚点。

STEP 05 参照 STEP 03、STEP 04 的操作方法，将椭圆路径正下方的平滑锚点转换为尖突锚点，效果如图 4-6 所示。

STEP 06 按【Ctrl+Enter】组合键，将路径转换为选区，如图 4-7 所示。

图 4-6　转换锚点 2　　　　图 4-7　将路径转换为选区

STEP 07 新建“图层 1”图层，使用渐变工具为选区填充 RGB 参数值分别为（245、255、199）、（209、242、27）、（0、145、28）的三色线性渐变，如图 4-8 所示。

STEP 08 按【Ctrl+D】组合键，取消选区，效果如图 4-9 所示。

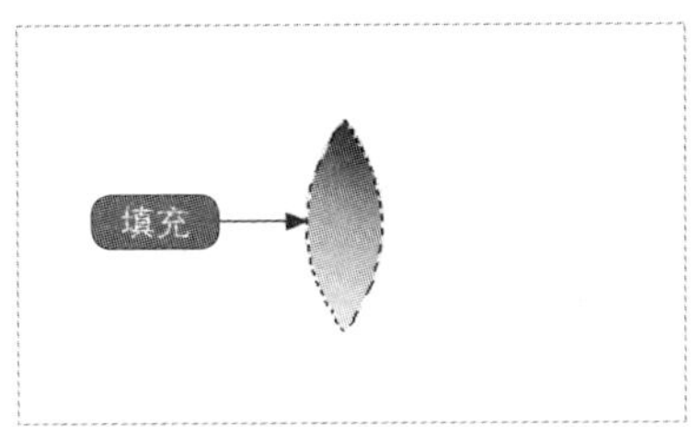

图 4-8　填充线性渐变

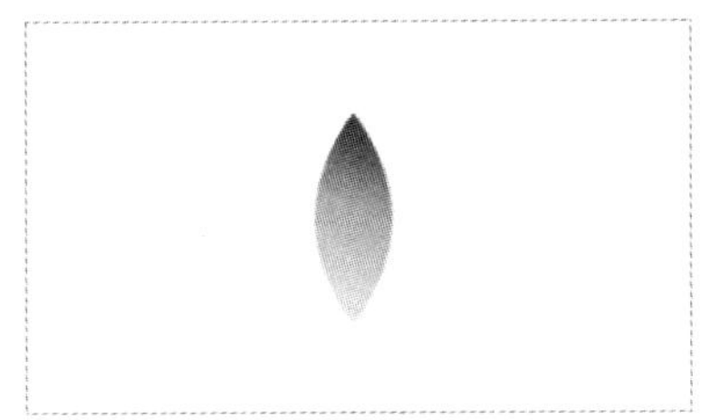

图 4-9　取消选区

STEP 09 双击“图层 1”图层，弹出“图层样式”对话框，选中“投影”复选框，各选项参数设置如图 4-10 所示。

STEP 10 选中“外发光”复选框，设置“发光颜色”的 RGB 参数值为 255、255、190，各选项设置如图 4-11 所示。

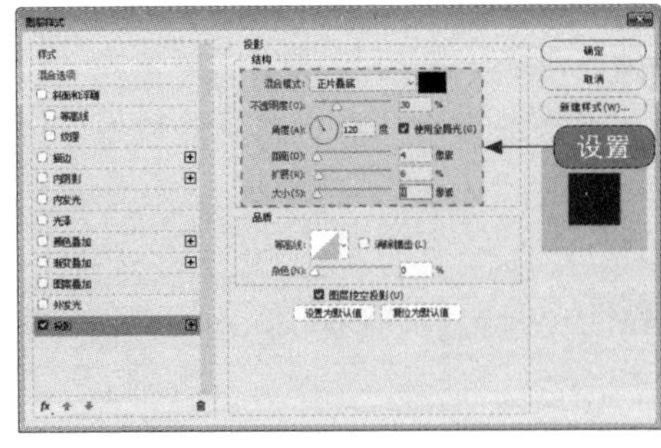

图 4-10　设置“投影”参数

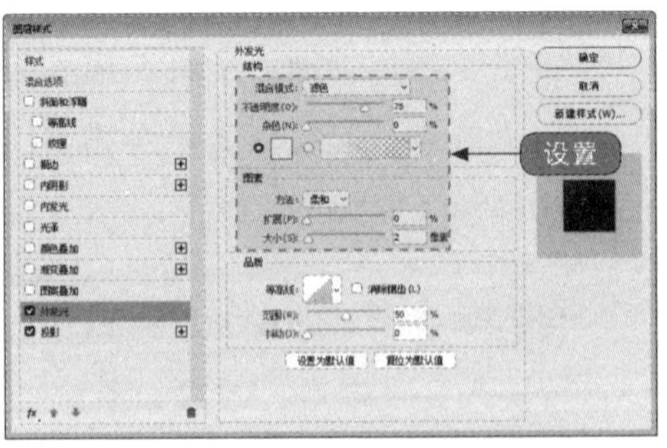

图 4-11　设置“外发光”参数

STEP 11 选中“光泽”复选框，设置“效果颜色”的 RGB 参数值为 253、255、239，各选项参数设置如图 4-12 所示。

STEP 12 设置完毕后单击“确定”按钮，即可为图像添加相应的图层样式，效果如图 4-13 所示。

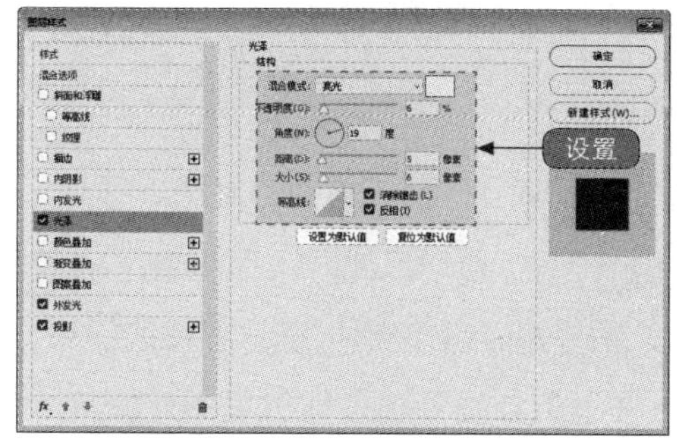

图 4-12 设置“光泽”参数

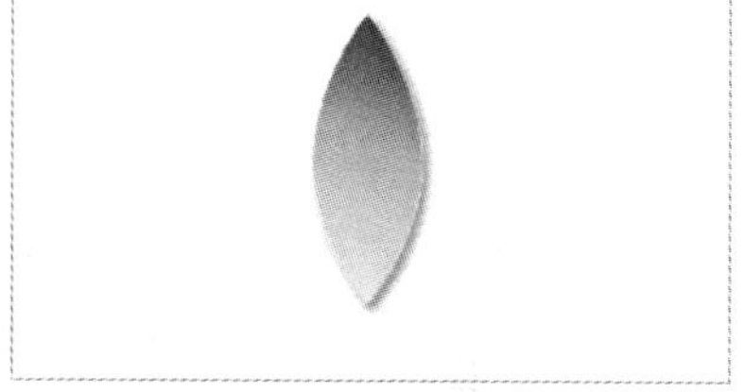

图 4-13 添加图层样式

STEP 13 按【Ctrl + O】组合键，打开“高光 .psd”素材图像，运用移动工具将其拖动至当前图像编辑窗口中，适当调整图像的大小和位置，效果如图 4-14 所示。

STEP 14 设置“图层 2”图层的混合模式为“叠加”、“不透明度”为 100%，改变图像效果，如图 4-15 所示。

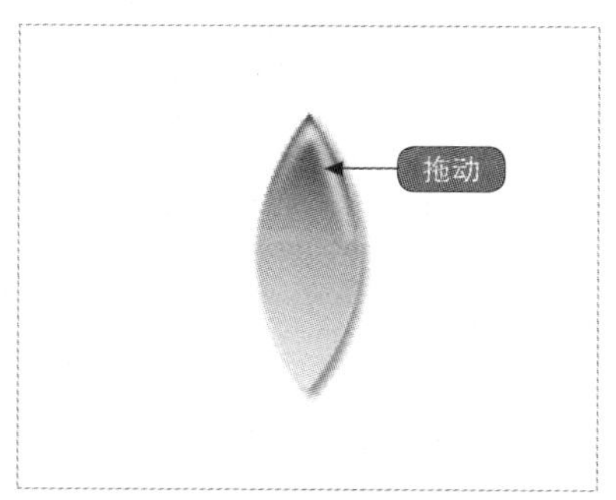

图 4-14 添加高光素材

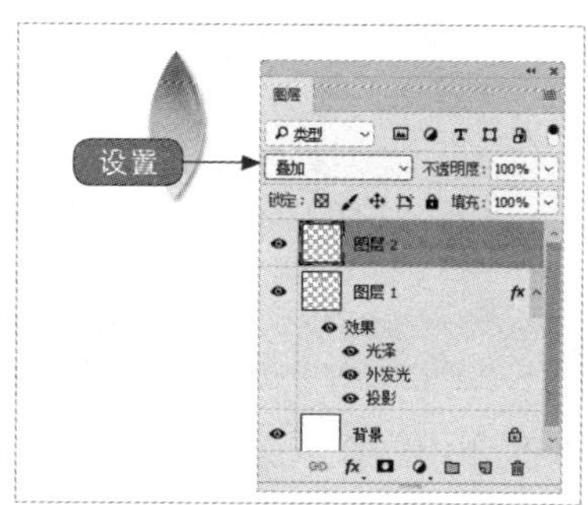

图 4-15 设置图层混合模式

STEP 15 复制“图层 1”图层和“图层 2”图层，将复制的图层进行合并，重命名为“花瓣 1”，如图 4-16 所示。

STEP 16 ❶复制“花瓣 1”图层，得到“花瓣 1 拷贝”图层；❷按【Ctrl+T】组合键，调出变换控制框并调整中心控制点的位置，效果如图 4-17 所示。

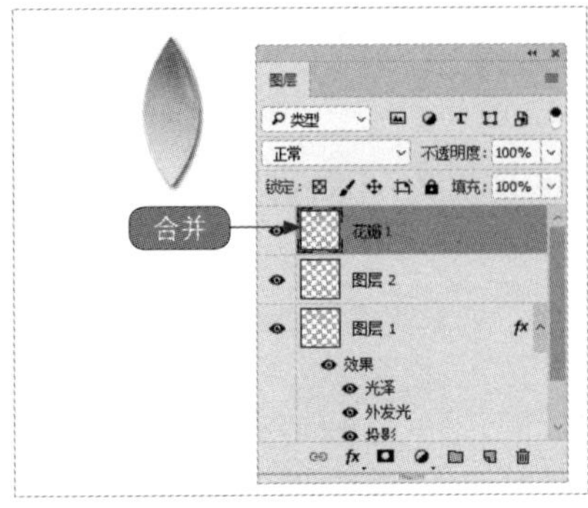

图 4-16　合并图层

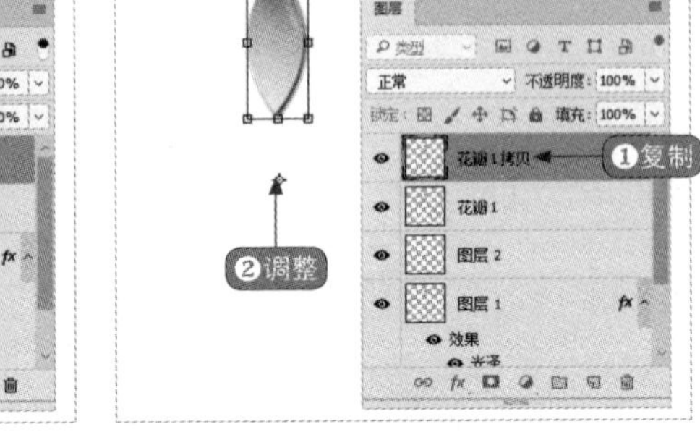

图 4-17　调整中心控制点

STEP 17 在工具属性栏上设置“旋转”为 45°，此时，图像随之进行相应角度的旋转，效果如图 4-18 所示，按【Enter】键即可确认图像的旋转。

STEP 18 按【Ctrl + Shift + Alt + T】组合键 6 次，即可复制并旋转图像 6 次，制作出花瓣图像，效果如图 4-19 所示。

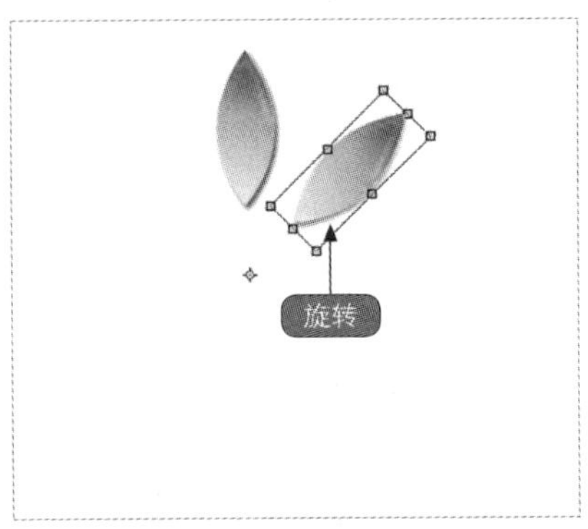

图 4-18　旋转图像

图 4-19　复制并旋转图像

4.1.2 制作企业品牌 LOGO 字符效果

下面介绍制作头条号企业品牌 LOGO 字符效果的方法。

STEP 01 使用横排文字工具在图像编辑窗口中输入符号，在“字符”面板中设置“字体系列”为“方正美黑简体”、“字体大小”为 30 点，激活仿斜体图标，使字符倾斜，效果如图 4-20 所示。

STEP 02 执行“图层 | 栅格化 | 文字”命令，将文字栅格化，并锁定 @ 图层的透明像素，如图 4-21 所示。

图 4-20 输入字符　　图 4-21 锁定 @ 图层的透明像素

专家指点

输入 @ 字符主要有两种方法，一种是按【Shift+2】组合键，另一种是通过软键盘的“特殊符号”选项插入该字符。

STEP 03 使用渐变工具为图像填充 RGB 参数值分别为（245、255、199）、（209、242、27）、（136、201、0）的径向渐变色，效果如图 4-22 所示。

STEP 04 双击 @ 图层，弹出“图层样式”对话框，选中“投影”复选框，各选项设置如图 4-23 所示。

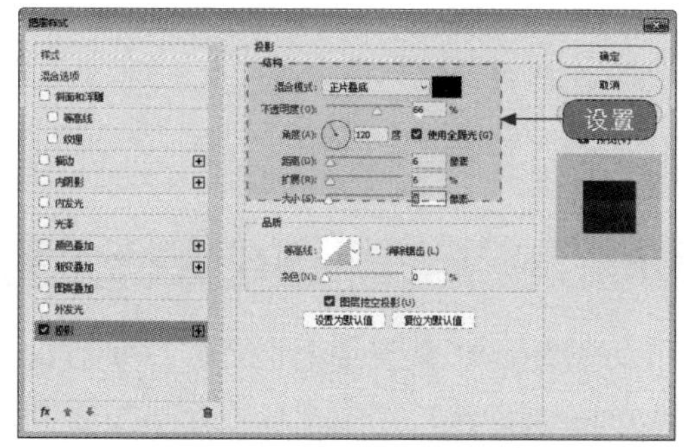

图 4-22 填充渐变色　　图 4-23 设置“投影”参数

STEP 05 选中“外发光”复选框，设置发光颜色的 RGB 参数值为 171、255、73，各参数设置如图 4-24 所示。

STEP 06 选中“光泽”复选框，设置效果颜色的 RGB 参数值为 255、232、232，各参数设置如图 4-25 所示。

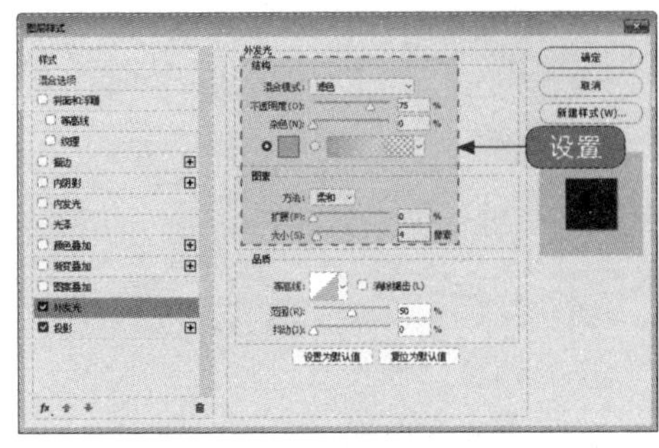

图 4-24　设置“外发光”参数

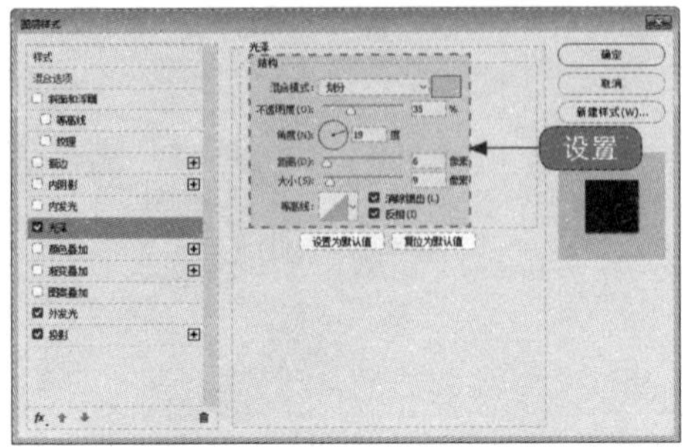

图 4-25　设置“光泽”参数

STEP 07 选中“颜色叠加”复选框，设置叠加颜色的 RGB 参数值为 30、22、22，各参数设置如图 4-26 所示。

STEP 08 设置完毕后单击“确定”按钮，即可为字符添加图层样式，效果如图 4-27 所示。

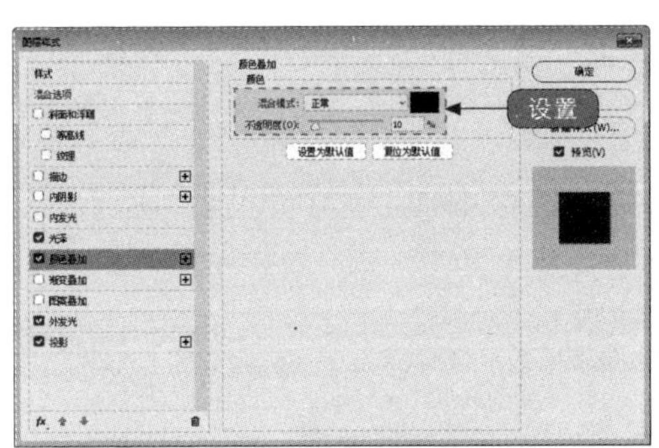

图 4-26　设置“颜色叠加”参数

图 4-27　应用图层样式

4.1.3 制作企业品牌 LOGO 文字效果

下面介绍制作头条号企业品牌 LOGO 文字效果的方法。

STEP 01 选取横排文字工具，在图像编辑窗口的下方单击并拖动，即可显示一个虚线框，至合适位置后释放鼠标，即可得到一个文本框，且有一个闪烁的光标，效果如图 4-28 所示。

STEP 02 选择一种输入法，输入文字，效果如图 4-29 所示。

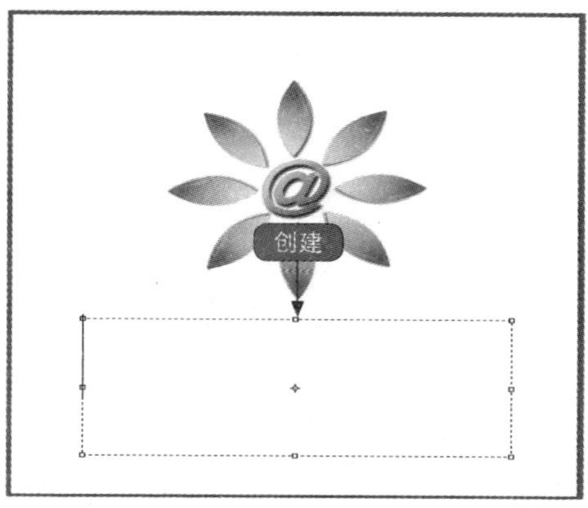

图 4-28 创建文本框

图 4-29 输入文字

专家指点

文本框通常应用于输入文字较多的情况下，当一行中所输入的文字超过文本框的宽度时，将自动转换至下一行。在文本框中输入文字后，可以根据需要对文本框的高度或宽度进行调整，以显示未显示的文字。

STEP 03 按【Enter】键，文字光标切换至另一行，效果如图 4-30 所示。

STEP 04 根据需要输入中文字的字母拼写，效果如图 4-31 所示。

图 4-30 换行

图 4-31 输入字母

STEP 05 使用横排文字工具选择文本框中的中文内容，展开"字符"面板，设置"字体系列"为"方正美黑简体"、"字体大小"为 12 点、"颜色"为深绿色（RGB 参数值分别为 10、50、0），效果如图 4-32 所示。

STEP 06 使用横排文字工具选择文本框中的字母拼写，展开"字符"面板，设置“字体系列”为 Elephant、“字体大小”为 6 点、“颜色”为深绿色（RGB 参数值分别为 10、50、0），如图 4–33 所示。

图 4–32 调整中文属性

图 4–33 调整字母拼写属性

STEP 07 设置完毕后，按【Ctrl+Enter】组合键确认，在“字符”面板中设置“行距”为 18 点，效果如图 4–34 所示。

STEP 08 展开“段落”面板，单击“居中对齐文本”按钮，再适当地调整文字的位置，本实例制作完毕，效果如图 4–35 所示。

图 4–34 设置行距效果

图 4–35 最终效果

4.2 一点资讯：主页横幅广告设计

在制作一点资讯平台中的主页横幅广告时，先调整背景图像的颜色并适当模糊再输入文字，为文字添加图层样式，即可完成设计。

本实例最终效果如图 4–36 所示。

图 4-36 实例效果

配套资源下载	素材文件	素材\第 4 章\横幅背景 .jpg、横幅广告文字 .psd、企业 LOGO.psd
	效果文件	效果\第 4 章\主页横幅广告设计 .psd、主页横幅广告设计 .jpg
	视频文件	视频\第 4 章\4.2 一点资讯：主页横幅广告设计 .mp4

4.2.1 制作主页横幅广告背景效果

下面介绍制作一点资讯平台主页横幅广告背景的方法。

STEP 01 按【Ctrl ＋ N】组合键，弹出“新建文档”对话框，❶设置“名称”为“主页横幅广告设计”、“宽度”为 1080 像素、“高度”为 271 像素、“分辨率”为 300 像素 / 英寸、“颜色模式”为“RGB 颜色”、“背景内容”为“白色”；❷单击“创建”按钮，新建一个空白图像，如图 4-37 所示。

STEP 02 按【Ctrl ＋ O】组合键，打开“横幅背景 .jpg”素材图像，如图 4-38 所示。

STEP 03 单击“窗口”|“调整”命令，展开“调整”面板，在其中单击“曲线”按钮，新建“曲线 1”调整图层，如图 4-39 所示。

STEP 04 在展开的“属性”面板中，在曲线上单击新建一个控制点，在下方设置“输入”为 129、“输出”为 152，效果如图 4-40 所示。

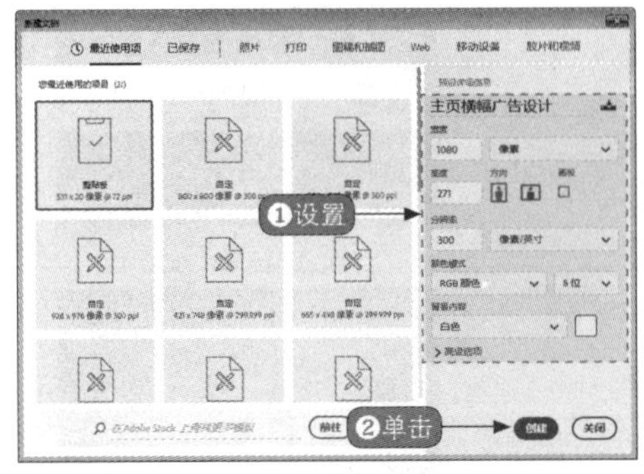

图 4-37　设置各选项

图 4-38　素材图像

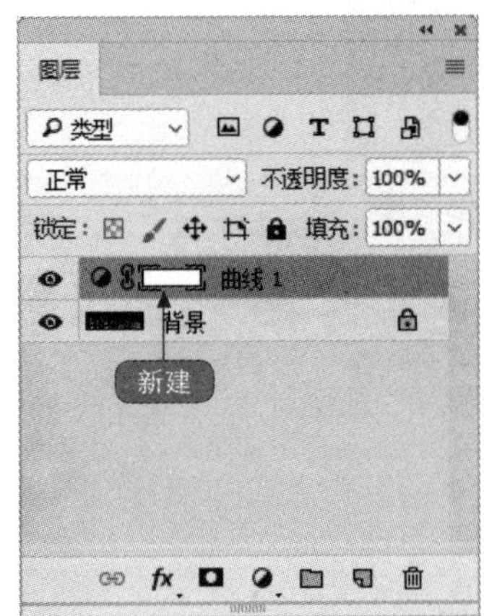

图 4-39　新建调整图层

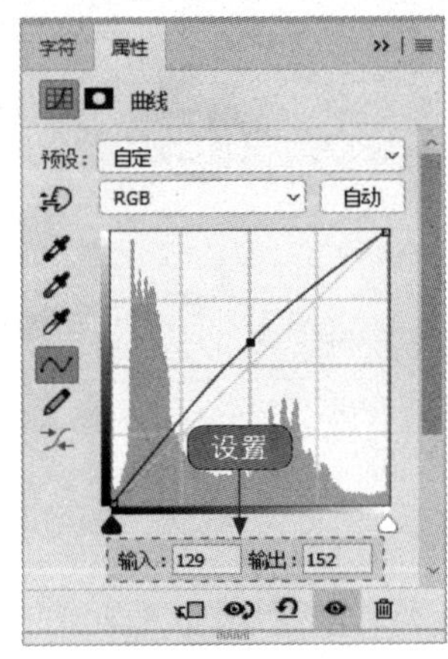

图 4-40　设置各参数

STEP 05 此时图像的亮度随之提高，效果如图 4-41 所示。

STEP 06 在“调整”面板中单击“自然饱和度”按钮，新建“自然饱和度 1”调整图层，在“属性”面板中，设置“自然饱和度”为 66、“饱和度”为 78，效果如图 4-42 所示。

图 4-41　提高亮度

图 4-42　饱和度效果

STEP 07 按【Shift + Ctrl + Alt + E】组合键，盖印可见图层，得到“图层 1”图层，如图 4-43 所示。

STEP 08 运用移动工具将素材图像拖动至背景图像编辑窗口中，适当调整图像的位置，效果如图 4–44 所示。

图 4–43　得到“图层 1”图层

图 4–44　拖动图像

STEP 09 单击“滤镜”|“模糊”|“方框模糊”命令，弹出“方框模糊”对话框，设置“半径”为 6 像素，如图 4–45 所示。

STEP 10 单击“确定”按钮，即可应用“方框模糊”滤镜，效果如图 4–46 所示。

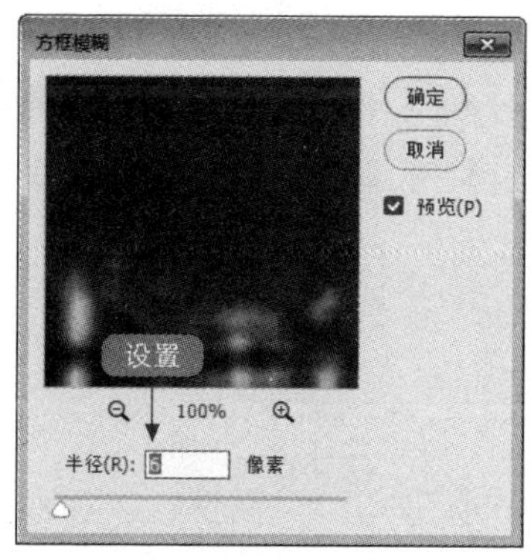

图 4–45　设置“半径”参数

图 4–46　图像效果

专家指点

“方框模糊”滤镜可以基于相邻像素的平均颜色值来模糊图像，生成类似于方块状的特殊模糊效果。“半径”值可以调整用于计算给定像素的平均值的区域大小。

4.2.2 制作主页横幅广告文字效果

下面介绍制作一点资讯平台主页横幅广告文字效果的方法。

STEP 01 选取工具箱中的横排文字工具，在“字符”面板中设置“字体系列”为“方正大黑简体”、“字体大小”为 17.5 点、“颜色”为白色（RGB 参数值均为 255），在图像编辑窗口中输入文字，如图 4-47 所示。

STEP 02 ❶单击“图层”面板底部的“添加图层样式”按钮；❷在弹出的快捷菜单中选择“渐变叠加”选项，效果如图 4-48 所示。

图 4-47　输入文字　　　　图 4-48　选择“渐变叠加”选项

STEP 03 打开“图层样式”对话框，单击“点按可编辑渐变”按钮，弹出“渐变编辑器”对话框，在“预设”列表框中选择“橙，黄，橙渐变”选项，如图 4-49 所示。

STEP 04 单击“确定”按钮，返回“图层样式”对话框，设置“不透明度”为 100%、“样式”为“线性”、“角度”为 90°，如图 4-50 所示。

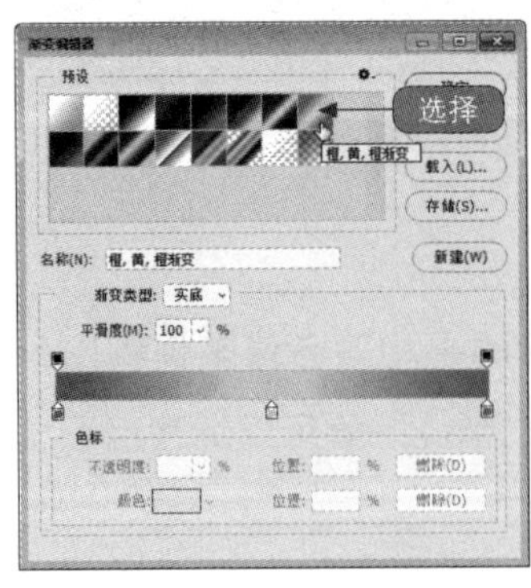

图 4-49　设置色标颜色

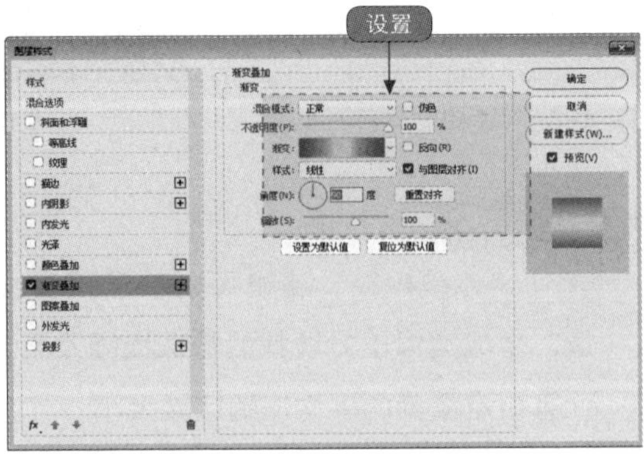

图 4-50　设置各选项

专家指点

渐变编辑器中的“位置”文本框中显示标记点在渐变效果预览条的位置，用户可以通过输入数字来改变颜色标记点的位置，也可以直接拖动渐变颜色带下端的颜色标记点。单击【Delete】键可将此颜色标记点删除。

在“预设”选项区中，前两个渐变色块是系统根据前景色和背景色自动设置的，若用户对当前的渐变色不满意，也可以在该对话框中通过渐变滑块对渐变色进行调整。

STEP 05 选中“投影”复选框，设置“不透明度”为 75%、“角度”为 90° 、“距离”为 7 像素、“扩展”为 0%、“大小”为 5 像素，如图 4-51 所示。

STEP 06 单击“确定”按钮，即可为文字添加相应图层样式，如图 4-52 所示。

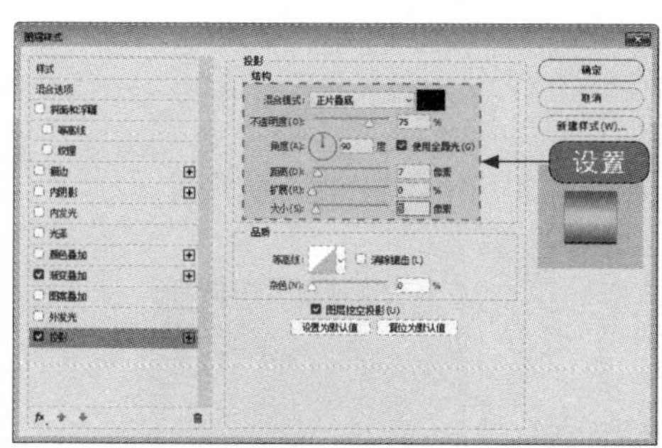

图 4-51　设置各选项

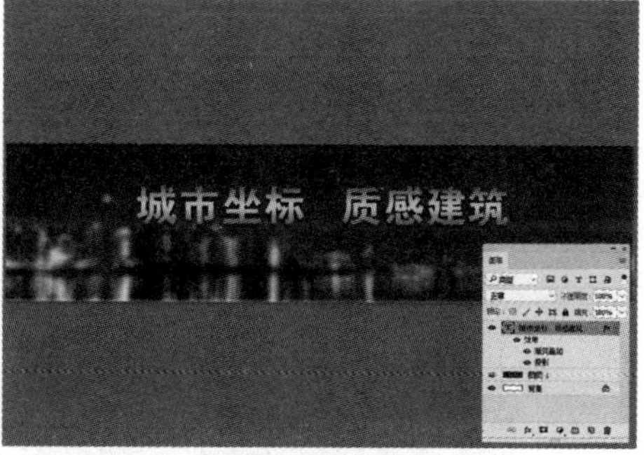

图 4-52　应用图层样式

STEP 07 按【Ctrl + O】组合键，打开“横幅广告文字 .psd”素材图像，运用移动工具将其拖动至当前图像编辑窗口中的适当位置处，效果如图 4-53 所示。

STEP 08 按【Ctrl + O】组合键，打开“企业 LOGO.psd”素材图像，运用移动工具将其拖动至当前图像编辑窗口中的适当位置处，效果如图 4-54 所示。

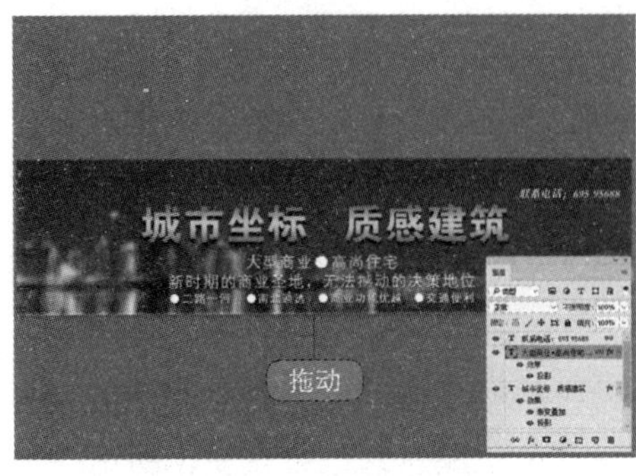

图 4-53 添加文字素材

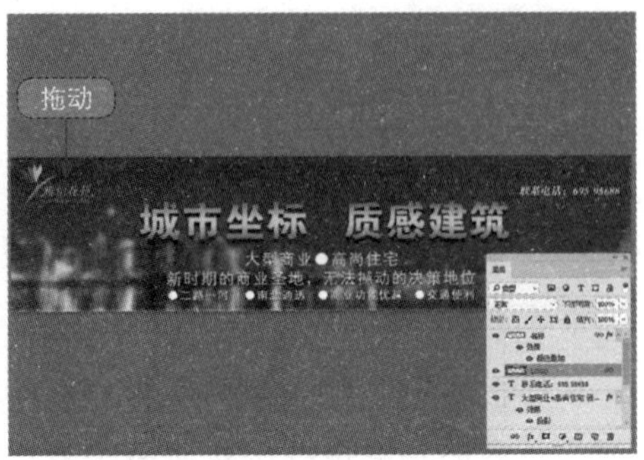

图 4-54 添加 LOGO 素材

4.3 百度新闻：图文推送广告封面设计

在制作百度新闻的图文推送广告封面设计时，先调整背景图像的偏色现象，添加相应素材并模糊背景，营造出真实的拍照场景和景深效果，突出产品的特点，最后输入适当的宣传文字，即可完成图文推送广告封面的设计。

本实例最终效果如图 4-55 所示。

图 4-55 实例效果

配套资源下载		
	素材文件	素材 \ 第 4 章 \ 封面背景 .jpg、全面屏手机 .jpg、标志 .psd
	效果文件	效果 \ 第 4 章 \ 图文推送广告封面设计 .psd、图文推送广告封面设计 .jpg
	视频文件	视频 \ 第 4 章 \ 4.3 百度新闻：图文推送广告封面设计 .mp4

4.3.1 制作广告封面背景效果

下面详细介绍制作百度新闻图文推送广告封面背景效果的方法。

STEP 01 按【Ctrl ＋ O】组合键，打开“封面背景.jpg”素材图像，如图 4–56 所示。

STEP 02 按【Ctrl ＋ M】组合键，弹出“曲线”对话框，❶在曲线上单击新建一个控制点；❷在下方设置“输入”为 120、“输出”为 150，如图 4–57 所示。

图 4–56 打开素材图像

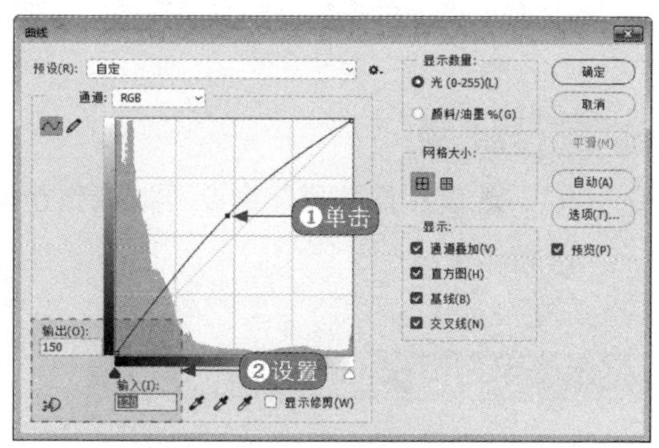

图 4–57 设置各参数

STEP 03 单击“确定”按钮，即可应用“曲线”调整图像亮度，效果如图 4–58 所示。

STEP 04 按【Ctrl ＋ B】组合键，弹出“色彩平衡”对话框，设置“色阶”各参数值分别为 +20、–13、–12，如图 4–59 所示。

图 4–58 调整图像亮度

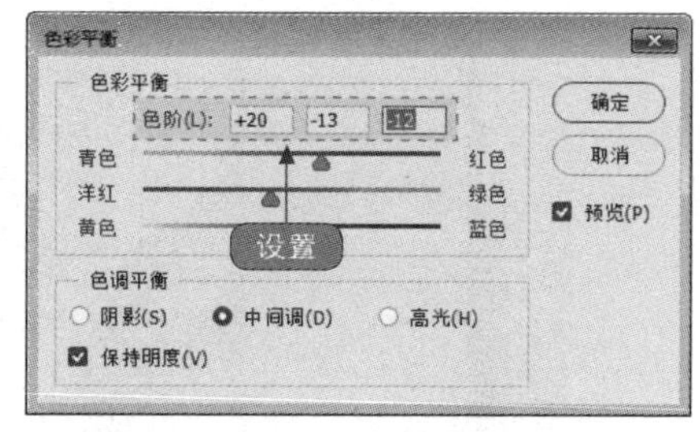

图 4–59 设置“色彩平衡”各参数

STEP 05 单击“确定”按钮，即可应用“色彩平衡”调整图像过于偏红的现象，效果如图 4–60 所示。

STEP 06 单击“图像”|“调整”|“自然饱和度”命令，弹出“自然饱和度”对话框，设置“饱和度”为 60，单击“确定”按钮，提高图像色彩的饱和度，效果如图 4-61 所示。

图 4-60 图像效果

图 4-61 提高图像饱和度

专家指点

“自然饱和度”命令可以调整整幅图像或单个颜色分量的饱和度和亮度值。

4.3.2 制作广告封面主体效果

下面详细介绍制作百度新闻图文推送广告封面主体效果的方法。

STEP 01 按【Ctrl + O】组合键，打开“全面屏手机 .jpg”素材图像，如图 4-62 所示。

STEP 02 按【Ctrl + J】组合键，复制“背景”图层，得到“图层 1”，并隐藏“背景”图像，如图 4-63 所示。

图 4-62 打开素材图像

图 4-63 复制图层

STEP 03 选取工具箱中的魔棒工具，在工具属性栏中设置“容差”为 20，在图像编辑窗口中白色区域单击，选中背景图像，如图 4-64 所示。

STEP 04 在选区内右击，在弹出的快捷菜单中选择“选取相似”选项，如图 4-65 所示。

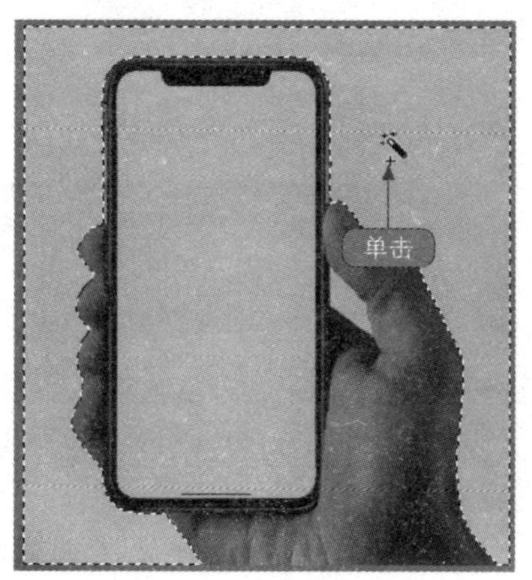

图 4-64 选中背景图像

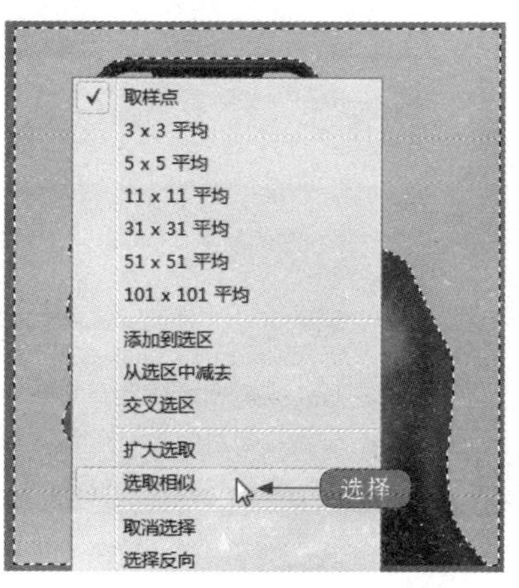

图 4-65 选择“选取相似”选项

专家指点

在移动选区的过程中，按住【Shift】键的同时，可沿水平、垂直或 45° 角方向进行移动，若使用键盘上的 4 个方向键来移动选区，按一次键移动一个像素，若按【Shift + 方向键】组合键，按一次键可以移动 10 个像素的位置，若按住【Ctrl】键的同时并拖动选区，则移动选区内的图像。“取消选择”命令相对应的快捷键为【Ctrl + D】组合键。

STEP 05 执行上述操作后，即可扩大选区，按【Delete】键，删除选区内的图像，如图 4-66 所示。

STEP 06 按【Ctrl + D】组合键，取消选区，运用移动工具将素材图像拖动至背景图像编辑窗口中，适当调整图像的大小和位置，效果如图 4-67 所示。

STEP 07 选取工具箱中的魔棒工具，选中部分图像，如图 4-68 所示。

STEP 08 在“图层”面板中选中“背景”图层，在选区内右击，在弹出的快捷菜单中选择“通过拷贝的图层”选项，如图 4-69 所示。

图 4-66　删除图像

图 4-67　拖动图像

图 4-68　选中部分图像

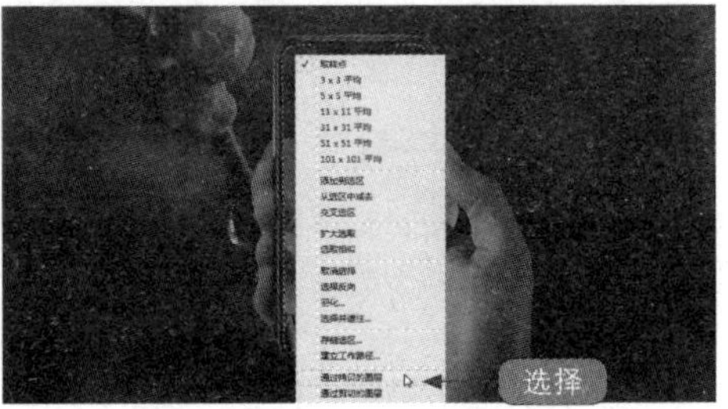

图 4-69　选择“通过拷贝的图层”选项

STEP 09 执行上述操作，即可复制选区内的图像，得到“图层 2”，如图 4-70 所示。

STEP 10 选中“背景”图层，单击“滤镜”|“模糊”|“方框模糊”命令，弹出“方框模糊”对话框，设置“半径”为 10 像素，单击“确定”按钮，效果如图 4-71 所示。

图 4-70　得到“图层 2”

图 4-71　图像效果

4.3.3　制作广告封面文案效果

下面详细介绍制作百度新闻图文推送广告封面文案效果的方法。

STEP 01 选取工具箱中的横排文字工具，在“字符”面板中设置“字体系列”为“方正细圆简体”、“字体大小”为 9 点、“颜色”为白色（RGB 参数值均为 255），并激活仿粗体图标，在图像编辑窗口中输入文字，如图 4-72 所示。

STEP 02 复制刚刚输入的文字，并移至合适位置，如图 4-73 所示。

图 4-72 输入文字

图 4-73 复制文字

STEP 03 在“字符”面板中设置“字体大小”为 8 点，如图 4-74 所示。

STEP 04 运用横排文字工具修改文本内容，如图 4-75 所示。

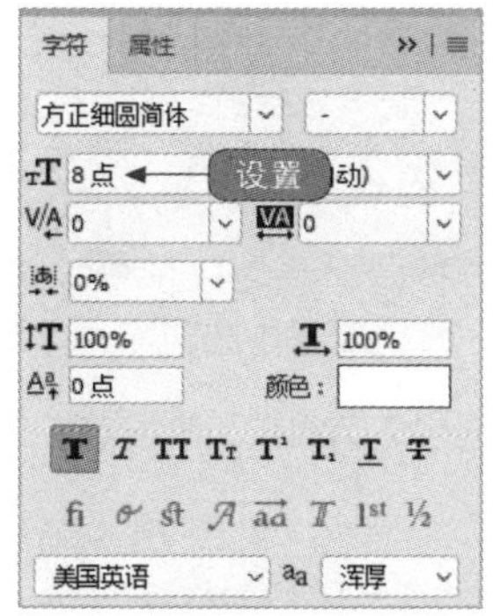

图 4-74 设置字体大小

图 4-75 修改文本内容

STEP 05 选中“LEMON R15”文字，在“字符”面板中设置“字体系列”为 Century Gothic，按【Ctrl + Enter】组合键确认输入，如图 4-76 所示。

STEP 06 选中“系列”文字，在“字符”面板中设置“字体大小”为 6.5 点，确认输入，效果如图 4-77 所示。

STEP 07 选取工具箱中的圆角矩形工具，在工具属性栏中设置“填充”为红色（RGB 参数值为 255、0、0）、“描边”为无、“半径”为 10 像素，在图像编辑窗口中绘制一个圆角矩形，如图 4-78 所示。

图 4–76　设置字体系列效果

图 4–77　调整字体大小效果

STEP 08 选中“圆角矩形 1”形状图层，右击，在弹出的快捷菜单中选择“混合选项”选项，打开“图层样式”对话框，❶选中“外发光”复选框；❷设置“混合模式”为“线性光”、“不透明度”为 32%、“扩展”为 6%、“大小”为 10 像素，如图 4–79 所示。

图 4–78　绘制圆角矩形

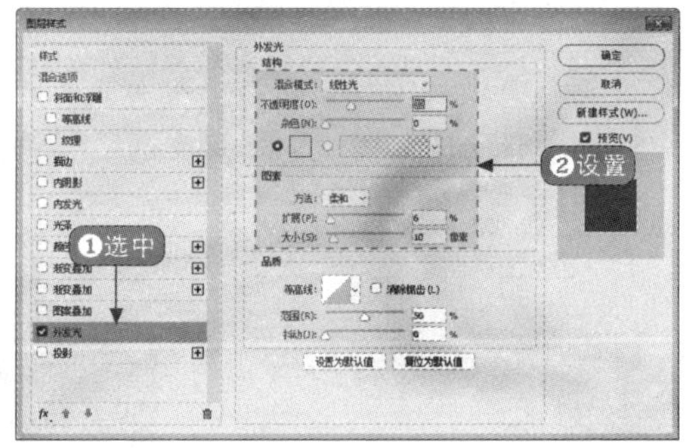

图 4–79　设置各选项

STEP 09 单击“确定”按钮，即可应用“外发光”图层样式，效果如图 4–80 所示。

STEP 10 按【Ctrl + O】组合键，打开“标志 .psd”素材图像，运用移动工具将素材图像拖动至背景图像编辑窗口中，适当调整图像的位置，效果如图 4–81 所示。

图 4–80　应用图层样式

图 4–81　添加相关素材

章前知识导读

除了资讯平台外，移动互联网时代还有各种新媒体平台，如社交媒体新浪微博、网络问答社区知乎以及以“书影音”起家的社区网站豆瓣等。本章主要介绍这些新媒体平台的头像设计、主图设计和广告设计技巧。

CHAPTER 5 媒体平台：新浪微博＋知乎＋豆瓣

新手重点索引

☑ 微博设计：微博主图设计　☑ 知乎设计：知乎账号头像设计

☑ 豆瓣设计：书店页面广告设计

效果图片欣赏

5.1 微博设计：微博主图设计

在制作微博主图时，先为背景填充纯色，再单独设计产品，加强产品图片的吸引力，最后设计文案效果，通过层次分明的文字突出产品的价格和特色。

本实例最终效果如图 5-1 所示。

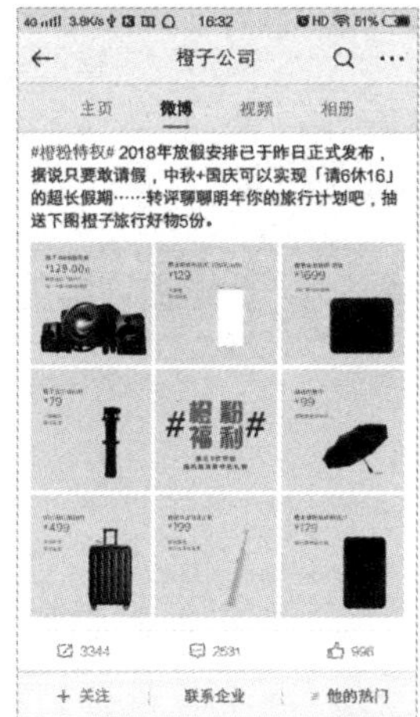

图 5-1　实例效果

配套资源下载		
	素材文件	素材 \ 第 5 章 \ 音响 .psd
	效果文件	效果 \ 第 5 章 \ 微博主图设计 .psd、微博主图设计 .jpg
	视频文件	视频 \ 第 5 章 \ 5.1 微博设计：微博主图设计 .mp4

5.1.1 制作微博主图主体效果

下面介绍制作微博主图主体效果的方法。

STEP 01 单击“文件”|“新建”命令，弹出“新建文档”对话框，❶设置相应选项，如图 5-2 所示。❷单击“创建”按钮，新建一个空白图像。

STEP 02 展开“图层”面板，❶新建“图层 1”图层；设置前景色为浅灰色（RGB 参数值均为 238），❷为“图层 1”图层填充前景色，如图 5-3 所示。

STEP 03 按【Ctrl + O】组合键，打开“音响 .psd”素材图像，如图 5-4 所示。

STEP 04 选取工具箱中的椭圆选框工具，在图像中创建一个椭圆选区，如图 5–5 所示。

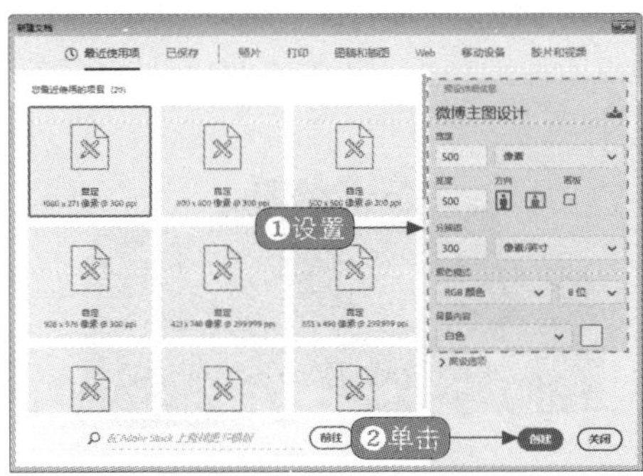

图 5–2　设置各选项

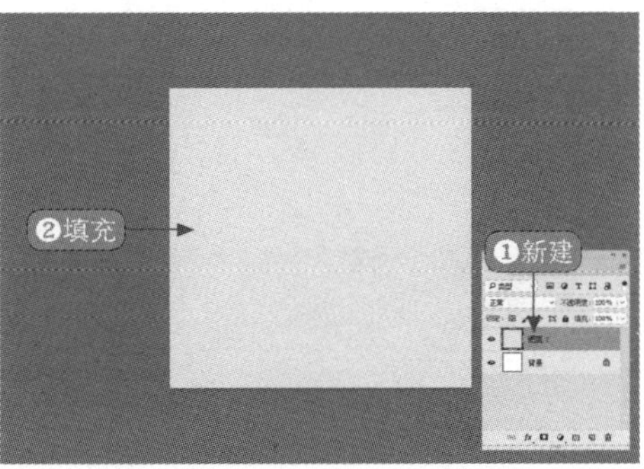

图 5–3　填充前景色

图 5–4　打开素材图像

图 5–5　创建选区

STEP 05 单击“选择”|“变换选区”命令，调出变换控制框，适当调整选区的角度，如图 5–6 所示。

STEP 06 按【Enter】键，确认变换，效果如图 5–7 所示。

图 5–6　调整选区的角度

图 5–7　确认变换

STEP 07 单击"图像"|"调整"|"亮度/对比度"命令，弹出"亮度/对比度"对话框，设置"亮度"为31、"对比度"为50，如图5-8所示。

STEP 08 单击"确定"按钮，调整选区内图像的亮度，并取消选择，效果如图5-9所示。

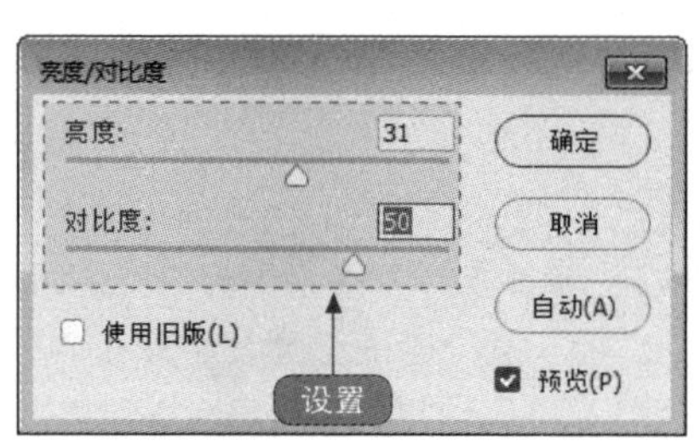

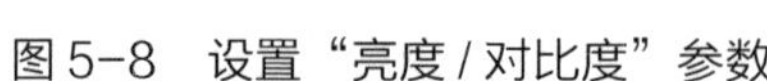

图5-8　设置"亮度/对比度"参数

图5-9　图像效果

STEP 09 单击"滤镜"|"渲染"|"镜头光晕"命令，弹出"镜头光晕"对话框，设置"亮度"为100%、"镜头类型"为"电影镜头"，如图5-10所示。

STEP 10 适当调整光晕位置，单击"确定"按钮，即可为图像添加"镜头光晕"滤镜效果，如图5-11所示。

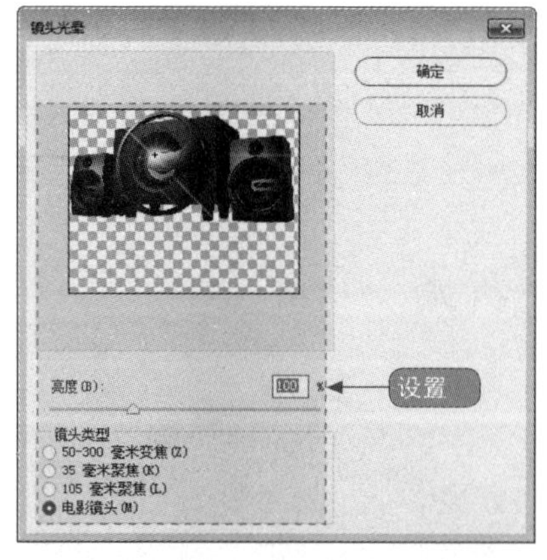

图5-10　设置"镜头光晕"参数

图5-11　添加滤镜效果

STEP 11 在"图层"面板中选择"图层2"图层中的图像，如图5-12所示。

STEP 12 运用移动工具将其拖动至背景图像编辑窗口中，适当调整图像的大小和位置，效果如图5-13所示。

图 5-12　选择“图层 2”图层

图 5-13　拖动图像至编辑器

专家指点

微博平台相对于其他新媒体平台来说，可设计的空间较少，所以更应该好好利用仅有的几个小空间，最大限度地展示产品的优势与特点，让用户可以更快、更好地了解微博账号的主要内容和主营业务。

5.1.2　制作微博主图文字效果

下面介绍制作微博主图文字效果的方法。

STEP 01 选取工具箱中的横排文字工具，在“字符”面板中设置“字体系列”为“方正细圆简体”、“字体大小”为 5 点、“设置所选字符的字距调整”为 100、“颜色”为灰色（RGB 参数值均为 94），并激活仿粗体图标，如图 5-14 所示。

STEP 02 在图像编辑窗口中输入相应文字，如图 5-15 所示。

STEP 03 选取工具箱中的横排文字工具，在“字符”面板中设置“字体系列”为“微软雅黑”、“字体大小”为 9.5 点、“设置所选字符的字距调整”为 100、“颜色”为橙色（RGB 参数值分别为 249、55、0），在图像编辑窗口中输入文字，如图 5-16 所示。

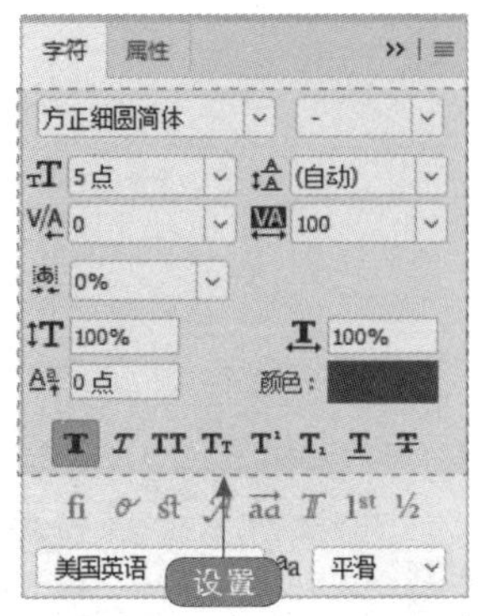

图 5-14　设置字符属性

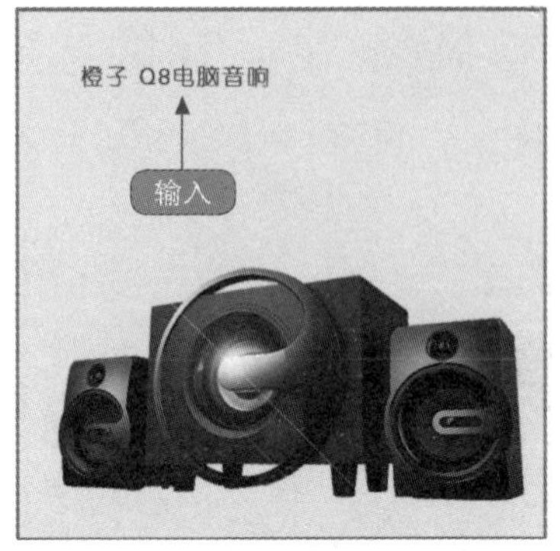

图 5-15　输入文字（1）

STEP 04 选中“¥”符号，在“字符”面板中激活上标图标，如图 5-17 所示。

图 5-16　输入文字（2）

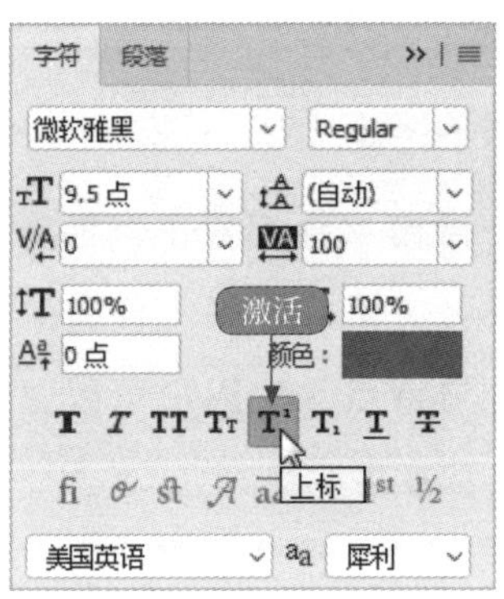

图 5-17　激活上标图标

专家指点

文字是多数设计作品尤其是商业作品中不可或缺的重要元素，有时甚至在作品中起到主导作用，Photoshop 除了提供丰富的文字属性设计及版式编排功能外，还允许对文字的形状进行编辑，以便制作出更多、更丰富的文字效果。

STEP 05 选中“起”文字，设置“字体大小”为 5 点，效果如图 5-18 所示。

STEP 06 选取工具箱中的横排文字工具，在“字符”面板中设置“字体系列”为“方正兰亭超细黑简体”、“字体大小”为 4 点、“设置所选字符的字距调整”为 150、“颜色”为黑色（RGB 参数值均为 0），并激活仿粗体图标，在图像编辑窗口中输入文字，如图 5-19 所示。

图 5-18　调整字体大小效果

图 5-19　输入文字（3）

5.2 知乎设计：知乎账号头像设计

问答平台是网络营销中经常用到的一种平台类型，最具代表性的有百度知道和腾讯 SOSO，而知乎作为问答平台中最有知识社交性的平台，建议运营者把知乎加入新媒体运营中。本实例设计的是知乎平台上的自媒体账号头像，这是一个房地产达人账号的头像，主要运用多边形套索工具、渐变工具和"通过剪切的图层"命令等来制作。

本实例最终效果如图 5-20 所示。

图 5-20　实例效果

配套资源下载	素材文件	素材\第 5 章\星形 .psd、星形立体 .psd、阴影 .psd、头像文字 .psd
	效果文件	效果\第 5 章\知乎账号头像设计 .psd、知乎账号头像设计 .jpg
	视频文件	视频\第 5 章\5.2 知乎设计：知乎账号头像设计 .mp4

5.2.1 制作知乎账号头像背景效果

下面介绍制作房地产达人知乎账号头像背景效果的方法。

STEP 01 新建一个名为“知乎账号头像设计”、“宽度”为 1000 像素、“高度”为 708 像素、“分辨率”为 150 像素 / 英寸、“颜色模式”为 RGB、“背景内容”为白色的空白文档，如图 5-21 所示。

STEP 02 新建“图层 1”图层，使用渐变工具为其填充白色、蓝灰色（RGB 参数值为 0、28、67）的径向渐变色，如图 5-22 所示。

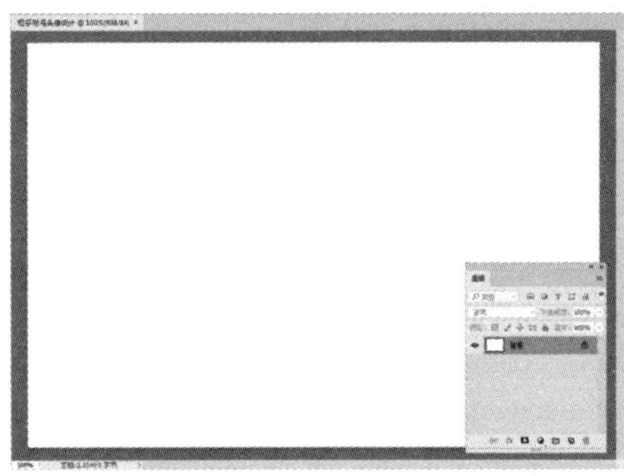

图 5-21　创建空白文档

图 5-22　填充径向渐变色

STEP 03 单击“滤镜”|“杂色”|“添加杂色”命令，弹出“添加杂色”对话框，设置“数量”为 15，选中“平均分布”单选按钮和“单色”复选框，如图 5-23 所示。

STEP 04 单击“确定”按钮，即可为图像添加杂色，效果如图 5-24 所示。

专家指点

添加杂色可以在图像中添加带有随机分布色阶的像素，设置的“数量”越大，添加的杂色就越多，反之就越小。

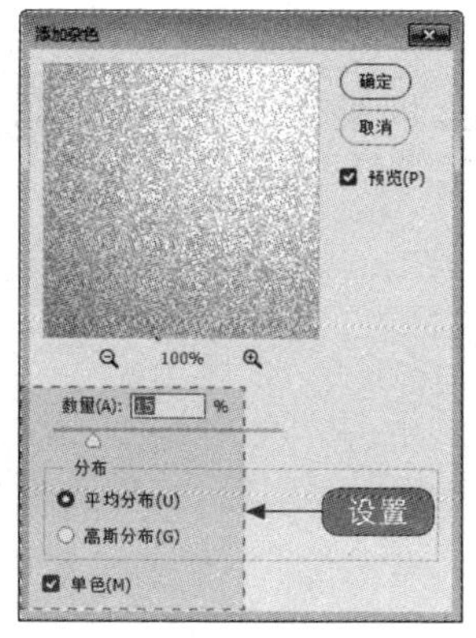

图 5-23 设置“添加杂色”选项

图 5-24 添加杂色

STEP 05 执行“滤镜”|“模糊”|“动感模糊”命令，弹出“动感模糊”对话框，设置“角度”为 0、“距离”为 300，效果如图 5-25 所示。

STEP 06 单击“确定”按钮，即可为图像添加“动感模糊”滤镜，效果如图 5-26 所示。

图 5-25 应用动感模糊滤镜

图 5-26 应用动感模糊滤镜

5.2.2 制作知乎账号头像主体效果

下面介绍制作房地产达人知乎账号头像主体效果的方法。

STEP 01 打开“星形 .psd”素材图像，运用移动工具将其拖动至背景图像编辑窗口中的合适位置处，效果如图 5-27 所示。

STEP 02 按【Ctrl+R】组合键，显示标尺，根据需要在图像编辑窗口中的星形图像上分别创建一条水平参考线和垂直参考线，效果如图 5-28 所示。

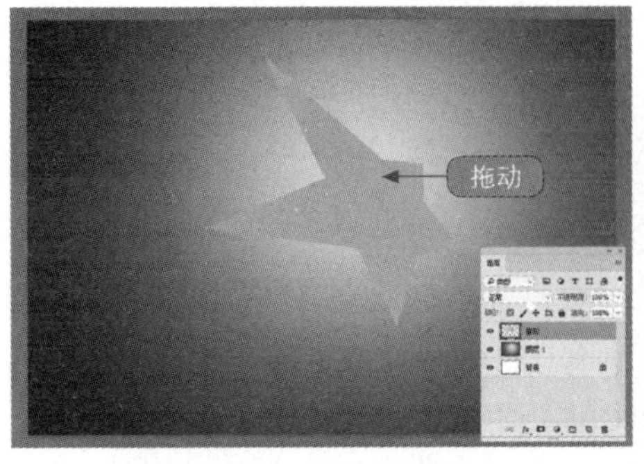

图 5-27　添加素材图像

图 5-28　创建参考线

STEP 03 将多边形套索工具移至参考线交叉点上，单击创建起始点，效果如图 5-29 所示。

STEP 04 将鼠标指针移至星形图像的一个尖突角上并单击，效果如图 5-30 所示。

图 5-29　创建起始点

图 5-30　移至星形尖突角

STEP 05 用同样的方法，运用多边形套索工具在星形的凹角点上单击，再回到起始点，鼠标指针呈 形状时单击，效果如图 5-31 所示。

STEP 06 此时创建了一个多边形选区，效果如图 5-32 所示。

STEP 07 执行“图层” | “新建” | “通过剪切的图层”命令，得到“图层 2”图层，选区内的图像与原图像分离，效果如图 5-33 所示。

STEP 08 选中“图层 2”图层，锁定该图层的透明像素，再使用渐变工具为图像填充 RGB 参数值分别为（255、255、0）、（185、116、0）、（87、56、0）的三色线性渐变色，效果如图 5-34 所示。

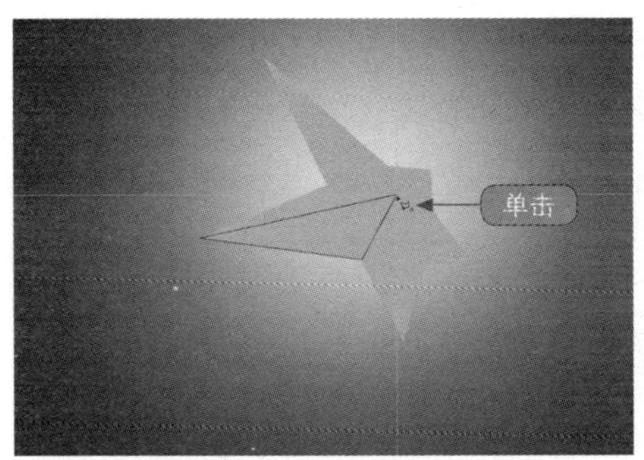

图 5-31 鼠标指针形状

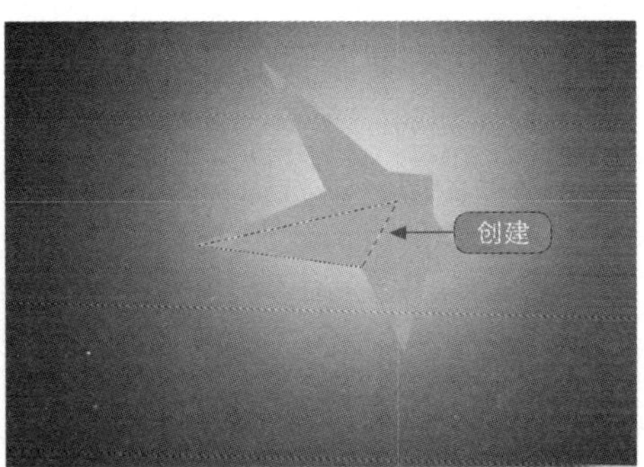

图 5-32 创建多边形选区

图 5-33 分离图像

图 5-34 填充线性渐变色

STEP 09 打开“星形立体 .psd”素材图像，运用移动工具将其拖动至背景图像编辑窗口中的合适位置处，效果如图 5-35 所示。

STEP 10 在“图层”面板中，隐藏“背景”图层和“图层 1”图层，并盖印图层得到“图层 12”图层，如图 5-36 所示。

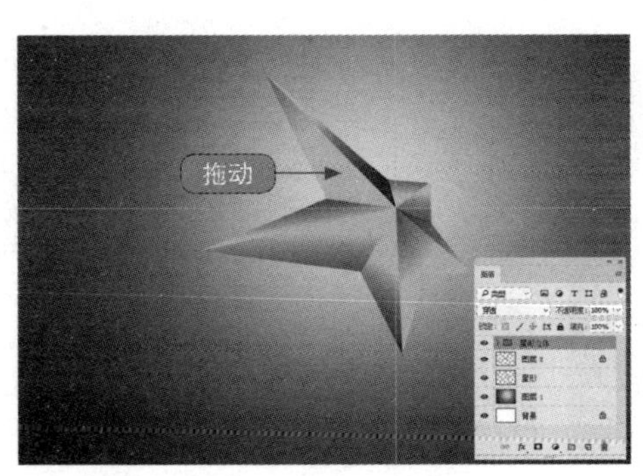

图 5-35 添加立体装饰素材

图 5-36 盖印图层

专家指点

单击“图层”面板中的图层名称，即可选择该图层，它会成为当前图层，该方法是最基本的选择方法。

STEP 11 在“图层”面板中，显示“背景”图层、“图层 1”图层和“图层 12”图层，并隐藏其他所有图层，如图 5-37 所示。

STEP 12 按住【Ctrl】键的同时，单击“图层 12”图层前的缩览图，调出原来星形图像的选区，效果如图 5-38 所示。

图 5-37　隐藏相应图层

图 5-38　调出选区

STEP 13 选取移动工具，按住【Alt+Ctrl】键的同时，循环按下【→】方向键和【↑】方向键，创建出星形的立体面，效果如图 5-39 所示。

STEP 14 执行“图层”|“新建”|“通过拷贝的图层”命令，拷贝选区内的图像，得到新图层并将其命名为“星形 2”，效果如图 5-40 所示。

图 5-39　创建立体面

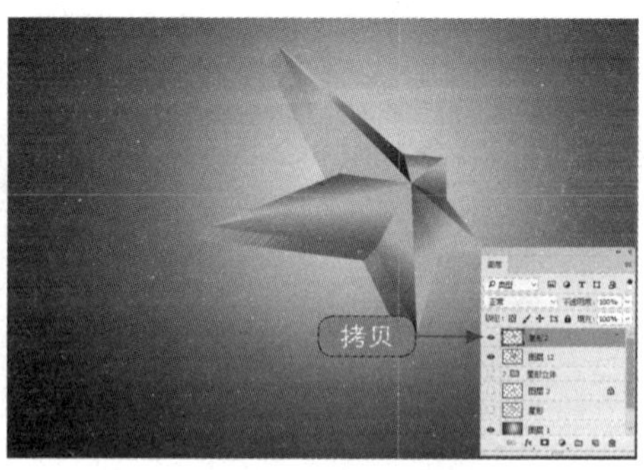

图 5-40　拷贝图层

专家指点

按【Ctrl+J】组合键，可以拷贝当前所选择的图层，若在图像中创建了相应的选区，则会拷贝选区内的图像，并得到新的图层。

STEP 15 在“图层 12”图层上方新建“亮度 / 对比度 1”调整图层，展开调整面板，设置“亮度”为 -60、“对比度”为 -10，执行操作后，即可调整图像的亮度 / 对比度，效果如图 5-41 所示。

STEP 16 选择“亮度 / 对比度 1”调整图层，右击，在弹出的快捷菜单中选择“创建剪贴蒙版”选项，改变图像效果，如图 5-42 所示。

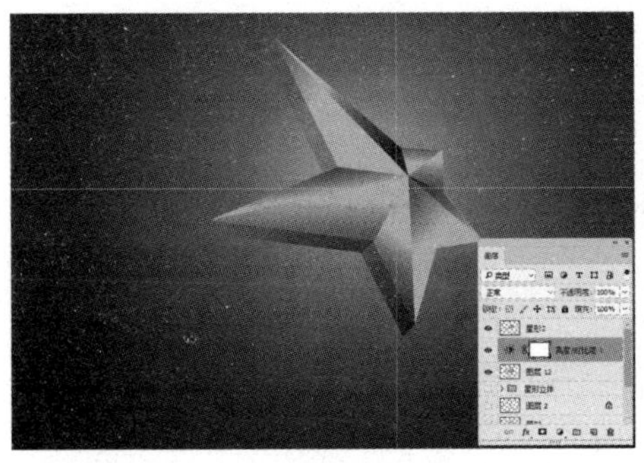
图 5-41　调整亮度 / 对比度效果

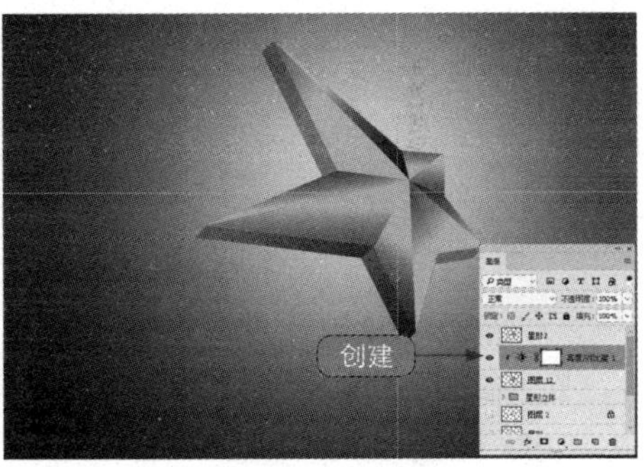

图 5-42　图像效果

5.2.3 制作知乎账号头像文字效果

下面介绍制作房地产达人知乎账号头像文字效果的方法。

STEP 01 打开“阴影 .psd”素材图像，运用移动工具将其拖动至背景图像编辑窗口中的合适位置处，改变图层顺序，效果如图 5-43 所示。

STEP 02 使用横排文字工具输入文字，调整好文字的属性，效果如图 5-44 所示。

STEP 03 双击文字图层，弹出“图层样式”对话框，选中“投影”复选框，各选项设置如图 5-45 所示。

STEP 04 选中“渐变叠加”复选框，设置“渐变”的 RGB 参数值分别为（222、150、0）、（255、253、63）、（255、213、1），其他参数设置如图 5-46 所示。

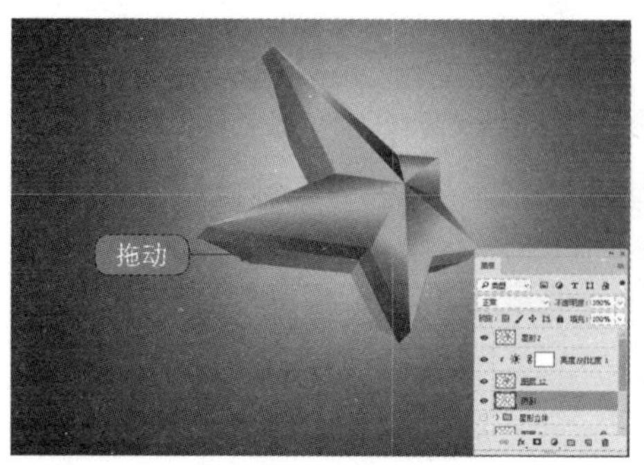

图 5-43　添加阴影素材

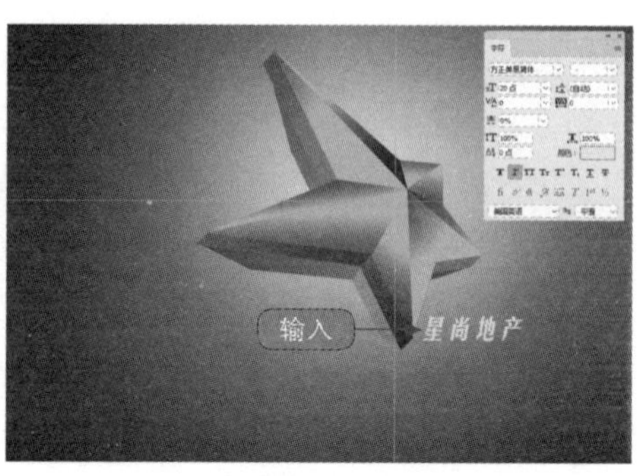

图 5-44　输入文字

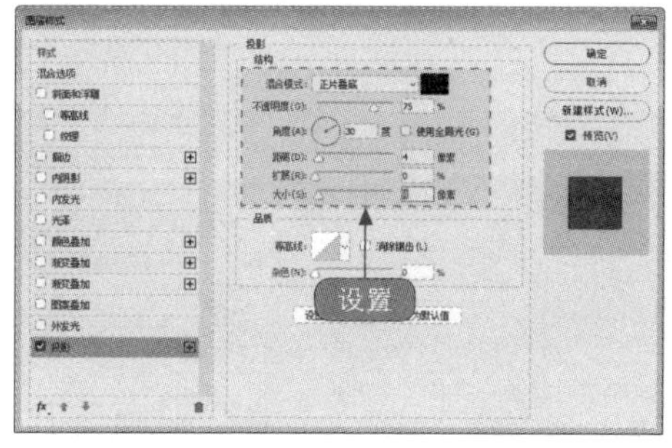

图 5-45　“图层样式”对话框

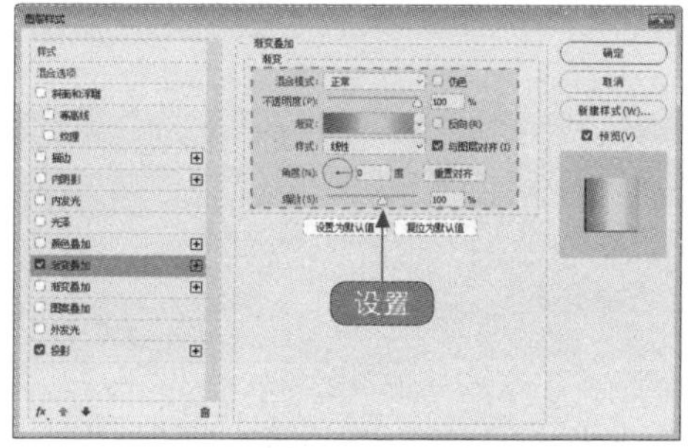

图 5-46　设置“渐变叠加”参数

STEP 05 设置完毕后，单击“确定”按钮，即可为图像添加图层样式，效果如图 5-47 所示。

STEP 06 打开“头像文字 .psd”素材图像，运用移动工具将其拖动至背景图像编辑窗口中的合适位置处，效果如图 5-48 所示。

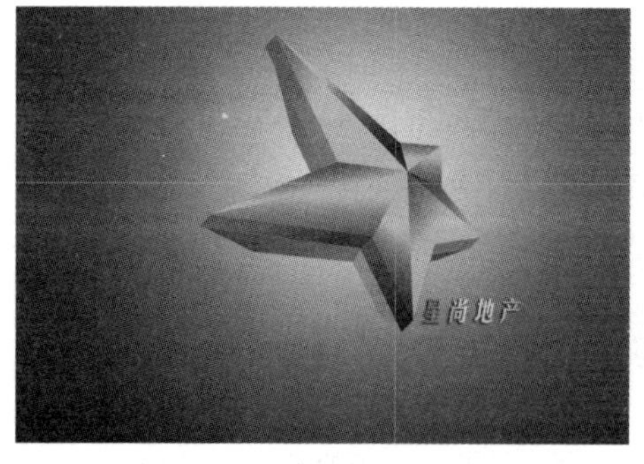

图 5-47　应用图层样式

图 5-48　添加素材图像

专家指点

当用户只需要复制原图像中的某个图层样式时，可以在“图层”面板中按住【Alt】键的同时，单击并拖动这个图层样式至目标图层中即可。

5.3 豆瓣设计：书店页面广告设计

在制作豆瓣平台的文章页面广告时，先打开并拖动素材图像，调整图像的亮度，输入相应的商品信息，最后再将图像拖动至豆瓣界面中，即可完成设计。

本实例最终效果如图 5-49 所示。

图 5-49 实例效果

配套资源下载	素材文件	素材 \ 第 5 章 \ 书店页面广告设计 .jpg、图书 .psd、宣传文字 .psd
	效果文件	效果 \ 第 5 章 \ 书店页面广告设计 .psd、书店页面广告设计 .jpg
	视频文件	视频 \ 第 5 章 \ 5.3 豆瓣设计：书店页面广告设计 .mp4

5.3.1 制作豆瓣书店页面广告主体效果

下面介绍制作豆瓣书店页面广告主体效果的方法。

STEP 01 按【Ctrl + O】组合键，打开一幅素材图像，效果如图 5-50 所示。

STEP 02 单击“滤镜”|“模糊”|“高斯模糊”命令，弹出“高斯模糊”对话框，设置“半径”为 1 像素，如图 5-51 所示。

图 5-50　打开素材图像

图 5-51　设置“高斯模糊”选项

STEP 03 单击“确定”按钮，即可模糊图像，效果如图 5-52 所示。

STEP 04 新建“亮度 / 对比度”调整图层，在“属性”面板中设置“亮度”为 28、“对比度”为 5，调整背景图像的亮度和对比度，效果如图 5-53 所示。

图 5-52　模糊图像

图 5-53　调整图像亮度和对比度

STEP 05 打开“图书 .psd”素材图像，运用移动工具将其拖动至当前图像编辑窗口中的合适位置处，效果如图 5-54 所示。

专家指点

应用“模糊”滤镜，可以使图像中清晰或对比度较强烈的区域，产生模糊的效果。

STEP 06 双击“图层 1”图层，弹出“图层样式”对话框，选中“投影”复选框，参数设置如图 5–55 所示。

图 5–54　添加图书素材

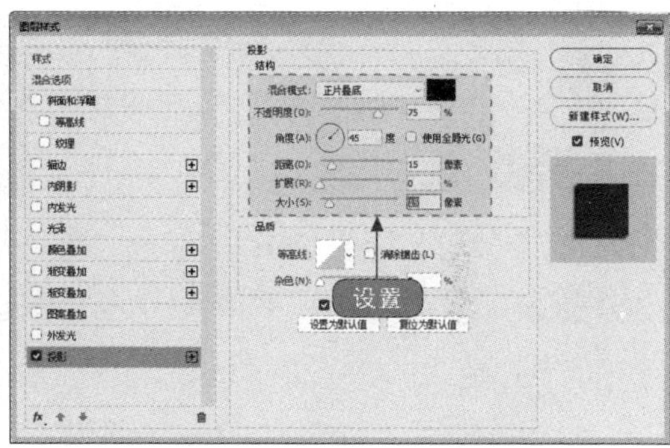

图 5–55　设置“投影”参数

STEP 07 单击“确定”按钮，应用“投影”图层样式，效果如图 5–56 所示。

STEP 08 选取工具箱中的椭圆选框工具，在右下角创建一个椭圆选区，适当调整其位置，如图 5–57 所示。

图 5–56　应用“投影”图层样式

图 5–57　创建椭圆选区

STEP 09 新建“图层 2”图层，为选区填充白色，并取消选区，效果如图 5–58 所示。

STEP 10 设置“图层 2”图层的“不透明度”为 80%，调整图像的不透明度，效果如图 5-59 所示。

图 5-58 填充白色

图 5-59 调整图像的不透明度

STEP 11 为“图层 2”图层添加一个图层蒙版，运用渐变工具从上至下填充黑色至白色的线性渐变，效果如图 5-60 所示。

STEP 12 双击“图层 2”图层，弹出“图层样式”对话框，选中“外发光”复选框，参数设置如图 5-61 所示。

图 5-60 图像效果

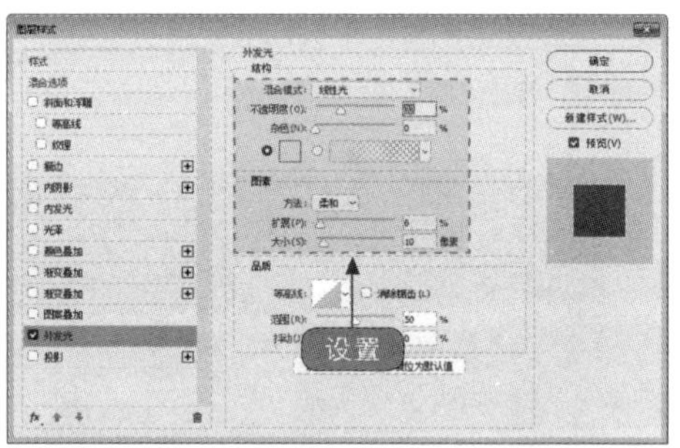

图 5-61 设置“外发光”参数

STEP 13 单击“确定”按钮，应用“外发光”图层样式，效果如图 5-62 所示。

STEP 14 按【Ctrl + O】组合键，打开“宣传文字 .psd”素材图像，运用移动工具将图层组的图像拖动至当前图像编辑窗口中，适当调整图像的位置，效果如图 5-63 所示。

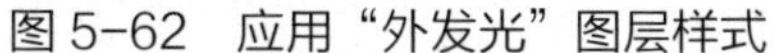

图 5-62　应用“外发光”图层样式

图 5-63　添加文字素材

专家指点

通过复制与粘贴图层样式操作，可以减少重复操作。在操作时，首先选择包含要复制的图层样式的源图层，在该图层的图层名称上右击，在弹出的快捷菜单中选择“拷贝图层样式”选项。

选择要粘贴图层样式的目标图层，它可以是单个图层也可以是多个图层，在图层名称上右击，在弹出的菜单列表框中选择“粘贴图层样式”选项即可。

5.3.2 制作豆瓣书店页面广告文字效果

下面介绍制作豆瓣书店页面广告文字效果的方法。

STEP 01 选取工具箱中的直排文字工具，在“字符”面板中设置“字体系列”为“方正黄草简体”、“字体大小”为30点、“设置所选字符的字距调整”为-100、“颜色”为红色（RGB 参数值分别为 237、23、98），并激活仿粗体图标，如图 5-64 所示。

STEP 02 在图像编辑窗口中输入相应文字，如图 5-65 所示。

STEP 03 双击文字图层，弹出“图层样式”对话框，选中“描边”复选框，设置“颜色”为白色，其他参数设置如图 5-66 所示。

STEP 04 单击“确定”按钮，应用“描边”图层样式，效果如图 5-67 所示。

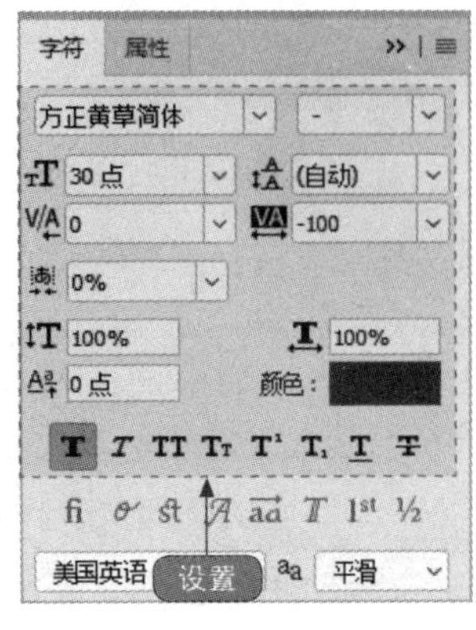

图 5-64　设置字符属性

图 5-65　输入文字（1）

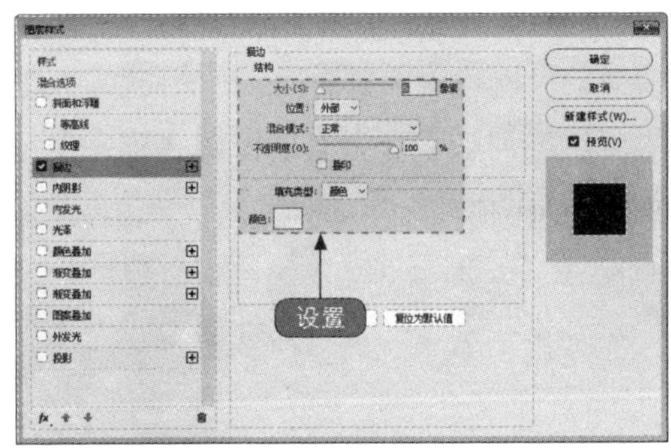

图 5-66　设置“描边”参数

图 5-67　应用“描边”图层样式

专家指点

拖动普通图层中的“指示图层效果”图标 fx，可以将图层样式移动到另一图层。使用“缩放效果”命令可以缩放图层样式中所有的效果，但对图像没有影响。

创建图层样式后，可以将其转换为普通图层，并且不会影响图像整体效果。在效果图层上右击，在弹出的快捷菜单中选择“创建图层”选项，即可将图层样式转换为普通图层。另外，单击“图层”|“图层样式”|“创建图层”命令，同样可以将图层样式进行转换。

STEP 05 选取工具箱中的圆角矩形工具，在工具属性栏中选择工具模式为“形状”，设置“半径”为 15 像素、“填充”为红色（RGB 参数值分别为 237、23、98），绘制一个圆角矩形形状，如图 5-68 所示。

STEP 06 选取工具箱中的矩形工具，在工具属性栏中选择工具模式为“形状”，设置“填充”为红色（RGB 参数值分别为 237、23、98），绘制一个矩形形状，如图 5-69 所示。

图 5-68　绘制一个圆角矩形形状

图 5-69　绘制矩形形状

STEP 07 复制该矩形图像，并适当调整其位置，效果如图 5-70 所示。

STEP 08 选取工具箱中的直排文字工具输入相应文字，在“字符”面板中设置“字体系列”为“微软雅黑”、“字体大小”为 5 点、“设置所选字符的字距调整”为 200、“颜色”为白色，效果如图 5-71 所示。

图 5-70　复制矩形形状

图 5-71　输入文字（2）

STEP 09 选取工具箱中的直线工具，在工具属性栏中选择工具模式为“形状”，设置“填充”为白色、“粗细”为 3 像素，绘制一个直线形状，效果如图 5-72 所示。

STEP 10 选取工具箱中的直排文字工具输入相应文字，在“字符”面板中设置“字体系列”为“方正大黑简体”、“字体大小”为 8 点、“设置所选字符的字距调整”为 200、“颜色”为白色，效果如图 5-73 所示。

图 5-72　绘制直线形状

图 5-73　输入文字（3）

STEP 11 双击文字图层，弹出“图层样式”对话框，选中“投影”复选框，其他参数设置如图 5-74 所示。

STEP 12 单击“确定”按钮，应用“投影”图层样式，效果如图 5-75 所示。

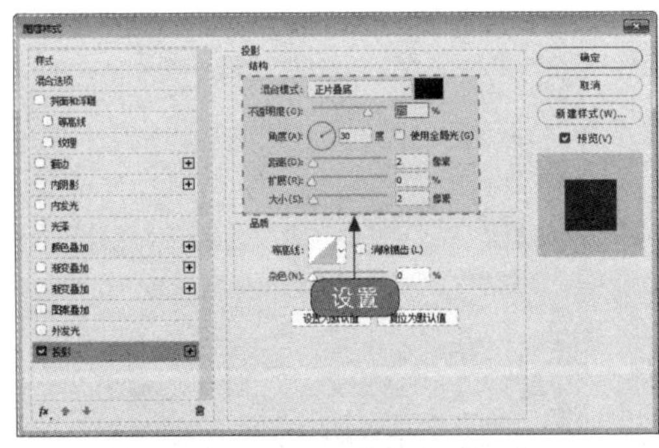

图 5-74　设置“投影”参数

图 5-75　应用“投影”图层样式

STEP 13 选取工具箱中的直排文字工具输入相应文字，在“字符”面板中设置“字体系列”为 Century Gothic、“字体大小”为 3 点、“颜色”为白色，并激活仿粗体图标，效果如图 5-76 所示。

STEP 14 双击文字图层，弹出“图层样式”对话框，选中“投影”复选框，设置“距离”为 1 像素、“大小”为 1 像素，单击“确定”按钮，效果如图 5-77 所示。

图 5-76 输入文字（4）

图 5-77 添加“投影”图层样式

章前知识导读

抖音、快手等短视频应用以及各种直播平台的出现，带动了短视频和直播的爆发，成就了大批的网络上的明星，也带了很多商业机会。本章主要介绍快手、抖音和直播平台中的视觉设计案例，帮助自媒体和网络明星实现更好地引流效果。

CHAPTER 6 视频平台：快手+抖音+直播

新手重点索引

- 快手设计：摄影短视频教程宣传设计
- 抖音设计：抖音个人名片设计
- 直播设计：直播应用宣传页面设计

效果图片欣赏

6.1 快手设计：摄影短视频教程宣传设计

快手最初是一款用来制作和分享 GIF 图片的手机应用，如今已经从纯粹的工具应用转型为短视频社区，成为用户记录和分享生活的平台。当然，各行各业的新媒体达人也利用这个热门的短视频平台，分享自己的特长和技能，成为自媒体的引流利器。

本实例主要介绍的是快手摄影后期达人的短视频教程宣传广告设计，最终效果如图 6–1 所示。

图 6–1　实例效果

配套资源下载	素材文件	素材 \ 第 6 章 \ 短视频教程宣传广告设计 .jpg、人物 1.jpg、文字 1.psd、标志 .psd
	效果文件	效果 \ 第 6 章 \ 摄影短视频教程宣传设计 .psd、摄影短视频教程宣传设计 .jpg
	视频文件	视频 \ 第 6 章 \ 6.1　快手设计：摄影短视频教程宣传设计 .mp4

6.1.1 制作短视频教程宣传主体效果

下面介绍制作短视频教程宣传广告主体效果的方法。

STEP 01 按【Ctrl ＋ O】组合键，打开一幅素材图像，如图 6–2 所示。

STEP 02 选取工具箱中的圆角矩形工具，在工具属性栏中选择工具模式为

“形状”，设置“半径”为 60 像素、“填充”为无、“描边”为白色、“描边宽度”为 5 像素，绘制出一个圆角矩形形状，如图 6–3 所示。

图 6–2　打开素材图像

图 6–3　绘制圆角矩形形状

STEP 03 双击“圆角矩形 1”图层，弹出“图层样式”对话框，选中“投影”复选框，其他参数设置如图 6–4 所示。

STEP 04 单击“确定”按钮，应用“投影”图层样式，效果如图 6–5 所示。

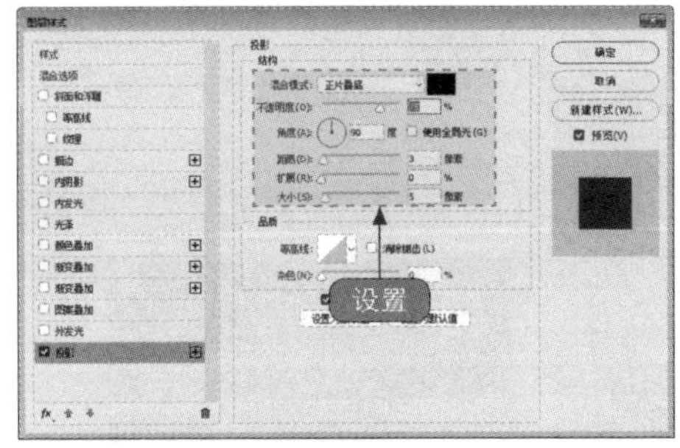

图 6–4　设置“投影”选项

图 6–5　应用“投影”图层样式

STEP 05 将“圆角矩形 1”图层栅格化，选取工具箱中的矩形选框工具，在边框上方创建一个矩形选区，如图 6–6 所示。

STEP 06 按【Delete】键，删除选区内的图像，并取消选区，效果如图 6–7 所示。

图 6–6　创建矩形选区

图 6–7　删除选区内的图像

STEP 07 按【Ctrl + O】组合键，打开“人物1.jpg”素材图像，如图6–8所示。

STEP 08 选取工具箱中的魔棒工具，在工具属性栏中设置“容差”为50，在绿色的背景处单击创建选区，如图6–9所示。

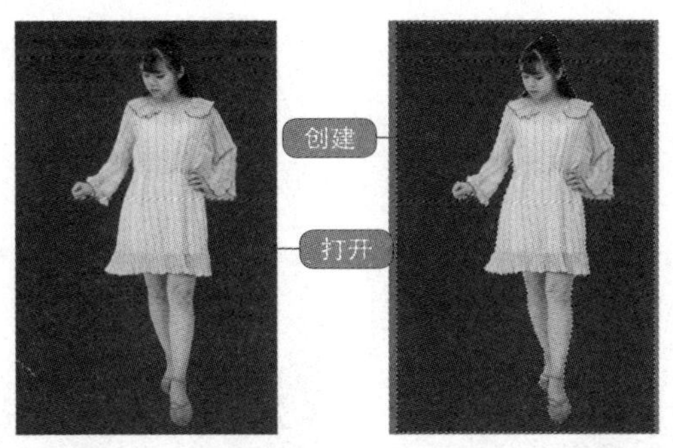

图6–8 打开人物素材图像　　图6–9 创建选区

STEP 09 单击“选择”|“反选”命令，反选选区，如图6–10所示。

STEP 10 单击“图像”|“调整”|“亮度/对比度”命令，弹出“亮度/对比度”对话框，设置“亮度”为20，单击“确定”按钮，调整选区内图像的亮度，如图6–11所示。

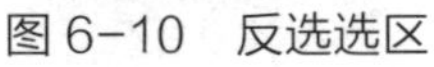

图6–10 反选选区　　图6–11 调整图像亮度

STEP 11 运用选择工具将选区内的图像拖动至背景图像编辑窗口中，适当调整人物素材的大小和位置，效果如图6–12所示。

图6–12 拖动人物素材

6.1.2 制作短视频教程宣传文字效果

下面介绍制作短视频教程宣传广告文字效果的方法。

STEP 01 选取工具箱中的矩形选框工具，在图像中创建一个矩形选区，如图 6-13 所示。

STEP 02 单击“选择”|“变换选区”命令，调出变换控制框，如图 6-14 所示。

图 6-13 创建矩形选区

图 6-14 调出变换控制框

STEP 03 在变换工具的工具属性栏中，设置“旋转”为 45°，调整矩形选区的角度，效果如图 6-15 所示。

STEP 04 将选区调整至合适位置，并按【Enter】键确认变换操作，效果如图 6-16 所示。

图 6-15 调整选区角度

图 6-16 确认变换

STEP 05 展开“图层”面板，创建“图层 2”图层，如图 6-17 所示。

STEP 06 设置前景色为深蓝色（RGB 参数值分别为 0、89、111），如图 6-18 所示。

STEP 07 为选区填充前景色，并取消选区，效果如图 6-19 所示。

STEP 08 选取工具箱中的横排文字工具，在“字符”面板中设置“字体系列”为“微软雅黑”、“字体大小”为 12 点、“颜色”为白色，如图 6-20 所示。

图 6-17 创建图层

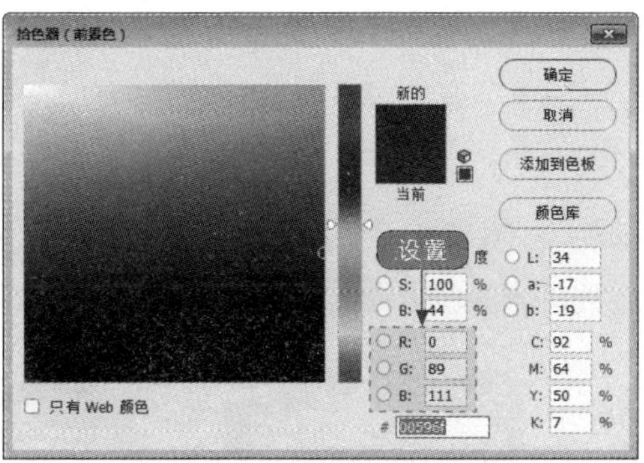

图 6-18 设置前景色

图 6-19 填充前景色

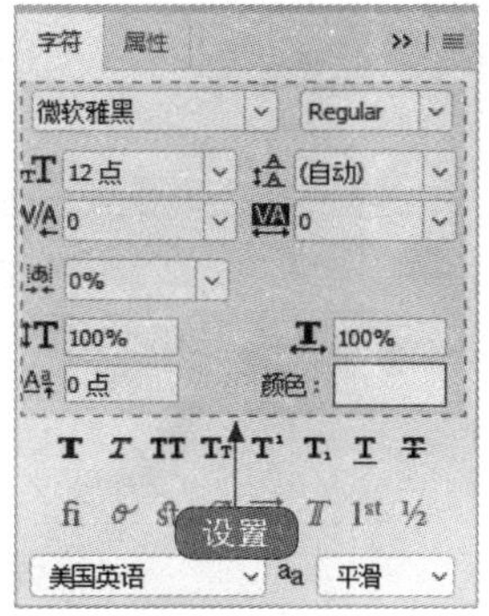

图 6-20 设置字符属性

STEP 09 在图像编辑窗口中输入相应文字，如图 6-21 所示。

STEP 10 按【Ctrl + T】组合键，调出变换控制框，在变换工具的工具属性栏中，设置“旋转”为 45° ，调整文字的角度，将文字调整至合适位置，并按【Enter】键确认变换操作，效果如图 6-22 所示。

图 6-21 输入相应文字

图 6-22 调整文字角度

STEP 11 选取工具箱中的横排文字工具，在“字符”面板中设置“字体系列”为“方正大黑简体”、“字体大小”为36点、“颜色”为白色，输入相应文字，如图6-23所示。

STEP 12 双击文字图层，弹出“图层样式”对话框，选中“投影”复选框，其他参数设置如图6-24所示。

图6-23　输入相应文字

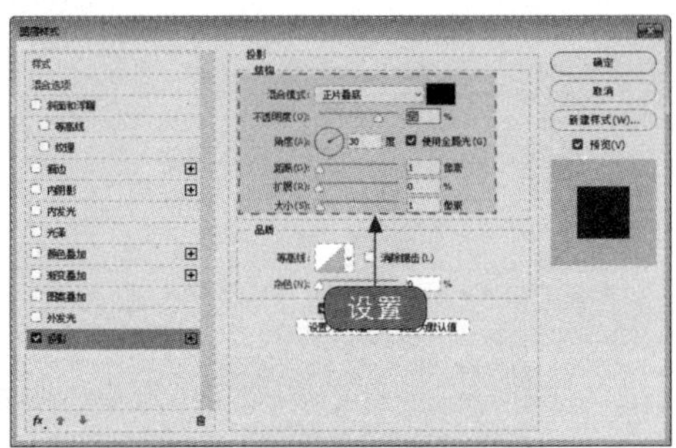

图6-24　设置“投影”参数

STEP 13 单击“确定”按钮，应用“投影”图层样式，效果如图6-25所示。

STEP 14 选取工具箱中的横排文字工具，在“字符”面板中设置“字体系列”为“微软雅黑”、“字体大小”为25点、“颜色”为白色，输入相应文字，如图6-26所示。

图6-25　应用“投影”图层样式

图6-26　输入相应文字

STEP 15 打开“文字1.psd”素材图像，运用移动工具将其拖动至背景图像编辑窗口中的合适位置处，效果如图6-27所示。

STEP 16 打开“标志.psd”素材图像，运用移动工具将其拖动至背景图像编辑窗口中的合适位置处，效果如图6-28所示。

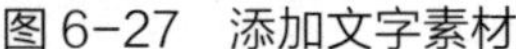
图 6-27　添加文字素材

图 6-28　添加标志素材

6.2 抖音设计：抖音个人名片设计

抖音，是一款可以拍短视频的音乐创意短视频社交软件，同时还开通了直播功能，成为很多自媒体创业者的内容运营平台。抖音新媒体平台运营的重点在于，对内提高粉丝活跃和留存，对外则获得传播和转化，主要是为了获得新用户和品牌塑造。

本实例主要介绍的是抖音个人名片的设计方法，最终效果如图 6-29 所示。

图 6-29　实例效果

配套资源下载	素材文件	素材 \ 第 6 章 \ 人物 2.jpg、彩带 .psd、装饰 .psd、文字 2.psd
	效果文件	效果 \ 第 6 章 \ 个人名片设计 .psd、个人名片设计 .jpg
	视频文件	视频 \ 第 6 章 \ 6.2　抖音设计：抖音个人名片设计 .mp4

6.2.1 制作个人名片背景效果

下面介绍制作抖音个人名片背景效果的方法。

STEP 01 单击“文件”|“新建”命令，弹出“新建文档”对话框，❶设置相应选项，如图 6-30 所示。❷单击“创建”按钮，新建一个空白图像。

STEP 02 新建“图层 1”图层，设置前景色为蓝色（RGB 参数值分别为 47、47、147），如图 6-31 所示。

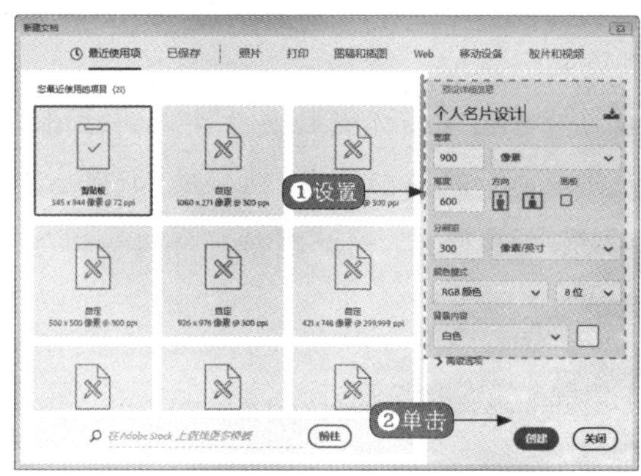

图 6-30 “新建文档”对话框

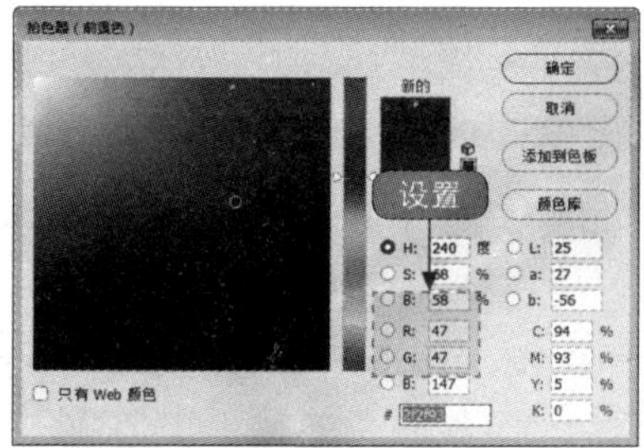

图 6-31 设置前景色

STEP 03 为“图层 1”图层填充前景色，如图 6-32 所示。

STEP 04 选取工具箱中的矩形选框工具，创建一个矩形选区，如图 6-33 所示。

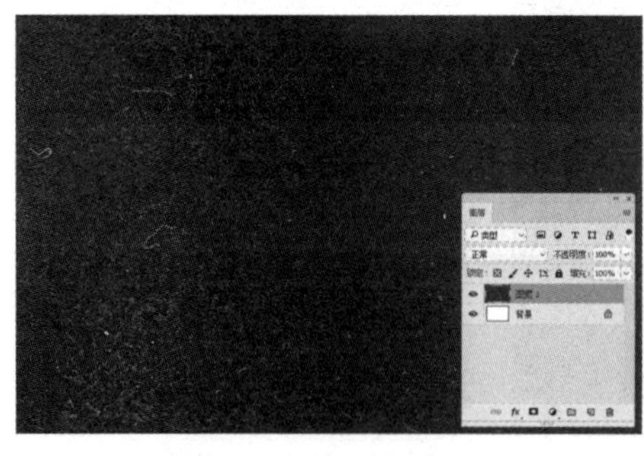

图 6-32 填充前景色

图 6-33 创建矩形选区

STEP 05 选取工具箱中的多边形套索工具，在工具属性栏中单击“从选区减去”按钮，减去相应的选区区域，如图 6-34 所示。

STEP 06 新建“图层 2”图层，设置前景色为蓝色（RGB 参数值分别为 27、27、113），为选区填充颜色，并取消选区，效果如图 6-35 所示。

图 6-34　减去选区区域

图 6-35　填充颜色

专家指点

选区具有灵活操作性，可多次对选区进行编辑操作，以便得到满意的选区形状。

6.2.2 制作个人名片主体效果

下面介绍制作抖音个人名片主体效果的方法。

STEP 01 打开“人物 2.jpg”素材图像，运用移动工具将其拖动至背景图像编辑窗口中的合适位置处，效果如图 6-36 所示。

STEP 02 按【Ctrl + T】组合键调出变换控制框，适当调整图像的大小和位置，并按【Enter】键确认，效果如图 6-37 所示。

图 6-36　添加人物素材

图 6-37　调整图像

STEP 03 为“图层 3”图层添加图层蒙版，运用黑色的画笔工具涂抹背景区域，隐藏部分图像效果，如图 6-38 所示。

STEP 04 打开“彩带 .psd”素材图像，运用移动工具将其拖动至背景图像编辑窗口中的合适位置处，效果如图 6-39 所示。

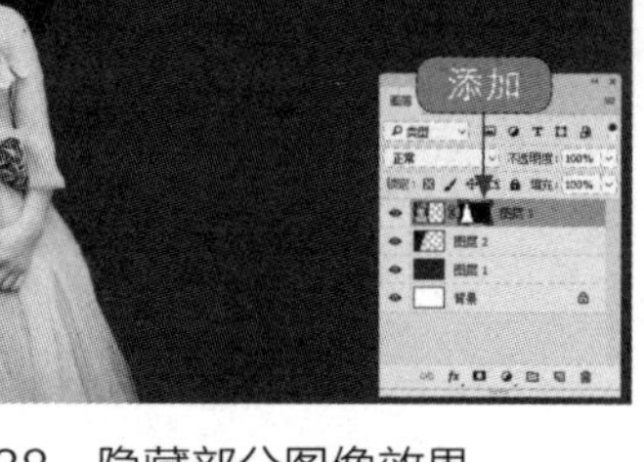

图 6-38　隐藏部分图像效果

图 6-39　添加彩带素材

STEP 05 将“图层 4”图层拖动至“图层 3”图层下方，调整顺序，效果如图 6-40 所示。

STEP 06 选取工具箱中的矩形工具，在工具属性栏中选择工具模式为“形状”，设置“填充”为无、“描边”为白色、“描边宽度”为 5 像素，绘制一个矩形形状，如图 6-41 所示。

图 6-40　调整顺序

图 6-41　绘制矩形形状

STEP 07 将“矩形 1”图层栅格化，选取工具箱中的橡皮擦工具，擦除右上角的部分边框，效果如图 6-42 所示。

STEP 08 选取工具箱中的多边形套索工具，在白色矩形右上角处创建一个多边形选区，如图 6-43 所示。

图 6-42 擦除部分边框

图 6-43 创建多边形选区

STEP 09 新建"图层 5"图层，设置前景色为浅蓝色（RGB 参数值分别为 1、129、230），如图 6-44 所示。

STEP 10 为选区填充前景色，并取消选区，效果如图 6-45 所示。

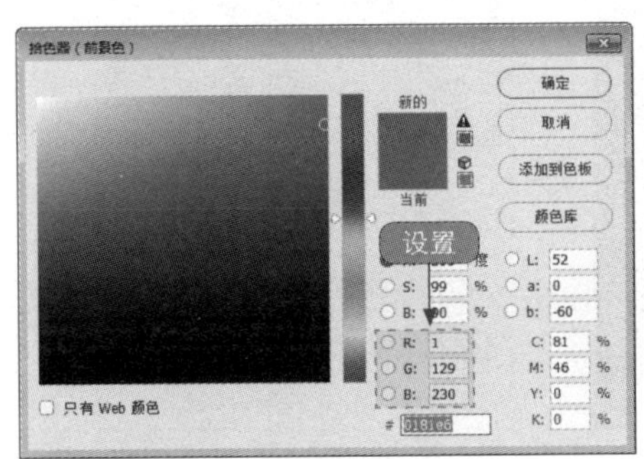

图 6-44 设置前景色

图 6-45 填充前景色

STEP 11 双击"图层 5"图层，弹出"图层样式"对话框，选中"投影"复选框，其他参数设置如图 6-46 所示。

STEP 12 单击"确定"按钮，应用"投影"图层样式，效果如图 6-47 所示。

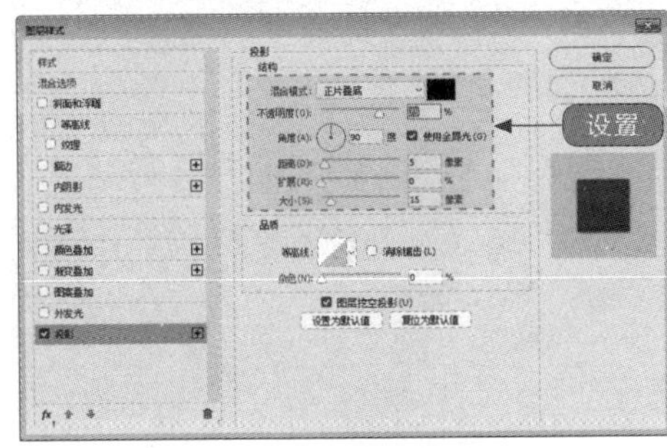

图 6-46 设置"投影"参数

图 6-47 应用"投影"图层样式

6.2.3 制作个人名片文字效果

下面介绍制作抖音个人名片文字效果的方法。

STEP 01 打开“装饰 .psd”素材图像，运用移动工具将其拖动至背景图像编辑窗口中的合适位置处，效果如图 6-48 所示。

STEP 02 选取工具箱中的横排文字工具，在“字符”面板中设置“字体系列”为“方正大黑简体”、“字体大小”为 18 点、“设置行距”为 20 点、“设置所选字符的字距调整”为 -50、“颜色”为白色，如图 6-49 所示。

图 6-48 添加装饰素材

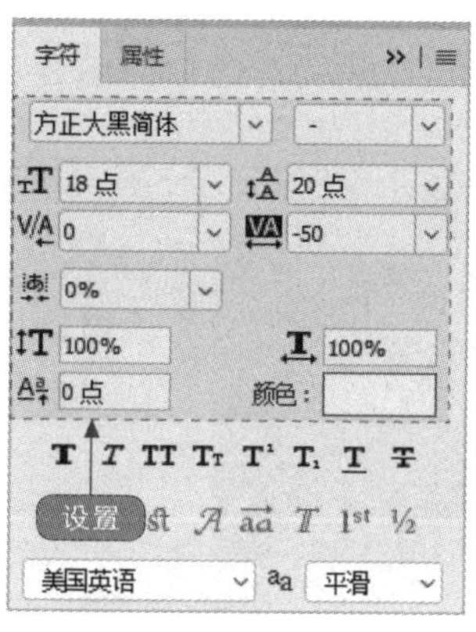

图 6-49 设置字符属性

STEP 03 在白色边框内输入相应的文字内容，效果如图 6-50 所示。

STEP 04 将文字图层栅格化，选取工具箱中的魔棒工具，在“互”字上创建一个选区，如图 6-51 所示。

图 6-50 输入文字

图 6-51 创建选区

STEP 05 按【Ctrl + T】组合键调出变换控制框，适当调整文字图像的大小和位置，并按【Enter】键确认，效果如图 6-52 所示。

STEP 06 按【Ctrl + D】组合键，取消选择，效果如图 6-53 所示。

图 6-52　调整文字图像

图 6-53　取消选择

STEP 07 选取工具箱中的横排文字工具，在“字符”面板中设置“字体系列”为“微软简行楷”、“字体大小”为 10 点、“颜色”为白色，输入相应文字，效果如图 6-54 所示。

STEP 08 单击“编辑”|“变换”|“斜切”命令，调出变换控制框，适当调整文字的形状并确认，如图 6-55 所示。

图 6-54　输入文字

图 6-55　调整文字形状

STEP 09 选取工具箱中的横排文字工具，在“字符”面板中设置“字体系列”为“微软雅黑”、“字体大小”为 5 点、“颜色”为白色，输入相应文字，效果如图 6-56 所示。

STEP 10 单击“编辑”|“变换”|“斜切”命令，调出变换控制框，适当调整文字的形状，效果如图 6-57 所示。

图 6-56 输入文字

图 6-57 调整文字形状

STEP 11 选取工具箱中的横排文字工具，在“字符”面板中设置“字体系列”为“微软雅黑”、“字体大小”为 5 点、“颜色”为白色，输入相应文字，效果如图 6-58 所示。

STEP 12 打开“文字 2.psd”素材图像，运用移动工具将其拖动至背景图像编辑窗口中的合适位置处，效果如图 6-59 所示。

图 6-58 输入文字

图 6-59 添加文字素材

6.3 直播设计：直播应用宣传页面设计

各种直播平台孵化了一大批网络明星，人人都有可能成为爆款 IP。网络主播与自媒体一样，是个人 IP 力量雄起的一种表现，过去人们追求的往往是明星，而如今人们则是将自己追求的对象对准了网络中的“平民英雄”。

本实例介绍的是直播应用的宣传页面，效果如图 6-60 所示。

图 6-60 实例效果

配套资源下载	素材文件	素材 \ 第 6 章 \ 星形图案 .psd、人物 3.jpg、星光 .jpg、星形装饰 .psd、直播元素 .psd
	效果文件	效果 \ 第 6 章 \ 直播应用宣传页面设计 .psd、直播应用宣传页面设计 .jpg
	视频文件	视频 \ 第 6 章 \ 6.3 直播设计：直播应用宣传页面设计 .mp4

6.3.1 制作直播应用背景效果

下面介绍制作直播应用宣传页面背景效果的方法。

STEP 01 单击“文件”|“新建”命令，弹出“新建文档”对话框，❶设置相应选项，如图 6-61 所示。❷单击“创建”按钮，新建一个空白图像。

STEP 02 新建“图层 1”图层，设置前景色为红色（RGB 参数值分别为 255、83、121），如图 6-62 所示。

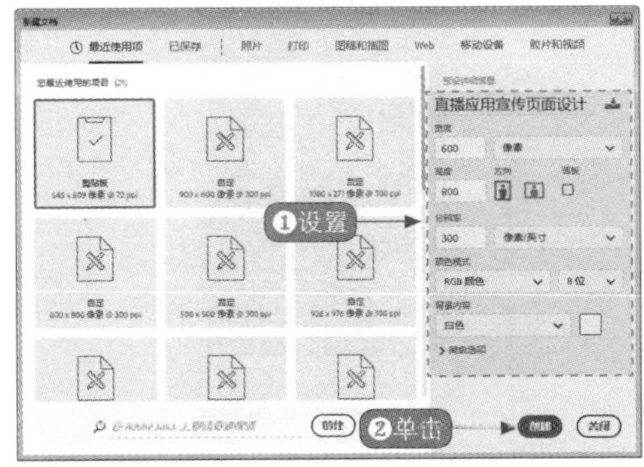

图 6-61 “新建文档”对话框

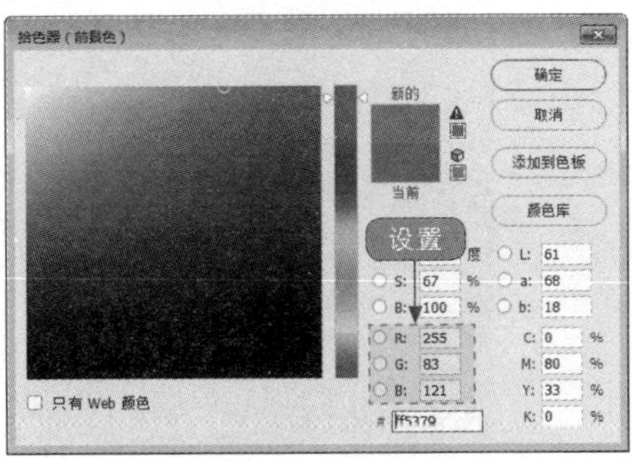

图 6-62 设置前景色

STEP 03 为“图层 1”图层填充前景色，如图 6-63 所示。

STEP 04 打开“星形图案 .psd”素材图像，运用移动工具将其拖动至背景图像编辑窗口中的合适位置处，效果如图 6-64 所示。

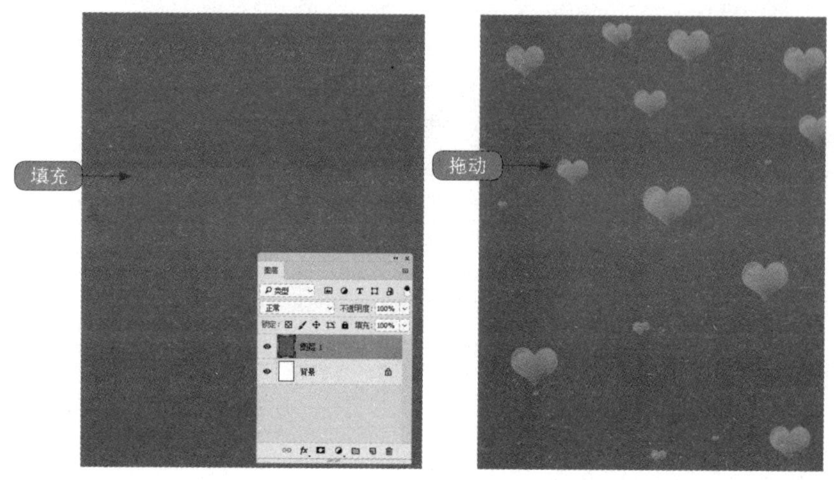

图 6-63　填充前景色　　　　图 6-64　添加星形图案素材

STEP 05 在“图层”面板中，设置“星形图案”图层的“不透明度”为 80%，调整图像的不透明度效果，如图 6-65 所示。

STEP 06 按【Ctrl + O】组合键，打开“手机 .jpg”素材图像，如图 6-66 所示。

图 6-65　设置“不透明度”效果

图 6-66　打开素材

专家指点

图层可以看作是一张独立的透明胶片，其中每张胶片上都绘有图像，将所有的胶片按“图层”面板中的排列次序，自上而下进行叠加，最上层的图像遮住下层同一位置的图像，而在其透明区域则可以看到下层的图像，最终通过叠加得到完整的图像。

STEP 07 选取工具箱中的魔棒工具，在工具属性栏中设置“容差”为50，在白色背景上单击创建选区，如图 6-67 所示。

STEP 08 单击“选择” | “反选”命令，反选选区，按【Ctrl + C】组合键复制选区内的图像，如图 6-68 所示。

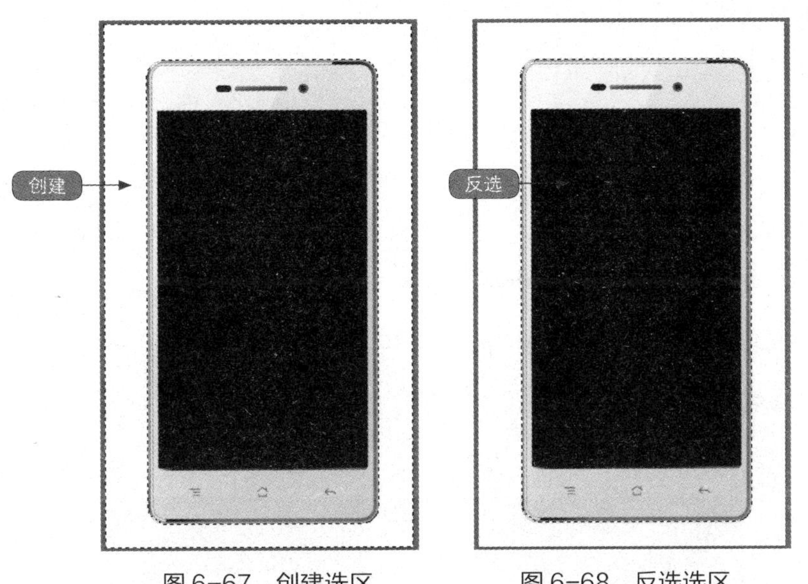

图 6-67 创建选区　　图 6-68 反选选区

STEP 09 切换至背景图像编辑窗口中，按【Ctrl + V】组合键，粘贴选区内的图像，如图 6-69 所示。

STEP 10 按【Ctrl + T】组合键，调出变换控制框，调整图像的大小，并按【Enter】键确认变换操作，效果如图 6-70 所示。

图 6–69　粘贴图像

图 6–70　调整图像

6.3.2　制作直播应用主体效果

下面介绍制作直播应用宣传页面主体效果的方法。

STEP 01 打开“人物 3.jpg”素材图像，运用移动工具拖动至背景图像编辑窗口中，适当调整其大小和位置，效果如图 6–71 所示。

STEP 02 隐藏“图层 2”图层，选取“图层 1”图层，运用魔棒工具在黑色的手机屏幕上创建选区，如图 6–72 所示。

图 6–71　添加人物素材

图 6–72　创建选区

STEP 03 按【Ctrl + J】组合键拷贝选区内图像，并显示“图层 2”图层，右击，在弹出的快捷菜单中选择“创建剪贴蒙版”选项，如图 6–73 所示。

STEP 04 执行操作后，即可创建剪贴蒙版，隐藏不需要显示的图像，效果如图 6–74 所示。

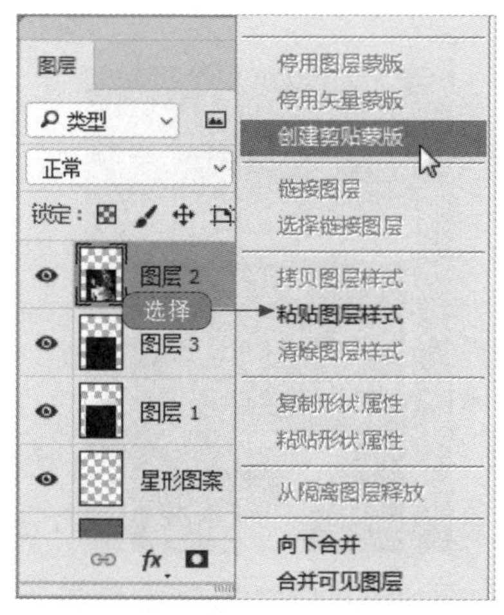

图 6–73 选择“创建剪贴蒙版”选项

图 6–74 创建剪贴蒙版

STEP 05 打开“星光 .jpg”素材图像，运用移动工具拖动至背景图像编辑窗口中，适当调整其大小和位置，效果如图 6–75 所示。

STEP 06 设置“图层 4”图层的混合模式为“滤色”，改变图像效果，如图 6–76 所示。

图 6–75 添加星光素材

图 6–76 图像效果

STEP 07 复制多个星光图像，并适当调整各图像的大小和位置，效果如

图 6-77 所示。

STEP 08 打开“直播元素 .psd”素材图像，运用移动工具拖动至背景图像编辑窗口中的合适位置处，效果如图 6-78 所示。

图 6-77 复制并调整星光图像

图 6-78 添加直播元素素材

6.3.3 制作直播应用文字效果

下面介绍制作直播应用宣传页面背景效果的方法。

STEP 01 打开“星形装饰 .psd”素材图像，运用移动工具拖动至背景图像编辑窗口中的合适位置处，效果如图 6-79 所示。

STEP 02 选取工具箱中的横排文字工具，在“字符”面板中设置“字体系列”为“方正卡通简体”、“字体大小”为 20 点、“颜色”为白色，激活仿粗体图标，如图 6-80 所示。

图 6-79 添加星形装饰素材

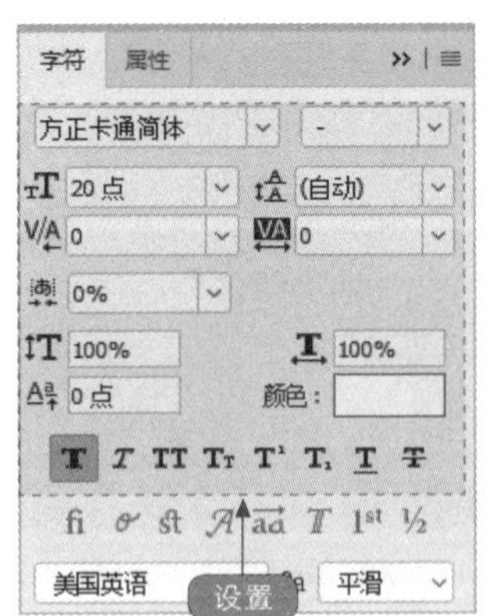

图 6-80 设置字符属性

STEP 03 在图像中输入相应的文字内容，效果如图 6–81 所示。

STEP 04 选中“性”字，设置文字的“颜色”为黄色（RGB 参数值分别为 255、255、0），效果如图 6–82 所示。

图 6–81 输入文字

图 6–82 设置文字颜色

STEP 05 双击文字图层，弹出“图层样式”对话框，选中“投影”复选框，其他参数设置如图 6–83 所示。

STEP 06 单击“确定”按钮，应用“投影”图层样式，效果如图 6–84 所示。

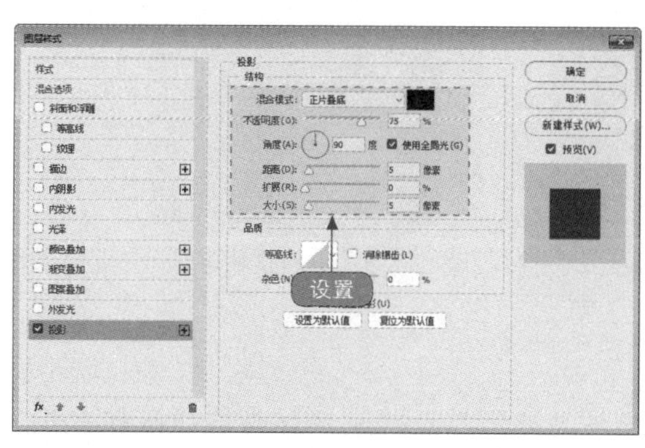

图 6–83 设置“投影”参数

图 6–84 应用“投影”图层样式

STEP 07 选取工具箱中的横排文字工具，在“字符”面板中设置“字体系列”为“微软雅黑”、“字体大小”为 8 点、“颜色”为白色，激活仿粗体图标，如图 6–85 所示。

STEP 08 在图像中输入相应的文字内容，效果如图 6–86 所示。

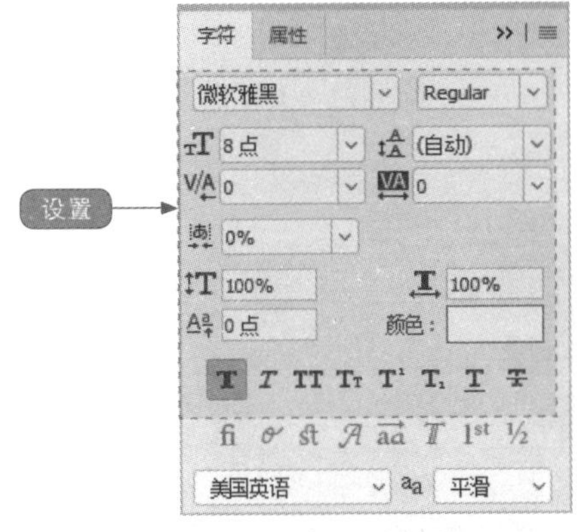

图6-85　设置字符属性

图6-86　输入文字

STEP 09 选取工具箱中的直线工具，在工具属性栏中选择工具模式为“形状”，设置“粗细”为3像素，绘制一条直线形状，效果如图6-87所示。

STEP 10 复制直线形状并适当调整其位置，效果如图6-88所示。

图6-87　绘制直线形状

图6-88　复制直线形状

专家指点

在 Photoshop 中，使用直线工具可以创建直线和带有箭头的线段，在使用直线工具创建直线时，首先需要在工具属性栏中的“粗细”选项区中设置线的宽度。

章前知识导读

除了图文、短视频和直播等内容形式外，如果你的声音甜美，或者喜欢语音表达，也可以在音频新媒体平台上创建一个自己的电台节目，用声音吸引粉丝，成为声优，塑造个人品牌。本章主要介绍音频新媒体平台的界面设计。

CHAPTER 7 音频平台：千聊＋荔枝＋喜马拉雅

新手重点索引

- 千聊微课：微课讲师宣传长页设计
- 荔枝微课：微课课程页设计
- 喜马拉雅：广播活动页设计

效果图片欣赏

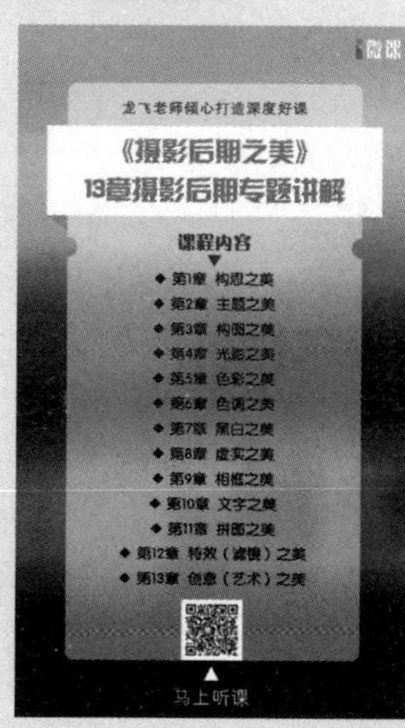

7.1 千聊微课：微课讲师宣传长页设计

千聊微课是一个专注于知识分享的新媒体平台，通过音频直播＋图文 PPT 展示的形式，让各个领域的专家、老师和达人将自己的优质内容输出给用户，是公众号和社群增粉利器！

本实例制作的是千聊微课中的讲师介绍宣传长页，效果如图 7-1 所示。

图 7-1　实例效果

配套资源下载	素材文件	素材\第 7 章\关注 .psd 双引号 .psd 直播间 .jpg 用户反馈 .psd 效果欣赏 .psd 课程信息 .psd 底纹 .psd 讲师信息 .psd 标题 .psd、头像 .psd
	效果文件	效果\第 7 章\微课讲师宣传长页设计 .psd、微课讲师宣传长页设计 .jpg
	视频文件	视频\第 7 章\7.1 千聊微课：微课讲师宣传长页设计 .mp4

7.1.1 制作微课讲师介绍页面

下面介绍制作微课讲师介绍页面的方法。

STEP 01 单击“文件”|“新建”命令，弹出“新建文档”对话框，❶设置“名称”为“微课讲师宣传长页设计”、“宽度”为 800 像素、“高度”为 5920 像素、“分辨率”为 300 像素 / 英寸、“颜色模式”为“RGB 颜色”、“背景内容”为“白色”，如图 7-2 所示。❷单击“创建”按钮，新建一个空白图像。

STEP 02 选取工具箱中的直线工具，在工具属性栏中选择工具模式为“形状”，设置“填充”为黄色（RGB 参数值分别为 255、209、1）、“描边”为无、“粗细”为 3 像素，绘制一条直线形状，如图 7-3 所示。

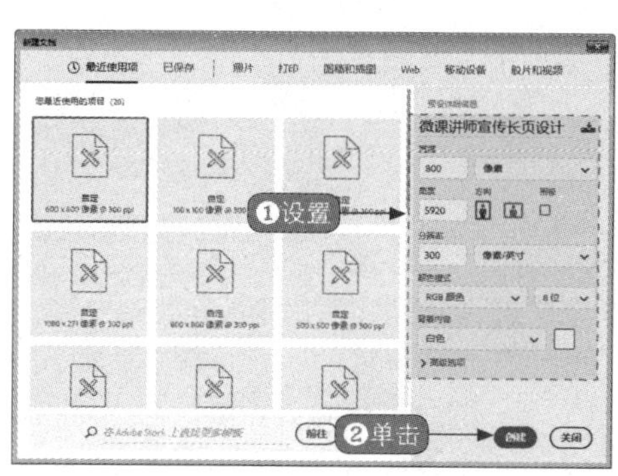

图 7-2 “新建文档”对话框

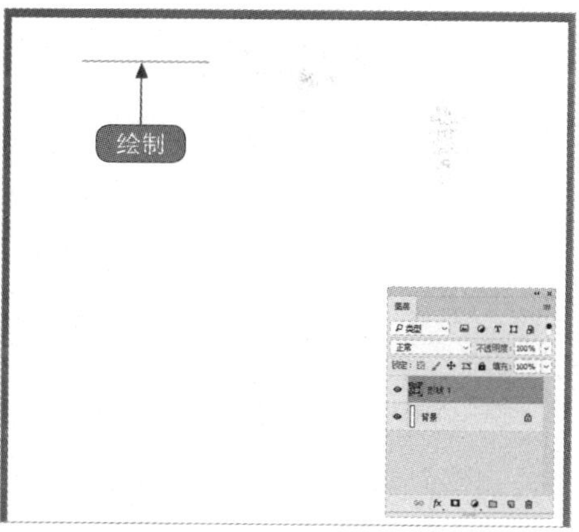

图 7-3 绘制直线形状

STEP 03 用同样的方法再次绘制一条直线，合并所有的直线形状，得到“形状 1”图层，如图 7-4 所示。

STEP 04 ❶复制“形状 1”图层，得到“形状 1 拷贝”图层；❷进行垂直翻转和水平翻转操作，适当调整其位置，效果如图 7-5 所示。

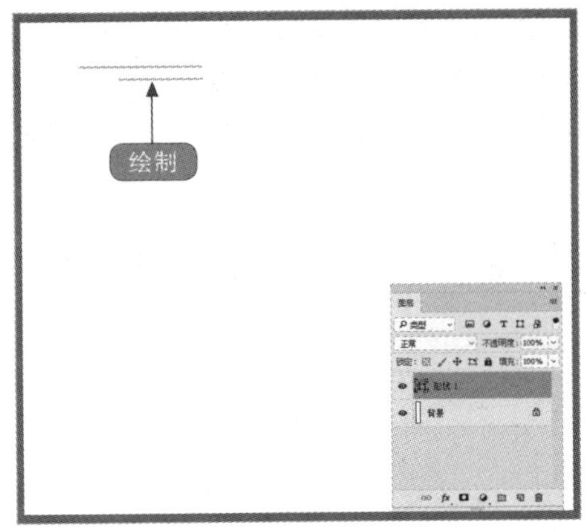

图 7-4　绘制一条直线

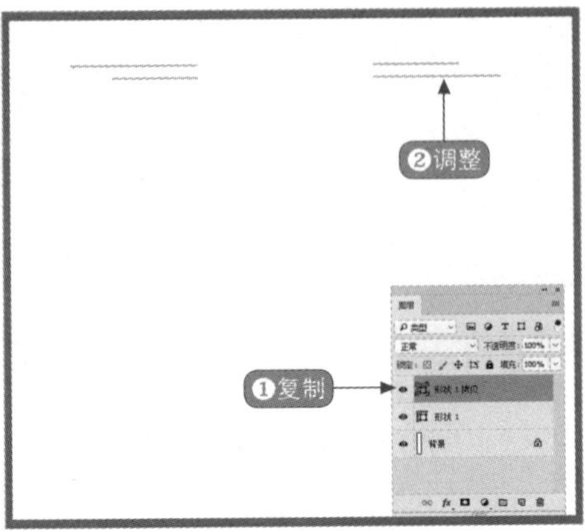

图 7-5　复制直线

STEP 05 打开“标题 .psd”素材图像，运用移动工具将其拖动至当前图像编辑窗口中，适当调整其位置，效果如图 7-6 所示。

STEP 06 选取工具箱中的横排文字工具，在“字符”面板中设置“字体系列”为“方正大黑简体”、“字体大小”为 10 点、“颜色”为白色，输入相应文字，效果如图 7-7 所示。

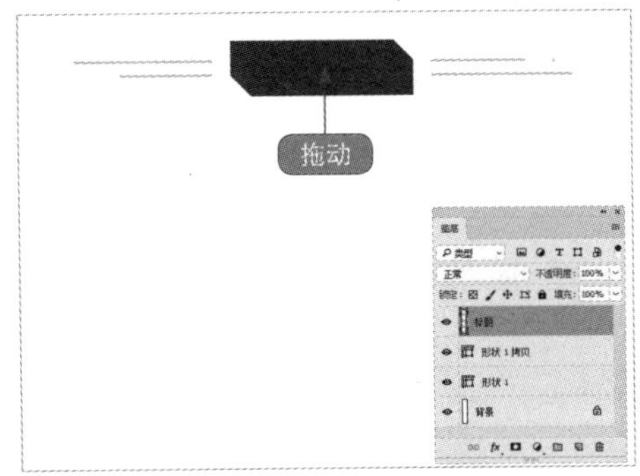

图 7-6　添加标题背景素材

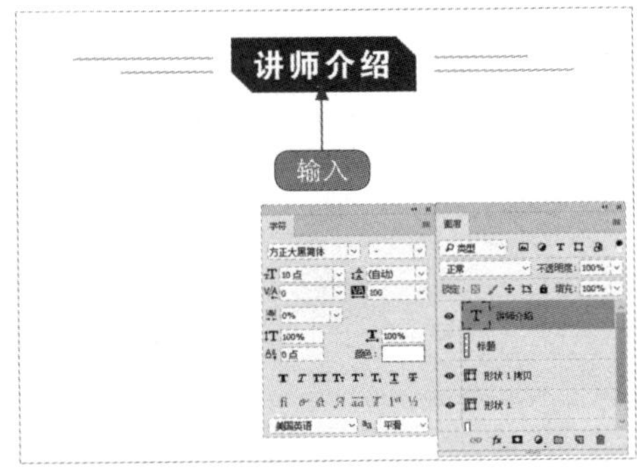

图 7-7　输入文字

STEP 07 选取工具箱中的圆角矩形工具，在工具属性栏中选择工具模式为“形状”，设置“填充”为黄色（RGB 参数值分别为 255、209、1）、“描边”为无、“半径”为 2 像素，绘制一个圆角矩形形状，效果如图 7-8 所示。

STEP 08 运用圆角矩形工具绘制一个圆角矩形形状，设置“填充”为黄色（RGB 参数值分别为 252、190、5）、“描边”为无、“半径”为 10 像素，效果如图 7-9 所示。

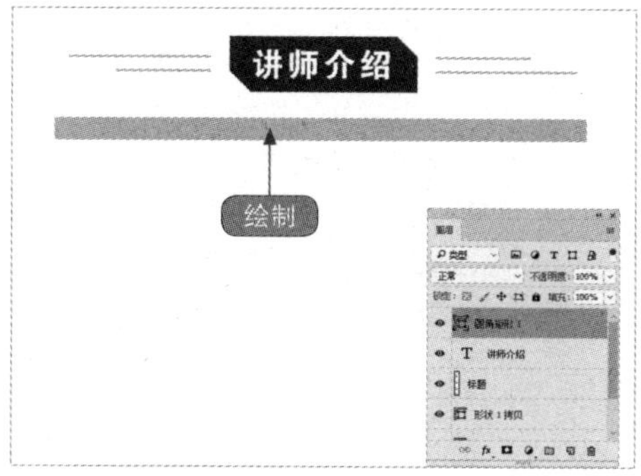

图 7-8　绘制圆角矩形形状（1）

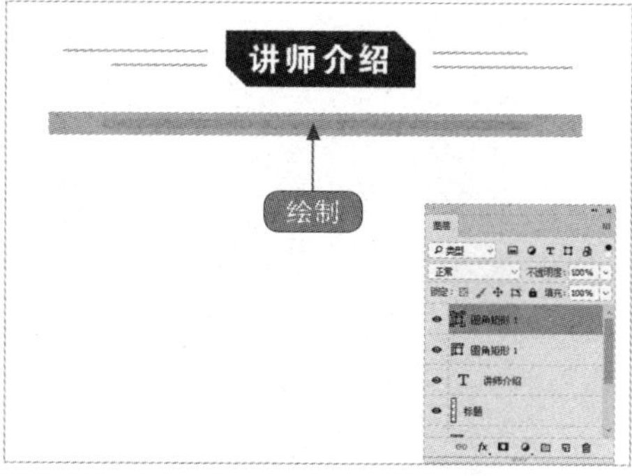

图 7-9　绘制圆角矩形形状（2）

STEP 09 运用圆角矩形工具绘制一个圆角矩形形状，设置“填充”为黄色（RGB 参数值分别为 254、240、177）、“描边”为无、“半径”为 5 像素，效果如图 7-10 所示。

STEP 10 打开“讲师信息 .psd”素材图像，运用移动工具将其拖动至当前图像编辑窗口中，适当调整其位置，效果如图 7-11 所示。

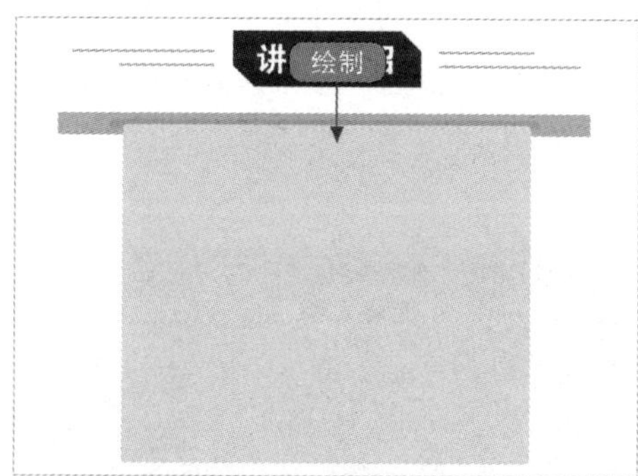

图 7-10　绘制圆角矩形形状（3）

图 7-11　添加讲师信息素材

7.1.2　制作微课课程大纲页面

下面介绍制作微课课程大纲页面的方法。

STEP 01 打开“底纹 .psd”素材图像，运用移动工具将其拖动至当前图像编辑窗口中，适当调整其位置，效果如图 7-12 所示。

STEP 02 在“图层”面板中，创建“标题 1”图层组，将“形状 1”图层、“形状 1 拷贝”图层和“标题”图层拖动至图层组中，并链接相应图层，如图 7-13 所示。

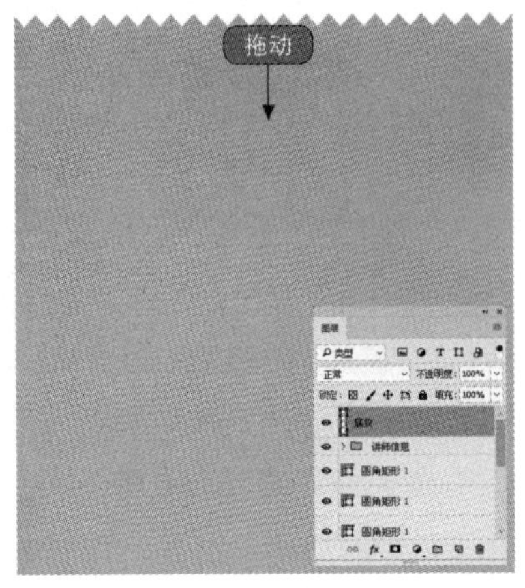

图 7-12　添加底纹素材

图 7-13　创建图层组

STEP 03 ❶复制“标题 1”图层组，合并图层组，得到“标题 1 拷贝”图层，❷适当调整图层顺序和图像位置，载入选区后将其填充为白色，效果如图 7-14 所示。

STEP 04 选取工具箱中的横排文字工具，在“字符”面板中设置“字体系列”为“方正大黑简体”、“字体大小”为 10 点、“颜色”为灰色（RGB 参数值均为 55），输入相应文字，效果如图 7-15 所示。

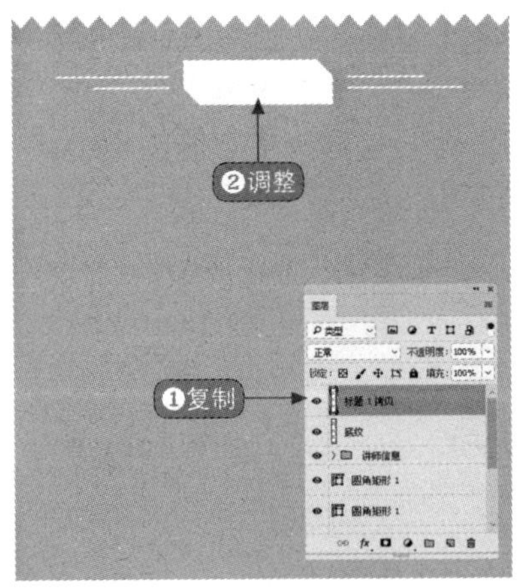

图 7-14　复制标题图像

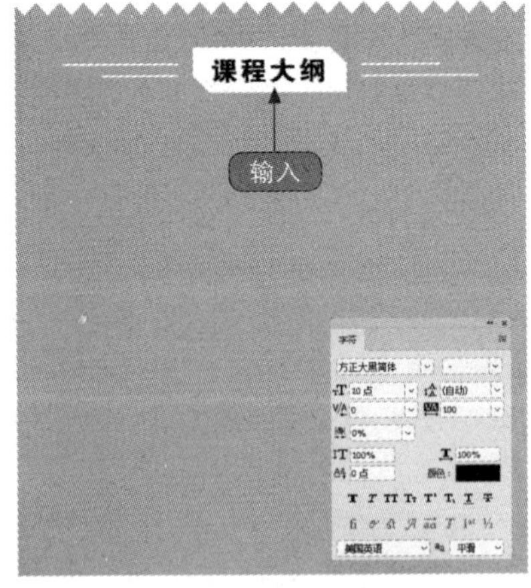

图 7-15　输入文字

STEP 05 选取工具箱中的多边形工具，在工具属性栏中选择工具模式为“形状”，设置“填充”为无、“描边”为灰色（RGB 参数值分别为 31、36、

60）、“边”为 6，绘制一个六边形图像，效果如图 7–16 所示。

STEP 06 选取工具箱中的横排文字工具，在“字符”面板中设置“字体系列”为“方正美黑简体”、“字体大小”为 9 点、“颜色”为灰色（RGB 参数值均为 50），输入相应文字，效果如图 7–17 所示。

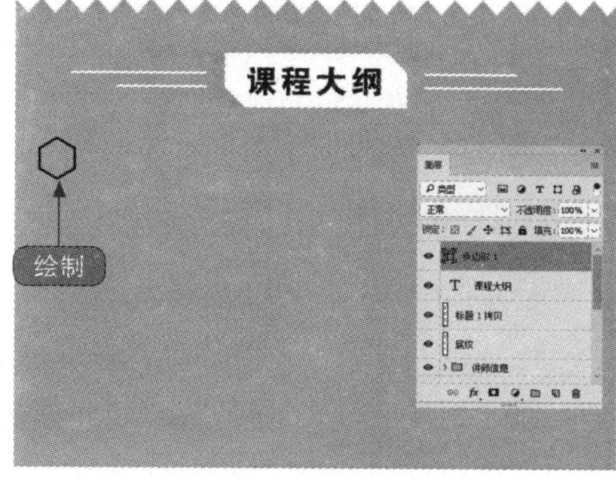

图 7–16　绘制 6 边形图像

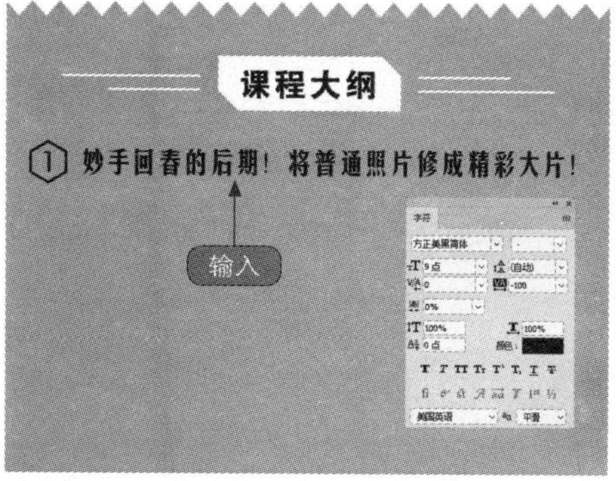

图 7–17　输入文字

STEP 07 运用圆角矩形工具绘制一个圆角矩形形状，设置“填充”为白色、“描边”为无、“半径”为 50 像素，效果如图 7–18 所示。

STEP 08 复制 3 个圆角矩形形状，并适当调整其位置，效果如图 7–19 所示。

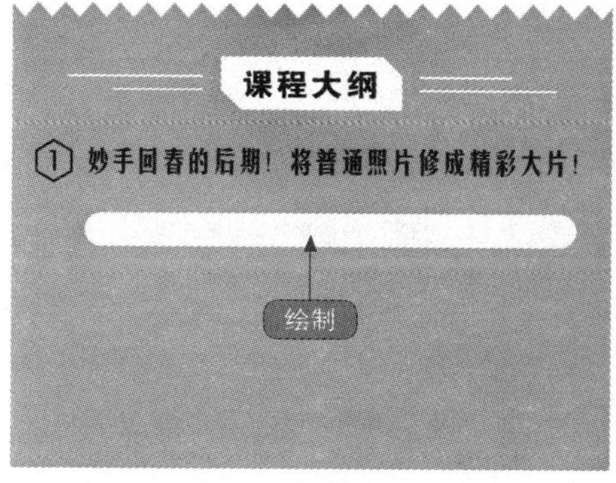

图 7–18　绘制圆角矩形形状

图 7–19　复制圆角矩形形状

STEP 09 运用横排文字工具输入相应文字，设置“字体系列”为“微软雅黑”、“字体大小”为 6 点、“设置所选字符的字距调整”为 200、“颜色”为灰色（RGB 参数值均为 50），并激活仿粗体图标，效果如图 7–20 所示。

STEP 10 选中“●”字符，设置“字体大小”为 9 点，效果如图 7–21 所示。

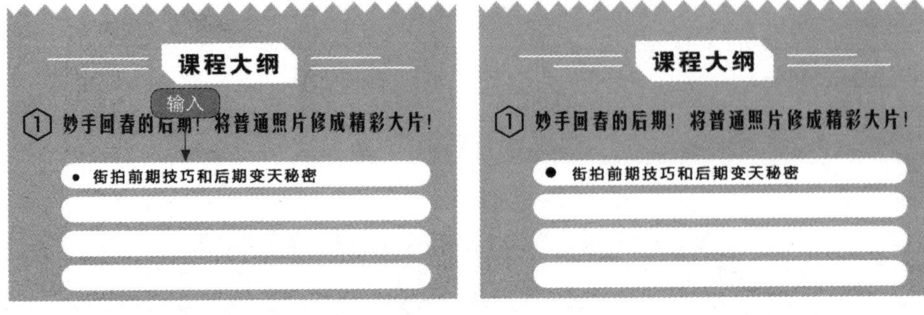

图 7-20　输入文字　　　　图 7-21　调整文字大小

STEP 11 复制文字，调整位置，并修改其中的内容，效果如图 7-22 所示。

STEP 12 打开“课程信息 .psd”素材图像，运用移动工具将其拖动至当前图像编辑窗口中，适当调整其位置，效果如图 7-23 所示。

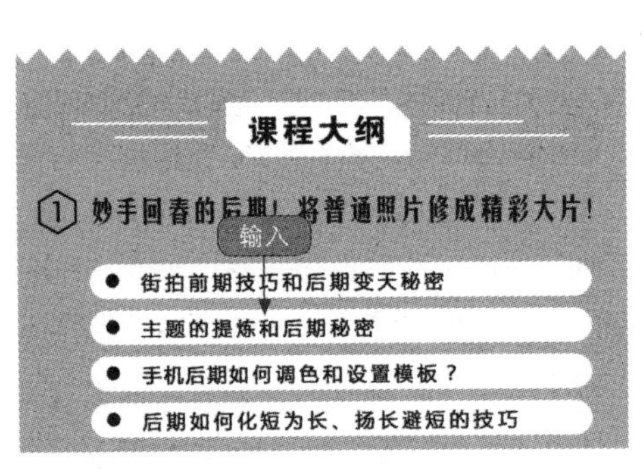

图 7-22　复制并修改文字内容

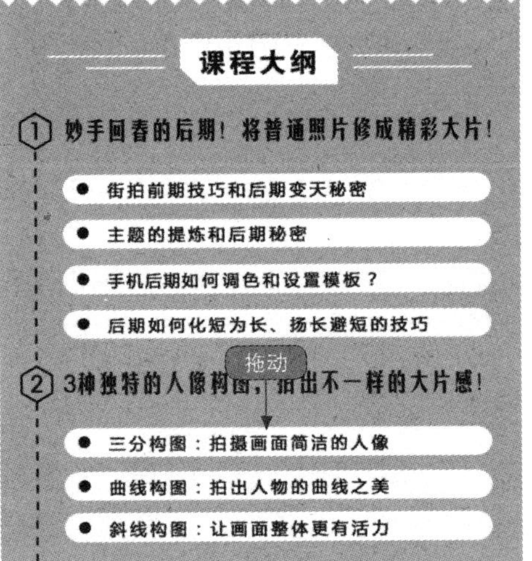

图 7-23　添加课程信息素材

专家指点

在 Photoshop 中，点文本和段落文本可以相互转换，转换时单击“类型”|“转换为段落文本”或单击“类型”|“转换为点文本”命令即可。

7.1.3 制作用户反馈与求关注页面

下面介绍制作用户反馈与求关注页面的方法。

STEP 01 按【Ctrl + O】组合键，打开“效果欣赏.psd”素材图像，运用移动工具将素材图像拖动至背景图像编辑窗口中，适当调整图像的位置，效果如图 7–24 所示。

图 7–24 拖入效果欣赏素材

STEP 02 ❶复制“底纹”图层，得到“底纹拷贝”图层；❷适当调整图像的位置，效果如图 7–25 所示。

STEP 03 ❶复制“标题 1 拷贝”图层，得到“标题 1 拷贝 2”图层；❷适当调整图像的位置，效果如图 7–26 所示。

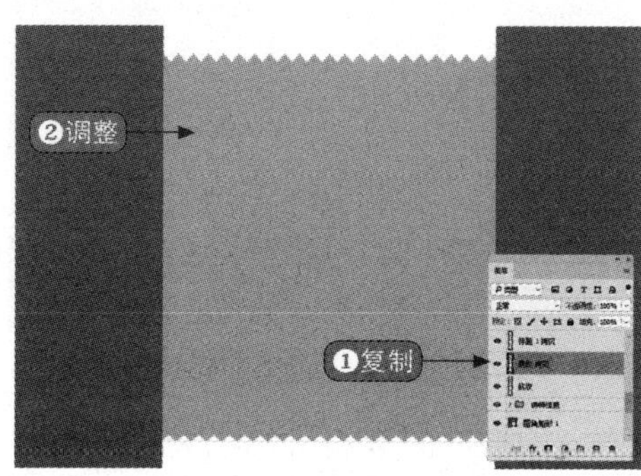

图 7–25 复制底纹

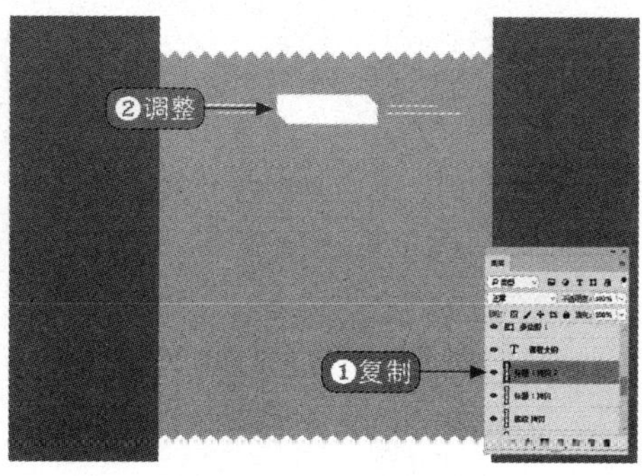

图 7–26 复制标题

STEP 04 运用魔棒工具单击标题中间的白色图像区域，创建选区，如图 7-27 所示。

STEP 05 设置前景色为深灰色（RGB 参数值均为 81），为选区填充颜色，并取消选择，效果如图 7-28 所示。

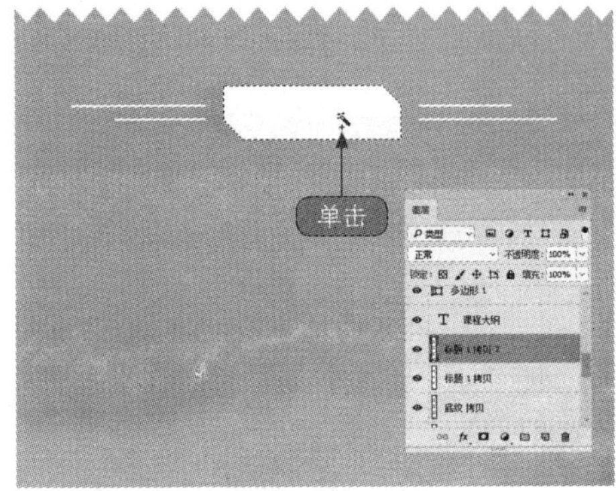

图 7-27　创建选区

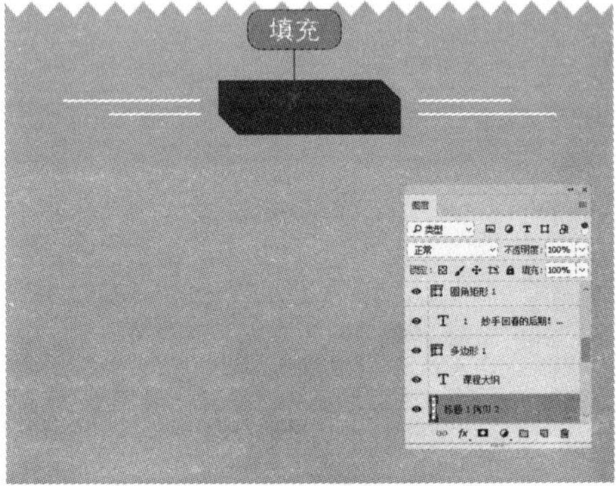

图 7-28　填充颜色

STEP 06 选取工具箱中的横排文字工具，在“字符”面板中设置“字体系列”为“方正大黑简体”、“字体大小”为 10 点、“颜色”为白色，输入相应文字，效果如图 7-29 所示。

STEP 07 运用圆角矩形工具绘制一个圆角矩形形状，设置“填充”为白色、“描边”为无、“半径”为 20 像素，效果如图 7-30 所示。

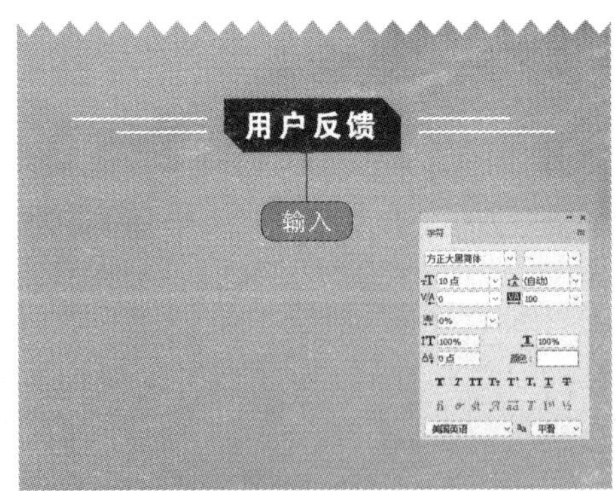

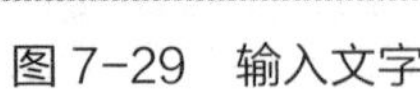

图 7-29　输入文字

图 7-30　绘制圆角矩形形状

STEP 08 打开“头像 .psd”素材图像，运用移动工具将素材图像拖动至背景图像编辑窗口中，适当调整图像的位置，效果如图 7-31 所示。

STEP 09 运用横排文字工具，绘制一个文本框，效果如图 7–32 所示。

图 7–31　添加头像素材图像

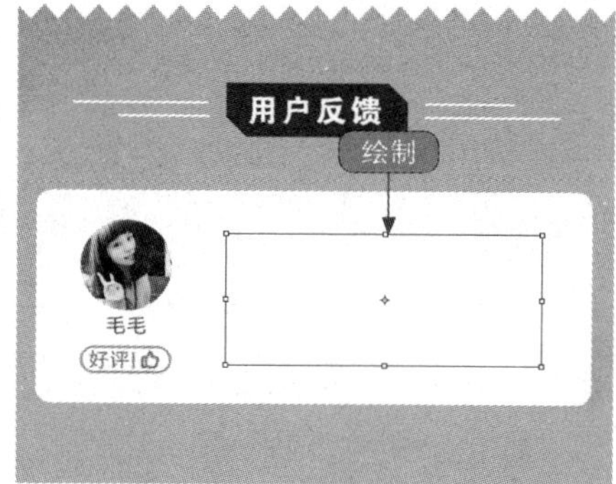

图 7–32　绘制文本框

STEP 10 在“字符”面板中设置“字体系列”为“微软雅黑”、“字体大小”为 6 点、“颜色”为深灰色（RGB 参数值均为 50），输入相应文字，效果如图 7–33 所示。

STEP 11 打开“用户反馈 .psd”素材图像，运用移动工具将素材图像拖动至背景图像编辑窗口中，适当调整图像的位置，效果如图 7–34 所示。

图 7–33　输入文字

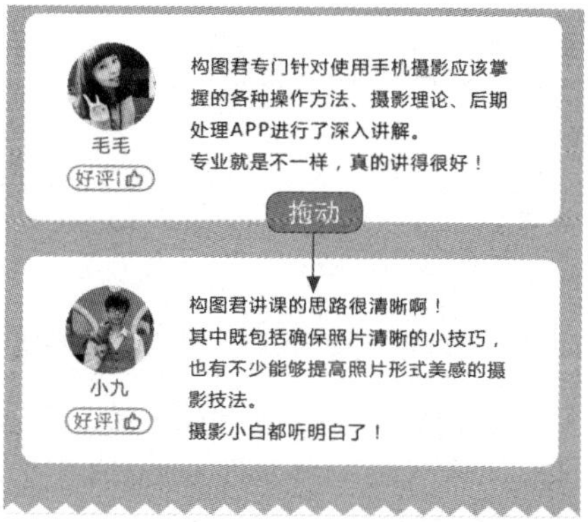

图 7–34　添加用户反馈素材

STEP 12 打开“双引号 .psd”素材图像，运用移动工具将素材图像拖动至背景图像编辑窗口中，适当调整图像的位置，效果如图 7–35 所示。

STEP 13 复制双引号图像，并调整至合适位置处，效果如图 7–36 所示。

STEP 14 打开“关注 .psd”素材图像，运用移动工具将素材图像拖动至背景图像编辑窗口中，适当调整图像的位置，效果如图 7–37 所示。

STEP 15 打开“直播间.jpg”素材图像，运用移动工具将素材图像拖动至背景图像编辑窗口中，适当调整图像的位置和图层顺序，效果如图 7–38 所示。

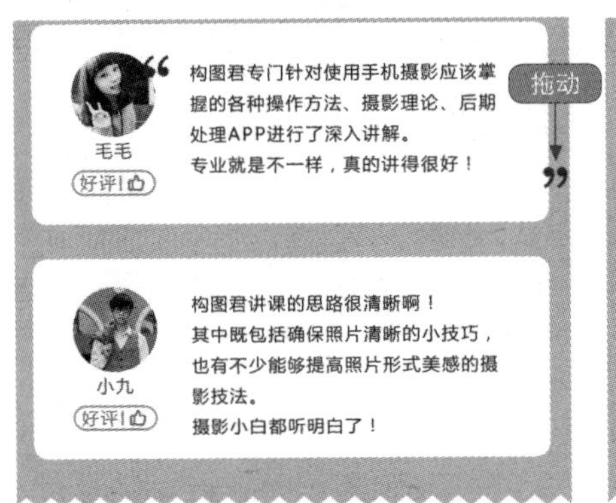

图 7–35　添加双引号素材

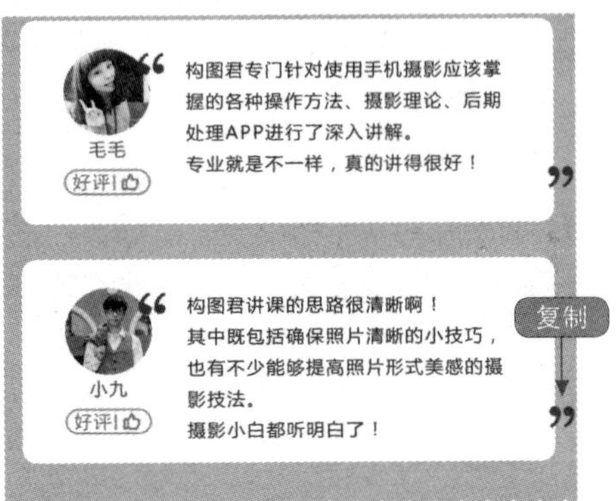

图 7–36　复制双引号图像

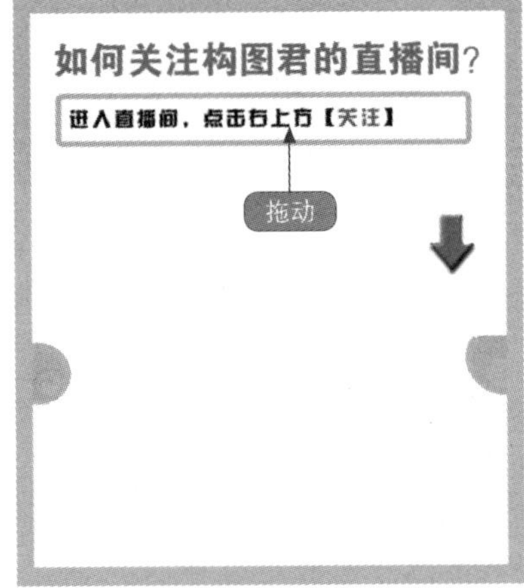

图 7–37　添加关注素材

图 7–38　添加直播间素材

7.2 荔枝微课：微课课程页设计

荔枝微课是一个大众知识分享平台，能提升用户各项技能素养。荔枝微课首创 PPT 语音同步直播，老师可以录制音频和视频内容，拥有强大的流量支撑，协助老师分销课程。

本实例主要是制作荔枝微课的课程页面，最终效果如图 7–39 所示。

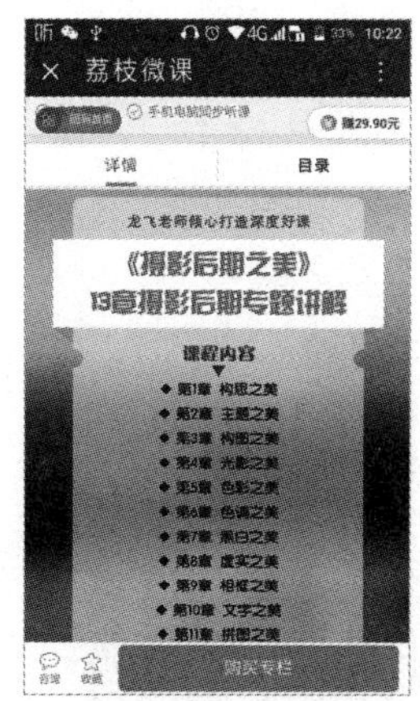

图 7-39　实例效果

配套资源下载	素材文件	素材\第 7 章\微课课程页设计 .jpg、课程主体 .psd、标志 .psd
	效果文件	效果 \ 第 7 章 \ 微课课程页设计 .psd、微课课程页设计 .jpg
	视频文件	视频 \ 第 7 章 \ 7.2　荔枝微课：微课课程页设计 .mp4

7.2.1　制作课程页背景效果

下面介绍制作荔枝微课的课程页背景效果的方法。

STEP 01 按【Ctrl ＋ O】组合键，打开一幅素材图像，如图 7-40 所示。

STEP 02 展开“图层”面板，按【Ctrl ＋ J】组合键复制“背景”图层，得到“图层 1”图层，如图 7-41 所示。

图 7-40　打开素材图像　　图 7-41　复制“背景”图层

STEP 03 单击“图像”|“调整”|“自然饱和度”命令，弹出“自然饱和度”对话框，设置“自然饱和度”为 100、“饱和度”为 13，单击“确定”按钮，

效果如图 7–42 所示。

STEP 04 按【Ctrl + M】组合键，弹出“曲线”对话框，在曲线上单击，新建一个控制点，在下方设置“输入”为 119、“输出”为 150，单击“确定”按钮，效果如图 7–43 所示。

图 7–42　调整饱和度效果　图 7–43　执行“曲线”调整效果

STEP 05 单击“图像”|“调整”|“亮度 / 对比度”命令，弹出“亮度 / 对比度”对话框，设置“对比度”为 33，单击“确定”按钮，增强图像的对比度，效果如图 7–44 所示。

STEP 06 单击“滤镜”|“模糊”|“方框模糊”命令，弹出“方框模糊”对话框，设置“半径”为 100 像素，单击“确定”按钮，效果如图 7–45 所示。

图 7–44　增强图像的对比度　图 7–45　模糊图像

专家指点

应用“模糊”滤镜，可以使图像中清晰或对比度较强烈的区域，产生模糊的效果。

7.2.2 制作课程页主体效果

下面介绍制作荔枝微课的课程页主体效果的方法。

STEP 01 选取工具箱中的圆角矩形工具，在工具属性栏中设置“填充”为白色（RGB 参数值均为 255）、“描边”为无、“半径”为 25 像素，在图像编辑窗口中绘制一个圆角矩形，如图 7-46 所示。

STEP 02 展开“图层”面板，栅格化“圆角矩形 1”图层，并设置“不透明度”为 60%，效果如图 7-47 所示。

图 7-46　绘制圆角矩形

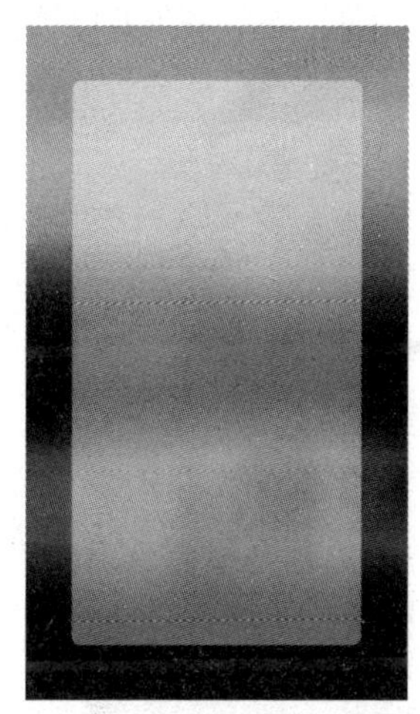

图 7-47　设置不透明度效果

STEP 03 选取工具箱中的椭圆选框工具，在图像编辑窗口中绘制一个正圆选框，如图 7-48 所示。

STEP 04 ❶按【Delete】键，删除选区内的图像；单击椭圆工具属性栏中的“新选区”按钮，❷将选区移动至合适位置，如图 7-49 所示。

STEP 05 按【Delete】键，删除选区内的图像，并取消选区，效果如图 7-50 所示。

STEP 06 选取工具箱中的横排文字工具，在“字符”面板中设置“字体系列”为“方正细黑一简体”、“字体大小”为 10 点、“颜色”为灰色（RGB 参数值均为 93），并激活仿粗体图标，如图 7-51 所示。

图 7-48　绘制正圆选框

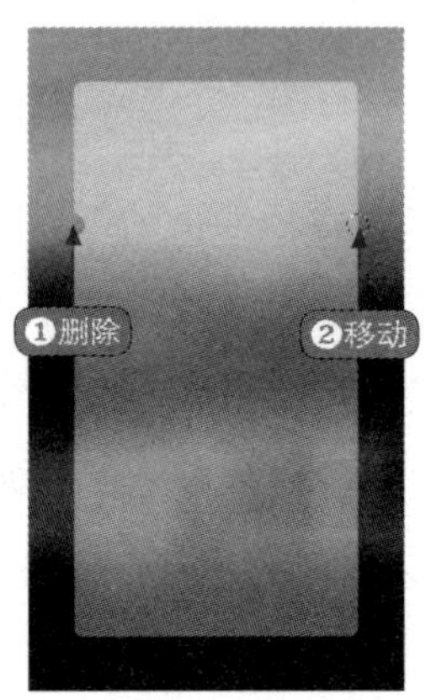

图 7-49　移动选区

STEP 07 在图像编辑窗口中输入文字，并移至合适位置，效果如图 7-52 所示。

图 7-50　取消选区

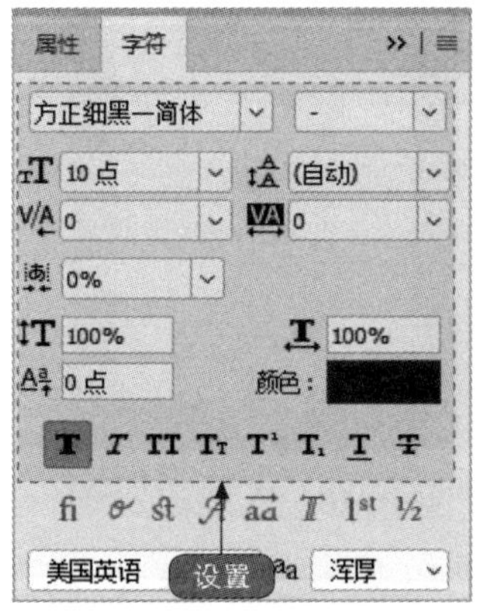

图 7-51　设置各选项

STEP 08 选取工具箱中的矩形工具，在工具属性栏中设置“填充”为白色、“描边”为无，在图像编辑窗口中的适当位置绘制一个矩形选区，如图 7-53 所示。

STEP 09 选取多边形套索工具，在适当位置绘制一个三角形选区，如图 7-54 所示。

STEP 10 新建“图层 2”图层，设置前景色为灰色（RGB 参数值均为 176），为选区填充前景色并取消选区，如图 7-55 所示。

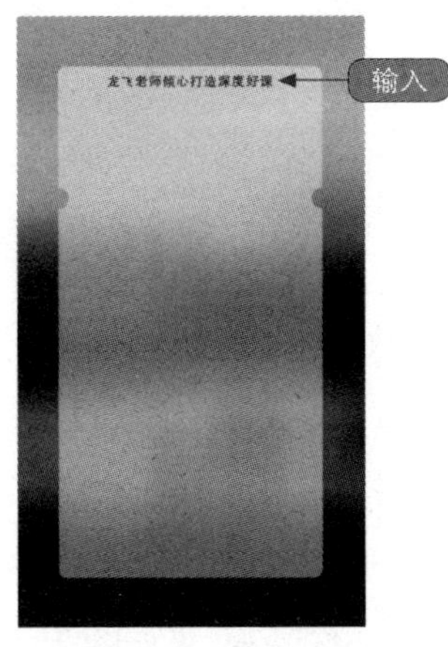

图 7-52　输入文字

图 7-53　绘制矩形

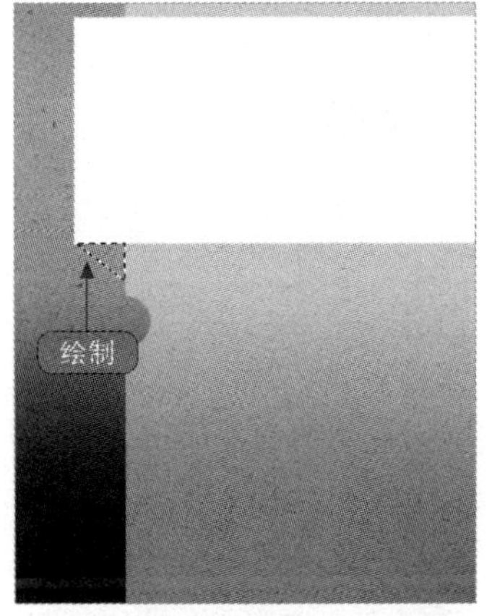

图 7-54　绘制三角形选区

图 7-55　填充前景色

STEP 11 复制“图层 2”图层，得到“图层 2 拷贝”图层，水平翻转图像，并移至合适位置，效果如图 7-56 所示。

STEP 12 选取工具箱中的横排文字工具，在“字符”面板中设置“字体系列”为“汉仪菱心体简”、“字体大小”为 18 点、“行距”为 26 点、“设置所选字符的字距调整”为 -50、“颜色”为蓝色（RGB 参数值分别为 46、156、211），并激活仿粗体图标，在图像编辑窗口中输入文字，如图 7-57 所示。

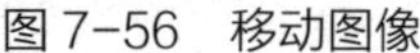

图 7-56　移动图像

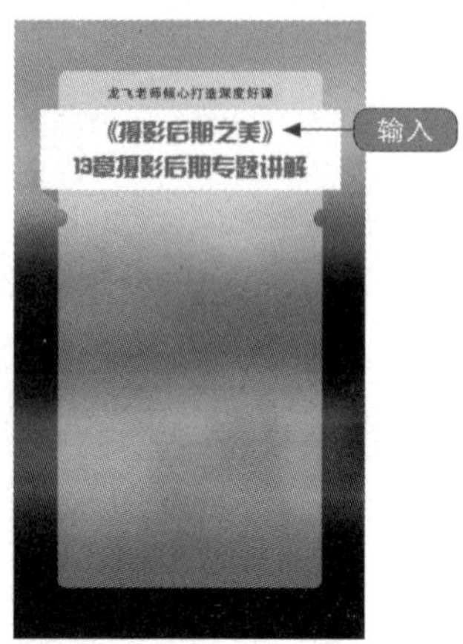

图 7-57　输入文字

STEP 13 打开“课程主体 .psd”素材图像，运用移动工具将素材图像拖动至背景图像编辑窗口中，适当调整图像的位置，效果如图 7-58 所示。

STEP 14 打开“标志 .psd”素材图像，运用移动工具将素材图像拖动至背景图像编辑窗口中，适当调整图像的位置，效果如图 7-59 所示。

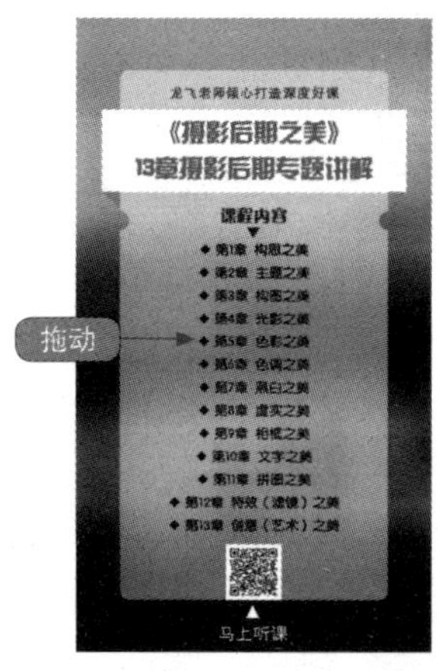

图 7-58　添加课程主体素材

图 7-59　添加标志素材

7.3 喜马拉雅：广播活动页设计

喜马拉雅 FM 是国内音频分享平台，除了拥有海量的节目音频之外，现在已成为音频创作者最集中、最活跃的平台之一。本实例主要介绍的是喜马拉雅 FM 平台中的图书推广相关的广播活动页设计，最终效果如图 7-60 所示。

图 7-60　实例效果

配套资源下载		
	素材文件	素材 \ 第 7 章 \ 广播活动页设计 .jpg、文字 .psd、标志 .psd
	效果文件	效果 \ 第 7 章 \ 广播活动页设计 .psd、广播活动页设计 .jpg
	视频文件	视频 \ 第 7 章 \ 7.3 喜马拉雅：广播活动页设计 .mp4

7.3.1 制作广播活动页背景效果

下面介绍制作广播活动页背景效果的方法。

STEP 01 按【Ctrl + O】组合键，打开一幅素材图像，如图 7-61 所示。

STEP 02 展开“图层”面板，❶按【Ctrl + J】组合键复制“背景”图层，得到“图层 1”图层；❷设置图层的混合模式为“叠加”，效果如图 7-62 所示。

图 7-61　打开素材图像　　　图 7-62　图像效果

STEP 03 单击“窗口”|“调整”命令，展开“调整”面板，单击“色彩平衡”

按钮，新建“色彩平衡 1”调整图层，如图 7–63 所示。

STEP 04 在展开的“属性”面板中设置各参数值分别为 26、–10、12，如图 7–64 所示。

图 7–63　新建调整图层

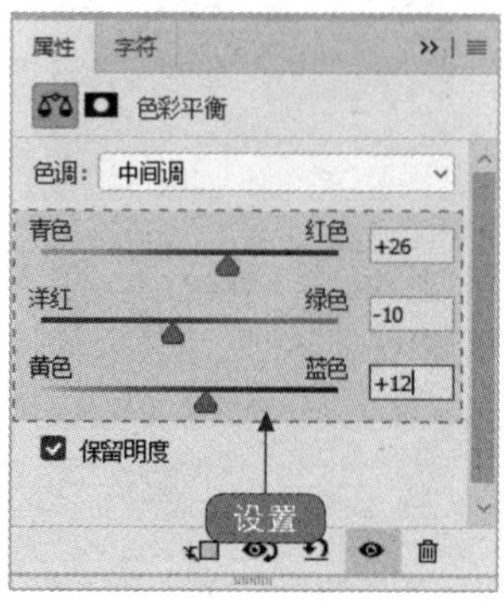

图 7–64　设置各参数

专家指点

“色彩平衡”命令主要通过对处于高光、中间调及阴影区域中的指定颜色进行增加或减少来改变图像的整体色调。

STEP 05 执行此操作后，图像编辑窗口中的效果如图 7–65 所示。

STEP 06 在“调整”面板单击“自然饱和度”按钮，新建“自然饱和度 1”调整图层，在展开的“属性”面板中设置“自然饱和度”为 62，效果如图 7–66 所示。

图 7–65　图像效果

图 7–66　调整饱和度效果

STEP 07 按【Shift + Ctrl + Alt + E】组合键，盖印可见图层，得到“图层 2”图层，单击“滤镜”|“模糊画廊”|“光圈模糊”命令，进入编辑界面，调整光圈的大小与位置，如图 7-67 所示。

STEP 08 单击“确定”按钮，应用“光圈模糊”滤镜，效果如图 7-68 所示。

图 7-67　调整光圈的大小与位置

图 7-68　图像效果

专家指点

光圈模糊，顾名思义就是用类似相机的镜头来对焦，焦点周围的图像会相应变模糊。

7.3.2 制作广播活动页背景效果

下面介绍制作广播活动页背景效果的方法。

STEP 01 选取工具箱中的横排文字工具，在“字符”面板中设置“字体系列”为“汉仪菱心体简”、“字体大小”为 26 点、“设置所选字符的字距调整”为 -75、“颜色”为白色（RGB 参数值均为 255），并激活仿粗体图标，如图 7-69 所示。

STEP 02 在图像编辑窗口中输入文字并移至合适位置，效果如图 7-70 所示。

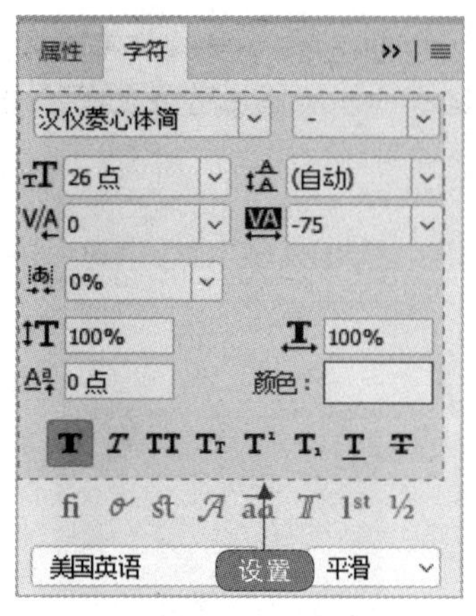

图 7-69　设置各选项　　图 7-70　输入文字

STEP 03 复制刚刚输入的文字，并将其移动至合适位置，在“字符”面板中设置“字体大小”为 12 点、“设置所选字符的字距调整”为 -50，运用横排文字工具修改文本内容，效果如图 7-71 所示。

STEP 04 选取工具箱中的横排文字工具，在“字符”面板中设置“字体系列”为“方正粗倩简体”、“字体大小”为 13 点、“颜色”为白色（RGB 参数值均为 255），在图像编辑窗口中输入文字，效果如图 7-72 所示。

图 7-71　修改文本内容　　图 7-72　输入文字

STEP 05 ❶选择相应文字图层，在缩览图中右击，❷在弹出的快捷菜单中选择“混合选项”选项，如图 7-73 所示。

STEP 06 打开“图层样式”对话框，选中“描边”复选框，设置“大小”为

5 像素、“颜色”为玫红色（RGB 参数值分别为 255、0、228），如图 7–74 所示。

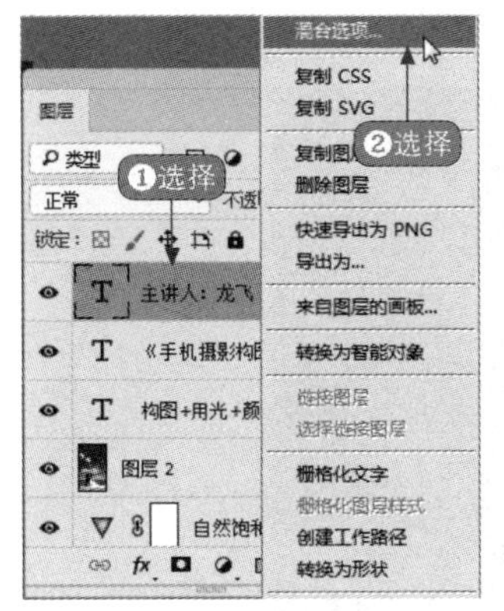

图 7–73 选择“混合选项”选项

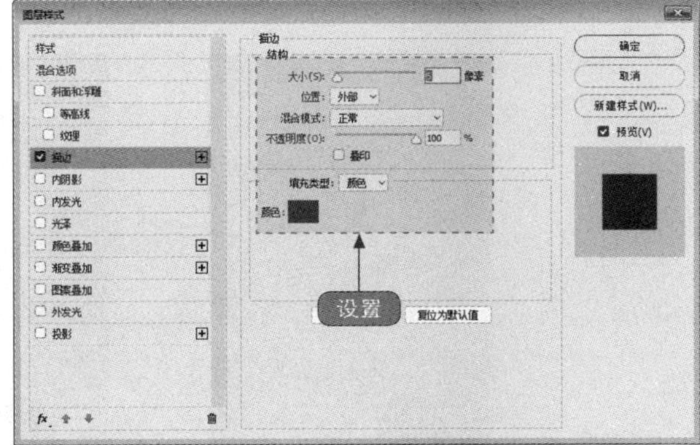

图 7–74 输入文字

STEP 07 单击“确定”按钮，即可为文字添加“描边”图层样式，效果如图 7–75 所示。

STEP 08 运用横排文字工具输入相应文字，在“字符”面板中设置“字体系列”为“方正粗倩简体”、“字体大小”为 28 点、“颜色”为黄色（RGB 参数值分别为 255、255、0），在图像编辑窗口中输入相应字符，激活仿粗体图标，效果如图 7–76 所示。

图 7–75 添加图层样式

图 7–76 输入字符

STEP 09 打开“文字 .psd”素材图像，运用移动工具将素材图像拖动至背景图像编辑窗口中，适当调整图像的位置，效果如图 7–77 所示。

STEP 10 打开“标志 .psd”素材图像，运用移动工具将素材图像拖动至背景图像编辑窗口中，适当调整图像的位置，效果如图 7–78 所示。

图 7–77　添加文字素材　　图 7–78　添加标志素材

章前知识导读

随着新媒体和内容营销的迅速崛起，如何在电商运营中利用视觉营销提高品牌、店铺和产品的知名度、创造利益，是淘宝、天猫、微店和微商店铺运营者关注的重点，也是难点。本章主要介绍电商平台的新媒体美工设计案例。

CHAPTER 8 电商平台：淘宝＋天猫＋微店＋微商

新手重点索引

- 淘宝设计：美妆网店首页设计
- 天猫设计：厨具网店主图设计
- 微店设计：图书微店界面设计
- 微商设计：微商朋友圈广告设计

效果图片欣赏

8.1 淘宝设计：美妆网店首页设计

本案例是为美妆网店设计的首页欢迎模块，在画面的配色中借鉴商品的色彩，并通过大小和外形不同的文字来表现店铺的主题内容，使用同一色系的颜色来提升画面的品质，让设计的整体效果更加协调统一。

本实例最终效果如图 8-1 所示。

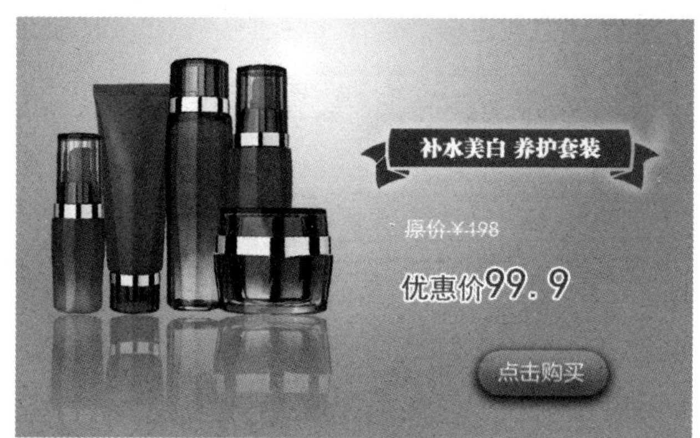

图 8-1　实例效果

配套资源下载		
	素材文件	素材\第 8 章\商品 1.psd 装饰 .psd 文字 1.psd 购买按钮 .psd
	效果文件	效果\第 8 章\美妆网店首页设计 .psd、美妆网店首页设计 .jpg
	视频文件	视频\第 8 章\8.1　淘宝设计：美妆网店首页设计 .mp4

8.1.1 制作纯色渐变效果

下面介绍制作美妆网店首页的纯色渐变背景效果的方法。

STEP 01 单击“文件”|“新建”命令，弹出“新建文档”对话框，❶设置“名称”为“美妆网店首页设计”、“宽度”为 800 像素、“高度”为 500 像素、“分辨率”为 300 像素 / 英寸、“颜色模式”为“RGB 颜色”、“背景内容”为“白色”，如图 8-2 所示。❷单击“创建”按钮，新建一个空白图像。

STEP 02 选取工具箱中的渐变工具，设置渐变色为白色到蓝色（RGB 参数值分别为 86、200、236），如图 8-3 所示。

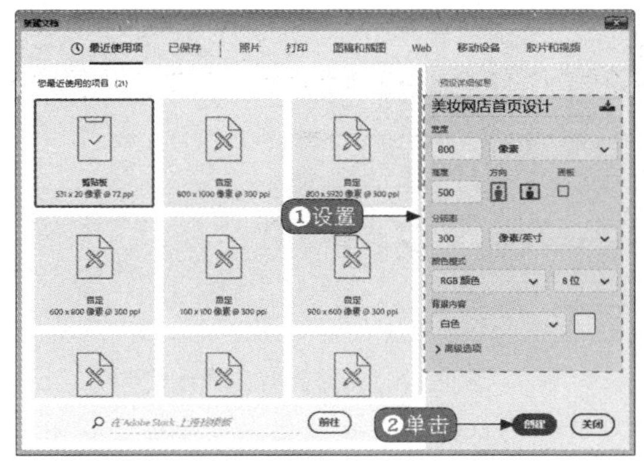

图 8-2 “新建文档”对话框

图 8-3 设置渐变色

STEP 03 在“图层”面板中新建“图层 1”图层，如图 8-4 所示。

STEP 04 在工具属性栏中单击“径向渐变”按钮，在图像上拖动鼠标填充渐变色，如图 8-5 所示。

图 8-4 新建“图层 1”图层

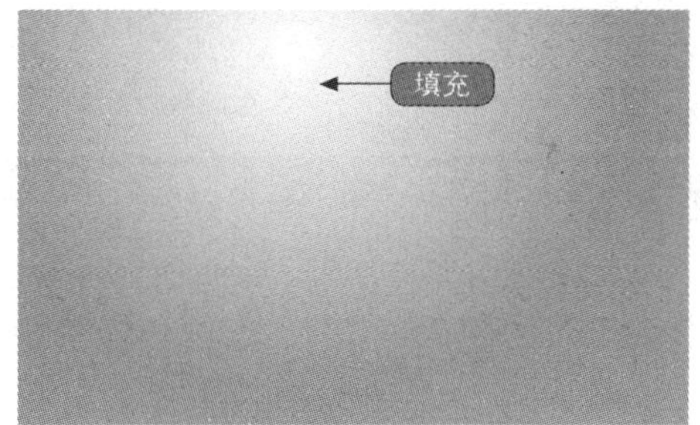

图 8-5 填充渐变色

8.1.2 调整商品图像亮度

下面详细介绍美妆网店首页调整商品图像亮度的方法。

STEP 01 打开“商品 1.psd”素材图像，运用移动工具将素材图像拖动至背景图像编辑窗口中的合适位置处，如图 8-6 所示。

STEP 02 单击“图像” | “调整” | “亮度 / 对比度”命令，弹出“亮度 / 对比度”对话框，设置“亮度”为 50、“对比度”为 18，单击“确定”按钮，效果如图 8-7 所示。

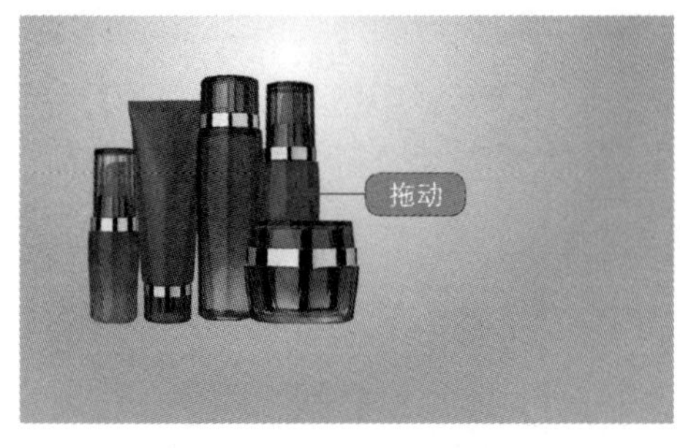

图 8-6　添加商品素材

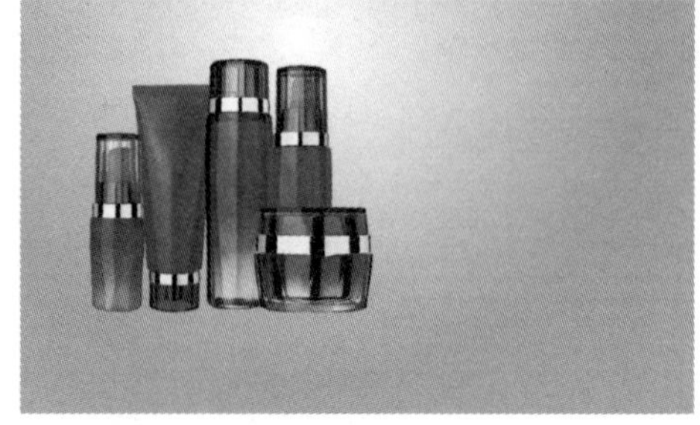

图 8-7　调整亮度和对比度效果

STEP 03 复制商品图层，将其进行垂直翻转并调整至合适位置处，效果如图 8-8 所示。

STEP 04 为复制的图层添加图层蒙版，并填充黑色到白色的线性渐变，设置图层的“不透明度”为 30%，制作倒影效果，如图 8-9 所示。

图 8-8　复制并调整素材图像

图 8-9　制作倒影效果

8.1.3　制作文案与图层样式

网店卖家使用横排文字工具给商品添加解释说明，让买家更能了解商品。下面详细介绍制作美妆网店首页文案的方法。

STEP 01 打开“装饰 .psd”素材图像，运用移动工具将素材图像拖动至背景图像编辑窗口中的合适位置处，如图 8-10 所示。

STEP 02 为“装饰”图层添加默认的“外发光”图层样式，效果如图 8-11 所示。

STEP 03 运用横排文字工具在图像编辑窗口上输入相应文字，设置“字体系列”为“方正粗宋简体”、“字体大小”为 6 点、“颜色”为白色，激活仿粗体图标，如图 8-12 所示。

STEP 04 运用横排文字工具在图像上输入相应文字，设置“字体系列”为“黑体”、“字体大小”为 6 点、“颜色”为白色，并激活“删除线”图标，效果如图 8–13 所示。

图 8–10 拖动素材图像

图 8–11 选取矩形工具

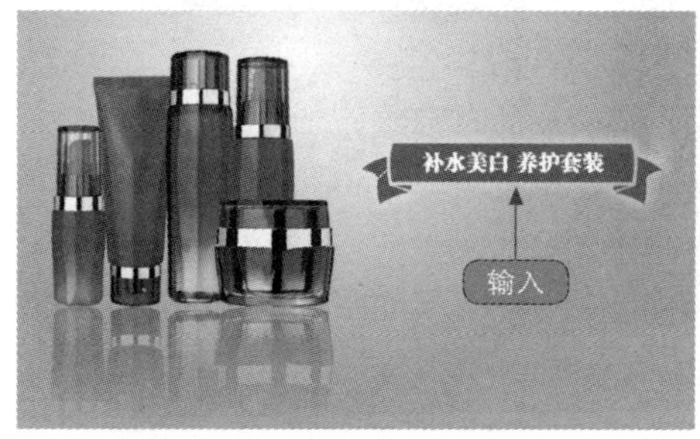

图 8–12 输入相应文字

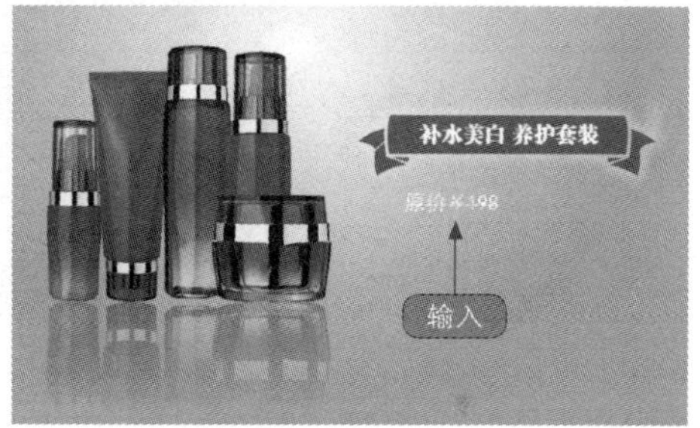

图 8–13 设置后的效果

STEP 05 打开“文字 1.psd”素材图像，运用移动工具将素材图像拖动至背景图像编辑窗口中的合适位置处，如图 8–14 所示。

STEP 06 打开“购买按钮 .psd”素材图像，运用移动工具将素材图像拖动至背景图像编辑窗口中的合适位置处，如图 8–15 所示。

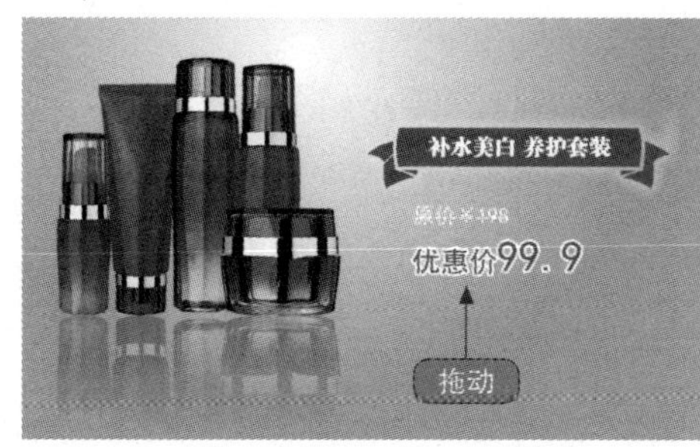

图 8–14 文字 1.psd 素材

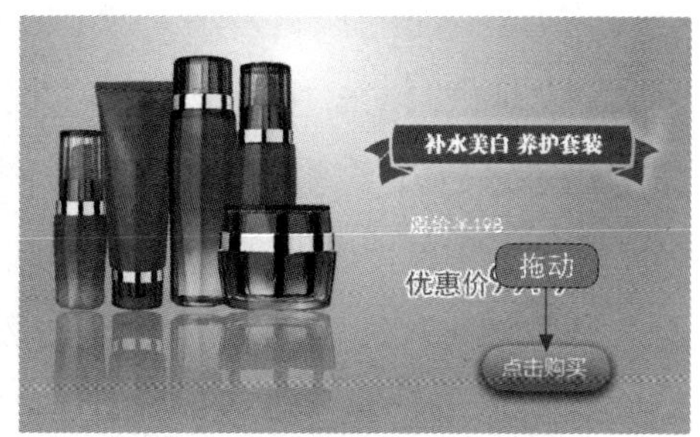

图 8–15 购买按钮 .psd 素材

8.2 天猫设计：厨具网店主图设计

本案例是为某品牌的厨具店铺设计的平底锅商品主图，在制作的过程中使用充满鲜艳的背景图片进行修饰，添加“赠品”促销方案，以及简单的广告词来突出产品优势。

本实例最终效果如图 8–16 所示。

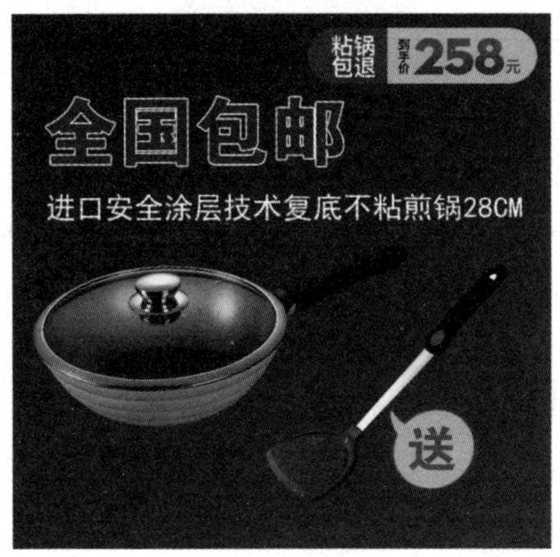

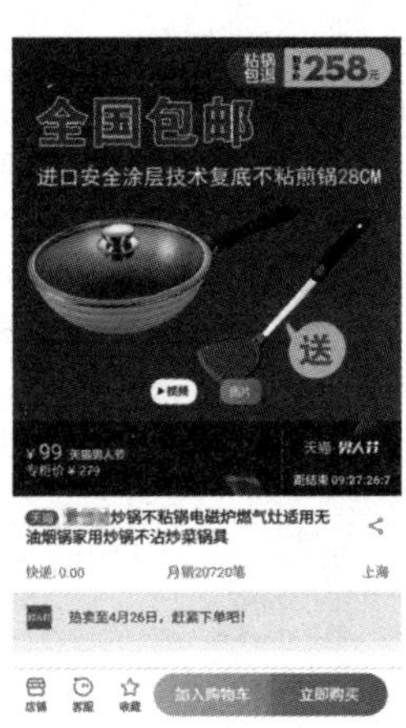

图 8–16　实例效果

配套资源下载		
配套资源下载	素材文件	素材 \ 第 8 章 \ 厨具网店主图设计 .jpg、商品 2.jpg、商品 3.psd、价格标签 .psd、赠送标签 .psd
	效果文件	效果 \ 第 8 章 \ 厨具网店主图设计 .psd、厨具网店主图设计 .jpg
	视频文件	视频 \ 第 8 章 \ 8.2　天猫设计：厨具网店主图设计 .mp4

8.2.1 制作网店主图主体效果

下面介绍制作厨具网店主图主体效果的方法。

STEP 01 按【Ctrl + O】组合键，打开一幅素材图像，如图 8–17 所示。

STEP 02 打开“商品 2.jpg”素材图像，运用移动工具将商品图像拖动至背景图像编辑窗口中，如图 8–18 所示。

STEP 03 运用魔棒工具，在商品图像的白色区域创建选区，如图 8–19 所示。

STEP 04 按【Delete】键删除选区内的图形，并取消选区，如图 8–20 所示。

图 8-17 打开素材图像

图 8-18 添加商品素材

图 8-19 创建选区

图 8-20 删除选区内的图形

STEP 05 按【Ctrl ＋ T】组合键调出变换控制框，适当调整商品图像的大小、角度和位置，使主体图像更加突出，如图 8-21 所示。

STEP 06 打开“商品 3.psd”素材图像，运用移动工具将其拖动至背景图像编辑窗口中，调整图像大小和位置，如图 8-22 所示。

图 8-21 调整商品图像

图 8-22 添加商品素材

8.2.2 制作网店主图文案效果

给商品主图添加文字说明，可以给买家增强浏览的印象。下面介绍制作厨具网店主图文案效果的方法。

STEP 01 打开“价格标签 .psd”素材图像，运用移动工具将其拖动至背景图像编辑窗口中的合适位置处，如图 8-23 所示。

STEP 02 选取工具箱中的横排文字工具，输入文字“全国包邮”，展开“字符”面板，设置“字体系列”为“方正大黑简体”、“字体大小”为 100 点、“颜色”为蓝色，激活仿粗体图标，根据需要适当地调整文字的位置，效果如图 8-24 所示。

图 8-23　添加价格标签

图 8-24　输入文字

STEP 03 双击“全国包邮”文字图层，弹出“图层样式”对话框，选中“描边”复选框，设置“大小”为 2 像素、“位置”为“外部”、“颜色”为白色，如图 8-25 所示。

STEP 04 单击“确定”按钮，即可为文字添加“描边”图层样式，效果如图 8-26 所示。

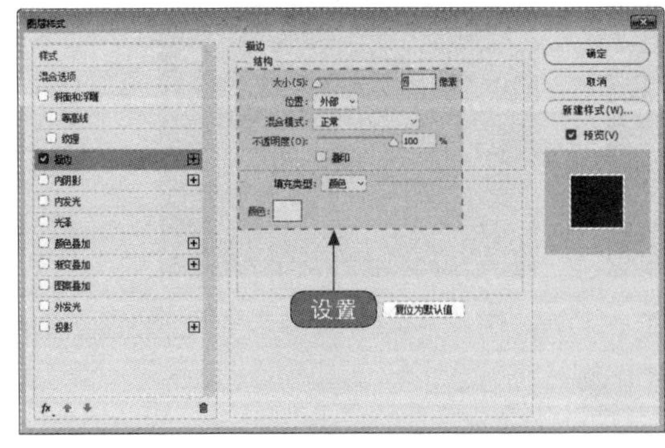

图 8-25　设置“描边”参数

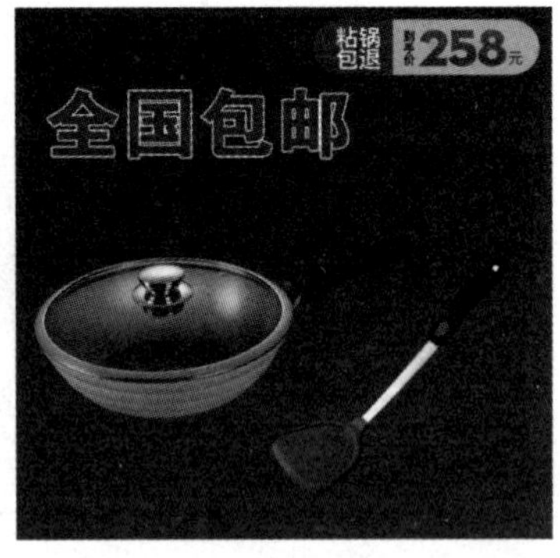

图 8-26　添加“描边”图层样式

STEP 05 选取工具箱中的横排文字工具，输入文字，展开“字符”面板，设置“字体系列”为“黑体”、“字体大小”为 40 点、“颜色”为白色，根据需要适当地调整文字的位置，效果如图 8-27 所示。

STEP 06 打开“赠送标签 .psd”素材图像，运用移动工具将其拖动至背景图像编辑窗口中的合适位置处，如图 8-28 所示。

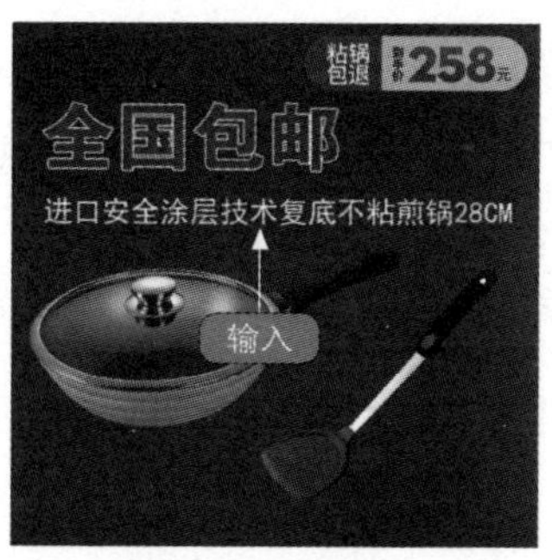

图 8-27 输入文字

图 8-28 添加赠送标签

8.3 微店设计：图书微店界面设计

在制作手机摄影图书微店首页界面时，运用有吸引力的字体制作出顶部的横幅广告，再用多张精美的图片制作出展示区，并添上说明性文字，即可完成设计。

本实例最终效果如图 8-29 所示。

图 8-29 实例效果

配套资源下载		
配套资源下载	素材文件	素材\第 8 章\横幅广告背景 .jpg、微店装饰 .psd、商品展示区 .psd
	效果文件	效果\第 8 章\图书微店界面设计 .psd、图书微店界面设计 .jpg
	视频文件	视频\第 8 章\8.3 微店设计：图书微店界面设计 .mp4

8.3.1 制作微店横幅广告效果

下面详细介绍制作微店横幅广告效果的方法。

STEP 01 单击“文件”|“新建”命令，弹出“新建文档”对话框，设置各选项如图 8-30 所示，单击“创建”按钮，新建一个空白图像。

STEP 02 按【Ctrl + O】组合键，打开“横幅广告背景 .jpg”素材图像，运用移动工具将素材图像拖动至背景图像编辑窗口中，适当调整图像的大小和位置，效果如图 8-31 所示。

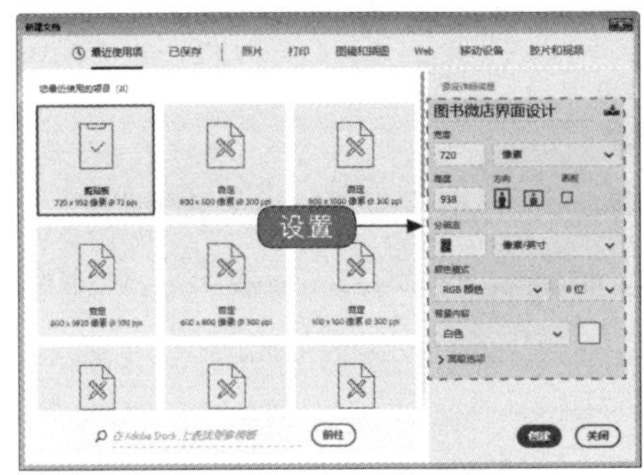

图 8-30 设置各选项

图 8-31 拖动图像

STEP 03 选取工具箱中的横排文字工具，❶在“字符”面板中设置“字体系列”为“微软简行楷”、“字体大小”为 50 点、“颜色”为浅蓝色（RGB 参数值分别为 0、198、255）；❷在图像编辑窗口中输入文字，如图 8-32 所示。

STEP 04 在“图层 1”图层上方新建一个图层，选取椭圆选框工具，在工具属性栏中设置“羽化”为 10 像素，在图像编辑窗口中绘制一个椭圆选框，效果如图 8-33 所示。

STEP 05 设置前景色为黄色（RGB 参数值分别为 255、215、0），为选区填充前景色并取消选区，效果如图 8-34 所示。

STEP 06 按【Ctrl + O】组合键，打开“微店装饰.psd”素材图像，运用移动工具将素材图像拖动至背景图像编辑窗口中，适当调整图像的位置和大小，效果如图 8-35 所示。

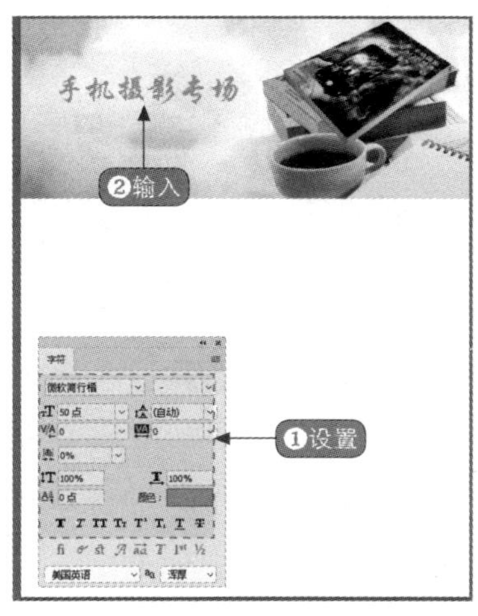

图 8-32　输入文字

图 8-33　绘制椭圆选框

图 8-34　取消选区

图 8-35　调整图像位置和大小

8.3.2 制作店铺商品展示效果

下面详细介绍制作店铺商品展示效果的方法。

STEP 01 选取工具箱中的矩形工具，设置“填充”为浅灰色（RGB 参数值均为 238），绘制一个矩形形状，效果如图 8-36 所示。

STEP 02 选取工具箱中的横排文字工具，在“字符”面板中设置“字体系列”为“微软雅黑”、“字体大小”为 30 点、“颜色”为黑色，在图像编辑窗口中输入文字，效果如图 8-37 所示。

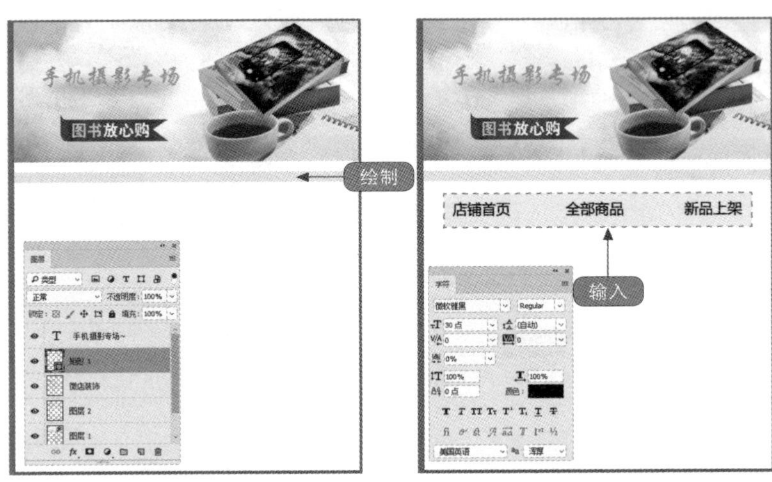

图 8-36　绘制矩形　　　　图 8-37　输入文字

STEP 03 运用横排文字工具选择“店铺首页”文字，在“字符”面板中设置“颜色”为红色（RGB 参数值分别为 235、35、35），效果如图 8-38 所示。

STEP 04 选取工具箱中的直线工具，设置“填充”为红色（RGB 参数值分别为 235、35、35）、“粗细”为 3 像素，绘制一条直线形状，效果如图 8-39 所示。

图 8-38　调整文字颜色

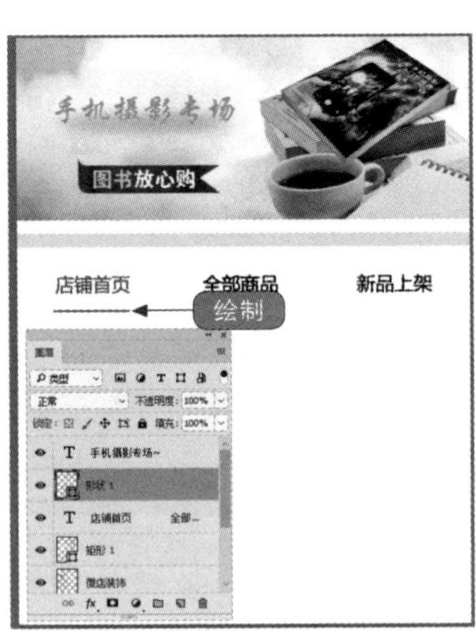

图 8-39　绘制直线形状

专家指点

微店想要吸引顾客，必须从店铺装修入手，优化店铺界面。漂亮的店铺可以让买家在购物的同时，享受精美的界面带来的愉悦感；同时让买家较长时间地停留在店铺，增加购买的可能性，打造出销量猛增的微店旺铺。

STEP 05 选取工具箱中的直线工具，设置“填充”为红色（RGB 参数值分别为 235、35、35）、“粗细”为 8 像素，绘制一条竖直的直线形状，效果如图 8-40 所示。

STEP 06 按【Ctrl + O】组合键，打开“商品展示区 .psd”素材图像，运用移动工具将素材图像拖动至背景图像编辑窗口中，适当调整图像的位置，效果如图 8-41 所示。

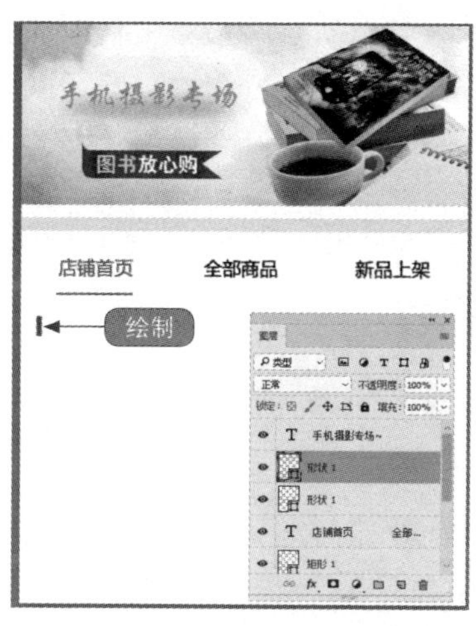

图 8-40　绘制竖直直线

图 8-41　添加商品素材

8.4 微商设计：微商朋友圈广告设计

本案例是针对微商朋友圈平台设计的休闲鞋广告，在制作的过程中使用了充满活力感的强对比色背景图片进行修饰，添加促销方案，以及简单的广告词来突出产品优势。

本实例最终效果如图 8−42 所示。

图 8−42　实例效果

配套资源下载	素材文件	素材 \ 第 8 章 \ 微商朋友圈广告设计 .jpg、鞋子 .jpg、文字 2.psd、斜线 .psd
	效果文件	效果 \ 第 8 章 \ 微商朋友圈广告设计 .psd、微商朋友圈广告设计 .jpg
	视频文件	视频 \ 第 8 章 \ 8.4　微商设计：微商朋友圈广告设计 .mp4

8.4.1　制作微商朋友圈广告背景效果

下面主要通过运用裁剪工具、“亮度 / 对比度”命令来制作微商朋友圈广告的背景效果。

STEP 01 按【Ctrl ＋ O】组合键，打开一幅素材图像，如图 8−43 所示。

STEP 02 在工具箱中选取裁剪工具，如图 8−44 所示。

图 8−43　打开素材图像

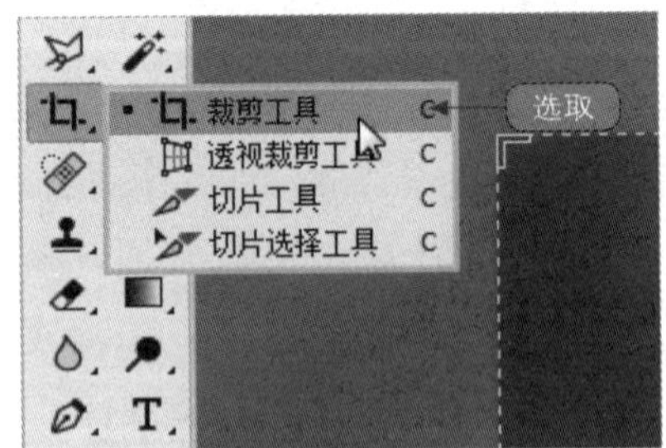

图 8−44　选取裁剪工具

STEP 03 在工具属性栏中的“选择预设长宽比或裁剪尺寸”列表框中选择“1 ∶ 1（方形）”选项，如图 8–45 所示。

STEP 04 执行操作后，在图像中会显示 1 ∶ 1 的方形裁剪框，如图 8–46 所示。

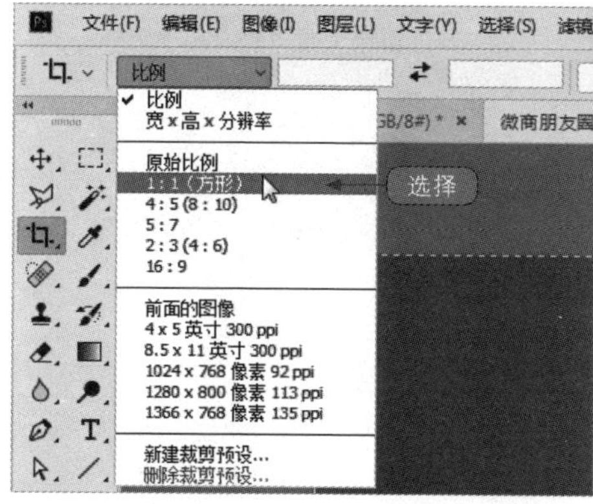

图 8–45 选择“1 ∶ 1（方形）”选项

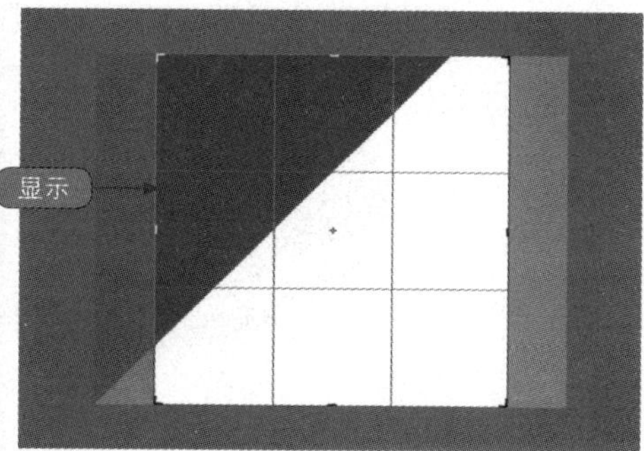

图 8–46 显示方形裁剪框

STEP 05 调整裁剪的区域，按【Enter】键确认裁剪图像，如图 8–47 所示。

STEP 06 单击“图像”｜“调整”｜“亮度 / 对比度”命令，弹出“亮度 / 对比度”对话框，设置“亮度”为 10、“对比度”为 15，单击“确定”按钮，即可增强主图背景的对比效果，效果如图 8–48 所示。

图 8–47 裁剪图像

图 8–48 增强主图背景的对比效果

8.4.2 制作微商朋友圈广告商品效果

下面主要运用移动工具、复制图层、魔棒工具、旋转命令等，制作帆布鞋网店主图的商品图像效果。

STEP 01 按【Ctrl + O】组合键，打开一幅商品素材图像，如图 8–49 所示。

STEP 02 ❶按【Ctrl + J】组合键，拷贝一个新图层，❷隐藏“背景”图层，如图 8–50 所示。

图 8–49　打开素材图像

图 8–50　拷贝一个新图层

STEP 03 在工具箱中，选取魔棒工具，在工具属性栏中设置“容差”为 6，在图像的白色区域单击，即可创建选区，如图 8–51 所示。

STEP 04 按【Delete】键，删除选区内的部分，并取消选区，如图 8–52 所示。

图 8–51　创建选区

图 8–52　删除选区

STEP 05 在工具箱中，选取移动工具，将抠取的鞋子图像拖动至背景图像的编辑窗口中，如图 8–53 所示。

STEP 06 按【Ctrl + T】组合键，调出变换控制框，将鼠标移动至变换控制框的右侧，当鼠标呈现“↻”时，即可旋转图像，如图 8–54 所示。

STEP 07 旋转图像至合适角度并调整图像的大小和位置，如图 8–55 所示。

图 8-53 移动图像

图 8-54 旋转图像

STEP 08 按【Enter】键确认旋转，效果如图 8-56 所示。

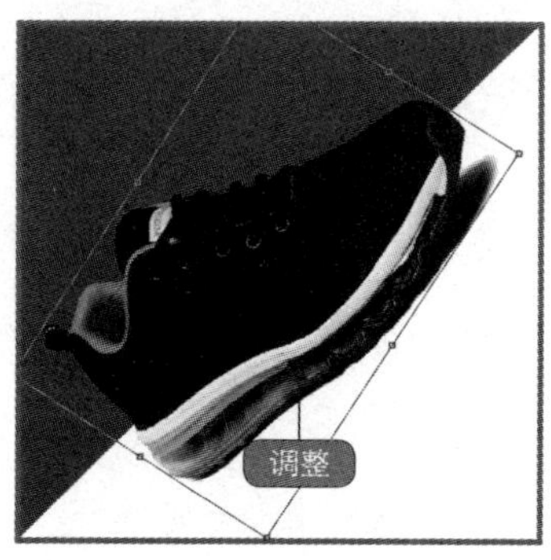

图 8-55 调整图像

图 8-56 确认变换

8.4.3 制作微商朋友圈广告文案效果

下面主要通过运用矩形工具、横排文字工具、图案叠加设置以及投影设置来制作帆布鞋网店主图的广告文案效果。

STEP 01 在“图层”面板下方单击“创建新图层”按钮，新建“图层 2”图层，如图 8-57 所示。

STEP 02 在工具箱中选取矩形工具，在工具属性栏中设置“拾色器（填充颜色）”为黄色（RGB 参数值分别为 247、227、53），如图 8-58 所示。

STEP 03 在绿色背景部分的合适位置，绘制一个矩形图像，如图 8-59 所示。

STEP 04 在“图层”面板中，双击“矩形 1”图层，弹出“图层样式”对话框，选中“投影”复选框，设置“不透明度”为 29%、“距离”为 3 像素、“大小”为 3 像素，如图 8-60 所示。

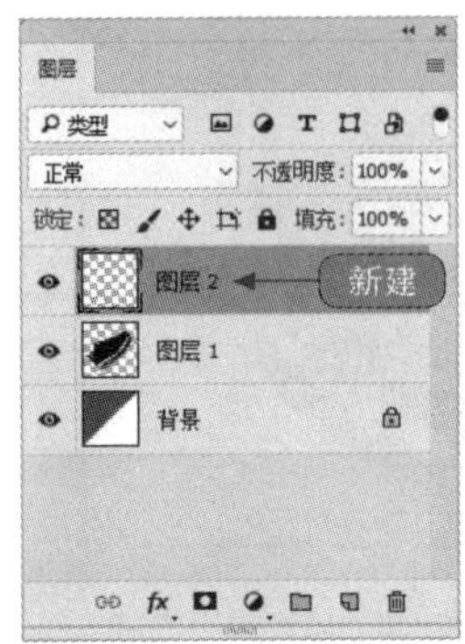

图 8-57　新建“图层 2”图层

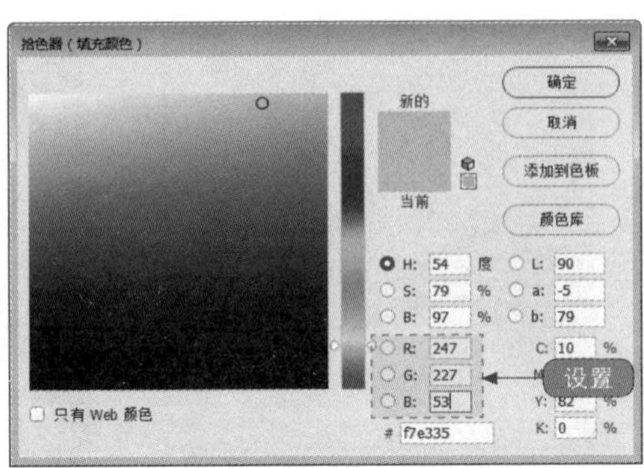

图 8-58　设置填充颜色

图 8-59　绘制矩形

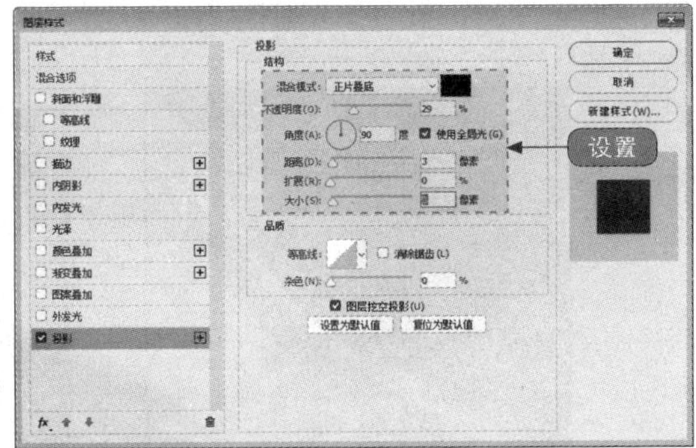

图 8-60　设置参数

STEP 05 单击“确定”按钮，即可为矩形添加投影效果，如图 8-61 所示。

STEP 06 在工具箱中选取横排文字工具，设置“字体”为“方正大黑简体”、“字体大小”为 5 点、“颜色”为深绿色（RGB 参数值分别为 71、139、76），并激活仿粗体图标，如图 8-62 所示。

图 8-61　添加投影效果

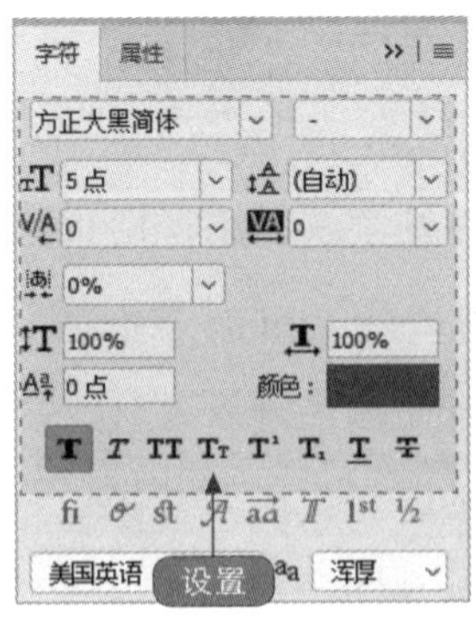

图 8-62　设置参数

STEP 07 输入文字，按【Ctrl + Enter】组合键确认输入，切换至移动工具，根据需要适当地调整文字的位置，效果如图 8-63 所示。

STEP 08 新建一个图层，在工具箱中选取横排文字工具，设置“字体”为“方正大黑简体”、“字体大小”为 12 点、“颜色”为白色（RGB 参数值均为 255），并激活仿粗体图标，如图 8-64 所示。

图 8-63 输入并调整文字位置

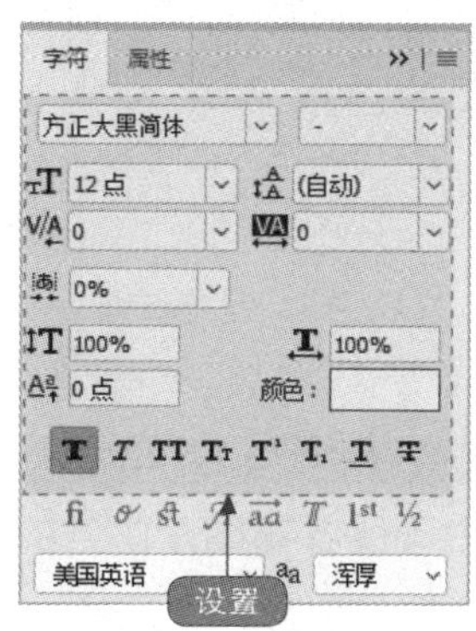

图 8-64 设置参数

STEP 09 输入文字“全国包邮”，按【Ctrl + Enter】组合键确认输入，切换至移动工具，根据需要适当地调整文字的位置，效果如图 8-65 所示。

STEP 10 双击“全国包邮”文字图层，弹出“图层样式”对话框，选中“图案叠加”复选框，选择叠加图案，如图 8-66 所示。

图 8-65 输入并调整文字位置

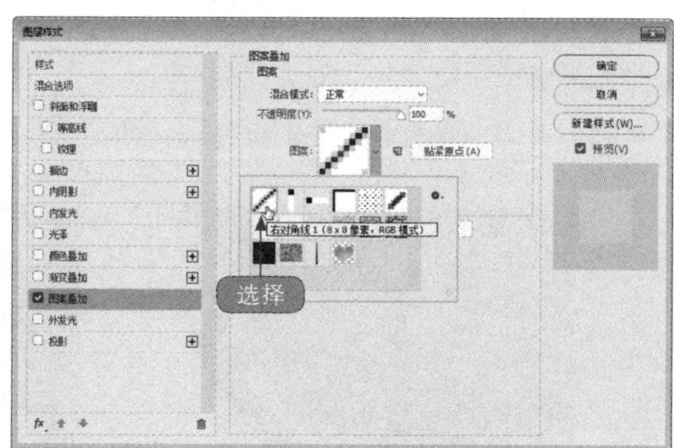

图 8-66 图案叠加

STEP 11 选中“投影”复选框，设置“不透明度”为 37%、“距离”为 5 像素、“大小”为 5 像素，如图 8-67 所示。

STEP 12 单击“确定”按钮，即可完成对文字的设置，如图 8-68 所示。

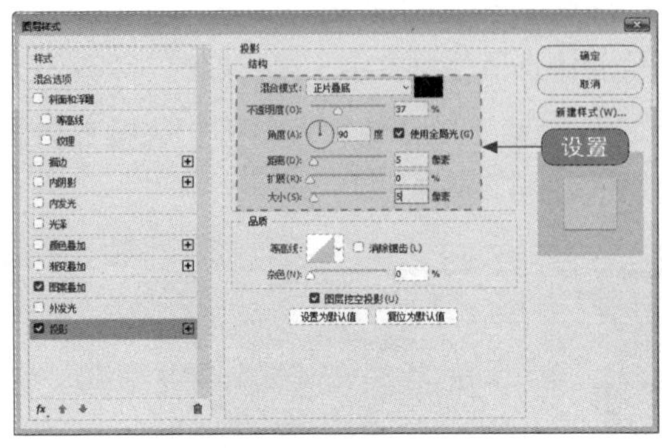

图 8-67　设置参数

图 8-68　完成文字设置

专家指点

由于朋友圈图片广告的区域不大，因此在其中添加文字和图片元素时，一定要注意颜色和字体的协调，不可滥用过多的颜色和字体，以免消费者产生视觉疲劳。例如，很多微商喜欢采用非常艳丽的颜色来吸引消费者眼球，这种设计看上去好像很有视觉冲击力，其实很难提升商品的转化率。

STEP 13 按【Ctrl + O】组合键，打开“文字 2.psd”素材图像，运用移动工具将其拖动至背景图像编辑窗口中的合适位置处，效果如图 8-69 所示。

STEP 14 按【Ctrl + O】组合键，打开“斜线 .psd”素材图像，运用移动工具将其拖动至背景图像编辑窗口中的合适位置处，效果如图 8-70 所示。

图 8-69　添加文字素材

图 8-70　添加斜线素材

广告
设计篇

章前知识导读

在新媒体电商设计中，随处可见形式多样的活动海报，商家可以通过 Photoshop 让活动信息图片更加一目了然，吸引消费者的注意力。因此，新媒体活动海报的设计必须有号召力和艺术感染力，海报中的活动信息要简洁鲜明，达到引人注目的视觉效果，本章详细介绍不同类型促销活动的设计与制作。

CHAPTER 9 活动设计：节日 + 促销 + 新品推广

新手重点索引

- 元旦活动：商场折扣活动页面设计
- 促销活动：双十一促销活动页面设计
- 新品上市：产品推广活动页面设计

效果图片欣赏

9.1 元旦活动：商场折扣活动页面设计

节假日一直都是企业开展活动的契机，新媒体运营者也需要掌握节假日活动的策划要点，只有这样才能巧妙的借助节假日的气氛，顺势实现活动目的。

本实例最终效果如图 9–1 所示。

图 9–1 实例效果

<table>
<tr><td rowspan="3">配套资源下载</td><td>素材文件</td><td>素材 \ 第 9 章 \ 商场折扣活动页面设计 .jpg、礼品 .jpg、光点 .psd、文字 1.psd</td></tr>
<tr><td>效果文件</td><td>效果 \ 第 9 章 \ 商场折扣活动页面设计 .psd、商场折扣活动页面设计 .jpg</td></tr>
<tr><td>视频文件</td><td>视频 \ 第 9 章 \ 9.1 元旦活动：商场折扣活动页面设计 .mp4</td></tr>
</table>

9.1.1 制作商场折扣活动页面主体效果

下面介绍制作商场折扣活动页面主体效果的方法。

STEP 01 按【Ctrl + O】组合键，打开一幅素材图像，如图 9–2 所示。

STEP 02 打开“礼品 .jpg”素材图像，运用移动工具将商品图像拖动至背景图像编辑窗口中，如图 9–3 所示。

STEP 03 选取工具箱中的魔棒工具，设置“容差”为 20，在礼品图像的白色区域创建选区，如图 9–4 所示。

STEP 04 按【Delete】键删除选区内的图形，并取消选区，如图 9-5 所示。

图 9-2　打开素材图像

图 9-3　添加礼品素材

图 9-4　创建选区

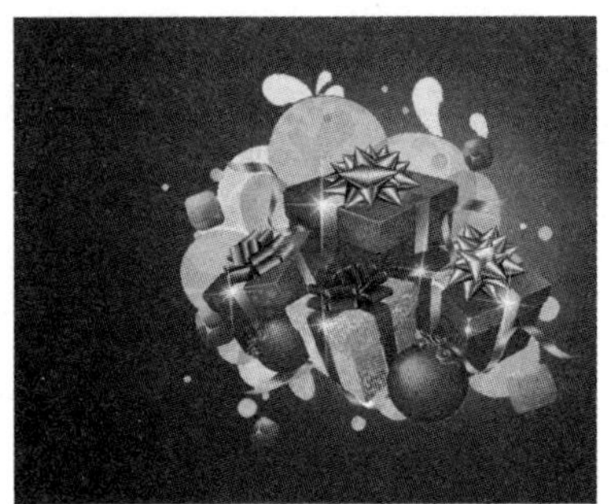
图 9-5　删除选区内的图形

STEP 05 按【Ctrl + T】组合键调出变换控制框，适当调整礼品图像的大小和位置，效果如图 9-6 所示。

STEP 06 双击“图层 1”图层，弹出“图层样式”对话框，选中“外发光”复选框，设置参数如图 9-7 所示。

图 9-6　调整商品图像

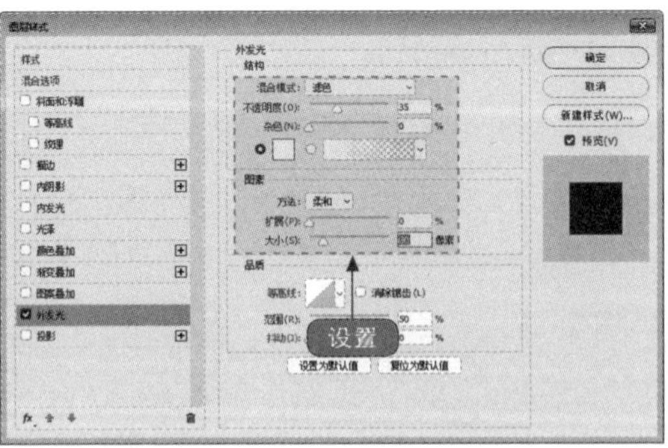

图 9-7　设置“外发光”参数

STEP 07 单击“确定”按钮，添加“外发光”图层样式，效果如图 9-8 所示。

STEP 08 打开“光点 .psd”素材图像，运用移动工具将其拖动至背景图像编辑窗口中，如图 9-9 所示。

图 9-8　添加“外发光”图层样式效果

图 9-9　添加光点素材

9.1.2 制作商场折扣活动页面文字效果

下面介绍制作商场折扣活动页面文字效果的方法。

STEP 01 选取工具箱中的横排文字工具，在“字符”面板中设置“字体系列”为“方正综艺简体”、“字体大小”为 18 点、“颜色”为白色，如图 9-10 所示。

STEP 02 将鼠标移动至图像编辑窗口中单击，输入文字，按【Ctrl + Enter】组合键确认输入；选取工具箱中的移动工具，将文字移动至合适位置，效果如图 9-11 所示。

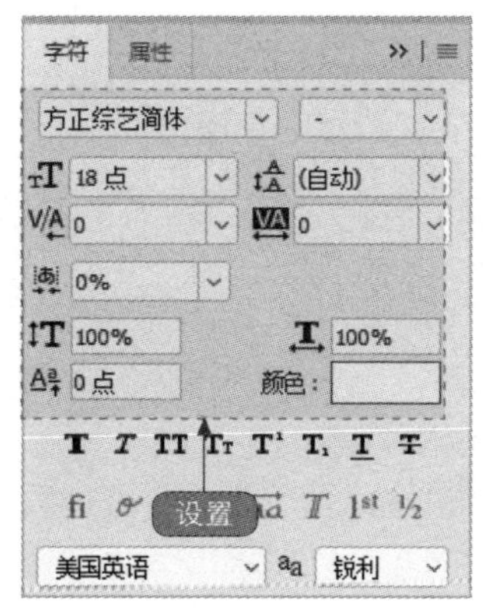

图 9-10　设置“字符”属性

图 9-11　输入文字

STEP 03 在菜单栏中单击“图层”|“图层样式”|“渐变叠加”命令，弹出“图层样式”对话框，设置“角度”为 90°，单击“渐变”色块，即可弹出“渐变编辑器”对话框，设置渐变颜色 0% 位置为深紫色（RGB 参数值分别为 65、0、70）、100% 位置为紫色（RGB 参数值分别为 205、15、117），如图 9–12 所示。

STEP 04 单击“确定”按钮即可返回“图层样式”对话框，选中“描边”复选框，设置“大小”为 8 像素、“颜色”为白色，如图 9–13 所示。

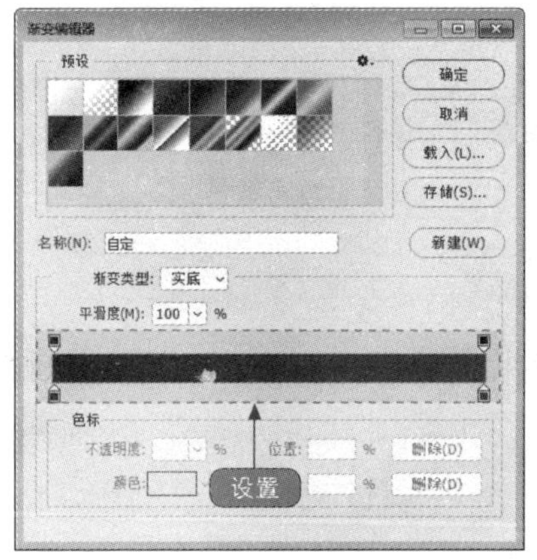

图 9–12　“渐变编辑器”对话框

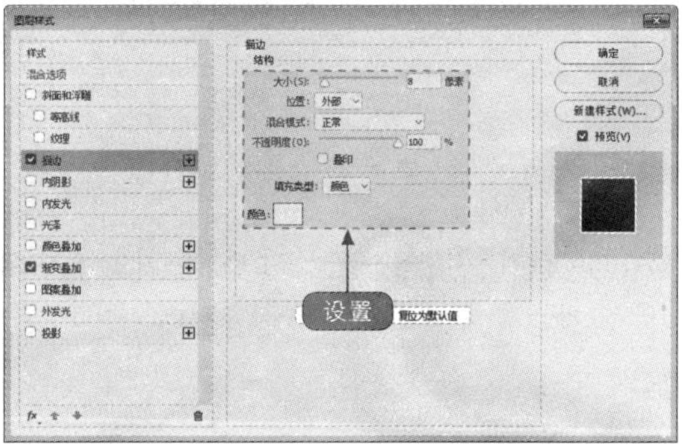

图 9–13　设置“描边”参数

STEP 05 单击“确定”按钮，即可制作“描边”效果，如图 9–14 所示。

STEP 06 打开“文字 1.psd”素材图像，运用移动工具将其拖动至背景图像编辑窗口中的合适位置处，效果如图 9–15 所示。

图 9–14　制作“描边”效果

图 9–15　添加文字素材

9.2 促销活动：双十一促销活动页面设计

每年的双十一期间，各个电商企业的设计师们可是铆足了劲儿，各种海报设计可谓琳琅满目，目不暇接。双十一促销活动不仅要传递商品信息，而且往往会用到文字，运用好这两个要点就是一幅成功的活动海报。本实例最终效果如图 9-16 所示。

图 9-16　实例效果

配套资源下载	素材文件	素材 \ 第 9 章 \ 双十一促销活动页面设计 .jpg、文字 2.psd、文字 3.psd
	效果文件	效果 \ 第 9 章 \ 双十一促销活动页面设计 .psd、双十一促销活动页面设计 .jpg
	视频文件	视频\第9章\9.2 促销活动: 双十一促销活动页面设计.mp4

9.2.1 制作双十一促销活动页面主体效果

下面介绍制作双十一促销活动页面主体效果的方法。

STEP 01 按【Ctrl ＋ O】组合键，打开一幅素材图像，如图 9-17 所示。

STEP 02 选取工具箱中的自定形状工具，在工具属性栏中设置“填充”为橙色（RGB 参数值分别为 255、66、0）、“形状”为“会话 12”，如图 9-18 所示。

图 9-17　打开素材图像

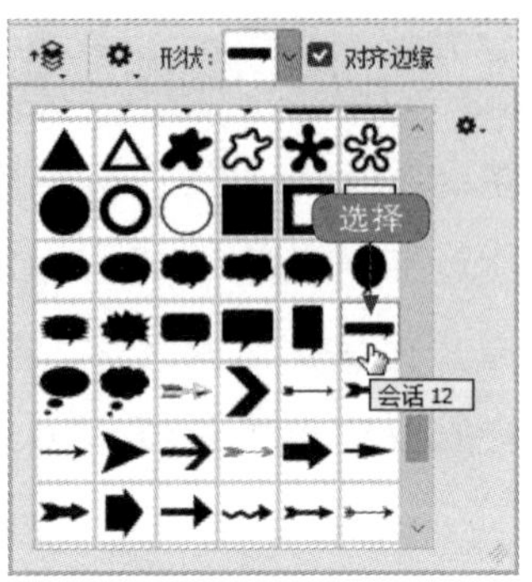

图 9-18　选择相应形状

STEP 03 在图像编辑窗口中单击，即可弹出“创建自定形状”对话框，设置“宽度”为 420 像素、“高度”为 130 像素，如图 9-19 所示。

STEP 04 单击“确定”按钮，即可创建自定形状，效果如图 9-20 所示。

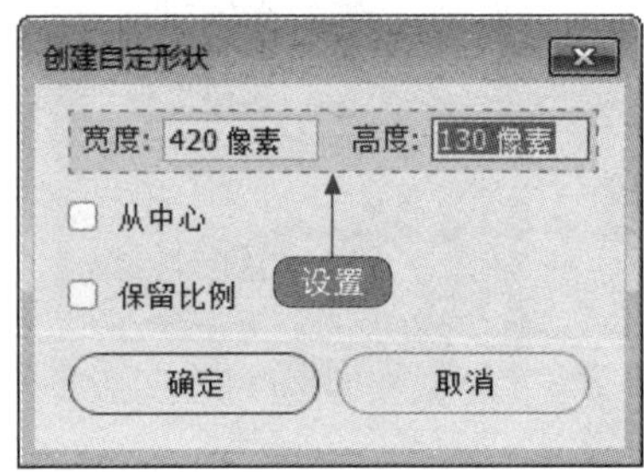

图 9-19　“创建自定形状”对话框

图 9-20　创建自定形状

STEP 05 在菜单栏中单击“编辑”|“变换”|“旋转 180°”命令，即可翻转形状，如图 9-21 所示。

STEP 06 选取工具箱中的移动工具，将形状移动至合适位置，如图 9-22 所示。

图 9-21　翻转形状

图 9-22　调整位置

9.2.2 制作双十一促销活动页面文字效果

下面介绍制作双十一促销活动页面文字效果的方法。

STEP 01 展开“字符”面板，设置“字体系列”为“黑体”、“字体大小”为 40 点、“设置行距”为 40 点、“颜色”为白色，激活仿粗体图标，如图 9-23 所示。

STEP 02 选取工具箱中的横排文字工具，在工具属性栏中设置“设置消除锯齿的方法”为“浑厚”，并输入文字，效果如图 9-24 所示。

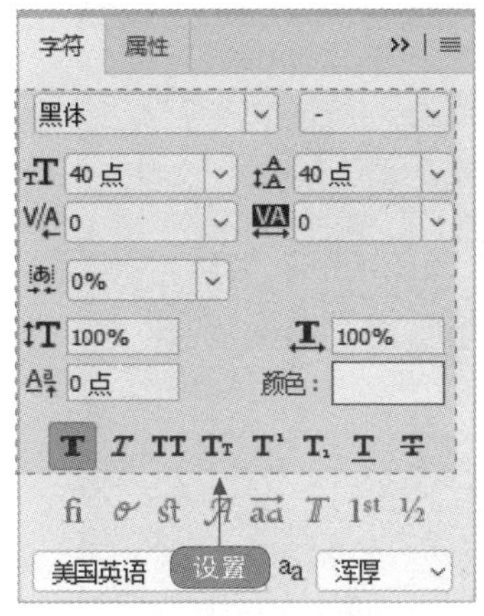

图 9-23 设置“字符”属性

图 9-24 输入文字

STEP 03 按【Ctrl + O】组合键，打开“文字 2.psd”素材图像，运用移动工具将素材图像拖动至背景图像编辑窗口中的合适位置，效果如图 9-25 所示。

STEP 04 按【Ctrl + O】组合键，打开“文字 3.psd”素材图像，运用移动工具将素材图像拖动至背景图像编辑窗口中的合适位置，效果如图 9-26 所示。

图 9-25 添加文字素材（1）

图 9-26 添加文字素材（2）

9.3 新品上市：产品推广活动页面设计

新品发布活动的主要目的是为引起顾客对新产品、新店铺等产生兴趣，从而实现将产品卖出去的结果，这也是最为常规的营销方式之一。在制作新产品推广活动页面时，通常可以结合各种促销手段来增加活动吸引力，从而快速获取优质用户。

本实例最终效果如图 9-27 所示。

图 9-27　实例效果

配套资源下载	素材文件	素材 \ 第 9 章 \ 产品推广活动页面设计 .jpg、新品标签 .psd
	效果文件	效果 \ 第 9 章 \ 产品推广活动页面设计 .psd、产品推广活动页面设计 .jpg
	视频文件	视频 \ 第 9 章 \ 9.3 新品上市：产品推广活动页面设计 .mp4

9.3.1 制作产品推广活动页面文字效果

网店的促销活动可以让消费者降低初次消费成本，从而更容易去接受新产品。下面详细介绍制作产品推广活动页面文字效果的设计方法。

STEP 01 按【Ctrl + O】组合键，打开一幅素材图像，如图 9-28 所示。

STEP 02 选取工具箱中的横排文字工具，在“字符”面板中设置“字体系列”为“微软雅黑”、“字体大小”为 120 点、“设置消除锯齿的方法”为“浑厚”、“颜色”为橙色（RGB 参数值分别为 255、65、0），如图 9-29 所示。

图 9-28　打开素材图像

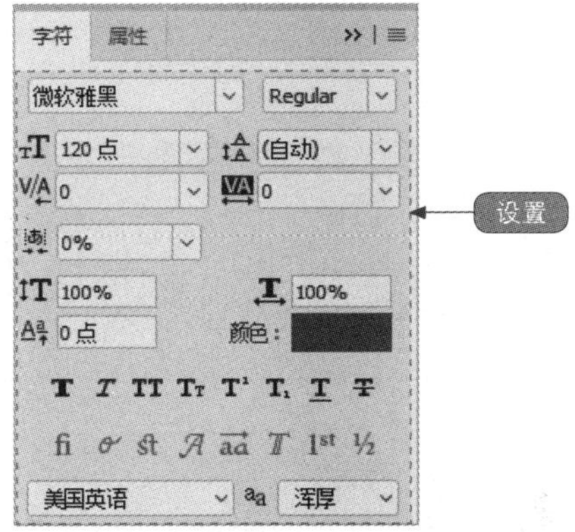

图 9-29　设置“字符”属性（1）

STEP 03 将鼠标移动至图像编辑窗口中单击，输入文字，按【Ctrl + Enter】组合键确认输入；选取工具箱中的移动工具，将文字移动至合适位置，效果如图 9-30 所示。

STEP 04 选取工具箱中的横排文字工具，在“字符”面板中设置“字体系列”为“Adobe 黑体 Std”、“字体大小”为 100 点、“设置消除锯齿的方法”为“浑厚”、“颜色”为白色，如图 9-31 所示。

图 9-30　输入文字（1）

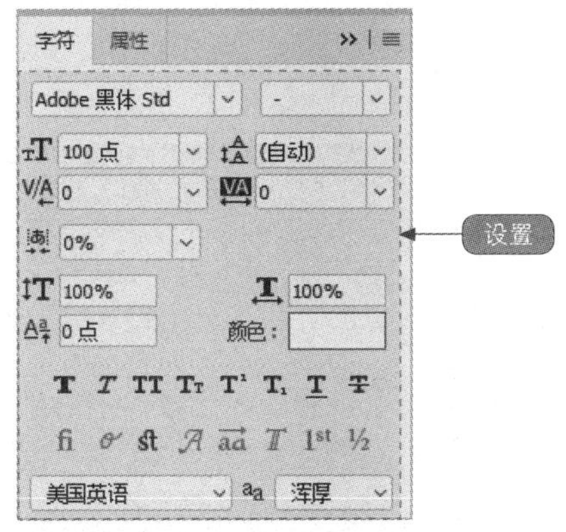

图 9-31　设置“字符”属性（2）

STEP 05 将鼠标移动至图像编辑窗口中单击，输入文字，按【Ctrl + Enter】组合键确认输入，选取工具箱中的移动工具，将文字移动至合适位置，效果如图 9-32 所示。

STEP 06 选取工具箱中的横排文字工具，在“字符”面板中设置“字体系列”为“Adobe 黑体 Std”、“字体大小”为 140 点、“设置消除锯齿的方法”为“浑厚”、“颜色”为白色，如图 9-33 所示。

图 9-32　输入文字（2）

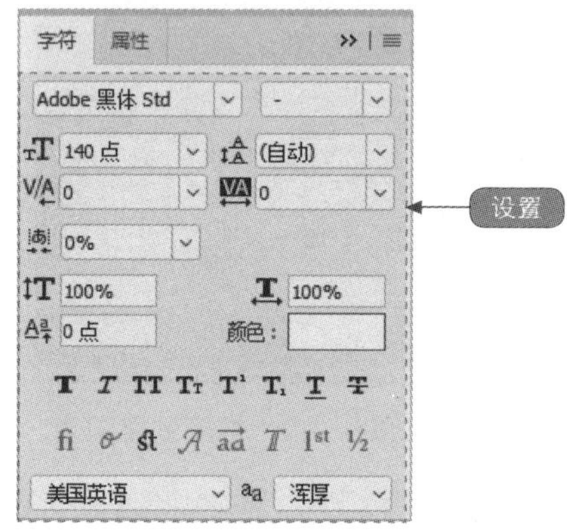

图 9-33　设置“字符”属性（3）

STEP 07 将鼠标移动至图像编辑窗口中单击，输入文字，按【Ctrl + Enter】组合键确认输入，选取工具箱中的移动工具，将文字移动至合适位置，效果如图 9-34 所示。

STEP 08 在菜单栏中单击“图层”|“图层样式”|“投影”命令，即可弹出“图层样式”对话框，设置“角度”为 30°、“距离”为 5 像素、“大小”为 5 像素，单击“确定”按钮，即可制作投影效果，如图 9-35 所示。

图 9-34　输入文字（3）

图 9-35　制作投影效果

9.3.2 制作产品推广活动页面细节效果

下面详细介绍制作产品推广活动页面细节效果的设计方法。

STEP 01 按【Ctrl + O】组合键，打开“新品标签 .psd”素材图像，如图 9-36 所示。

STEP 02 选取工具箱中的移动工具，将新品标签素材图像拖动至背景图像编辑窗口中，如图 9-37 所示。

图 9-36 打开素材图像

图 9-37 拖动素材

STEP 03 按【Ctrl + T】组合键，调出变换控制框，适当调整其大小和位置，按【Enter】键确认，效果如图 9-38 所示。

STEP 04 新建“亮度 / 对比度 1”调整图层，展开“属性”面板，设置“亮度”为 35、“对比度”为 20，如图 9-39 所示。

图 9-38 调整大小和位置

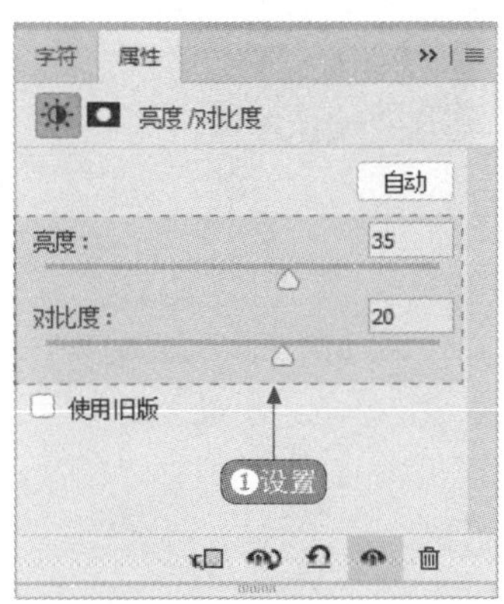

图 9-39 设置参数值

STEP 05 选择“亮度 / 对比度 1”调整图层，创建剪贴蒙版，效果如图 9–40 所示。

STEP 06 在“图层”面板中，选择“背景”图层，按【Ctrl + J】组合键拷贝图层，如图 9–41 所示。

图 9–40　图像效果

图 9–41　拷贝图层

STEP 07 单击“滤镜”|“渲染”|“镜头光晕”命令，弹出“镜头光晕”对话框，设置“亮度”为 100%、“镜头类型”为“电影镜头”，如图 9–42 所示。

STEP 08 单击“确定”按钮，添加“镜头光晕”滤镜效果，如图 9–43 所示。

图 9–42　设置选项

图 9–43　添加滤镜效果

章前知识导读

新媒体广告设计主要是将广告的主题、创意、语言文字、形象以及衬托等要素进行组合安排，通过广告来达到吸引用户眼球的目的，从而实现引流吸粉、推广产品和品牌的目的。本章主要介绍海报、宣传册和画册等广告设计案例。

CHAPTER 10 广告设计：海报＋宣传册＋画册

新手重点索引

- 商场海报：百货商场广告设计
- 画册广告：珠宝画册广告设计
- 宣传广告：数码产品广告设计

效果图片欣赏

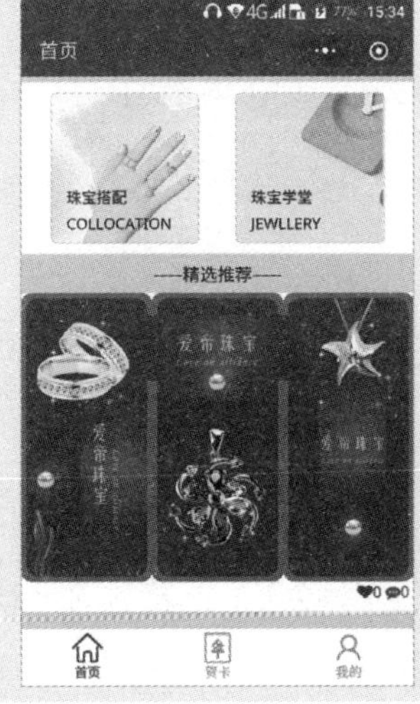

10.1 商场海报：百货商场广告设计

本实例设计的是一幅百货商场购物中心的公众号宣传海报，海报是一种比较直接、灵活性的广告宣传形式，它是产品销售活动中的最后一个环节，能在商品销售的现场营造出良好的商业气氛，引起消费冲动，产生购买欲望。

本实例最终效果如图 10-1 所示。

图 10-1 实例效果

配套资源下载	素材文件	素材\第 10 章\百货商场广告设计 .jpg、沙漠 .jpg、光带 .psd 边框 .psd 礼品 1.psd 花朵装饰 .psd 礼品 2.psd 写字 .psd
	效果文件	效果\第 10 章\百货商场广告设计 .psd、百货商场广告设计 .jpg
	视频文件	视频\第 10 章\10.1 商场海报：百货商场广告设计 .mp4

10.1.1 制作商场海报背景效果

本实例以绿色为整体色调，在其中添加各种装饰素材，为商场海报制作背景效果，具体操作方法如下。

STEP 01 按【Ctrl + O】组合键，打开一幅素材图像，如图 10-2 所示。

STEP 02 打开“沙漠 .jpg”素材图像，运用移动工具将其拖动至背景图像编辑窗口中的合适位置处，如图 10-3 所示。

图 10-2　打开素材文件

图 10-3　拖入沙漠素材图像

STEP 01 在“图层”面板中，设置“图层 1”图层的混合模式为“溶解”、“不透明度”为 25%，效果如图 10-4 所示。

STEP 02 为“图层 1”图层添加一个图层蒙版，并填充黑色，隐藏部分图像效果，如图 10-5 所示。

图 10-4　图像效果

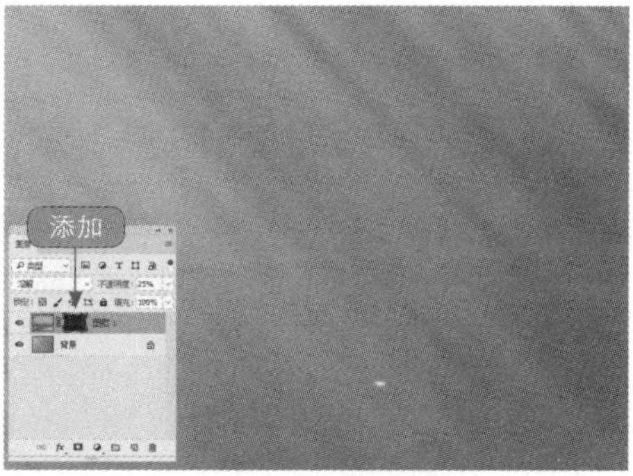

图 10-5　图像效果

STEP 03 打开“光带 .psd”素材图像，运用移动工具将其拖动至背景图像编辑窗口中的合适位置处，效果如图 10-6 所示。

STEP 04 打开“边框 .psd”素材图像，运用移动工具将其拖动至背景图像编辑窗口中的合适位置处，如图 10-7 所示。

专家指点

在选取海报广告的素材时，要有一定的创意，同时利用这些装饰素材作为突破口，直击消费者的核心需求。

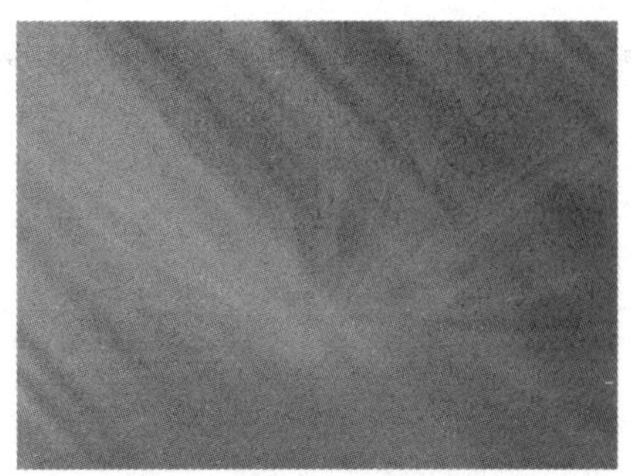

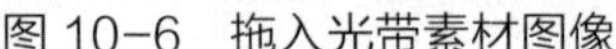

图 10-6　拖入光带素材图像

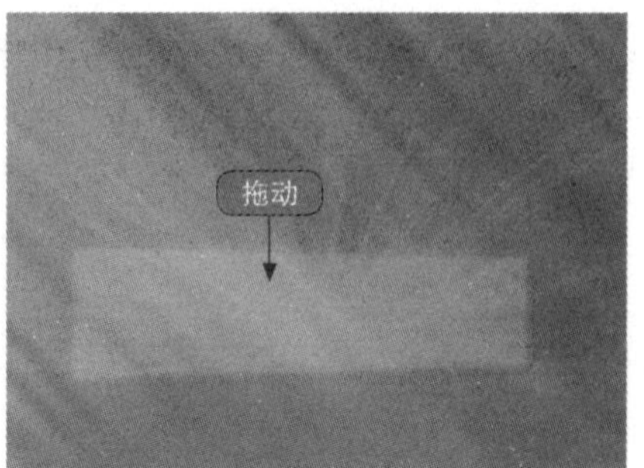

图 10-7　拖入边框素材图像

10.1.2　制作商场海报主体效果

本实例主要运用图层蒙版、横排文字工具等制作春天商场海报的主体效果，再置入相应的素材图像，突出海报的主体效果，具体操作方法如下。

STEP 01 打开“礼品 1.psd”素材图像，运用移动工具将其拖动至背景图像编辑窗口中的合适位置处，效果如图 10–8 所示。

STEP 02 打开“花朵装饰 .psd”素材图像，运用移动工具将其拖动至背景图像编辑窗口中的合适位置处，效果如图 10–9 所示。

图 10-8　拖入礼品素材图像

图 10-9　拖入花朵装饰素材图像

STEP 03 打开“礼品 2.psd”素材图像，运用移动工具将其拖动至背景图像编辑窗口中的合适位置处，设置该图层的混合模式为“正片叠底”，效果如图 10–10 所示。

STEP 04 打开“写字 .psd”素材图像，运用移动工具将其拖动至背景图像编辑窗口中的合适位置处，为该图层添加图层蒙版，运用黑色的画笔工具在图像上涂抹，隐藏部分图像，效果如图 10–11 所示。

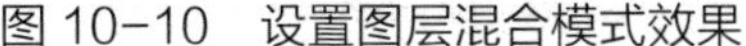
图 10-10 设置图层混合模式效果

图 10-11 隐藏部分图像

STEP 05 选取工具箱中的横排文字工具，在图像上单击，确定插入点，设置“字体”为“华康海报体”、“字体大小”为 20 点、“颜色”为白色（RGB 参数值均为 255），输入文字，效果如图 10-12 所示。

STEP 06 选择“炫动”与“钜惠”文字，更改“字体大小”为 38 点，并将文字适当旋转角度，效果如图 10-13 所示。

图 10-12 输入文字

图 10-13 调整文字角度

STEP 07 双击文字图层，弹出“图层样式”对话框，选中“投影”复选框，设置“角度”为 120°、“距离”为 7 像素、“扩展”为 20%、“大小”为 10 像素，单击“确定”按钮，为文字图层添加“投影”样式，效果如图 10-14 所示。

STEP 08 打开“文字 1.psd”素材图像，运用移动工具将其拖动至背景图像编辑窗口中的合适位置处，效果如图 10-15 所示。

图 10-14 添加图层样式

图 10-15 最终效果

10.2 画册广告：珠宝画册广告设计

在新媒体商务活动中，画册在企业形象推广和产品营销中的作用越来越重要。本实例制作的是一个珠宝企业小程序的画册广告，体现出高档、享受等感觉，在设计时用一些独特的元素来体现珠宝的品质。

本实例最终效果如图 10-16 所示。

图 10-16 实例效果

配套资源下载	素材文件	素材\第 10 章\珠宝画册广告设计 .jpg、飘带 .psd 珠宝 .psd 珠宝饰品 .psd 星点 .psd 星星 .jpg
	效果文件	效果\第 10 章\珠宝画册广告设计 .psd、珠宝画册广告设计 .jpg
	视频文件	视频\第 10 章\10.2 画册广告：珠宝画册广告设计 .mp4

10.2.1 制作珠宝画册背景效果

珠宝画册背景以紫色调为整体色调，在其中添加各种金色和银色的珠宝饰品素材，体现出高贵感，具体操作方法如下。

STEP 01 按【Ctrl + O】组合键，打开一幅素材图像，如图 10–17 所示。

STEP 02 打开“飘带 .psd”素材，使用移动工具将素材图像拖动至背景图像编辑窗口中，效果如图 10–18 所示。

图 10–17 打开素材图像

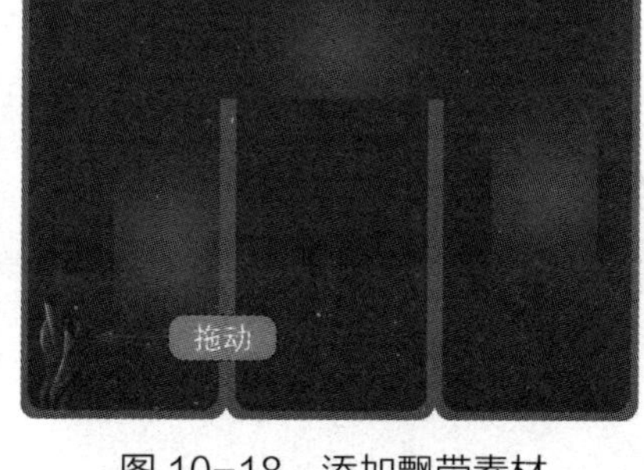

图 10–18 添加飘带素材

STEP 03 双击“飘带”图层，在弹出的对话框中选中“外发光”复选框，设置“设置发光颜色”的 RGB 参数值为 255、255、190，再设置其他参数，如图 10–19 所示。

STEP 04 设置完毕后，单击“确定”按钮，为图像添加图层样式，效果如图 10–20 所示。

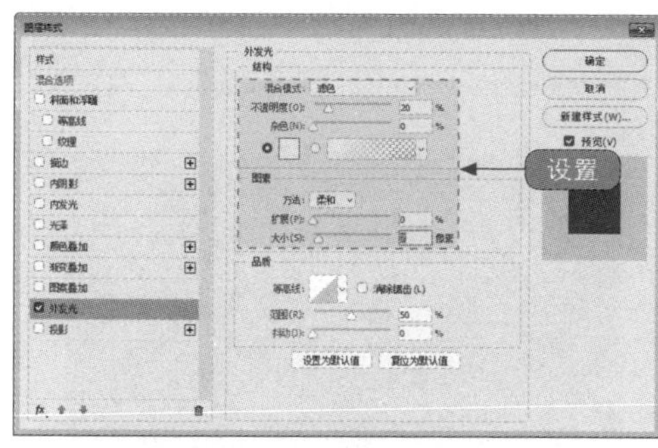

图 10–19 “图层样式”对话框

图 10–20 添加图层样式

STEP 05 打开“珠宝 .psd”素材，使用移动工具将素材图像拖动至背景图像编辑窗口中，效果如图 10–21 所示。

专家指点

新媒体运营者只有注重视觉设计，才能保证良好的视觉营销效果。基本的视觉图形主要分为三大类型，即点、线、面。点，属于最为简单的视觉图形，当它被合理运用时就能产生良好的视觉效果。线和点不同的地方在于，线构成的视觉效果是流动性的，富有动感。面是点放大后的呈现形式，通常可以分为各种不同形状，如三角形、正方形和圆形等，还可以是不规则的形状。

STEP 06 双击“珠宝”图层，在弹出的对话框中选中“外发光”复选框，设置“设置发光颜色”的 RGB 参数值为 255、255、190，再设置其他参数，如图 10-22 所示。

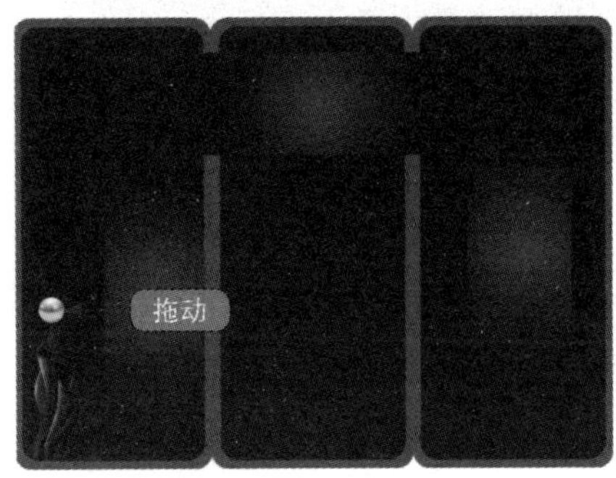

图 10-21　添加珠宝素材

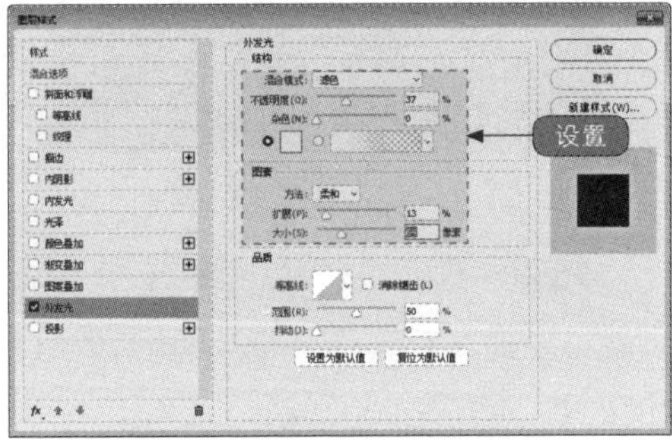

图 10-22　“图层样式”对话框

STEP 07 设置完毕后，单击“确定”按钮，为图像添加图层样式，效果如图 10-23 所示。

STEP 08 复制珠宝图像两次，并适当地调整各图像的位置，效果如图 10-24 所示。

图 10-23　添加图层样式

图 10-24　复制并调整图像

STEP 09 打开“珠宝饰品 .psd”素材，将素材图像分别拖动至背景图像编辑窗口中的合适位置处，效果如图 10–25 所示。

STEP 10 打开“星点 .psd”素材，将素材图像拖动至背景图像编辑窗口中的合适位置处，效果如图 10–26 所示。

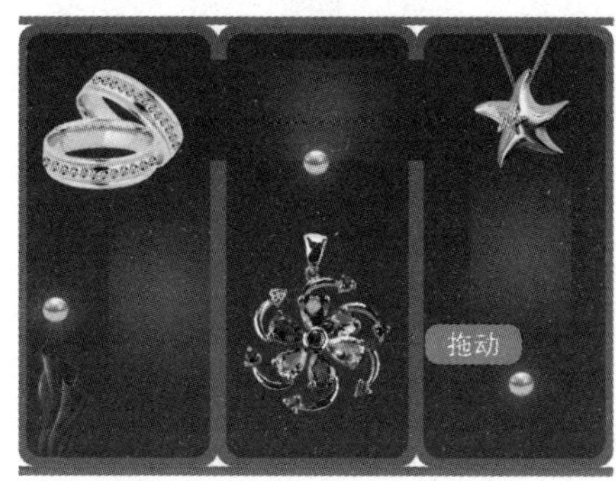

图 10–25 添加珠宝饰品素材

图 10–26 添加星点素材

STEP 11 复制“星点”图层两次，并根据需要将图像分别调至第 2 个和第 3 个圆角矩形图像上，效果如图 10–27 所示。

STEP 12 打开“星星 .jpg”素材，将素材图像拖动至背景图像编辑窗口中的合适位置处，效果如图 10–28 所示。

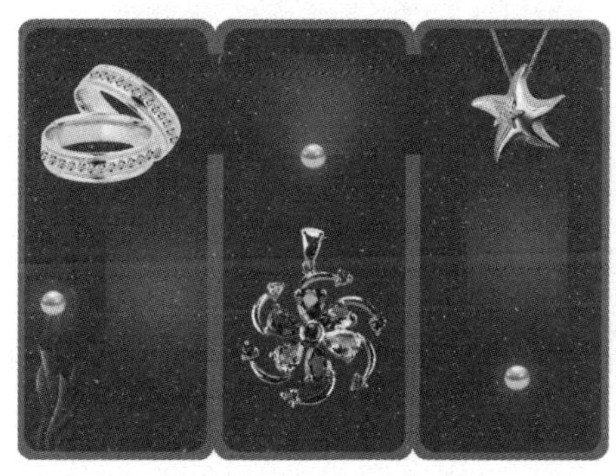
图 10–27 复制图像

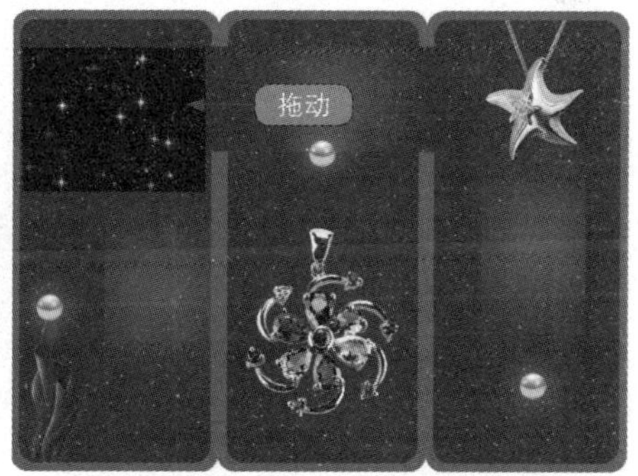

图 10–28 添加星星素材图像

STEP 13 设置“图层 1”图层的混合模式为“滤色”，效果如图 10–29 所示。

STEP 14 复制“图层 1”图层多次，并根据需要对各图像的大小、位置、角度和方向进行适当地调整，效果如图 10–30 所示。

图 10–29　设置“滤色”

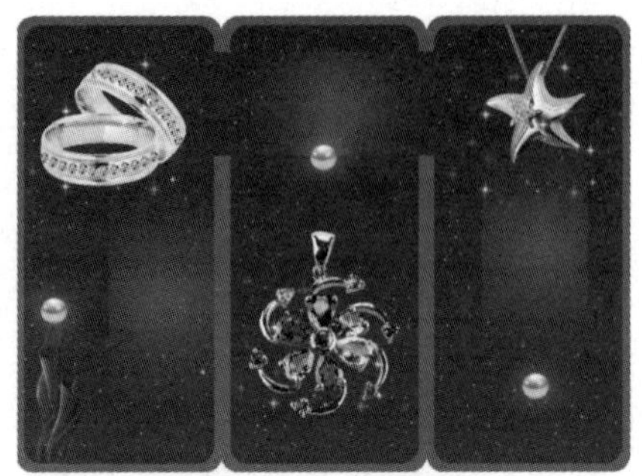

图 10–30　调整图像

10.2.2 制作珠宝画册广告文字效果

下面介绍制作珠宝画册广告文字效果的方法。

STEP 01 选取横排文字工具，展开“字符”面板，设置“颜色”为粉红色（RGB 参数值为 255、197、215），再设置各选项，如图 10–31 所示。

STEP 02 在图像编辑窗口中的合适位置输入所需的文字，效果如图 10–32 所示。

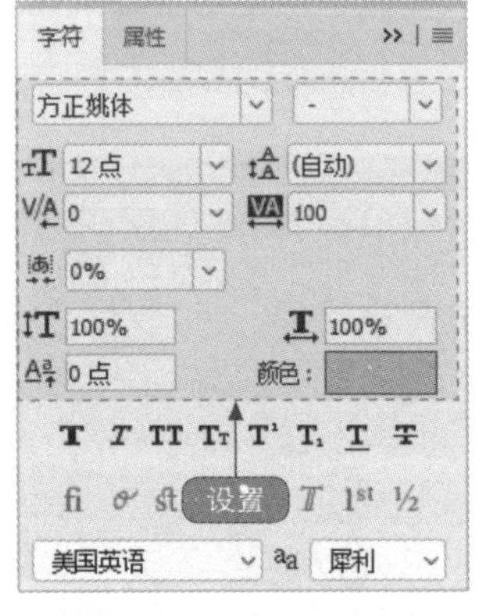

图 10–31　“字符”面板

图 10–32　输入文字

STEP 03 复制“爱帝珠宝”两次，根据需要调整文字的位置、大小和方向，效果如图 10–33 所示。

STEP 04 使用横排文字工具在图像编辑窗口中的合适位置单击并确认插入点，展开“字符”面板，设置“字体”为“华文隶书”、“字体大小”为 7 点、“颜色”为粉红色（RGB 参数值为 255、197、215），如图 10–34 所示。

STEP 05 在图像编辑窗口中的合适位置输入所需的文字，效果如图 10-35 所示。

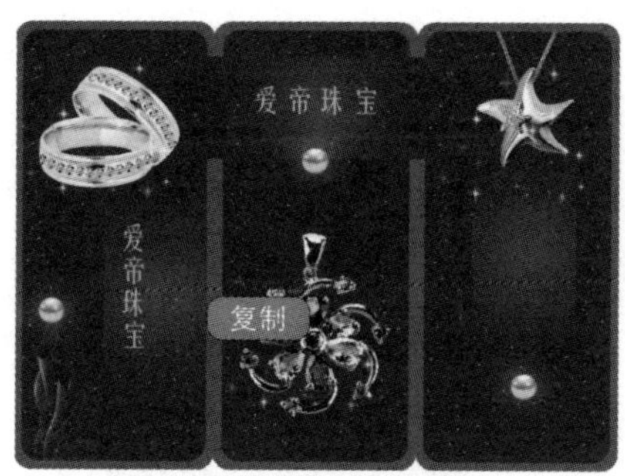

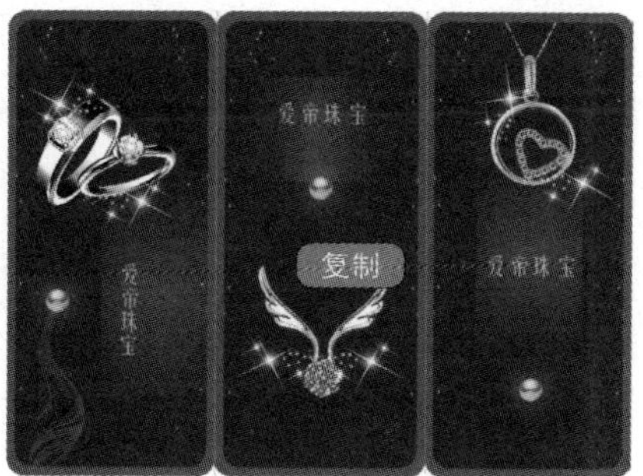

图 10-33　复制并调整文字

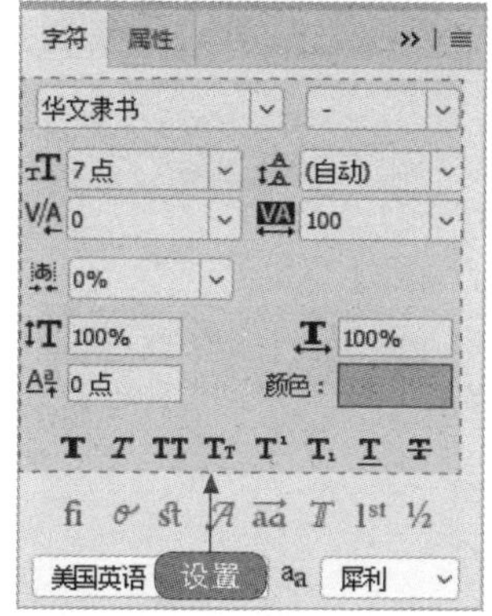

图 10-34　设置字符参数

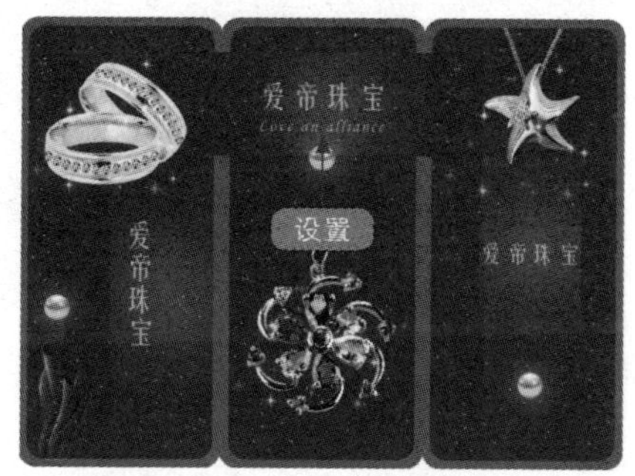

图 10-35　输入文字

STEP 06 复制并调整文字，本实例制作完毕，效果如图 10-36 所示。

图 10-36　复制并调整文字后的最终效果

10.3 宣传广告：数码产品广告设计

在设计新媒体平台的宣传广告时，应体现通俗化、大众化的原则。本实例通过添加产品素材、变换图像、添加文字和应用图层样式等技巧来制作单反相机数码产品的宣传广告效果。

本实例最终效果如图 10-37 所示。

图 10-37　实例效果

配套资源下载	素材文件	素材 \ 第 10 章 \ 数码产品广告设计 .jpg、相机 .psd、文字 2.psd、文字 3.psd
	效果文件	效果 \ 第 10 章 \ 数码产品广告设计 .psd、数码产品广告设计 .jpg
	视频文件	视频 \ 第 10 章 \ 10.3　宣传广告：数码产品广告设计 .mp4

10.3.1　制作数码产品广告主体效果

下面介绍制作数码产品广告主体效果的方法。

STEP 01 按【Ctrl + O】组合键，打开一幅素材图像，如图 10-38 所示。

STEP 02 新建“亮度 / 对比度 1”调整图层，展开“属性”面板，设置“亮度”为 42，提高图像亮度，效果如图 10-39 所示。

STEP 03 打开“相机 .psd”素材，使用移动工具将素材图像拖动至背景图像编辑窗口中，效果如图 10-40 所示。

STEP 04 复制“图层 1”图层，得到“图层 1 拷贝”图层，如图 10-41 所示。

图 10-38　背景素材

图 10-39　提高图像亮度

图 10-40　相机素材

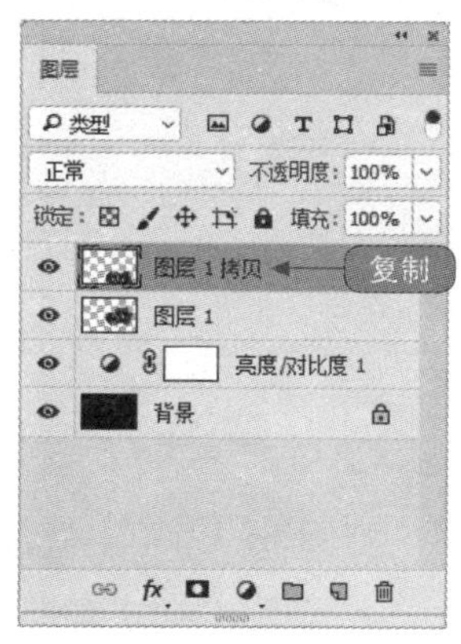

图 10-41　复制图层

STEP 05 按【Ctrl ＋ T】组合键，调出变换控制框，右击，在弹出的快捷菜单中选择“垂直翻转”选项，如图 10-42 所示。

STEP 06 垂直翻转图像，按【Enter】键确认，效果如图 10-43 所示。

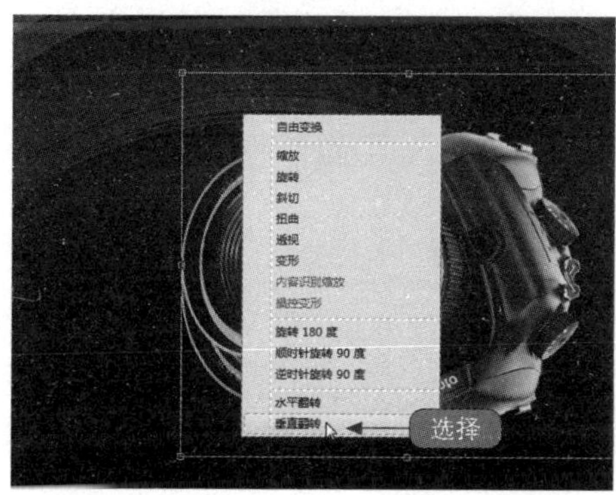

图 10-42　选择“垂直翻转”选项

图 10-43　翻转图像

STEP 07 将“图层 1 拷贝”图层调整至“图层 1”图层下方，如图 10–44 所示。

STEP 08 适当调整图像的位置，效果如图 10–45 所示。

图 10–44 调整图层顺序

图 10–45 调整图像位置

专家指点

执行“编辑 / 自由变换”命令时：

◎按住【Ctrl】键并拖动某一控制点，可以进行自由变形调整。

◎按住【Alt】键并拖动某一控制点，可以进行对称变形调整。

◎按住【Shift】键并拖动某一控制点，可以进行等比例缩放。

◎按【Ctrl + Shift + T】组合键，可再次执行上次的变换。

◎按【Alt + Shift】组合键，将以控制框的中心点为中心进行等比例缩放。

◎按【Ctrl + Alt + T】组合键，先复制原图层(在当前的选区)，再在复制的图层上进行变换操作。

◎按【Ctrl + Shift + Alt + T】组合键，复制原图像后再执行变换操作。

STEP 09 单击“图层”面板底部的“添加图层蒙版”按钮，❶为“图层 1 拷贝”图层添加蒙版，❷并设置“不透明度”为 60%，如图 10–46 所示。

STEP 10 选取渐变工具，为图像填充黑白色渐变色，制作出倒影效果，如图 10–47 所示。

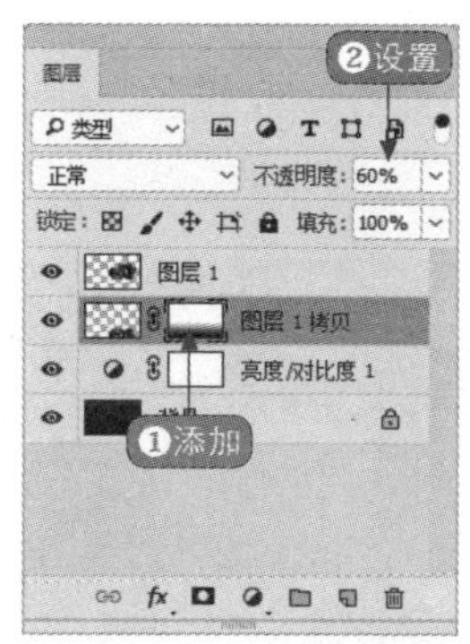

图 10-46 设置不透明度

图 10-47 图像效果

10.3.2 制作数码产品广告文字效果

下面介绍制作数码产品广告文字效果的方法。

STEP 01 打开“文字 2.psd”素材，使用移动工具将素材图像拖动至背景图像编辑窗口中，效果如图 10-48 所示。

STEP 02 选取横排文字工具在图像编辑窗口中确认输入点，在工具属性栏中设置“字体”为“方正粗宋简体”、“字号”为 8 点、“文本颜色”为洋红色（RGB 参数值为 255、0、120），输入文字 Konni，按【Ctrl + Enter】组合键确认，效果如图 10-49 所示。

图 10-48 添加文字素材

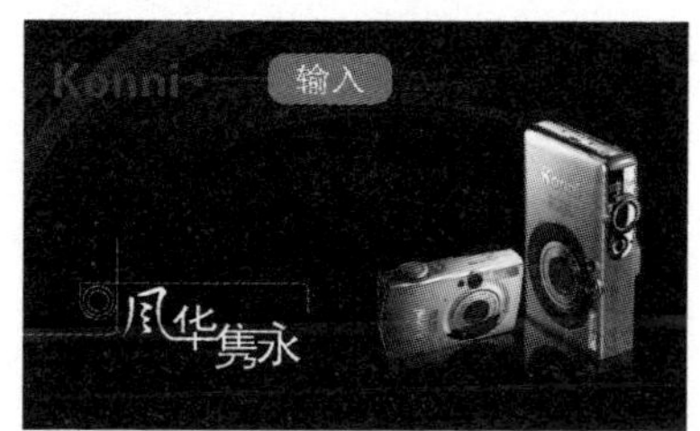

图 10-49 输入文字

STEP 03 使用横排文字工具选中文字，在“字符”面板，设置各选项如图 10-50 所示。

STEP 04 设置完毕后按【Ctrl + Enter】组合键确认，改变文字属性，效果如图 10-51 所示。

STEP 05 双击文字图层，在弹出的对话框中选择“描边”复选框，设置“大小”为 2 像素、“颜色”为白色，其他参数保持不变，如图 10-52 所示。

STEP 06 单击“确定”按钮，应用图层样式，效果如图 10-53 所示。

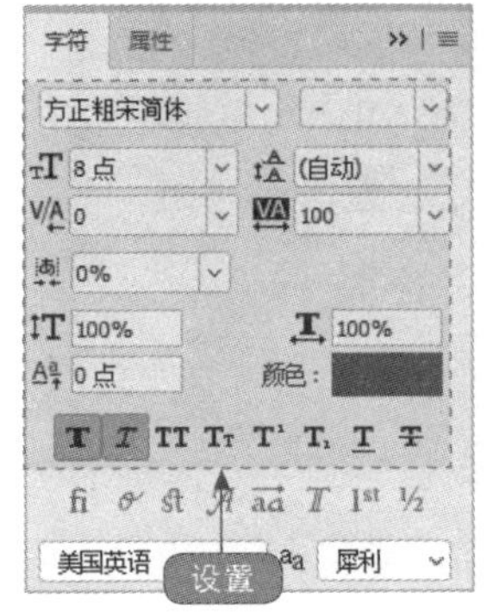

图 10-50 “字符”面板

图 10-51 改变文字属性

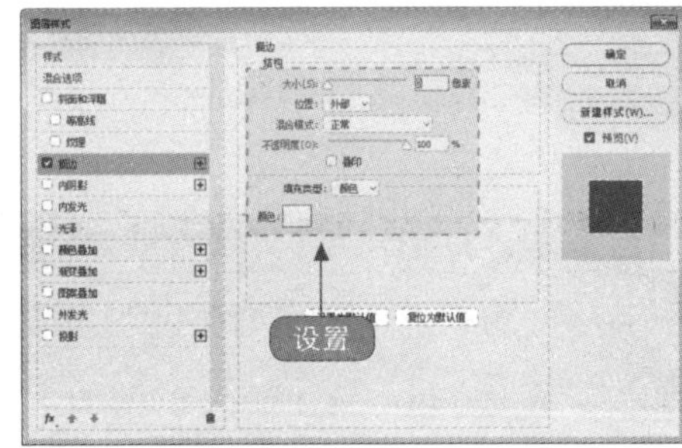

图 10-52 设置“描边”参数

图 10-53 应用图层样式

STEP 07 使用横排文字工具在图像编辑窗口中输入需要的文字，并调整好文字的属性和位置，复制 Konni 文字图层上的图层样式，将其分别粘贴于其他文字图层上，使各文字应用图层样式，效果如图 10-54 所示。

STEP 08 打开“文字 3.psd”素材，使用移动工具将素材图像拖动至背景图像编辑窗口中的合适位置处，效果如图 10-55 所示。

图 10-54 输入文字

图 10-55 添加文字素材

章前知识导读

在新媒体的美工设计过程中会运用到大量的动画元素，包括文字动画、图形动画以及图像动画等。当我们遇到一些枯燥或难以理解的新媒体内容时，可以用各种场景动画来增加内容趣味性或以动画阐释内容，以便用户更好地理解。

CHAPTER 11 动画设计：文字动画＋图形动画＋图像动画

新手重点索引

- 文字动画：《清凉一夏》
- 图形动画：《圣诞送礼》
- 图像动画：《凌越汽车》

效果图片欣赏

11.1 文字动画：《清凉一夏》

夏日是梦幻般的季节，夏天的天空是水晶玻璃做的，明亮的光，透明的云，连水中的倒影看起来都很清凉。本节主要介绍制作文字动画——《清凉一夏》实例的方法，效果如图 11-1 所示。

图 11-1 实例效果

配套资源下载		
	素材文件	素材 \ 第 11 章 \ 清凉一夏 .fla
	效果文件	效果 \ 第 11 章 \ 清凉一夏 .fla、清凉一夏 .swf
	视频文件	视频 \ 第 11 章 \11.1 文字动画：《清凉一夏》.mp4

11.1.1 制作动画背景

在《清凉一夏》动画中，制作背景可将清凉夏日的场景渲染出来，让主题更加突出。下面向读者介绍制作动画背景的操作方法。

STEP 01 单击“文件”|“打开”命令，打开一个素材文件，如图 11-2 所示。

STEP 02 在“库”面板中，选择“背景”素材图像，如图 11-3 所示。

STEP 03 将选择的素材图像拖动至舞台区适当位置处，如图 11-4 所示。

STEP 04 在菜单栏中，单击“修改”|“文档”命令，如图 11-5 所示。

STEP 05 弹出“文档设置”对话框，在其中单击“匹配内容”按钮，如图 11-6 所示。

图 11-2　打开一个素材文件

图 11-3　选择“背景”素材图像

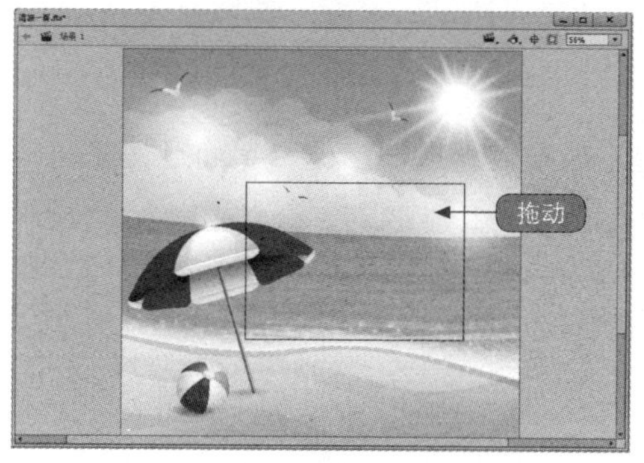

图 11-4　拖动至舞台区适当位置

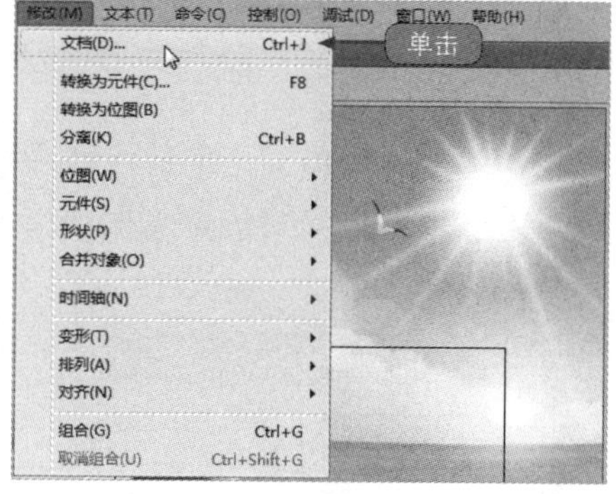

图 11-5　单击“文档”命令

STEP 06 单击“确定”按钮，即可将舞台尺寸与素材图像的尺寸相匹配，如图 11-7 所示。

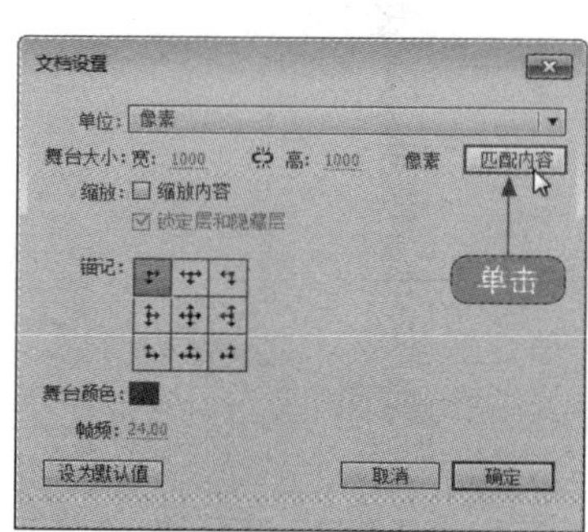

图 11-6　单击“匹配内容”按钮

图 11-7　匹配舞台中的内容

STEP 07 在“时间轴”面板中选择“图层 1”图层的第 50 帧，如图 11-8 所示。

STEP 08 在该帧上右击，在弹出的快捷菜单中选择“插入帧”选项，即可插入普通帧，如图 11-9 所示。

图 11-8　选择图层的第 50 帧

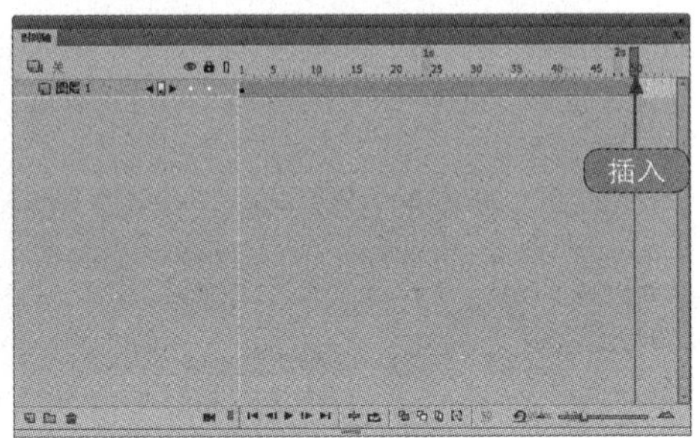

图 11-9　插入普通帧

专家指点

在 Flash CC 中制作动画时，如果制作的动画比较大而且很复杂，在制作时可以考虑添加多个场景，将复杂的动画分场景制作。

11.1.2　制作图形元件

在《清凉一夏》动画中，通过创建图像元件可以为制作文字动画做准备工作，下面详细介绍制作文字图形元件的操作方法。

STEP 01 单击“插入” | “新建元件”命令，弹出“创建新元件”对话框，设置“名称”为“清”、“类型”为“图形”，如图 11-10 所示。

STEP 02 单击“确定”按钮，进入图形元件编辑模式，选取工具箱中的文本工具，在“属性”面板中设置“系列”为“方正卡通简体”、“大小”为 200、“颜色”为淡蓝色（#00CCFF），在编辑区适当位置创建一个文本框，并输入相应文本，如图 11-11 所示。

STEP 03 在“属性”面板中，为文本添加“投影”特效，各选项参数如图 11-12 所示。

STEP 04 设置完成后，编辑区的文本对象如图 11-13 所示。

STEP 05 用同样的方法，新建一个名为“凉”的图形元件，如图 11-14 所示。

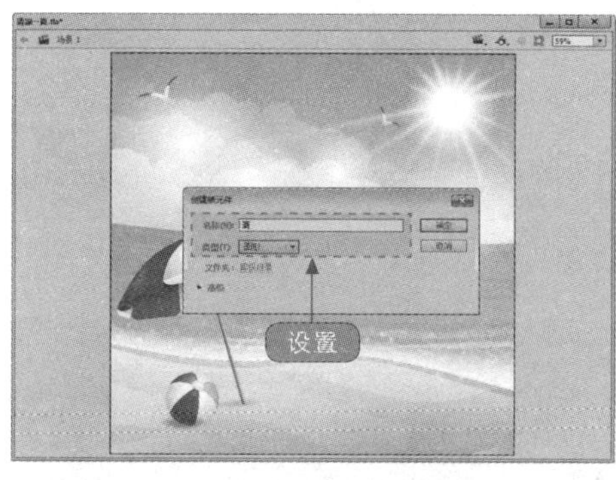

图 11-10 弹出“创建新元件”对话框

图 11-11 输入相应文本

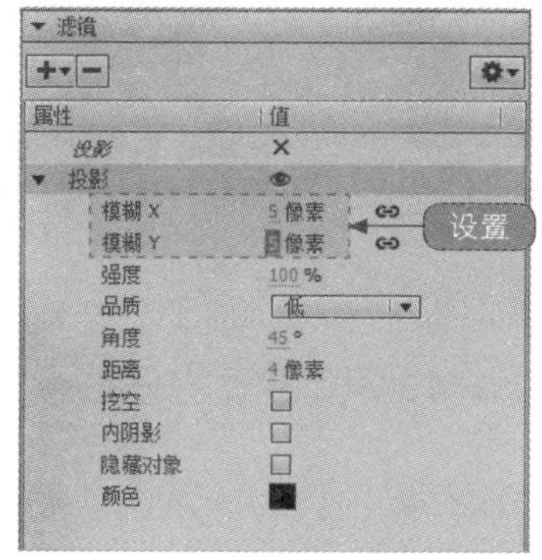

图 11-12 添加“投影”特效

图 11-13 编辑区的文本对象

STEP 06 单击“确定”按钮，进入图形元件编辑模式，选取工具箱中的文本工具，在编辑区的适当位置创建一个文本框并输入相应文本，并为其添加与上相同的滤镜效果，如图 11-15 所示。

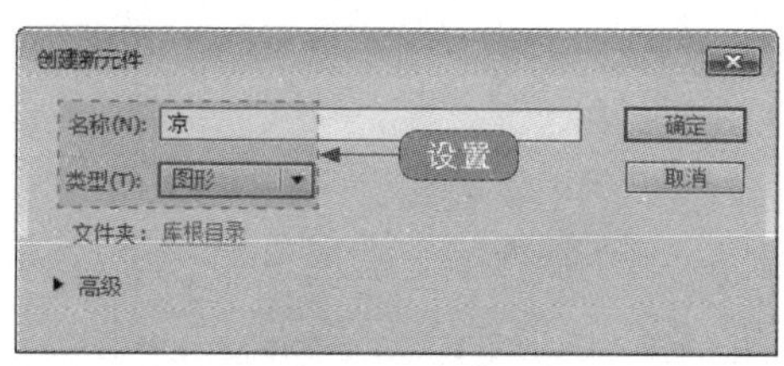

图 11-14 新建“凉”图形元件

图 11-15 创建“凉”文本

STEP 07 用同样的方法创建“一”图形元件，在编辑区创建文本框并输入相应文本，为文本对象添加滤镜效果，如图 11-16 所示。

STEP 08 用同样的方法，创建“夏”图形元件，在编辑区创建文本框并输入相应文本，为文本对象添加滤镜效果，如图 11-17 所示。

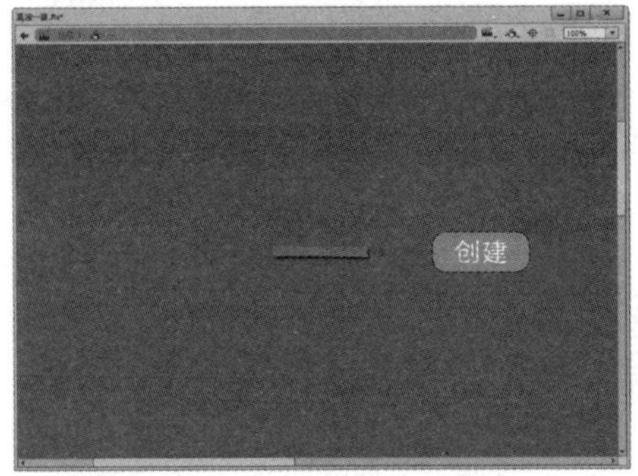

图 11-16 创建“夏”文本

图 11-17 创建“夏”文本

11.1.3 制作跳动文字

在《清凉一夏》动画中，通过为相应的图形元件创建补间动画，即可完成跳动文字动画的制作。下面向读者介绍制作跳动文字的操作方法。

STEP 01 单击“场景 1”超链接，返回场景编辑模式，在“时间轴”面板中新建“图层 2”图层，如图 11-18 所示。

STEP 02 在“库”面板中将“清”图形元件拖动至舞台区的适当位置处，如图 11-19 所示。

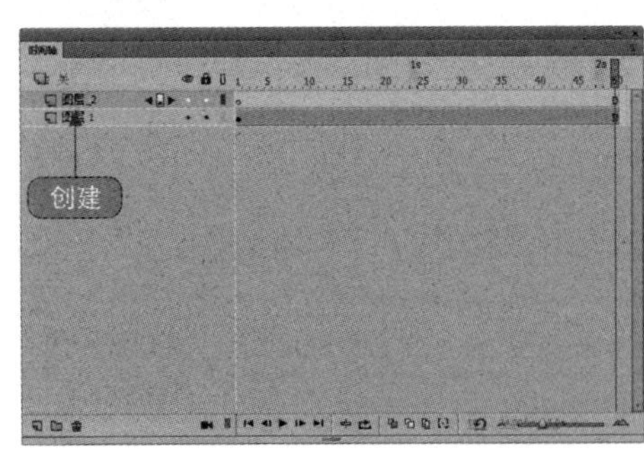

图 11-18 新建“图层 2”图层

图 11-19 拖动至舞台区的适当位置

STEP 03 ❶选择“图层 2”图层的第 15 帧，按【F6】键，插入关键帧，❷然后选择“图层 2”图层的第 1 帧，如图 11–20 所示。

STEP 04 运用选择工具选择舞台区相对应的实例，并向上拖动一段距离，在“属性”面板中设置 Alpha 值为 0，效果如图 11–21 所示。

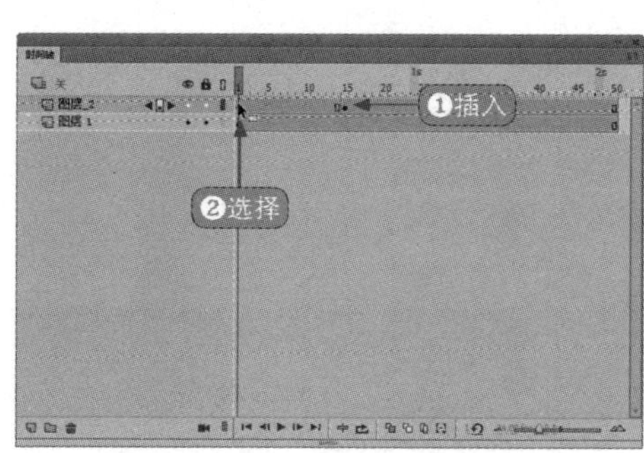

图 11–20　选择图层的第 1 帧

图 11–21　设置 Alpha 值为 0

STEP 05 在“图层 2”图层的第 1 帧至第 15 帧中的任意一帧上右击，在弹出的快捷菜单中选择“创建传统补间”选项，如图 11–22 所示。

STEP 06 执行操作后，即可创建传统补间动画，如图 11–23 所示。

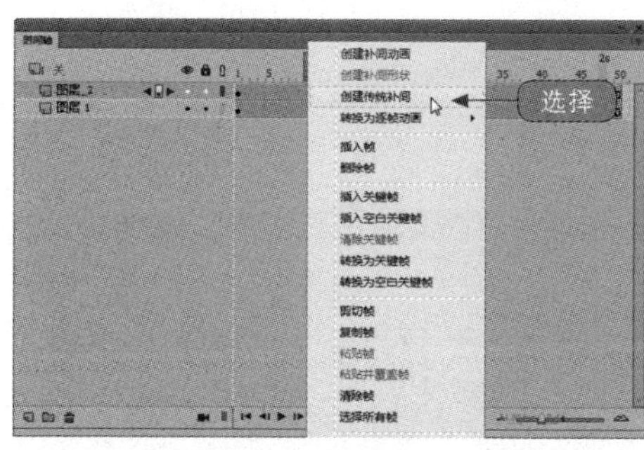

图 11–22　选择“创建传统补间”选项

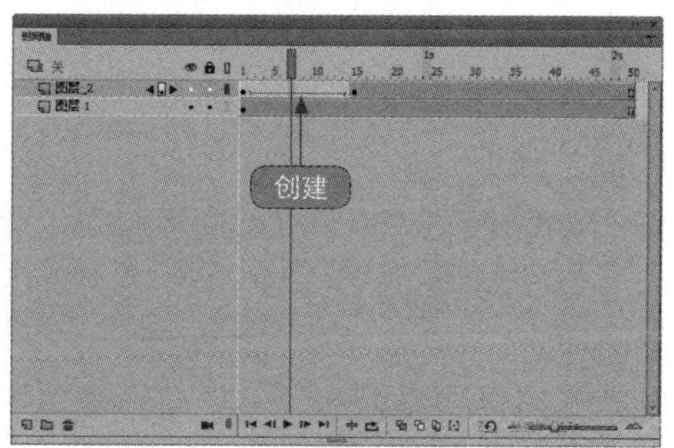

图 11–23　创建传统补间动画

STEP 07 在“时间轴”面板中按【Enter】键确认，在舞台中可以查看制作的字幕跳动效果，如图 11–24 所示。

STEP 08 用同样的方法，制作“凉”图形元件实例的动画效果，如图 11–25 所示。

STEP 09 在“时间轴”面板中可以查看制作的“图层 3”图层和动画帧效果，如图 11–26 所示。

图 11-24 查看制作的字幕跳动效果

图 11-25 制作“凉”图形元件

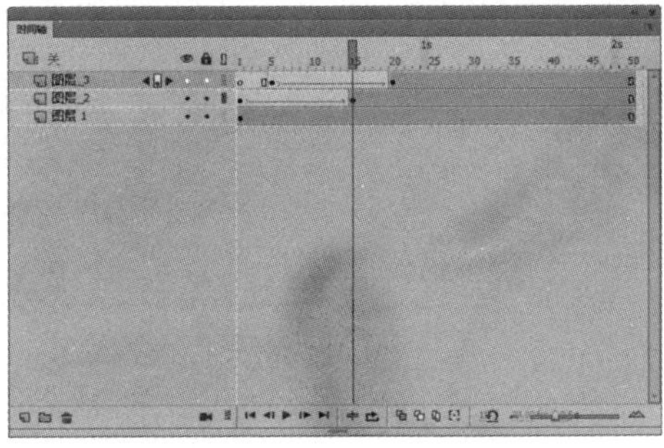

图 11-26 查看“图层 3”图层

STEP 10 用同样的方法，制作“一”图形元件实例的动画效果，如图 11-27 所示。

STEP 11 在“时间轴”面板中可以查看制作的“图层 4”图层和动画帧效果，如图 11-28 所示。

图 11-27 制作“一”图形元件

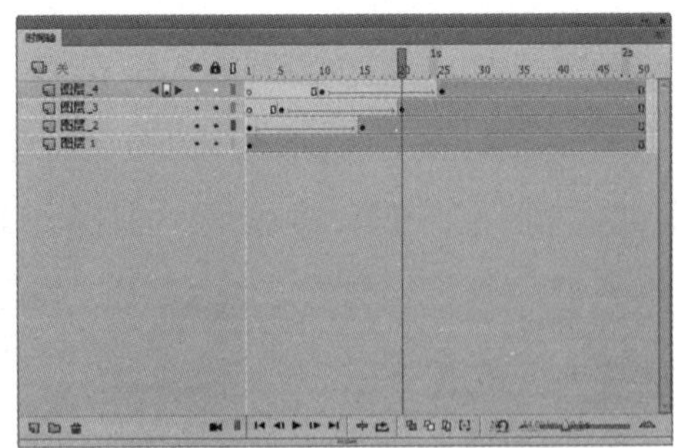

图 11-28 查看“图层 4”图层

STEP 12 用同样的方法，制作“夏”图形元件实例的动画效果，如图 11-29 所示。

STEP 13 在“时间轴”面板中，可以查看制作的“图层 5”图层和动画帧效果，如图 11-30 所示。

图 11-29 制作“夏”图形元件

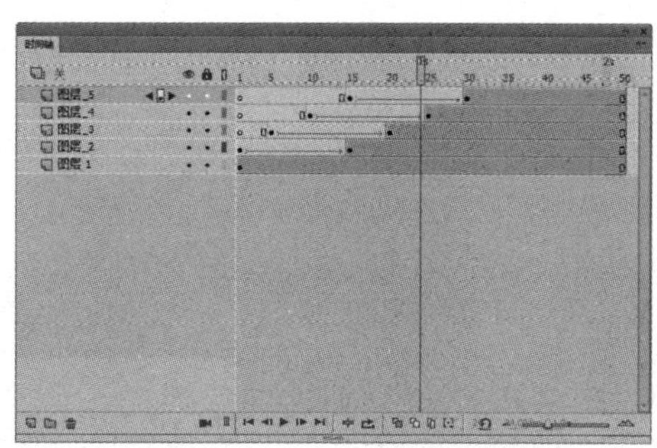

图 11-30 查看“图层 5”图层

11.2 图形动画：《圣诞送礼》

在 Adobe Animate CC 2018 中，用户可以使用路径动画移动图形位置，制作不同的图形动画效果。本节主要介绍制作《圣诞送礼》图形动画实例的操作方法，效果如图 11-31 所示。

图 11-31 实例效果

配套资源下载		
	素材文件	素材 \ 第 11 章 \ 圣诞送礼 .fla
	效果文件	效果 \ 第 11 章 \ 圣诞送礼 .fla、圣诞送礼 .swf
	视频文件	视频 \ 第 11 章 \ 11.2 图形动画：《圣诞送礼》.mp4

11.2.1 制作圣诞背景

在《圣诞送礼》动画效果中，首先向读者介绍制作圣诞背景效果以及新建图层的方法，新建所需图层为整个动画的制作做准备，让步骤更加清晰明了。

STEP 01 单击“文件”|“打开”命令，打开一个素材文件，如图 11-32 所示。

STEP 02 在“图层 1”图层中，选择第 70 帧，如图 11-33 所示。

图 11-32　打开一个素材文件

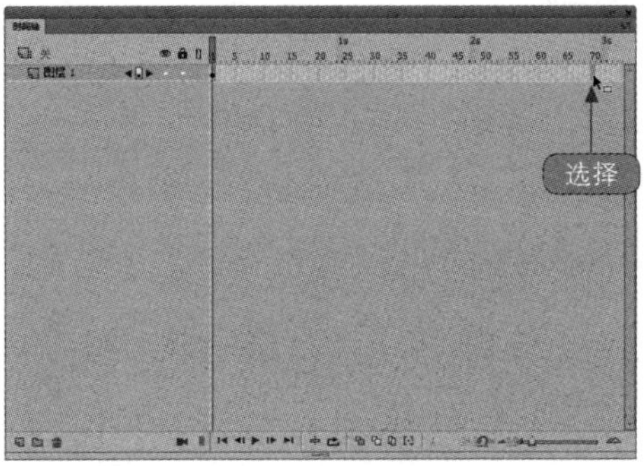

图 11-33　选择第 70 帧

STEP 03 在该帧上右击，在弹出的快捷菜单中选择“插入帧”选项，如图 11-34 所示。

STEP 04 执行操作后，即可插入帧，如图 11-35 所示。

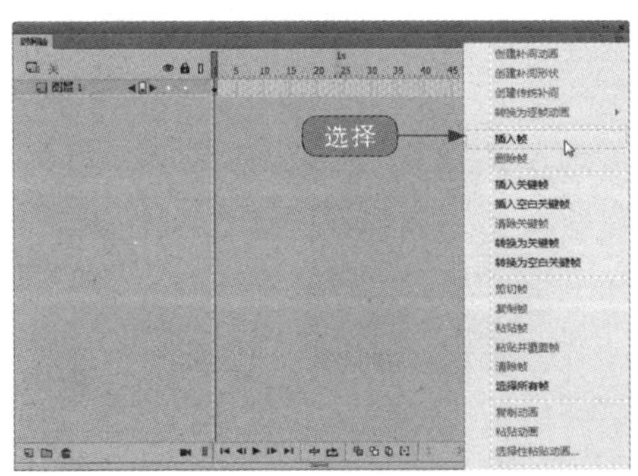

图 11-34　选择“插入帧”选项

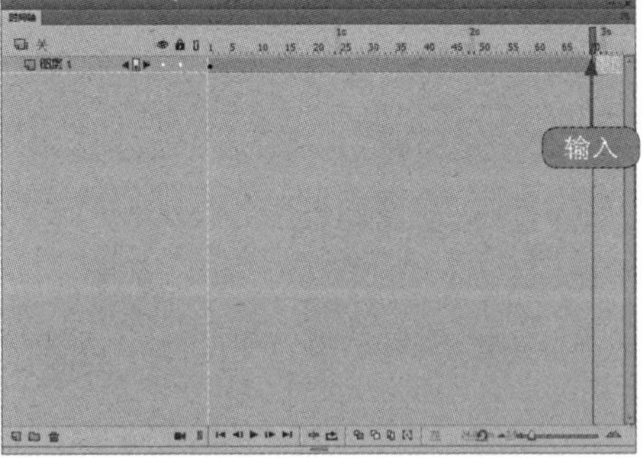

图 11-35　插入帧

STEP 05 在“时间轴”面板中单击面板底部的“新建图层”按钮，如图 11-36 所示。

STEP 06 在“时间轴”面板中新建“图层 2”图层，如图 11–37 所示。

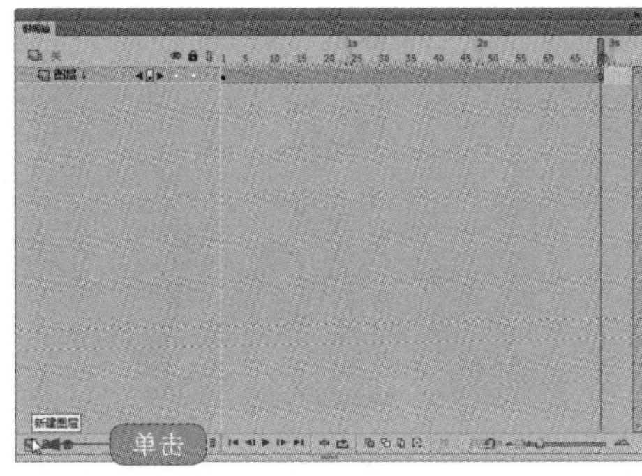

图 11–36 单击“新建图层”按钮

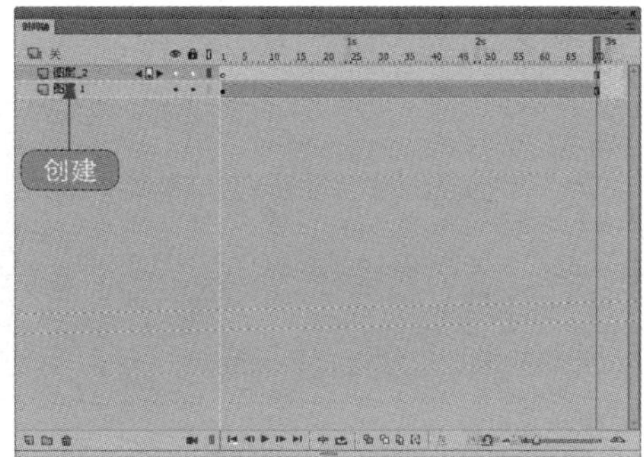

图 11–37 新建“图层 2”图层

STEP 07 再次单击“新建图层”按钮，分别新建“图层 3”图层与“图层 4”图层，如图 11–38 所示。

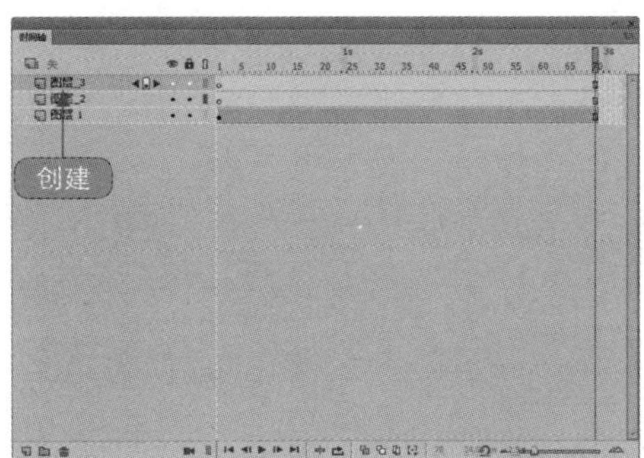

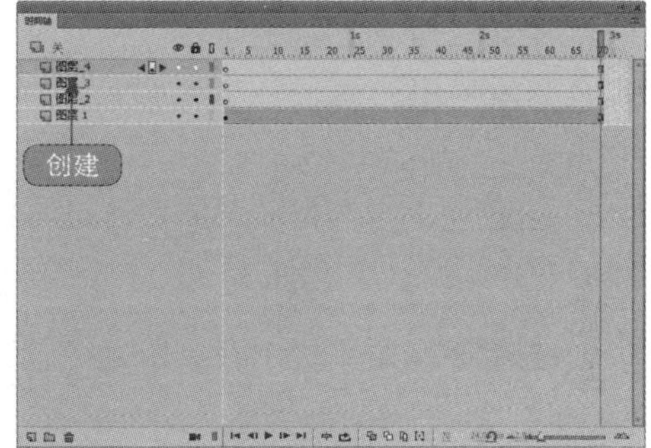

图 11–38 新建“图层 3”图层与“图层 4”图层

11.2.2 创建影片元件

下面介绍创建影片元件的操作方法。

STEP 01 在菜单栏中单击“插入”|“新建元件”命令，弹出“创建新元件”对话框，设置“名称”为“礼品 1”、“类型”为影片剪辑，如图 11–39 所示。

STEP 02 单击“确定”按钮，进入影片剪辑编辑模式，在“库”面板中选择“老人”位图图像，如图 11–40 所示。

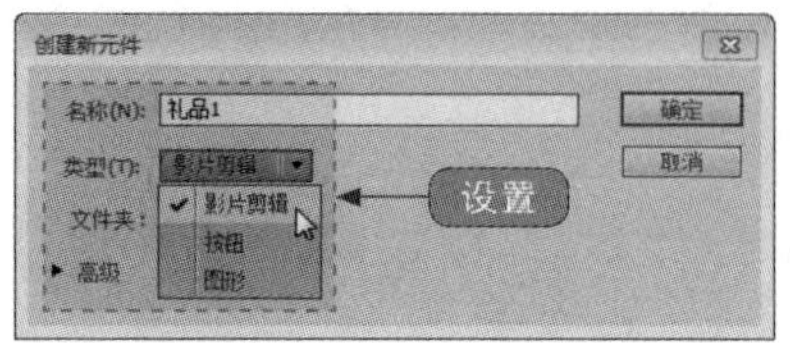

图 11-39 “创建新元件”对话框

图 11-40 选择“老人”图像

专家指点

用户还可以通过这两种方法创建图形元件：按【Ctrl + F8】组合键可以弹出“创建新元件”对话框；单击菜单栏中的“插入”菜单，依次按键盘上的【N】、【Enter】键，也可以弹出“创建新元件”对话框。

STEP 03 单击并拖动至舞台区适当位置，释放鼠标，创建实例，如图 11-41 所示。

STEP 04 在菜单栏中，单击“修改”|“转换为元件”命令，弹出“转换为元件”对话框，将位图图像转换为图形元件，单击“确定”按钮，如图 11-42 所示。

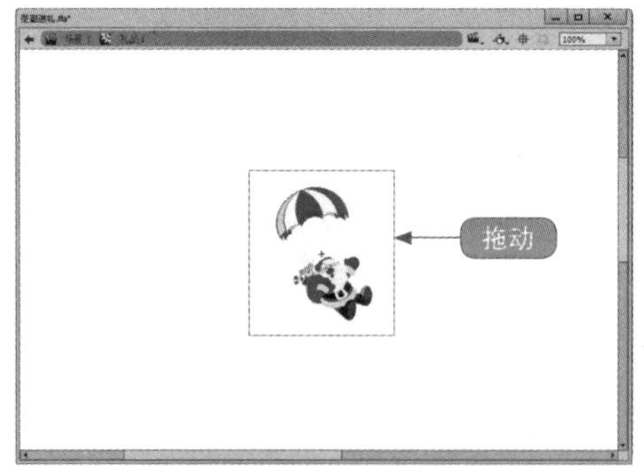

图 11-41 创建实例

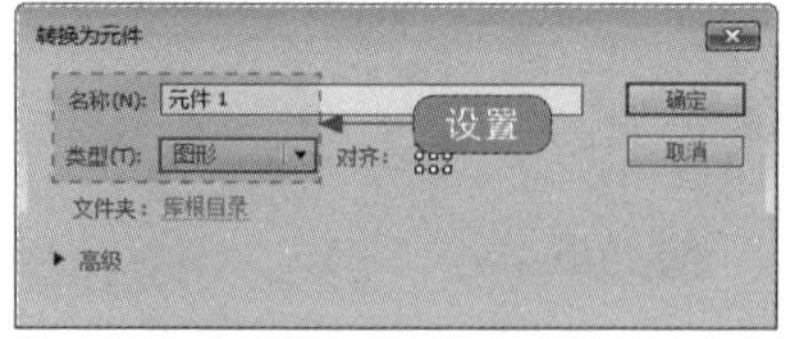

图 11-42 转换为元件

STEP 05 用同样的方法分别创建“礼品 2”、“礼品 3”影片剪辑元件，分别将“礼物 .png”、“娃娃 .png”位图图像拖动至影片剪辑元件中，并将其转换为图形元件。此时“库”面板如图 11-43 所示。

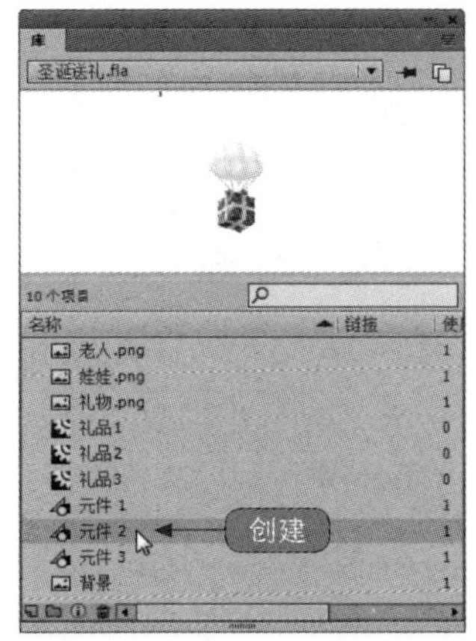

图 11-43　“库”面板

11.2.3 制作礼品动画

在《圣诞送礼》动画效果中，制作礼品动画主要是通过制作图像位移动画和引导层动画而完成。下面向读者介绍制作礼品动画的操作方法。

STEP 01 在“库”面板中，选择“礼品 1”影片剪辑元件，如图 11-44 所示。

STEP 02 双击进入影片剪辑编辑区，调整元件在舞台中的位置，如图 11-45 所示。

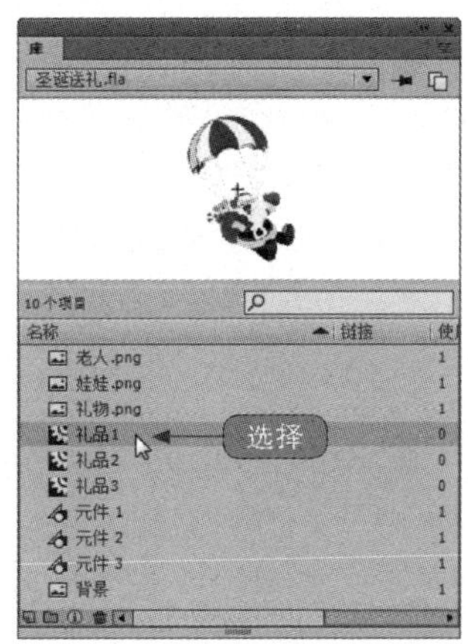

图 11-44　选择“礼品 1”元件

图 11-45　调整元件位置

STEP 03 在“时间轴”面板中选择“图层 1”图层的第 35 帧，按【F6】键，插入关键帧，如图 11-46 所示。

STEP 04 运用选择工具，将编辑区的实例对象向下拖动，如图 11-47 所示。

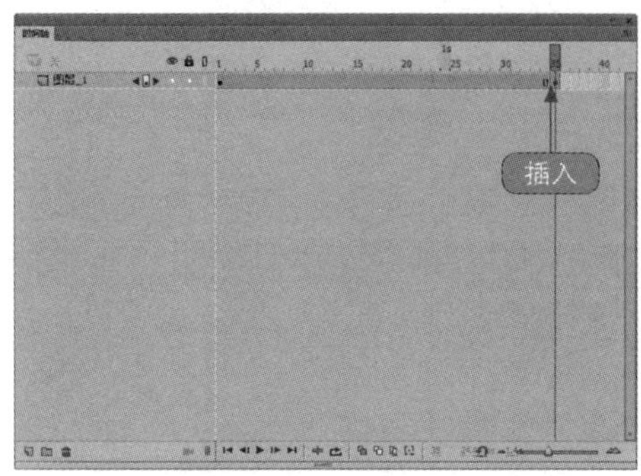

图 11-46 插入关键帧

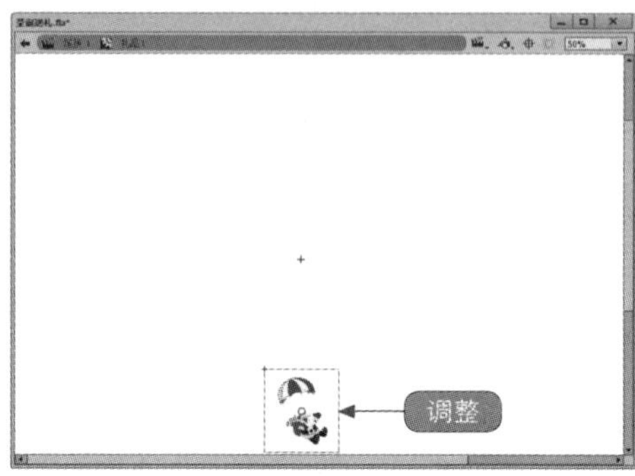

图 11-47 将实例对象向下拖动

STEP 05 在“图层 1”图层的第 1 帧至第 35 帧中的任意一帧上右击，在弹出的快捷菜单中选择“创建传统补间”选项，如图 11-48 所示。

STEP 06 执行操作后，即可创建传统补间动画，如图 11-49 所示。

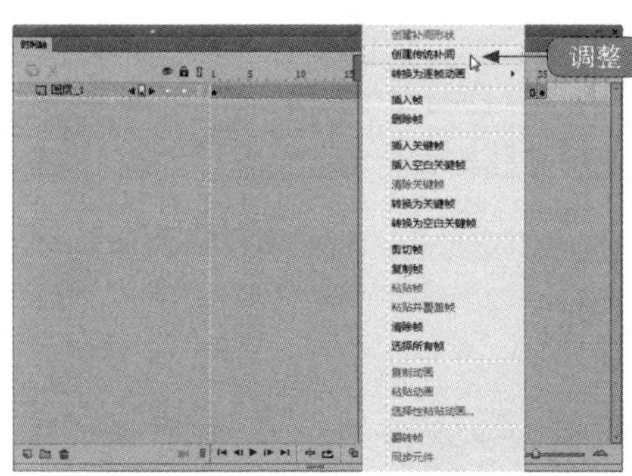

图 11-48 选择“创建传统补间”选项

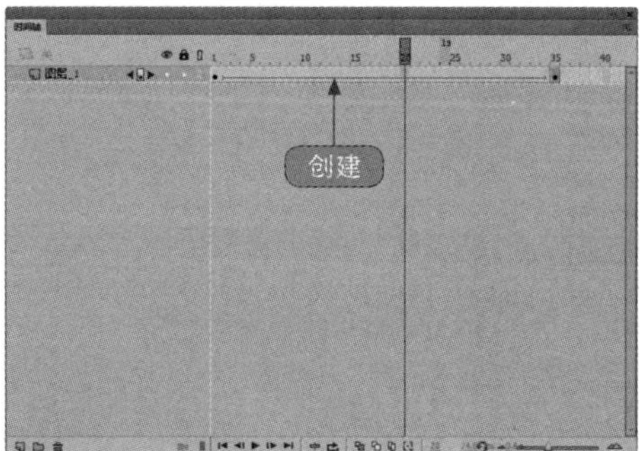

图 11-49 创建传统补间动画

STEP 07 在“库”面板中选择“礼品 2”影片剪辑元件，双击，进入影片剪辑编辑区，如图 11-50 所示。

STEP 08 在“时间轴”面板中选择“图层 1”图层的第 70 帧，按【F6】键插入关键帧，如图 11-51 所示。

STEP 09 选择“图层 1”图层右击，在弹出的快捷菜单中选择“添加传统运动引导层”选项，如图 11-52 所示。

STEP 10 执行操作后，即可为“图层 1”图层添加引导层，如图 11-53 所示。

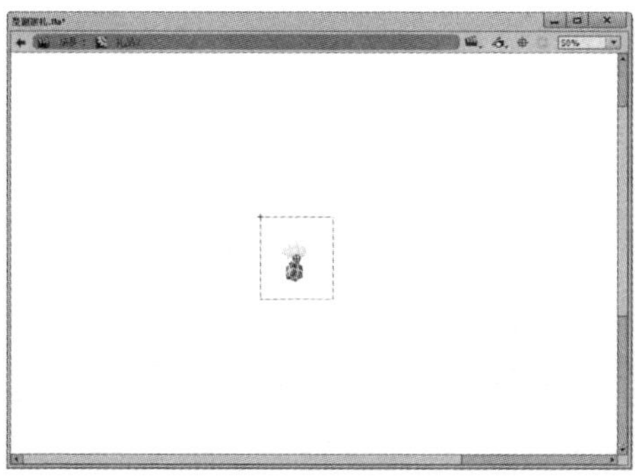

图 11-50 进入影片剪辑编辑区

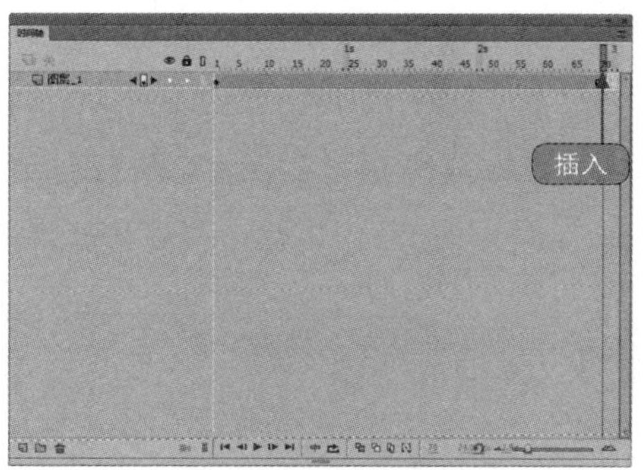

图 11-51 插入关键帧

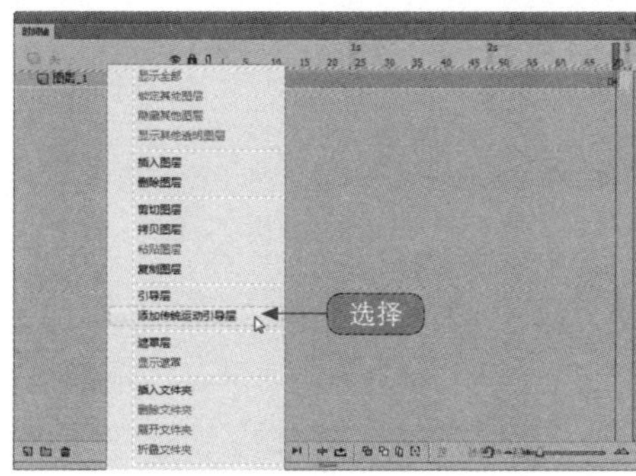

图 11-52 选择“添加传统运动引导层”选项

图 11-53 为“图层 1”图层添加引导层

STEP 11 选取工具箱中的钢笔工具，绘制一条曲线作为路径，如图 11-54 所示。

STEP 12 选择“图层 1”图层的第 1 帧，将舞台区的对象移至曲线开始的位置，如图 11-55 所示。

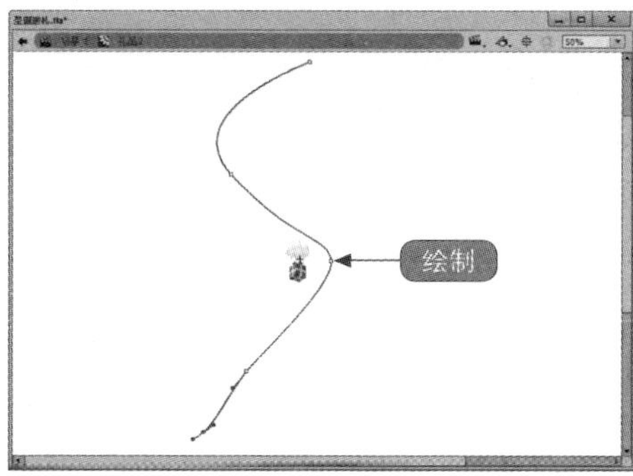

图 11-54 绘制一条曲线作为路径

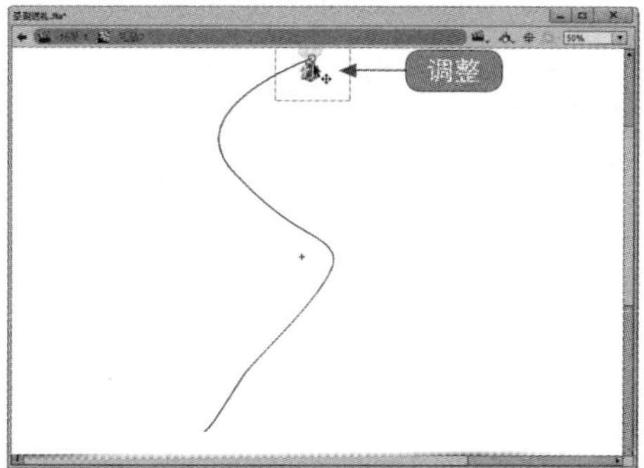

图 11-55 移至曲线开始的位置

STEP 13 选择“图层 1”图层的第 70 帧，将舞台区的对象移至曲线结束的位置，如图 11-56 所示。

STEP 14 选择“图层 1”图层的第 1 帧至第 70 帧中的任意一帧右击，在弹出的快捷菜单中选择“创建传统补间”选项，如图 11-57 所示。

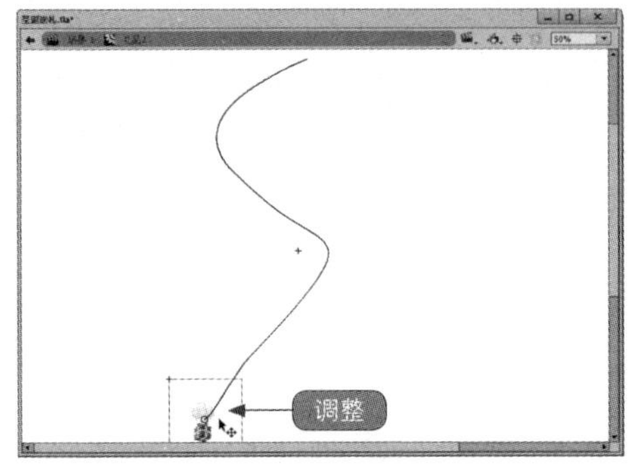

图 11-56　移至曲线结束的位置

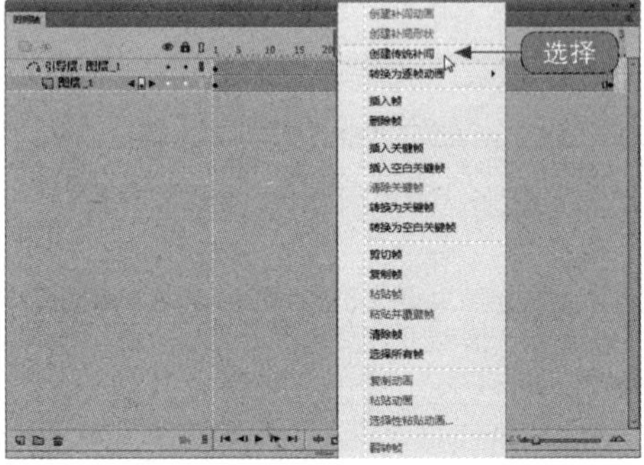

图 11-57　选择“创建传统补间”选项

STEP 15 执行操作后，即可为图层创建补间动画，如图 11-58 所示。

STEP 16 用同样的方法，为“礼品 3”影片剪辑元件添加动画，时间轴和舞台区的图形效果如图 11-59 所示。

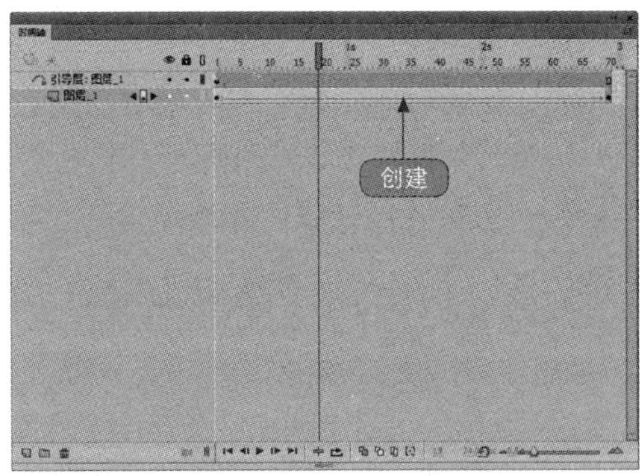

图 11-58　为图层创建补间动画

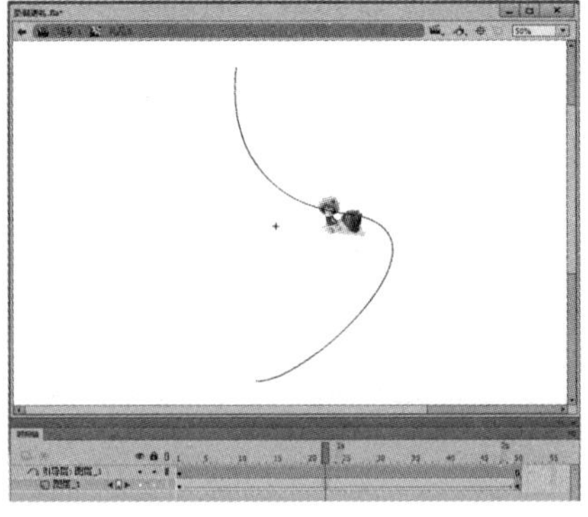

图 11-59　为“礼品 3”元件添加动画

11.2.4　制作合成动画

在《圣诞送礼》动画效果中，合成动画是将前 3 节的动画融合，让影片完整。下面向读者介绍制作合成动画的操作方法。

STEP 01 进入场景编辑模式，选择“图层 2”图层的第 1 帧，如图 11-60 所示。

STEP 02 在“库”面板中，将“礼品 1”影片剪辑拖动至舞台区适当位置，如图 11-61 所示。

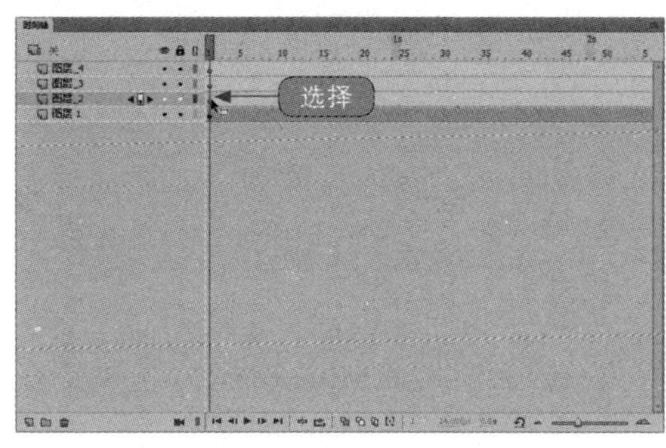

图 11-60 选择“图层 2”图层的第 1 帧

图 11-61 拖动至舞台区适当位置

STEP 03 在“时间轴”面板中选择“图层 3”图层的第 10 帧，按【F6】键插入关键帧，如图 11-62 所示。

STEP 04 在“库”面板中将“礼品 2”影片剪辑元件拖动至舞台区的适当位置，如图 11-63 所示。

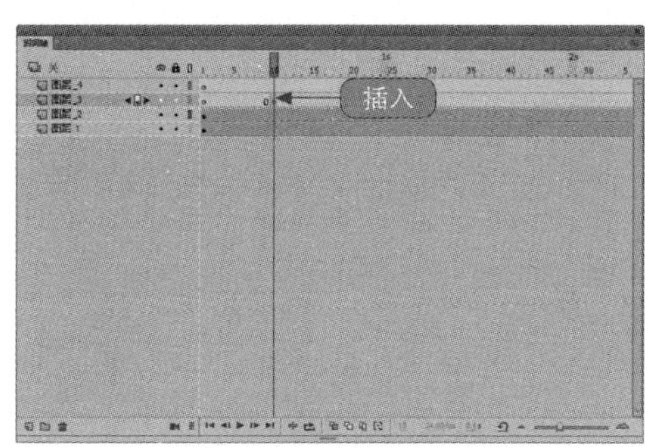

图 11-62 插入关键帧

图 11-63 拖动至舞台区的适当位置

STEP 05 在“时间轴”面板中选择“图层 4”图层的第 20 帧，按【F6】键插入关键帧，如图 11-64 所示。

STEP 06 在“库”面板中将“礼品 3”影片剪辑元件拖动至舞台区的适当位置，如图 11 65 所示。完成动画的合成制作。

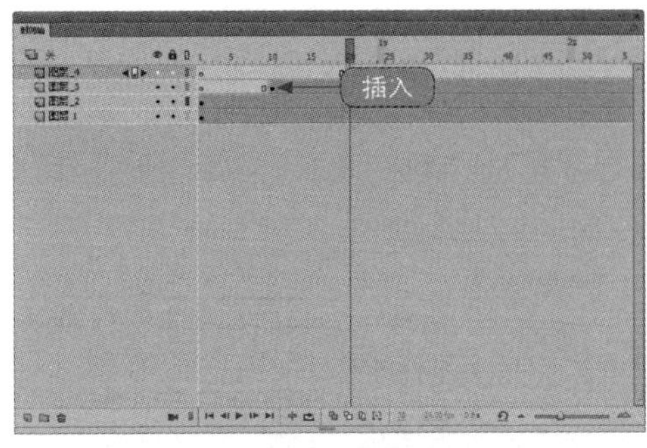

图 11-64　插入关键帧　　　图 11-65　拖动至舞台区的适当位置

11.2.5　导出动画效果

当用户将《圣诞送礼》动画效果制作完成后，接下来向读者介绍导出动画效果的方法，预览制作的动画是否符合用户的要求。

STEP 01 单击“控制”菜单，在弹出的菜单列表中单击“测试”命令，如图 11-66 所示。

STEP 02 执行操作后，弹出“导出 SWF 影片”对话框，显示动画导出进度，如图 11-67 所示。

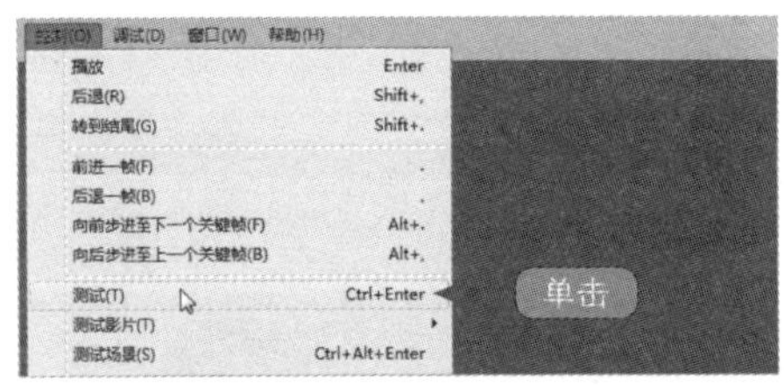

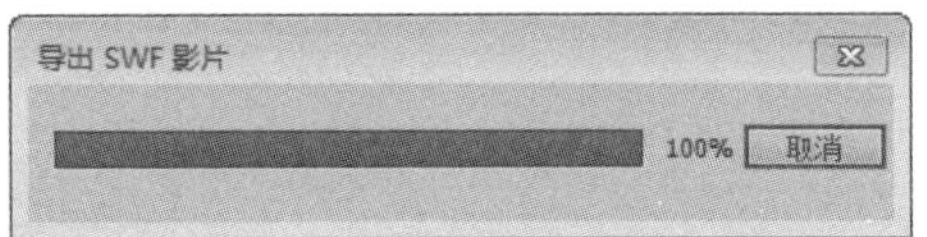

图 11-66　单击“测试”命令　　　图 11-67　显示动画导出进度

STEP 03 稍等片刻，在弹出的“圣诞送礼”窗口中，查看导出的动画效果，如图 11-68 所示。

图 11-68　查看导出的动画效果

图 11-68 查看导出的动画效果（续）

11.3 图像动画：《凌越汽车》

本节主要介绍图像广告动画《凌越汽车》的制作方式，出彩的图像动画特效也是一种十分有力的表现手法，在实现动画的基础上，也提升了动画本身的可观赏性。

本实例最终效果如图 11-69 所示。

图 11-69 实例效果

配套资源下载	素材文件	素材 \ 第 11 章 \ 凌越汽车 .fla
	效果文件	效果 \ 第 11 章 \ 凌越汽车 .fla、凌越汽车 .swf
	视频文件	视频 \ 第 11 章 \ 11.3 图像动画：《凌越汽车》.mp4

11.3.1 制作背景效果

在制作《凌越汽车》实例动画中，制作背景是影片中最重要的一部分，好的背景效果对于观众来说具有一定的吸引力。下面向读者介绍制作背景效果的操作方法。

STEP 01 单击“文件”|“打开”命令，打开素材文件，“库”面板如图 11–70 所示。

STEP 02 在“库”面板中选择“背景 .png”素材，单击并将其拖动至舞台中，如图 11–71 所示。

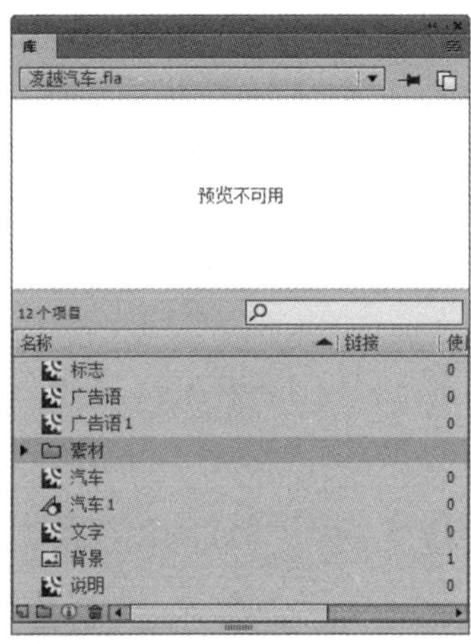

图 11–70 “库”面板中的素材

拖动

图 11–71 将素材拖动至舞台中

STEP 03 在图像外任意位置右击，在弹出的快捷菜单中选择“文档”选项，在弹出的“文档设置”对话框中，单击“匹配内容”按钮，如图 11–72 所示，单击“确定”按钮。

STEP 04 执行操作后，即可完成对背景的设置，效果如图 11–73 所示。

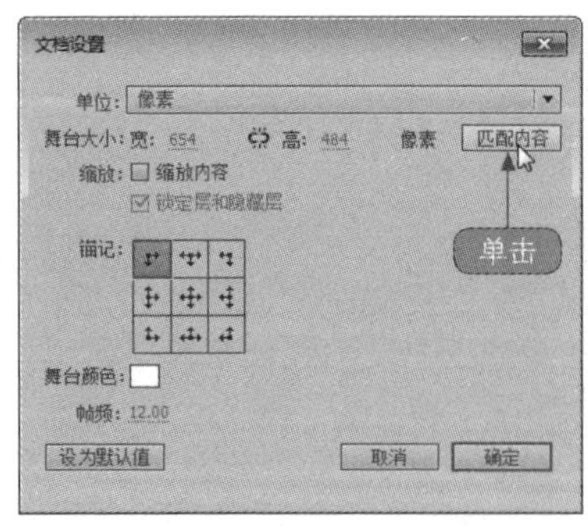

图 11–72 单击“匹配内容”按钮

图 11–73 完成对背景的设置

11.3.2 制作汽车标志

在制作《凌越汽车》实例动画中，汽车标志是汽车广告中的品牌对象，汽车标志一定要明显，让观众印象深刻。下面向读者介绍制作汽车标志的操作方法。

STEP 01 在“时间轴”面板中单击面板底部的“新建图层”按钮，新建 4 个普通图层，如图 11–74 所示。

STEP 02 选择“图层 2”的第 1 帧，在“库”面板中将“标志”拖动至舞台中，选取工具箱中的任意变形工具将其放大，如图 11–75 所示。

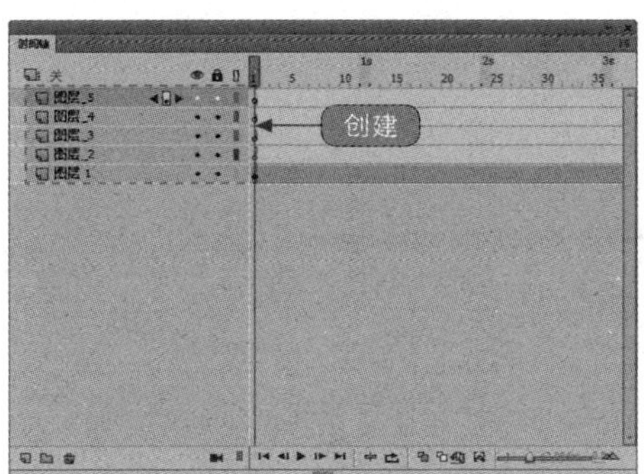

图 11–74 新建 4 个图层

图 11–75 使用工具将其放大

STEP 03 在“图层 2”的第 10 帧插入关键帧，将舞台中对应的实例缩小，如图 11–76 所示。

STEP 04 在“图层 2”的关键帧之间创建传统补间动画，如图 11–77 所示。

图 11–76 将舞台中对应的实例缩小

图 11–77 创建传统补间动画

STEP 05 在“时间轴”面板中按【Enter】键，预览制作的标志动画，效果如图 11–78 所示。

图 11–78　预览制作的标志动画

11.3.3　制作图形动画

在制作《凌越汽车》实例动画中，用户需要制作出汽车图形的开车效果，才能体现出汽车的整体质感。下面向读者介绍制作汽车图形动画效果的操作方法。

STEP 01 在“图层 3”的第 12 帧插入关键帧，将“库”面板中的“汽车”拖动至舞台中，适当调整其大小和位置，如图 11–79 所示。

STEP 02 在“图层 3”的第 20 帧、第 22 帧和第 30 帧插入关键帧，如图 11–80 所示。

图 11–79　调整其大小和位置

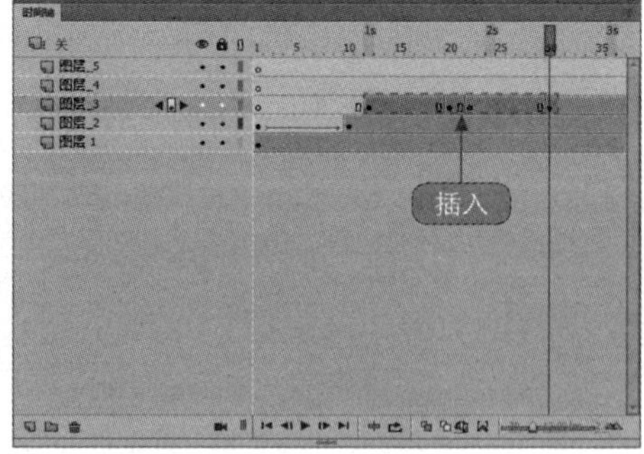

图 11–80　插入关键帧

STEP 03 选择“图层 3”的第 12 帧，将舞台中对应实例水平翻转，并适当调整其大小和位置，如图 11-81 所示。

STEP 04 选择“图层 3”的第 20 帧，适当调整汽车图像的大小和位置，如图 11-82 所示。

图 11-81　调整其大小和位置（1）

图 11-82　调整其大小和位置（2）

STEP 05 选择“图层 3”的第 22 帧，调整舞台中实例的大小和位置，如图 11-83 所示。

STEP 06 在“图层 3”的关键帧之间，创建传统补间动画，如图 11-84 所示。

图 11-83　调整其大小和位置（3）

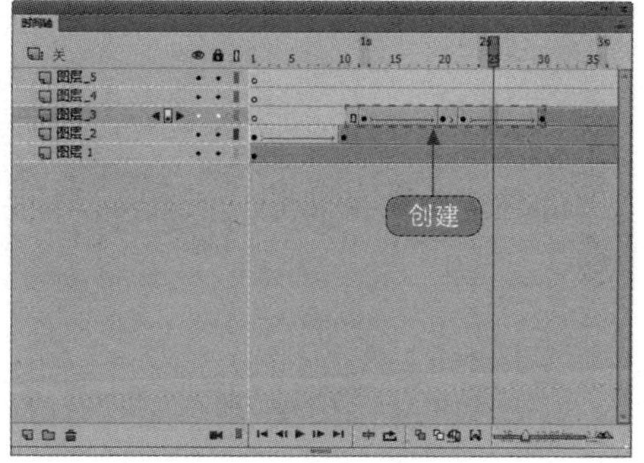

图 11-84　创建传统补间动画

11.3.4 制作文字动画

下面向读者介绍制作汽车文字动画效果的操作方法。

STEP 01 在“图层 4”和“图层 5”的第 35 帧插入关键帧，如图 11-85 所示。

STEP 02 选择“图层 4”的第 35 帧，将“库”面板中的“文字”元件拖动至编辑区，如图 11-86 所示。

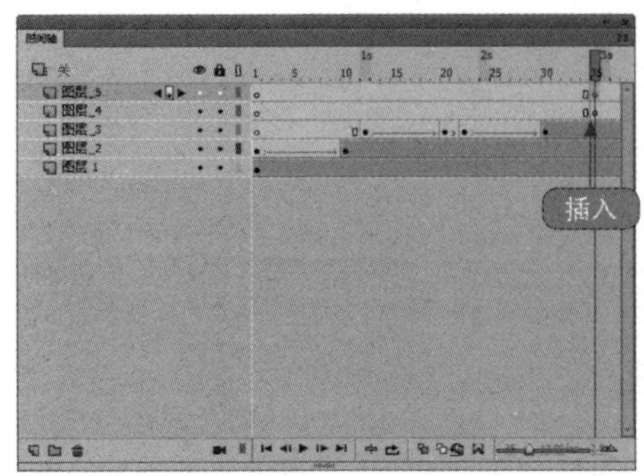

图 11-85　在第 35 帧插入关键帧

图 11-86　将元件拖动至编辑区

STEP 03 选择“图层 5”的第 35 帧，将“库”面板中的“广告语”元件拖动至编辑区，如图 11-87 所示。

STEP 04 在“时间轴”面板中，选择“图层 4”和“图层 5”的第 45 帧插入关键帧，如图 11-88 所示。

图 11-87　拖动广告语至编辑区

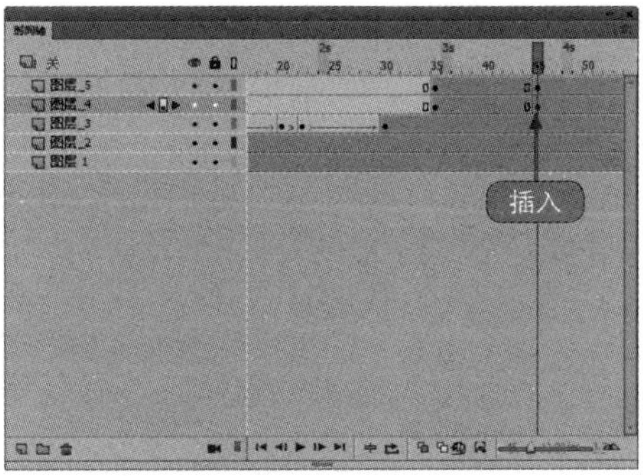

图 11-88　插入关键帧

STEP 05 将“图层 4”的第 35 帧对应的实例向上拖动，如图 11-89 所示。

STEP 06 将“图层 5”的第 35 帧对应的实例向右拖动，在“属性”面板中设置 Alpha 值为 0，如图 11-90 所示。

STEP 07 在“图层 4”和“图层 5”的关键帧之间创建传统补间动画，如图 11-91 所示。

STEP 08 在“图层 4”和“图层 5”的第 85 帧和第 90 帧插入关键帧，如图 11-92 所示。

图 11-89　将实例向上拖动

图 11-90　设置 Alpha 值为 0

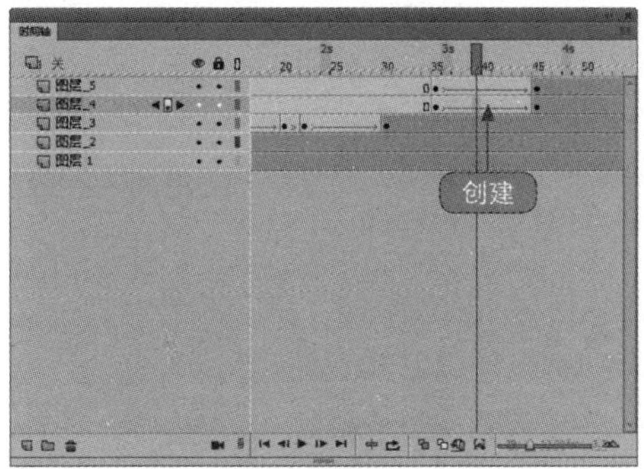

图 11-91　创建传统补间动画

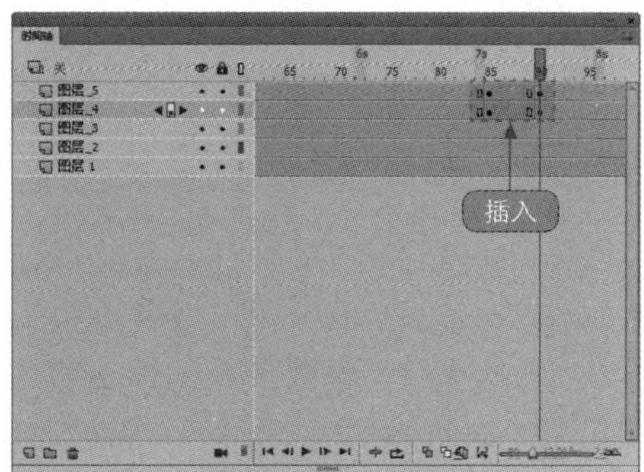

图 11-92　插入关键帧

STEP 09 将“图层 4”的第 90 帧对应的实例向上拖动，并设置其 Alpha 值为 0，如图 11-93 所示。

STEP 10 将“图层 5”的第 90 帧对应的实例向下拖动，并设置其 Alpha 值为 0，如图 11-94 所示。

图 11-93　设置“图层 4”实例

图 11-94　设置“图层 5”实例

STEP 11 在“图层 4”和“图层 5”的第 85 帧至第 90 帧之间创建传统补间动画，“时间轴”面板如图 11-95 所示。

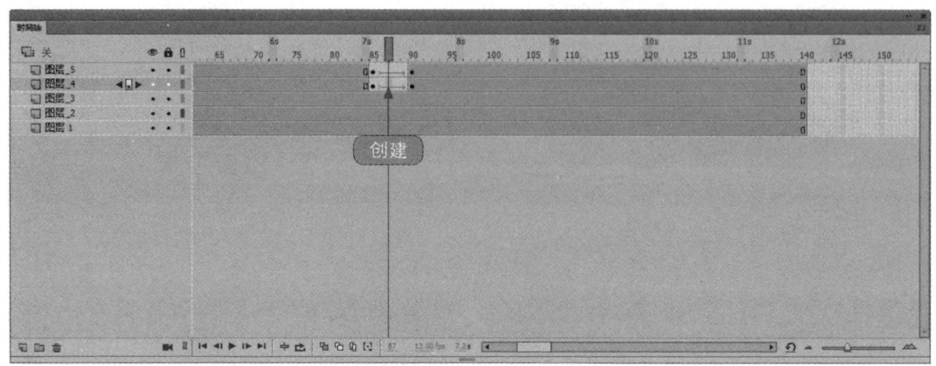

图 11-95 “时间轴”面板

专家指点

单击“时间轴”面板底部的“帧居中”按钮后，可以移动时间轴的水平及垂直滑块，使当前选择的帧移至时间轴控制区的中央，以方便观察和编辑。

STEP 12 在“时间轴”面板中，按【Enter】键预览制作的图形动画，效果如图 11-96 所示。

图 11-96 预览制作的图形动画

11.3.5 制作补间动画

在制作《凌越汽车》实例动画中，补间动画的功能十分强大，用户通过补间动画可以制作出不同类型的图形动画效果。下面向读者介绍制作补间动画的操作方法。

STEP 01 在“时间轴”面板中新建 3 个图层，如图 11-97 所示。

STEP 02 在“图层 6”的第 60 帧插入关键帧，将“库”面板中的“汽车 1”元件拖动至舞台中，适当调整大小和位置，效果如图 11-98 所示。

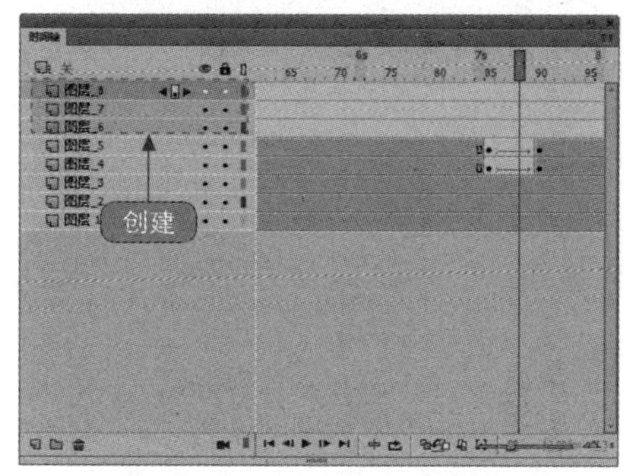

图 11-97 新建 3 个图层

图 11-98 将元件拖动至舞台中

STEP 03 在“图层 6”的第 70 帧插入关键帧，如图 11-99 所示。

STEP 04 将“图层 6”的第 60 帧对应的实例向上拖动，如图 11-100 所示。

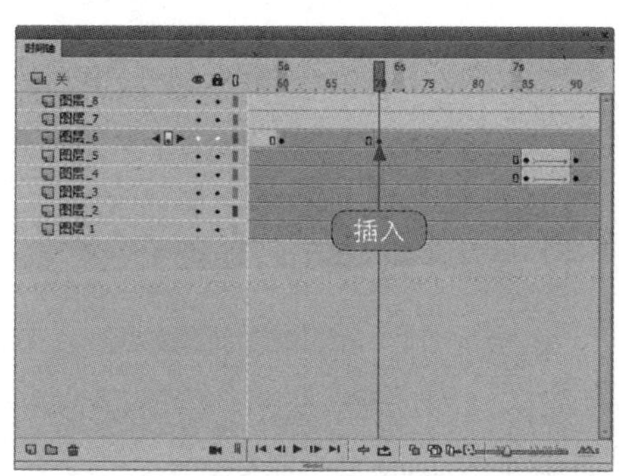

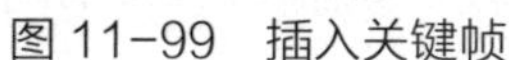
图 11-99 插入关键帧

图 11-100 将实例向上拖动

STEP 05 在“时间轴”面板中，选择“图层 6”图层的第 60 帧～第 70 帧之间创建传统补间动画，如图 11-101 所示。

STEP 06 在“图层 7”的第 95 帧插入关键帧，将“库”面板中的“广告语 1”拖动至舞台，如图 11-102 所示。

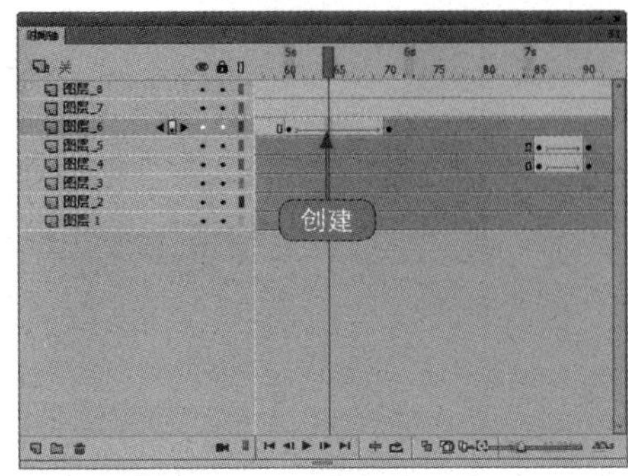

图 11-101　创建传统补间动画

图 11-102　将元件拖动至舞台

STEP 07 在“属性”面板的“滤镜”选项区中，单击“添加滤镜”按钮，选择“投影”选项，在“投影”选项区中，设置“强度”为 150，执行操作后，即可添加投影滤镜效果，如图 11-103 所示。

STEP 08 在“图层 7”的第 100 帧插入关键帧，选择第 95 帧对应的实例，在“属性”面板中为其添加模糊滤镜，并设置“模糊 X”和“模糊 Y”参数均为 130，执行操作后，即可添加模糊滤镜效果，舞台元件如图 11-104 所示。

图 11-103　添加投影滤镜效果

图 11-104　添加模糊滤镜效果

STEP 09 在“图层 7”的关键帧之间创建传统补间动画，如图 11-105 所示。

STEP 10 在“图层 8”的第 100 帧插入关键帧，如图 11-106 所示。

STEP 11 将“库”面板中的“说明”元件拖动至舞台中，如图 11-107 所示。

STEP 12 在“图层 8”的第 110 帧插入关键帧，选择第 100 帧对应的实例，在“属性”面板中设置 Alpha 值为 0，在“图层 8”的关键帧之间创建传统补间动画，如图 11-108 所示。

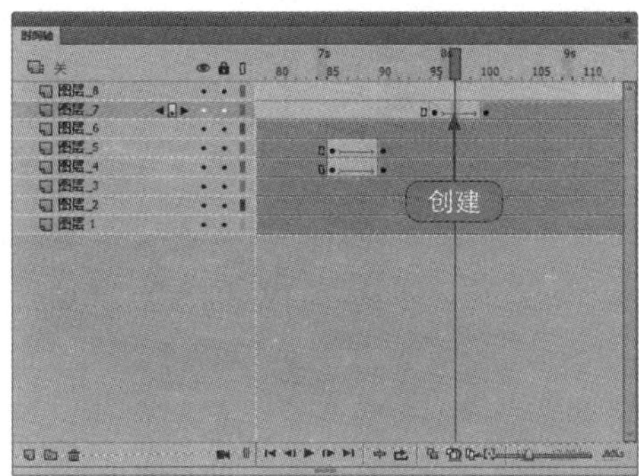

图 11–105 创建传统补间动画

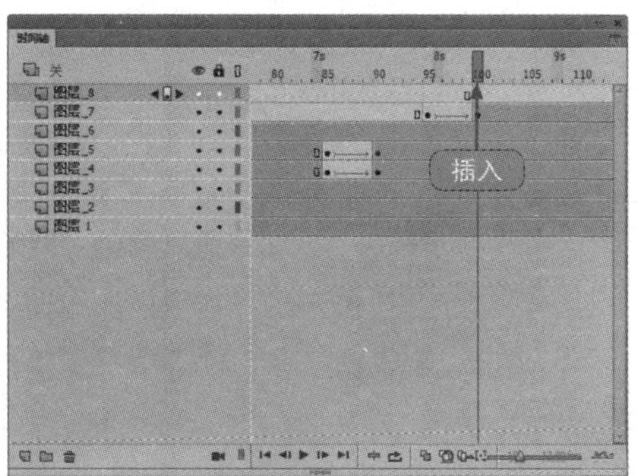

图 11–106 在第 100 帧插入关键帧

图 11–107 将元件拖动至舞台中

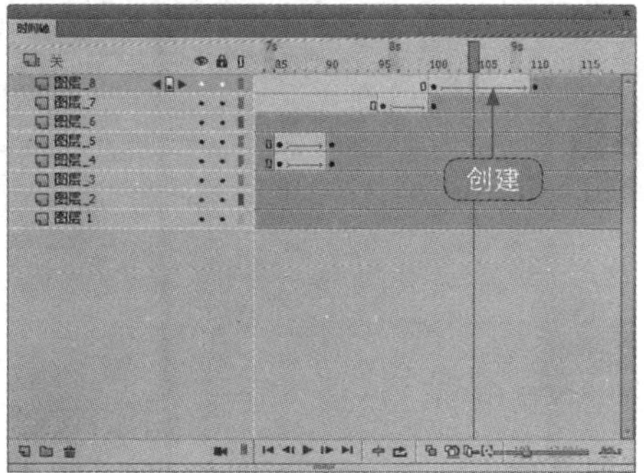

图 11–108 创建传统补间动画

STEP 13 至此，《凌越汽车》实例制作完成，按【Ctrl + Enter】组合键，测试动画，效果如图 11–109 所示。

图 11–109 测试动画效果

章前知识导读

H5 是伴随着移动互联网兴起的一种新型广告工具，具有很多移动互联网的广告优势，如娱乐化、碎片化、社会化以及互动性强等。可以说，H5 技术的成熟，不但为移动互联网开辟了一种全新的广告推广方式，同时也推动了基于移动互联网的新媒体广告的快速发展。

CHAPTER 12 H5 设计：红包 + 宣传 + 邀请函

新手重点索引

- 微信增粉：口令红包 H5 页面设计
- 企业宣传：西餐厅 H5 页面设计
- 邀请函：婚礼请柬 H5 页面设计

效果图片欣赏

12.1 微信增粉：口令红包 H5 页面设计

微信已经成为很多信息传播的媒介，在固有的粉丝群体上，如何实现快速增粉，就是本章所要学习的：如何利用微信口令红包实现快速增粉。

本实例最终效果如图 12–1 所示。

图 12–1 实例效果

配套资源下载		
	素材文件	素材 \ 第 12 章 \ 红包封口 .psd、文字 1.psd、文字 2.psd
	效果文件	效果 \ 第 12 章 \ 口令红包 H5 页面设计 .psd、口令红包 H5 页面设计 .jpg
	视频文件	视频 \ 第 12 章 \ 12.1 微信增粉：口令红包 H5 页面设计 .mp4

12.1.1 设计口令红包页面效果

口令红包的设计风格，是要运用到红、黄这两种暖色来表达出群众抢红包时的热烈、兴奋之情。下面详细介绍设计口令红包页面效果的方法。

STEP 01 单击“文件”|“新建”命令，弹出“新建文档”对话框，❶设置“名称”为“口令红包 H5 页面设计”、“宽度”为 1080 像素、“高度”为 1920 像素、“分辨率”为 300 像素 / 英寸、“颜色模式”为“RGB 颜色”、“背景内容”为“白色”，如图 12–2 所示。❷单击“创建”按钮，新建一个空白图像。

STEP 02 选取工具箱中的圆角矩形工具，在工具属性栏中选择工具模式为“形状”、“填充”为红色（RGB 参数值为 239、61、37）、“描边”为无、“半径”为10像素，在图像编辑窗口中绘制一个圆角矩形，并在属性栏中修改“W”为938像素、“H”为1250像素，效果如图12-3所示。

STEP 03 打开“红包封口.psd”素材图像，运用移动工具将其拖动至背景图像编辑窗口中的合适位置处，效果如图12-4所示。

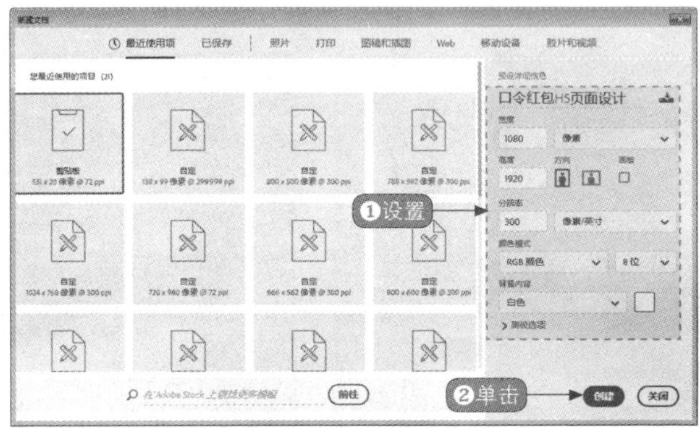

图12-2 设置各选项

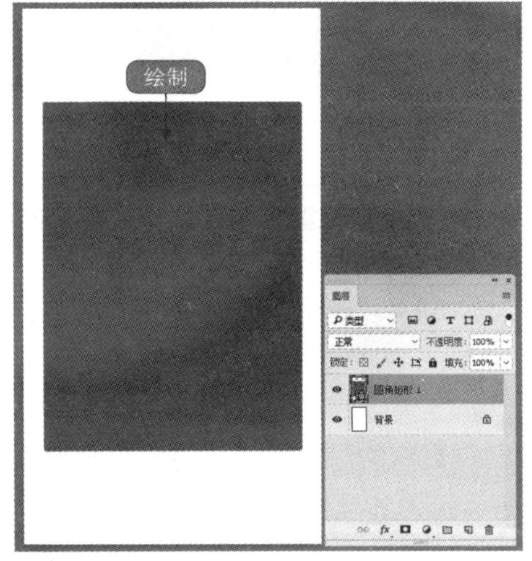

图12-3 绘制圆角矩形

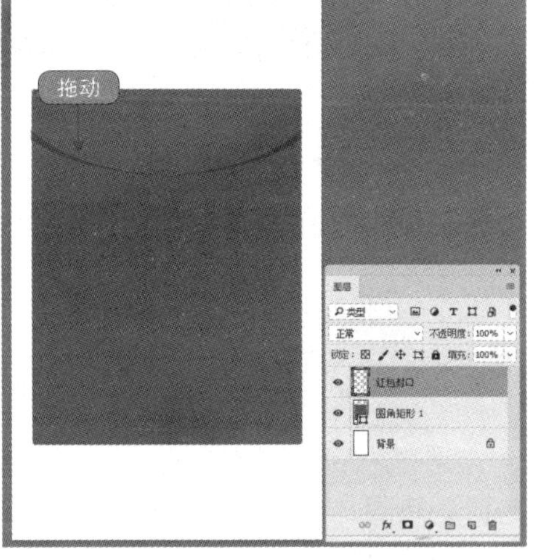

图12-4 添加素材图像

专家指点

企业可以通过H5口令红包活动，将口令隐藏在产品或品牌的宣传页面中，强制性地让用户去关注你的品牌或产品，获取并开启红包口令。

STEP 04 选取工具箱中的椭圆工具，在工具属性栏中设置“填充”为无、“描边”为黄色（RGB 参数值分别为 234、201、30）、“描边宽度”为 10 像素，在图像编辑窗口中绘制一个正圆，得到“椭圆 1”图层，效果如图 12-5 所示。

STEP 05 复制“椭圆 1”图层，得到“椭圆 1 拷贝”图层，适当调整其大小，在“属性”面板中设置“填充”为黄色（RGB 参数值分别为 234、201、30）、“描边”为无，效果如图 12-6 所示。

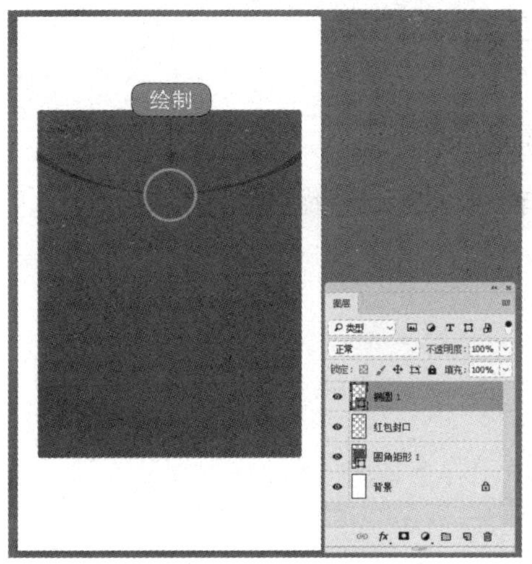

图 12-5 绘制正圆

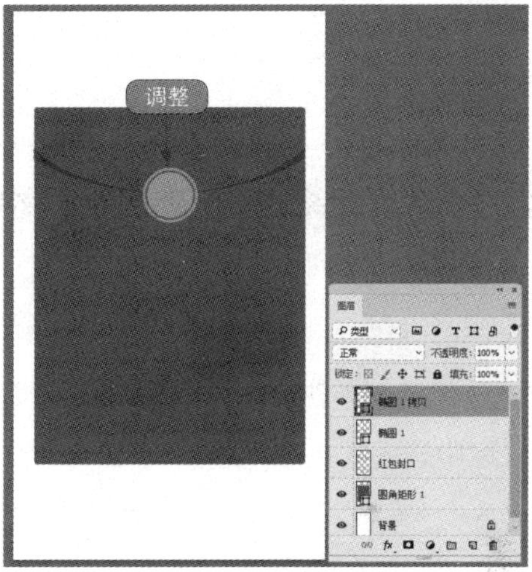

图 12-6 复制调整图像

STEP 06 双击“椭圆 1 拷贝”图层，弹出“图层样式”对话框，选中“外发光”复选框，设置“扩展”为 20%、“大小”为 50 像素，如图 12-7 所示。

STEP 07 单击“确定”按钮，即可添加“外发光”图层样式，效果如图 12-8 所示。

专家指点

这里介绍几种与创建椭圆选框有关的技巧：按【Shift + M】组合键，可快速选择椭圆选框工具；按【Shift】键，可创建正圆选区；按【Alt】键，可创建以起点为中心的椭圆选区；按【Alt + Shift】组合键，可创建以起点为中心的正圆选区。

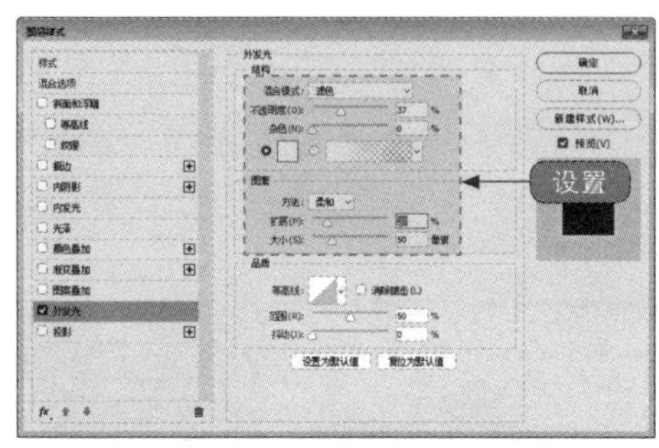

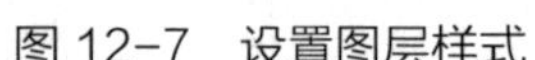
图 12-7　设置图层样式

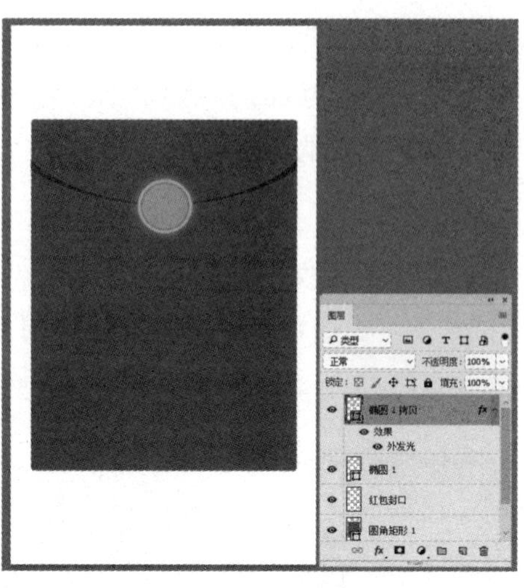
图 12-8　添加图层样式

STEP 08 选取工具箱中的横排文字工具，在“字符”面板中设置“字体系列”为“黑体”、“字体大小”为 28 点、“颜色”为亮黄色（RGB 参数值分别为 255、255、0），并激活仿粗体图标，输入相应文字，效果如图 12-9 所示。

STEP 09 单击“图层”面板底部的“添加图层样式”按钮，在弹出的列表框中选择“投影”选项，打开“图层样式”对话框，设置“不透明度”为 46%、“角度”为 90°、“距离”为 10 像素、“扩展”为 0%、“大小”为 2 像素，单击“确定”按钮，即可添加图层样式，效果如图 12-10 所示。

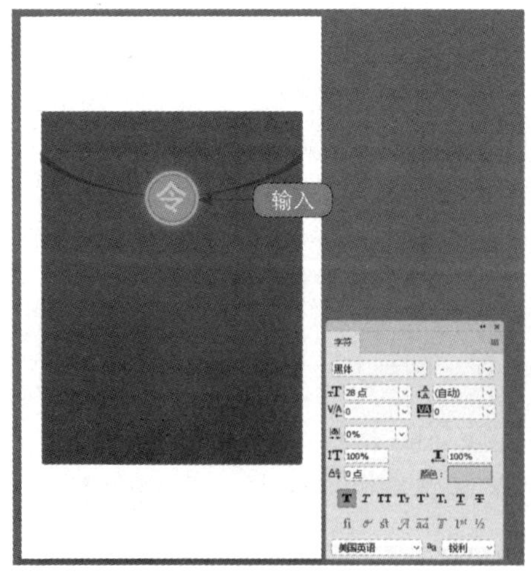

图 12-9　输入文本

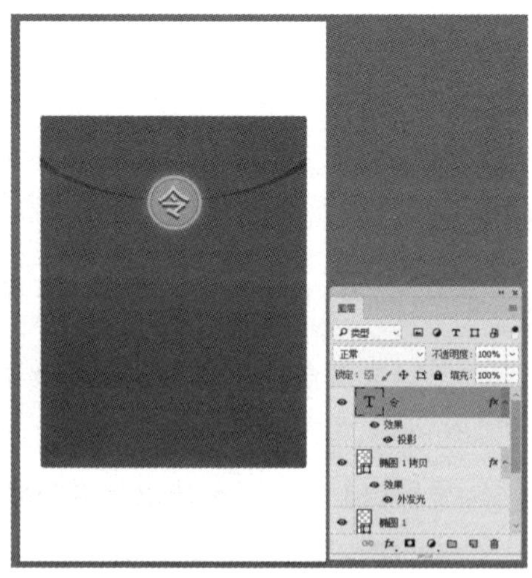

图 12-10　添加图层样式

12.1.2 设计口令红包按钮效果

口令红包按钮的设计是为了告诉我们下一步应该做什么，下面详细介绍设计口令红包按钮效果的方法。

STEP 01 打开“文字 1.psd”素材图像，运用移动工具将其拖动至背景图像编辑窗口中的合适位置处，效果如图 12-11 所示。

STEP 02 选取工具箱中的圆角矩形工具，在工具属性栏中设置“填充”为白色（RGB 参数值均为 255）、“描边”为无、“半径”为 46 像素，在图像编辑窗口中绘制一个圆角矩形，效果如图 12-12 所示。

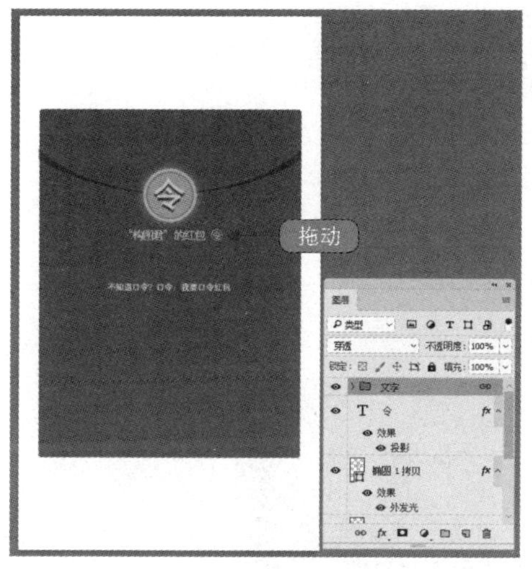

图 12-11 添加文字素材

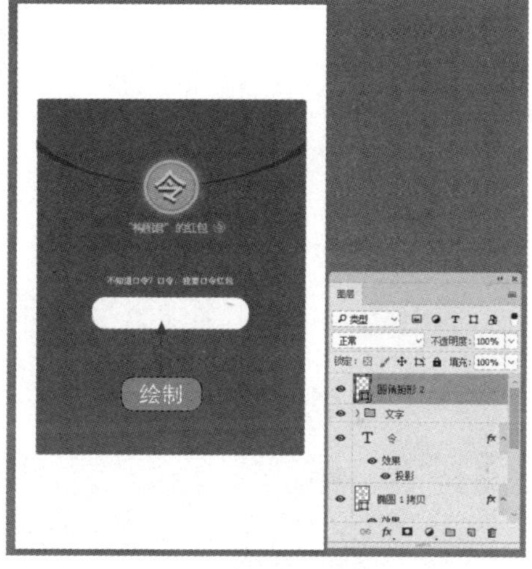

图 12-12 绘制圆角矩形

STEP 03 选取工具箱中的横排文字工具，在“字符”面板中设置“字体系列”为“方正细黑一简体”、“字体大小”为 12 点、“设置所选字符的字距调整”为 -100、“颜色”为灰色（RGB 参数值为 195、192、192），并激活仿粗体图标，如图 12-13 所示。

STEP 04 在图像编辑窗口中输入相应文本并适当调整位置，效果如图 12-14 所示。

STEP 05 选取工具箱中的圆角矩形工具，在工具属性栏中设置“填充”为亮黄色（RGB 参数值为 255、255、0）、“描边”为无、“半径”为 46 像素，在图像编辑窗口中绘制一个圆角矩形，效果如图 12-15 所示。

STEP 06 打开“文字 2.psd”素材图像，运用移动工具将其拖动至背景图像编辑窗口中的合适位置处，效果如图 12-16 所示。

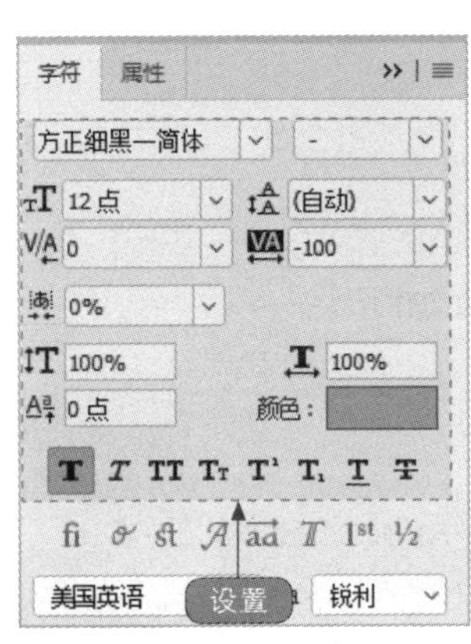

图 12-13　设置字符选项

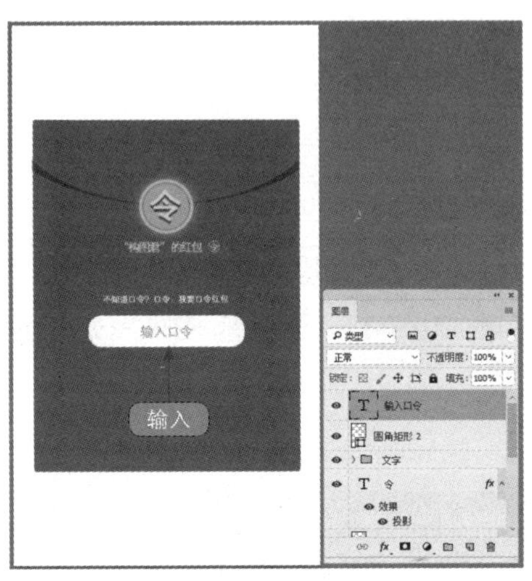

图 12-14　输入文本

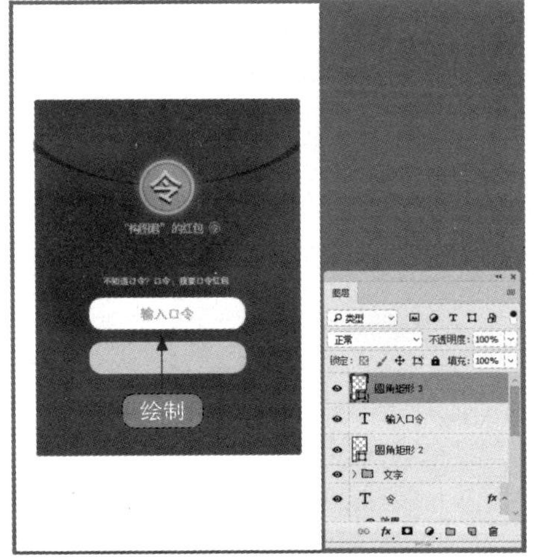

图 12-15　绘制圆角矩形

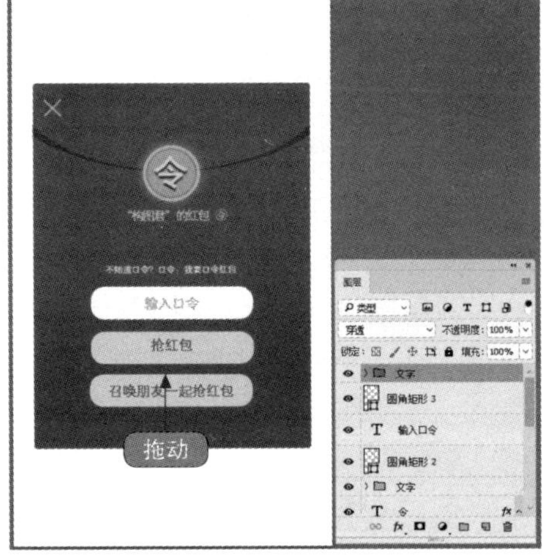

图 12-16　添加文本效果

12.2 企业宣传：西餐厅 H5 页面设计

本实例设计的是一款西餐厅 H5 宣传页面，以鲜明的红色、黄色、白色进行搭配，使得整体效果简洁明了、生动、富有情趣，能让顾客第一时间留意到海报商品。

本实例最终效果如图 12-17 所示。

图 12-17 实例效果

配套资源下载	素材文件	素材\第 12 章\网格 .psd、文字 3.psd
	效果文件	效果\第 12 章\西餐厅 H5 页面设计 .psd、西餐厅 H5 页面设计 .jpg
	视频文件	视频\第 12 章\12.2 企业宣传——西餐厅 H5 页面设计 .mp4

12.2.1 制作餐厅 H5 背景效果

本实例以黄色为整体色调，在其中添加相应的文字和图片素材，并运用横排文字工具等为餐厅 H5 制作背景效果图片，具体操作方法如下。

STEP 01 单击“文件”|“新建”命令，弹出“新建文档”对话框，新建一幅 RGB 模式图像，相关设置如图 12-18 所示。

STEP 02 单击“创建”按钮，新建一个指定大小的空白文档，设置前景色为黄色（RGB 参数值分别为 242、181、49），按【Alt + Delete】组合键，填充前景色，效果如图 12-19 所示。

STEP 03 打开“网格 .psd”素材图像，运用移动工具将其拖动至当前图像的编辑窗口中，效果如图 12-20 所示。

STEP 04 选取工具箱中的横排文字工具，在工具属性栏中设置“字体系列”

为“华文细黑”、“字号”为 460、“颜色”为“红色”（RGB 参数值分别为 216、0、31），在图像编辑窗口中输入文字 6，效果如图 12-21 所示。

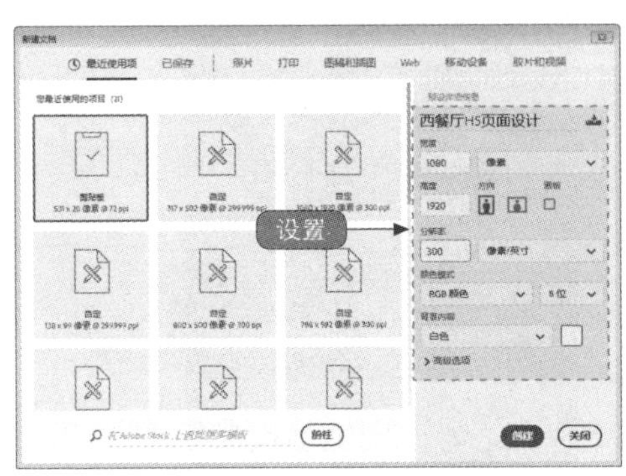

图 12-18　设置相应参数

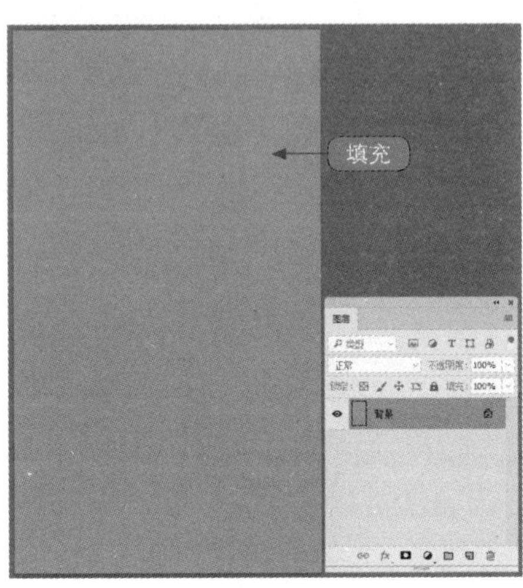

图 12-19　填充前景色

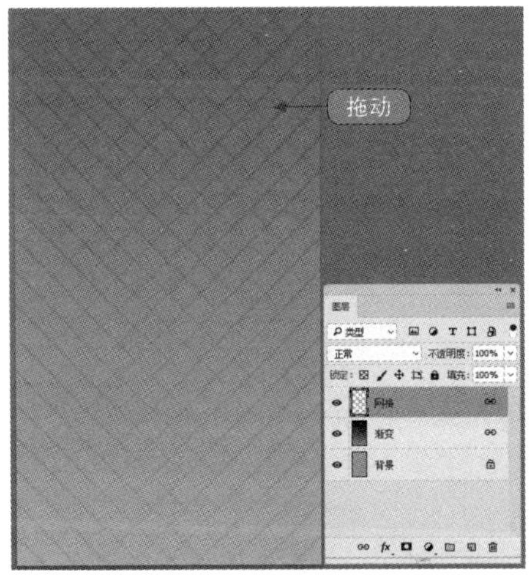

图 12-20　拖入素材图像

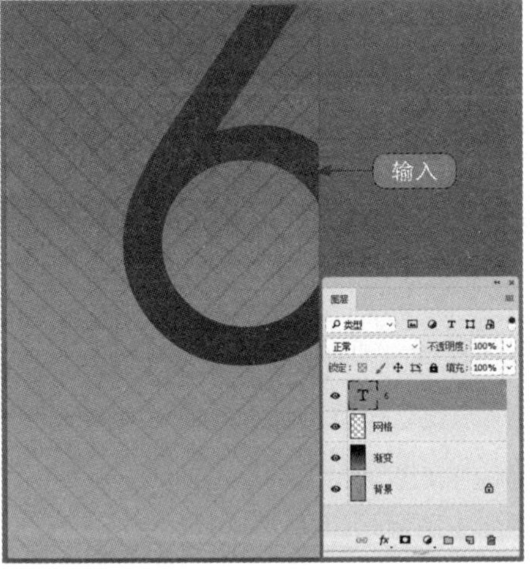

图 12-21　输入文字

STEP 05 打开“美食.jpg”素材图像，运用移动工具将其拖动至当前图像的编辑窗口中，效果如图 12-22 所示。

STEP 06 适当调整置入图像的大小与位置，并将“图层 1”图层移动至“6”图层的下方，效果如图 12-23 所示。

图 12-22 添加美食素材

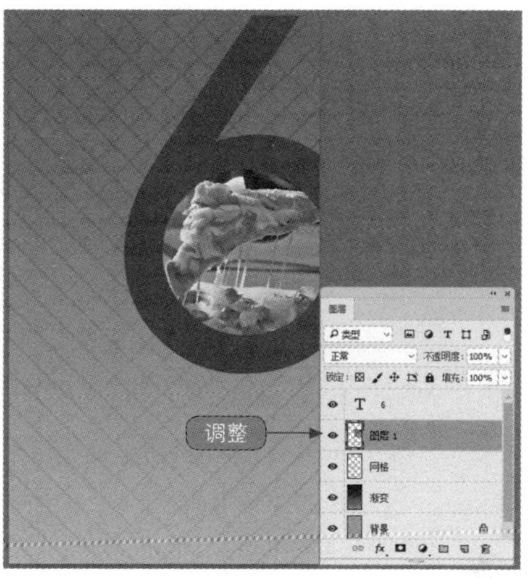

图 12-23 调整图层顺序

12.2.2 制作餐厅 H5 整体效果

本实例在制作餐厅海报整体效果时，运用了直排文字工具、横排文字工具等丰富海报的整体效果，具体操作方法如下。

STEP 01 选取工具箱中的直排文字工具，在“字符”面板中设置“字体”为“方正黄草简体”、“字号”为 36 点、“设置所选字符的字距调整”为 50、“颜色”为白色、“设置消除锯齿的方法”为“平滑”，激活仿粗体图标，如图 12-24 所示。

STEP 02 在图像编辑窗口中的左上角处，单击，输入文字“转发即可参与抽奖活动”，效果如图 12-25 所示。

STEP 03 选取工具箱中的横排文字工具，在“字符”面板中设置“字体”为“黑体”、“字号”为 33 点、“设置所选字符的字距调整”为 80、“设置基线偏移”为 6、“颜色”为“红”（RGB 参考值分别为 216、0、31），单击“仿粗体”按钮，在适当位置输入文字，按【Ctrl + Enter】组合键，确认文字的输入，效果如图 12-26 所示。

STEP 04 打开“文字 3.psd”素材图像，并运用移动工具将其拖动至当前图像编辑窗口中的合适位置处，效果如图 12-27 所示。

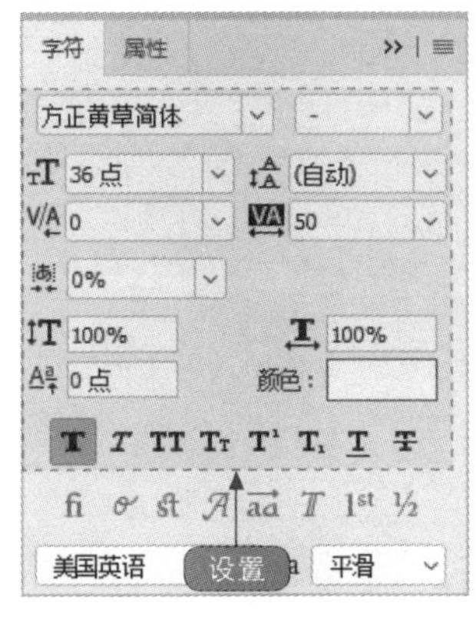

图 12-24　设置相应参数

图 12-25　输入文字

图 12-26　输入文字

图 12-27　最终效果

12.3 邀请函：婚礼请柬 H5 页面设计

婚礼请柬是新人在举办婚礼时邀请双方各自的亲朋好友来参加婚礼时所发出的一种邀请方式，是即将结婚的新人印制的邀请函，但随着时代的进步以及亲朋好友们都可能不在同一个城市，隔着很远的距离，纸质印制的邀请函已不如互联网方便快捷，这时便是婚礼请柬 H5 页面设计的存在价值优势。

本实例最终效果如图 12–28 所示。

图 12–28 实例效果

配套资源下载	素材文件	素材\第 12 章\花瓣背景 .jpg、新人模特 .psd、文字 4.psd、文字 5.psd
	效果文件	效果\第 12 章\婚礼请柬 H5 页面设计 .psd、婚礼请柬 H5 页面设计 .jpg
	视频文件	视频\第 12 章\12.3 邀请函：婚礼请柬 H5 页面设计 .mp4

13.3.1 设计婚礼请柬主题背景效果

婚礼请柬背景的设计，运用适当的背景色彩及元素的搭配，既可以突出爱情的主题，又能够彰显出自身婚礼的特色，下面详细介绍设计婚礼请柬主题背景效果的方法。

STEP 01 单击“文件”|“新建”命令，弹出“新建文档”对话框，❶设置“名称”为“婚礼请柬 H5 页面设计”、“宽度”为 1080 像素、“高度”为 1920 像素、“分辨率”为 300 像素 / 英寸、“颜色模式”为“RGB 颜色”、“背景内容”为“白色”，如图 12–29 所示。❷单击“创建”按钮，新建一个空白图像。

STEP 02 按【Ctrl ＋ O】组合键，打开“花瓣背景 .jpg”素材图像，运用移动工具将其拖动至背景图像编辑窗口中，效果如图 12–30 所示。

STEP 03 选取工具箱中的渐变工具，打开“渐变编辑器”对话框，在渐变条上设置粉色（RGB 参数值分别为 252、119、213）到白色的渐变，单击“新建”按钮，新建渐变预设，如图 12-31 所示。

STEP 04 新建“图层 2”图层，选取工具箱中的渐变工具，在图像编辑窗口中由左上方至右下方拖动鼠标，为图层填充径向渐变，效果如图 12-32 所示。

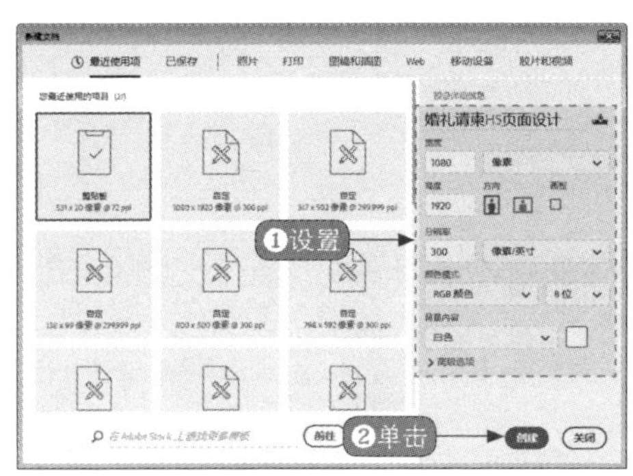

图 12-29　设置各选项

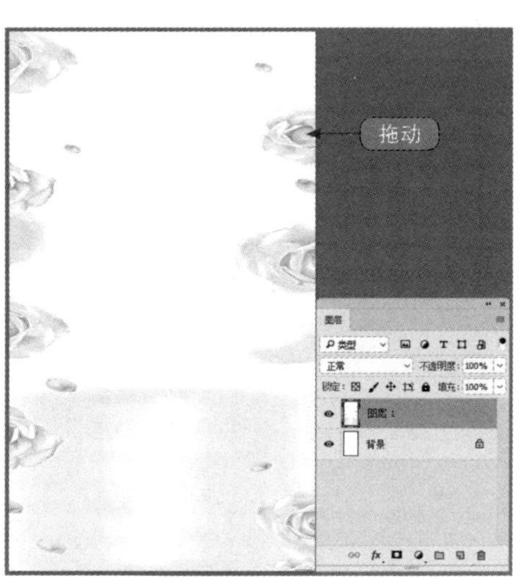

图 12-30　添加背景素材图像

图 12-31　新建渐变预设

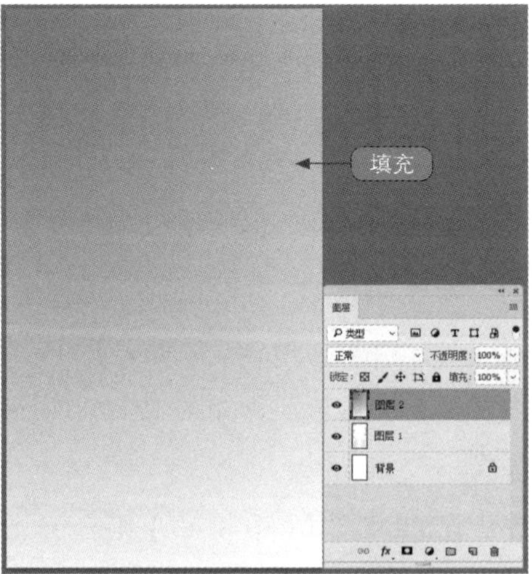

图 12-32　填充径向渐变

STEP 05 在“图层”面板中，选中“图层 2”图层，设置图层“不透明度”为 50%，效果如图 12-33 所示。

STEP 06 按【Ctrl + O】组合键，打开“新人模特 .psd”素材图像，运用移动工具将素材图像拖动至图像编辑窗口中，适当调整图像大小及位置，效果如图 12-34 所示。

图 12-33　设置不透明度效果

图 12-34　添加人物素材

13.3.2 设计婚礼请柬文本矩形效果

根据婚礼请柬主题背景的粉色色彩，在设计婚礼请柬文本矩形时，运用蓝色色彩为矩形进行填充，能够让整个页面烘托出婚礼的幸福感，下面详细介绍设计婚礼请柬文本矩形效果的方法。

STEP 01 选取工具箱中的矩形工具，在工具属性栏中设置“选择工具模式”为“形状”、“填充”为无、“描边”为蓝色（RGB 参数值分别为 0、160、233）、“描边”为 3，在图像编辑窗口中的适当位置绘制一个矩形，效果如图 12-35 所示。

STEP 02 在图像编辑窗口中的适当位置绘制一个矩形，在矩形工具属性栏中设置“填充”为蓝色（RGB 参数值分别为 0、166、233）、“描边”为无，得到“矩形 2”图层，效果如图 12-36 所示。

图 12-35　绘制矩形

图 12-36　绘制矩形

STEP 03 在“图层”面板中，按住【Shift】键的同时，选中“矩形 1”和“矩形 2”两个图层，在工具属性栏中，分别单击“水平居中对齐”和“垂直居中对齐”按钮，将两个矩形垂直水平居中，设置“矩形 2”图层的“不透明度”为 60%，效果如图 12-37 所示。

STEP 04 选取工具箱中的横排文字工具，在“字符”面板中设置“字体系列”为“Modern No.20”、“字体大小”为 60 点、“行距”为“自动”、“设置所选字符的字距调整”为 100、“颜色”为红色（RGB 参数值分别为 255、0、0），如图 12-38 所示。

专家指点

在 Photoshop CC 2018 工作界面中，居中操作可以通过下面两种方式来操作：

◎使用移动工具选中需要居中的两个图层，在工具属性栏中单击“水平居中”按钮或“垂直居中”按钮，即可对图层对象进行水平或垂直居中操作。

◎选中两个图层，单击“图层”|“对齐”|“水平居中”命令，也可以水平居中对象。

图 12-37 调整图像

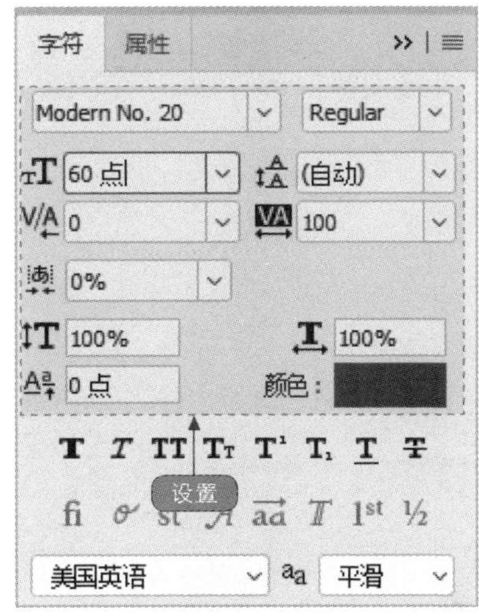

图 12-38 设置字符选项

STEP 05 输入相应的文本并调整至适当位置，效果如图 12-39 所示。

STEP 06 在“图层”面板中双击文字图层，在弹出的“图层样式”对话框中，选中“描边”复选框，设置“大小”为 3 像素、“位置”为“外部”、“颜色”为黄色（RGB 参数值分别问 255、255、0），如图 12-40 所示。

图 12-39 输入文本

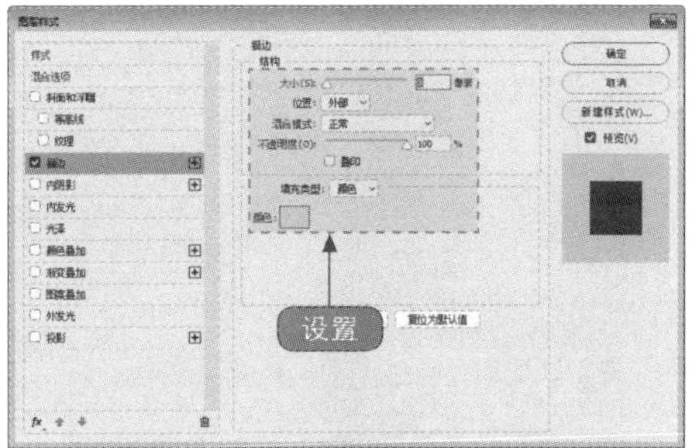

图 12-40 设置“描边”图层样式

STEP 07 选中“投影”复选框，设置“混合模式”为“正片叠底”、“阴影颜色”为黑色、“不透明度”为 59%、“角度”为 90° 、“距离”为 9 像素、“扩展”为0%、“大小”为0像素，如图12-41所示。

STEP 08 单击“确定”按钮，添加相应图层样式，效果如图12-42所示。

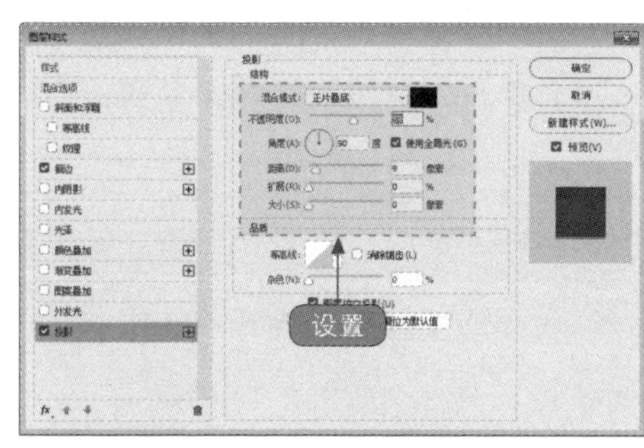

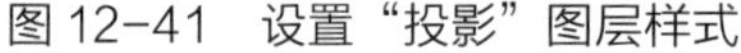

图12-41 设置“投影”图层样式

图12-42 添加相应图层样式

STEP 09 打开“文字4.psd”素材图像，并运用移动工具将其拖动至当前图像编辑窗口中的合适位置处，效果如图12-43所示。

STEP 10 打开“文字5.psd”素材图像，并运用移动工具将其拖动至当前图像编辑窗口中的合适位置处，效果如图12-44所示。

图12-43 添加文字素材

图12-44 最终效果

章前知识导读

在设计新媒体 APP UI 界面时，好的界面设计可以提升新媒体产品的个性和品位，为用户带来舒适、简单、自由的使用体验，同时也可以体现出 APP 产品基本定位和特色。本节将介绍修图、娱乐以及游戏等热门 APP 的界面设计方法。

CHAPTER 13 APP 设计：修图＋娱乐＋游戏

新手重点索引

- 修图 APP：首页 VIP 推广设计
- 娱乐 APP：发现界面活动设计
- 游戏 APP：启动页宣传设计

效果图片欣赏

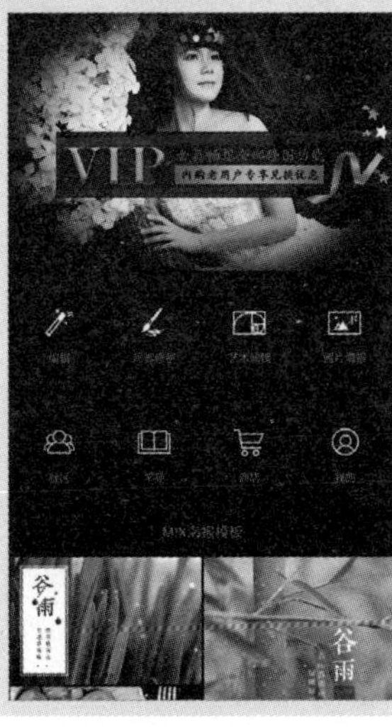

13.1 修图 APP：首页 VIP 推广设计

如今，随着手机拍照和修图功能越来越强大，大家拍完照片都会修一下再分享到朋友圈中，因此修图 APP 成为爱拍照人士的必备应用。本节主要介绍修图 APP 的首页 VIP 会员推广广告，整体采用暗色调的界面设计，彰显出高贵、华丽的视觉效果。

本实例最终效果如图 13-1 所示。

图 13-1　实例效果

配套资源下载		
	素材文件	素材\第 13 章\首页 VIP 推广设计 .jpg、彩带 .psd、底纹 .psd
	效果文件	效果\第 13 章\首页 VIP 推广设计 .psd、首页 VIP 推广设计 .jpg
	视频文件	视频\第 13 章\13.1 修图 APP：首页 VIP 推广设计 .mp4

13.1.1 制作 VIP 推广背景效果

下面介绍制作修图 APP 首页 VIP 推广背景效果的方法。

STEP 01 按【Ctrl + O】组合键，打开一幅素材图像，如图 13-2 所示。

STEP 02 选取工具箱中的裁剪工具，设置长宽比为 720 ： 480，适当调整裁剪范围，如图 13-3 所示。

图 13-2　打开素材图像

图 13-3　调整裁剪范围

STEP 03 按【Enter】键确认裁剪，效果如图 13-4 所示。

STEP 04 单击“滤镜”|“Camera Raw 滤镜”命令，弹出“Camera Raw”对话框，如图 13-5 所示。

图 13-4　确认裁剪

图 13-5　弹出“Camera Raw”对话框

STEP 05 切换至“镜头校正”选项卡，在“晕影”选项区中设置“数量”为 −100，添加晕影效果，如图 13-6 所示。

STEP 06 切换至“效果”选项卡，在“裁剪后晕影”选项区中设置“数量”为 −100，加深暗角效果，如图 13-7 所示。

STEP 07 切换至“基本”选项卡，设置“自然饱和度”为 28，增加画面的色彩浓度，效果如图 13-8 所示。

STEP 08 单击“确定”按钮，应用 Camera Raw 滤镜调整，效果如图 13-9 所示。

图 13-6　添加晕影效果

图 13-7　加深暗角效果

图 13-8　增加画面饱和度

图 13-9　应用 Camera Raw 滤镜效果

13.1.2　制作 VIP 推广主体效果

下面介绍制作修图 APP 首页 VIP 推广主体效果的方法。

STEP 01 选取工具箱中的矩形工具，在工具属性栏中设置“填充”为深灰色（RGB 参数值分别为 15、15、10）、“描边”为无，绘制一个矩形形状，效果如图 13-10 所示。

STEP 02 在“图层”面板中设置“形状 1”图层的“不透明度”为 80%，如图 13-11 所示。

STEP 03 执行操作后，即可改变矩形形状的不透明度效果，如图 13-12 所示。

STEP 04 在“图层”面板中，复制“矩形 1”图层，得到“矩形 1 拷贝”图层，如图 13-13 所示。

图 13-10 绘制矩形形状

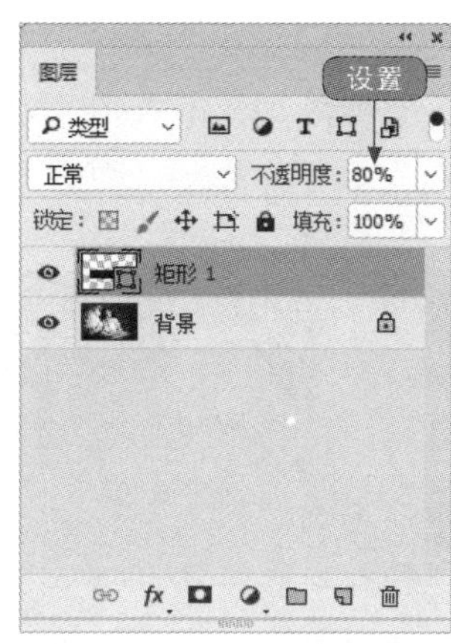

图 13-11 设置不透明度

图 13-12 图像效果

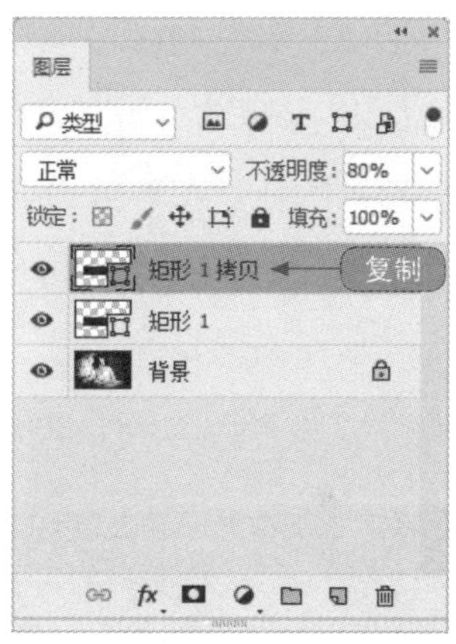

图 13-13 复制图层

专家指点

如果要同时处理多个图层中的内容（如移动、应用变化或创建剪贴蒙版），可以将这些图层链接在一起。选择两个或多个图层，然后单击“图层”|“链接图层”命令或单击“图层”面板底部的“链接图层”按钮，可以将选择的图层链接起来。如果要取消链接，可以选择其中一个链接图层，然后单击“链接图层”按钮，即可取消链接。

STEP 05 按【Ctrl + T】组合键，调出变换控制框，适当调整矩形图像的大小和位置，效果如图 13-14 所示。

STEP 06 选取工具箱中的矩形工具，在工具属性栏中设置“填充”为无、“描边”为深黄色（RGB 参数值分别为 180、150、80）、“描边宽度”为 1 像素，效果如图 13-15 所示。

图 13-14　调整矩形图像

图 13-15　调整图像效果

STEP 07 打开“彩带 .psd”素材图像，运用移动工具将其拖动至当前图像编辑窗口中的合适位置处，效果如图 13-16 所示。

STEP 08 选取工具箱中的横排文字工具，在“字符”面板中设置“字体系列”为“Modern No.20”、“字体大小”为 108 点、“颜色”为黄色（RGB 参数值分别为 250、198、106），如图 13-17 所示。

图 13-16　添加彩带素材

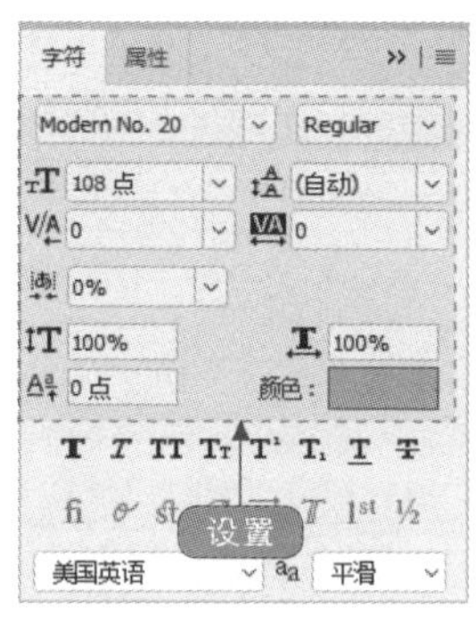

图 13-17　设置字符属性

STEP 09 输入相应的文本，并调整至适当位置，效果如图 13-18 所示。

STEP 10 在“图层”面板中双击文字图层，在弹出的“图层样式”对话框中，选中“斜面和浮雕”复选框，设置“大小”为 10 像素，如图 13-19 所示。

STEP 11 选中“投影”复选框，相关参数设置如图 13-20 所示。

STEP 12 单击“确定”按钮，添加相应的图层样式，效果如图 13-21 所示。

图 13-18 输入文本

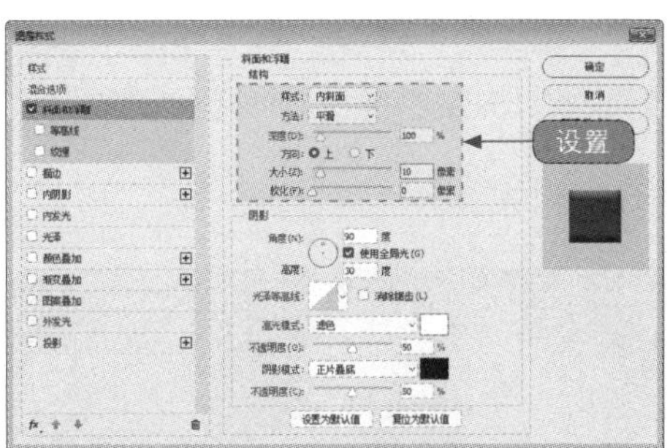

图 13-19 设置“斜面和浮雕”参数

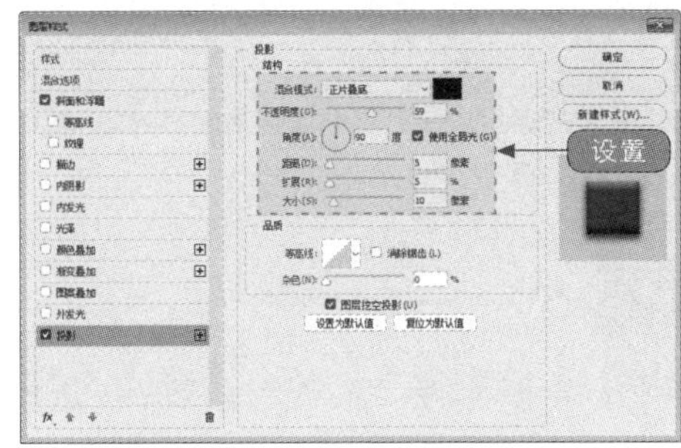

图 13-20 设置“投影”参数

图 13-21 添加图层样式

STEP 13 选取工具箱中的横排文字工具，在“字符”面板中设置“字体系列”为“华文楷体”、“字体大小”为 28 点、“颜色”为黄色（RGB 参数值分别为 208、170、108），如图 13-22 所示。

STEP 14 输入相应的文本，并调整至适当位置，效果如图 13-23 所示。

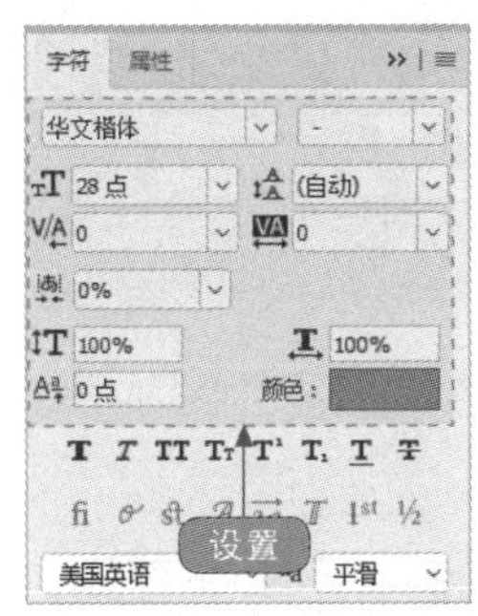

图 13-22 设置字符属性

图 13-23 输入文本

STEP 15 打开“底纹 .psd”素材图像，运用移动工具将其拖动至当前图像编辑窗口中的合适位置处，效果如图 13-24 所示。

STEP 16 选取工具箱中的横排文字工具，在“字符”面板中设置“字体系列”为“华文楷体”、“字体大小”为 23 点、“颜色”为黑色，激活仿粗体图标，输入相应的文本，效果如图 13–25 所示。

图 13–24　添加底纹素材

图 13–25　输入文本

13.2 娱乐 APP：发现界面活动设计

随着大众对手机和移动互联网的依赖性越来越强，各种生活应用层出不穷，丰富了大家的娱乐生活。本实例制作的是一个 K 歌娱乐 APP 的“发现”界面活动，运用红色的背景和钢琴、吉他等装饰素材，并添加相应的主题文字，将活动信息一览无余地展现在用户眼前。

本实例最终效果如图 13–26 所示。

图 13–26　实例效果

配套资源下载	素材文件	素材\第 13 章\状态栏 .psd、APP 控件 .psd、琴键 .jpg、吉他 .psd
	效果文件	效果\第 13 章\发现界面活动设计 .psd、发现界面活动设计 .jpg
	视频文件	视频\第 13 章\13.2 娱乐 APP：发现界面活动设计 .mp4

13.2.1 制作 APP 活动背景效果

下面介绍制作娱乐 APP“发现”界面活动背景效果的方法。

STEP 01 单击“文件”|“新建”命令，弹出“新建文档”对话框，新建一幅 RGB 模式图像，相关设置如图 13-27 所示。

STEP 02 新建“图层 1”图层，设置前景色为红色（RGB 参数值分别为 221、67、69），按【Alt + Delete】组合键，填充前景色，效果如图 13-28 所示。

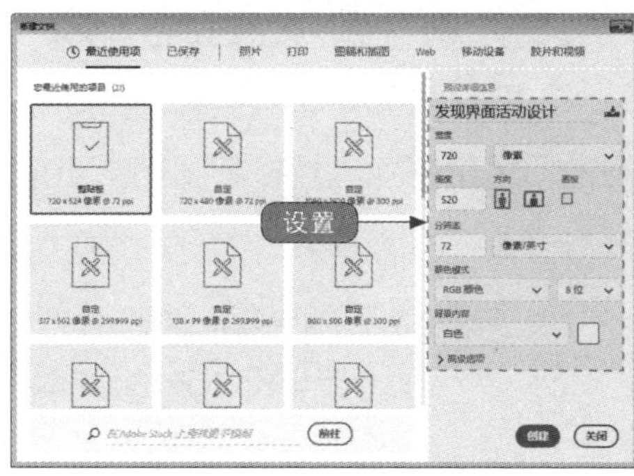

图 13-27 设置文档属性

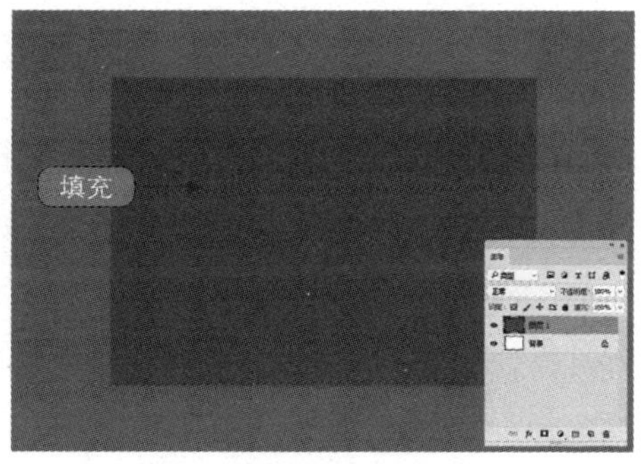

图 13-28 填充前景色

STEP 03 打开“状态栏 .psd”素材图像，运用移动工具将其拖动至当前图像编辑窗口中的合适位置处，效果如图 13-29 所示。

STEP 04 选取工具箱中的矩形工具，在工具属性栏中设置“填充”为红色（RGB 参数值分别为 240、80、66）、“描边”为无，绘制一个矩形图形，效果如图 13-30 所示。

STEP 05 双击“矩形 1”图层，在弹出的“图层样式”对话框中，选中“投影”复选框，相关参数设置如图 13-31 所示。

STEP 06 单击“确定”按钮，添加“投影”图层样式，效果如图 13-32 所示。

图 13-29　添加状态栏素材

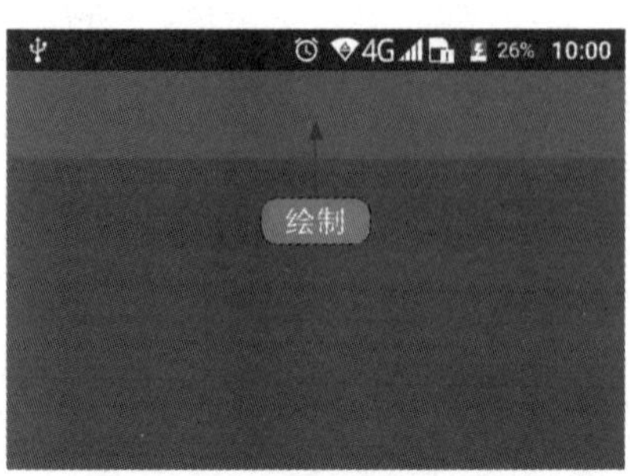

图 13-30　绘制矩形图形

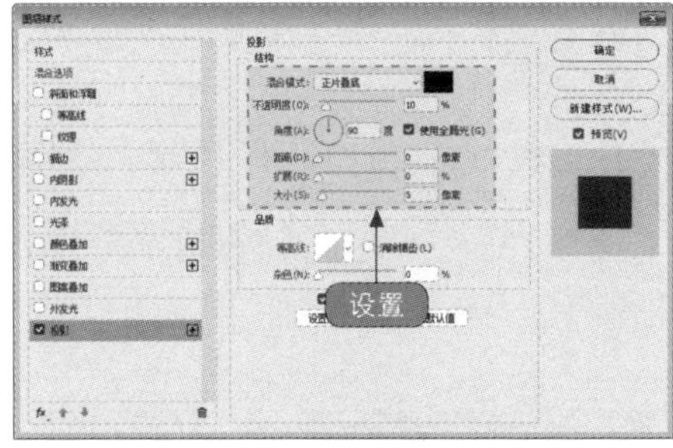

图 13-31　设置“投影”参数

图 13-32　添加图层样式

STEP 07 打开“APP 控件 .psd”素材图像，运用移动工具将其拖动至当前图像编辑窗口中的合适位置处，效果如图 13-33 所示。

STEP 08 选取工具箱中的横排文字工具，在“字符”面板中设置“字体系列”为“微软雅黑”、“字体大小”为 28 点、“颜色”为白色，输入相应的文本，效果如图 13-34 所示。

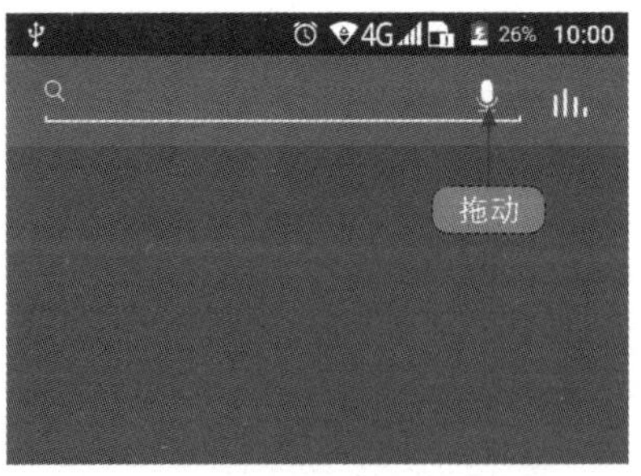

图 13-33　添加 APP 控件素材

图 13-34　输入文本

13.2.2　制作 APP 活动主体效果

下面介绍制作娱乐 APP“发现”界面活动主体效果的方法。

STEP 01 打开“琴键 .jpg”素材图像，运用移动工具将其拖动至当前图像编辑窗口中的合适位置处，并将其调整至“图层 1”图层上方，效果如图 13-35 所示。

STEP 02 选取工具箱中魔棒工具，设置“容差”为 50，在琴键图像的背景上单击创建选区，效果如图 13-36 所示。

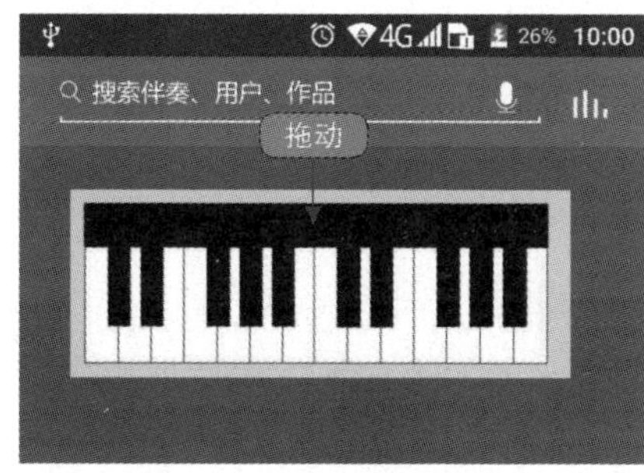

图 13-35 拖动素材图像

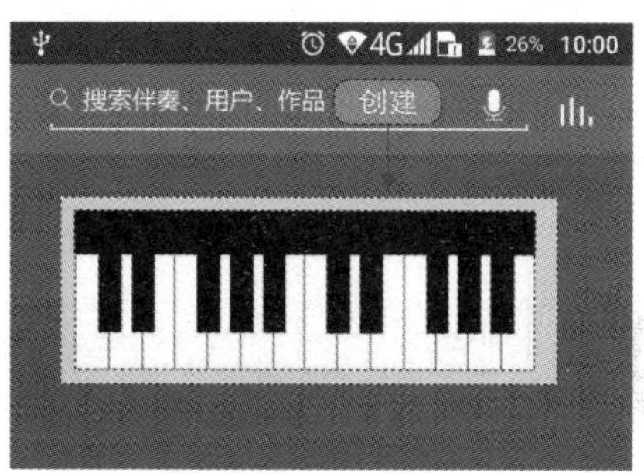

图 13-36 创建选区

专家指点

魔棒工具是用来创建与图像颜色相近或相同像素的选区，在颜色相近的图像上单击，即可选取图像并找到相近颜色的范围。

STEP 03 按【Delete】键删除选区内图像，并取消选区，效果如图 13-37 所示。

STEP 04 按【Ctrl + T】组合键，调出变换控制框，适当调整琴键图像的角度、大小和位置，效果如图 13-38 所示。

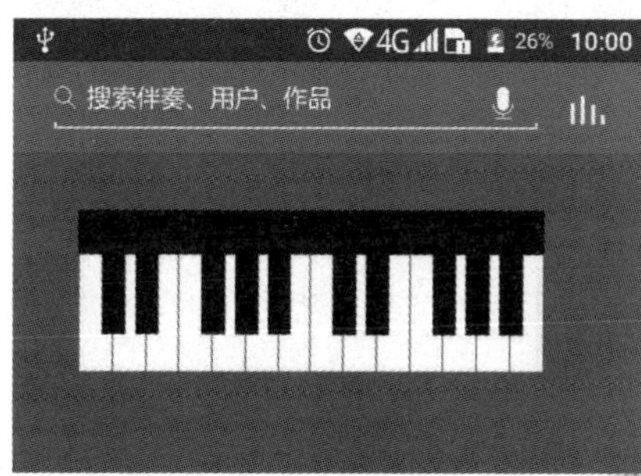

图 13-37 删除选区内图像

图 13-38 调整琴键图像

专家指点

对图像进行扭曲操作时，可以结合以下两种技巧。

◎按住【Shift】键，即可向水平或垂直的方向进行扭曲。

◎按住【Alt + Shift】组合键，图像则以透视的方式进行变形操作。

STEP 05 打开“吉他 .psd”素材图像，运用移动工具将其拖动至当前图像编辑窗口中的合适位置处，效果如图 13-39 所示。

STEP 06 在“图层”面板中双击“吉他”图层，在弹出的“图层样式”对话框中选中“投影”复选框，相关参数设置如图 13-40 所示。

图 13-39　添加吉他素材

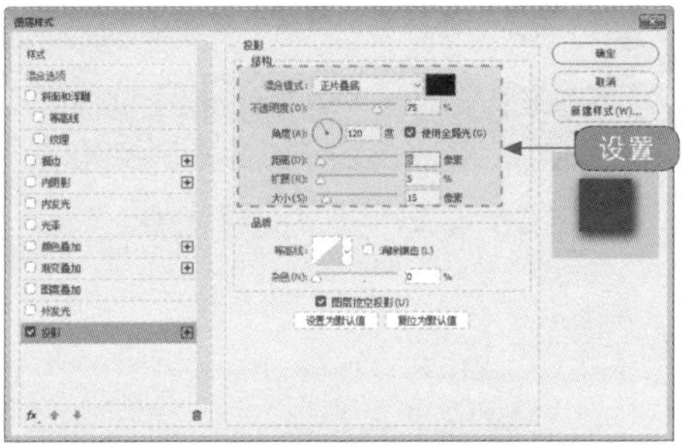

图 13-40　设置“投影”参数

STEP 07 单击“确定”按钮，添加“投影”图层样式，效果如图 13-41 所示。

STEP 08 复制吉他图像，适当调整其位置，效果如图 13-42 所示。

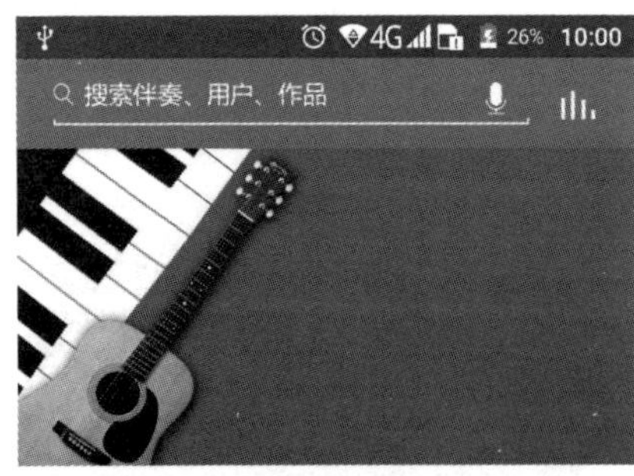

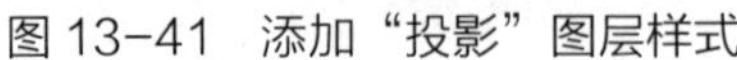
图 13-41　添加“投影”图层样式

图 13-42　复制吉他图像

STEP 09 选取工具箱中的直线工具，在工具属性栏中设置“填充”为白色、“描边”为无、“粗细”为 1 像素，绘制一条直线形状，效果如图 13-43 所示。

STEP 10 复制直线形状，适当调整其位置，效果如图 13-44 所示。

图 13-43　绘制直线形状

图 13-44　复制直线形状

STEP 11 选取工具箱中的横排文字工具，在“字符”面板中设置“字体系列”为“方正大黑简体”、“字体大小”为 60 点、“颜色”为白色，输入相应的文本，适当调整其位置，效果如图 13-45 所示。

STEP 12 选取工具箱中的横排文字工具输入相应的文本，在“字符”面板中设置“字体系列”为“微软雅黑”、“字体大小”为 36 点、“设置所选字符的字距调整”为 300、“颜色”为白色，输入相应的文本，适当调整其位置，效果如图 13-46 所示。

图 13-45　输入文本

图 13-46　最终效果

13.3 游戏 APP：启动页宣传设计

如今，手机游戏呈现全面繁荣的发展趋势，而且玩家对于游戏画面的审美和交互形式等要求也越来越高，界面是否美观，操作是否顺手，这些都是玩家对游戏产生兴趣的决定因素。对于游戏 UI 来说，界面画风、操作流程以及交互体验等设计要素，都是设计者需要重点考虑的范畴。

本实例介绍的是一个游戏 APP 的启动界面微网页，通过微网页进行宣传，可以将其很好地与微信等社交媒体结合，扩大游戏 APP 的宣传面，让更多玩家了解和试玩。

本实例最终效果如图 13-47 所示。

图 13-47　实例效果

配套资源下载	素材文件	素材 \ 第 13 章 \ 游戏画面 .jpg、文字 .psd、按钮 .psd
	效果文件	效果 \ 第 13 章 \ 启动页宣传设计 .psd、启动页宣传设计 .jpg
	视频文件	视频 \ 第 13 章 \13.3　游戏 APP：微网页宣传设计 .mp4

13.3.1　制作游戏宣传背景效果

下面介绍制作游戏 APP 启动宣传界面的微网页背景效果的方法。

STEP 01 单击“文件”|“新建”命令，弹出“新建文档”对话框，新建一幅 RGB 模式图像，相关设置如图 13-48 所示。

STEP 02 按【Ctrl + O】组合键，打开“游戏画面 .jpg”素材图像，效果如图 13-49 所示。

STEP 03 单击“图像”|“调整”|“亮度 / 对比度”命令，弹出“亮度 / 对比度”对话框，设置“亮度”为 10、“对比度”为 22，如图 13-50 所示。

STEP 04 单击“确定”按钮，调整图像的亮度和对比度，效果如图 13-51 所示。

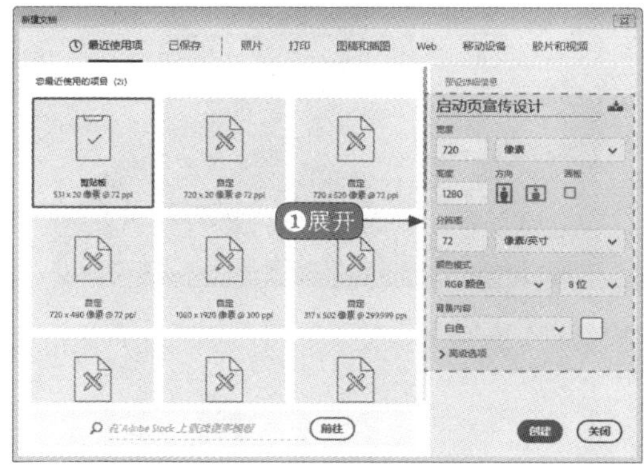

图 13-48 设置文档属性

图 13-49 打开游戏画面素材

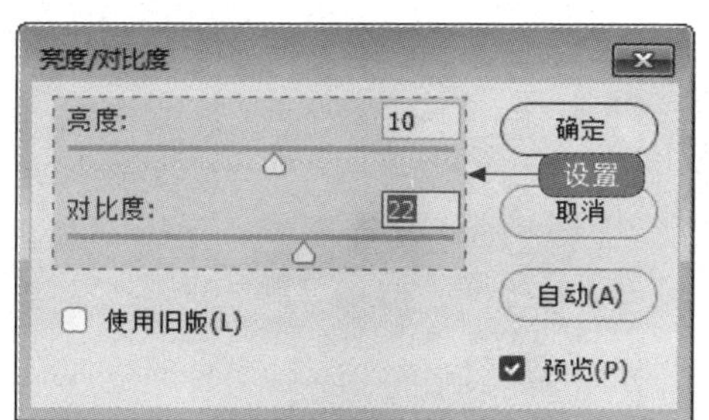

图 13-50 设置“亮度 / 对比度”参数

图 13-51 调整亮度和对比度效果

专家指点

使用“亮度 / 对比度”命令可以对图像的色彩进行简单调整，它对图像的每个像素都进行同样调整。“亮度 / 对比度”命令对单个通道不起作用，所以该调整方法不适用于高精度输出。

STEP 05 单击“图像”|“调整”|“自然饱和度”命令，弹出“自然饱和度”对话框，设置“自然饱和度”为 50、“饱和度”为 8，如图 13-52 所示。

STEP 06 单击“确定”按钮，调整画面的色彩饱和度，效果如图 13-53 所示。

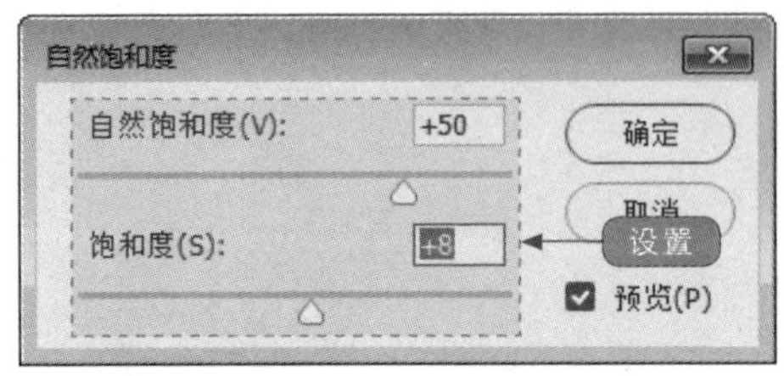

图 13-52　设置自然饱和度参数　　　图 13-53　调整饱和度效果

STEP 07 运用移动工具将游戏画面拖动至背景图像编辑窗口中的合适位置处，效果如图 13-54 所示。

STEP 08 按【Ctrl + T】组合键，调出变换控制框，适当调整游戏画面的大小和位置，效果如图 13-55 所示。

图 13-54　拖动图像　　　图 13-55　调整图像

STEP 09 选取工具箱中的渐变工具，调出“渐变编辑器”对话框，设置渐变色为蓝色（RGB 参数值分别为 116、167、225）到透明色，如图 13-56 所示。

STEP 10 新建“图层 2”图层，运用渐变工具从下至上填充线性渐变，效果如图 13-57 所示。

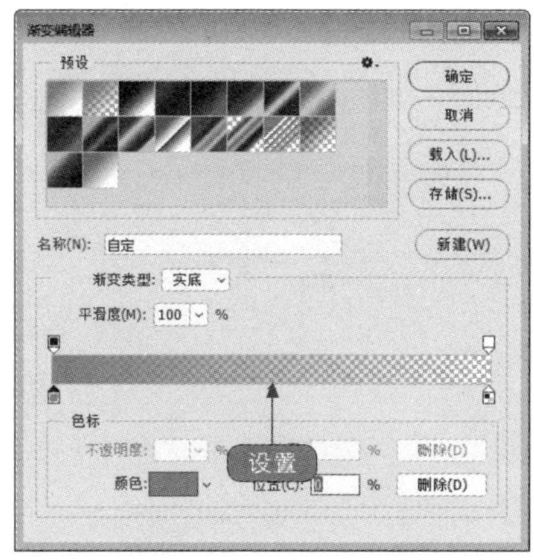

图 13-56　设置渐变色

图 13-57　填充线性渐变

13.3.2　制作游戏宣传主体效果

下面介绍制作游戏 APP 启动宣传界面的微网页主体效果的方法。

STEP 01 选取工具箱中的横排文字工具，在“字符”面板中设置“字体系列”为“长城行楷体”、“字体大小”为 200 点、“颜色”为浅蓝色（RGB 参数值分别为 225、255、255），激活仿粗体图标，如图 13-58 所示。

STEP 02 输入相应的文本，适当调整其位置和字距，效果如图 13-59 所示。

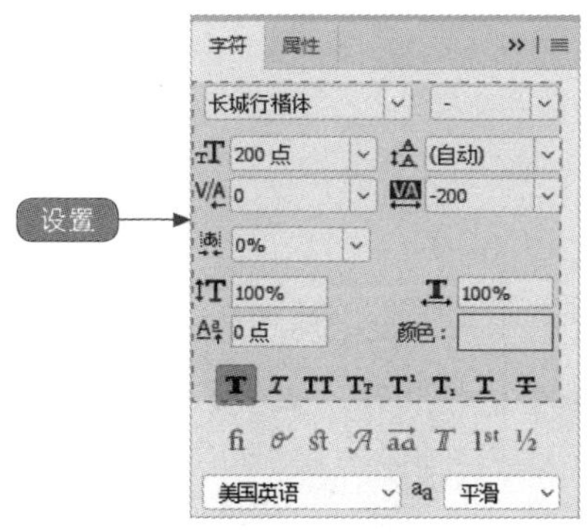

图 13-58　设置字符属性

图 13-59　输入文本

STEP 03 在“图层”面板中双击文字图层，在弹出的“图层样式”对话框中，选中“渐变叠加”复选框，单击“点按可编辑渐变”按钮，弹出“渐变编辑器”对话框，设置渐变色为蓝色（RGB 参数值分别为 116、167、225）到白色，并将白色色标调整至 80% 的位置，如图 13-60 所示。

STEP 04 单击“确定”按钮，返回“图层样式”对话框，相关参数设置如图 13-61 所示。

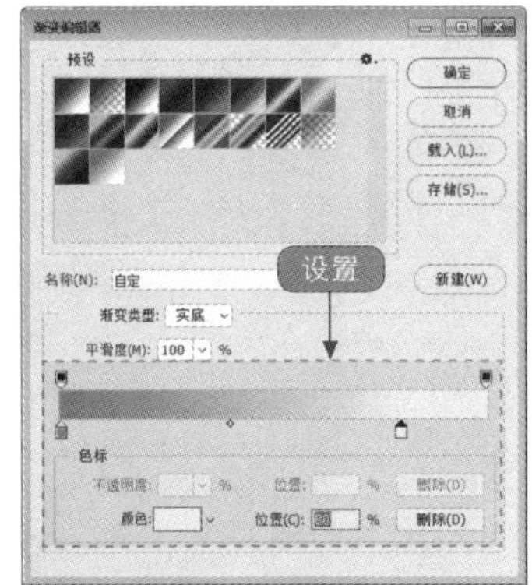

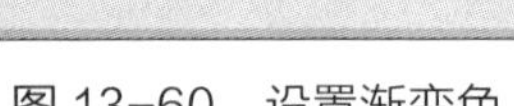

图 13-60 设置渐变色

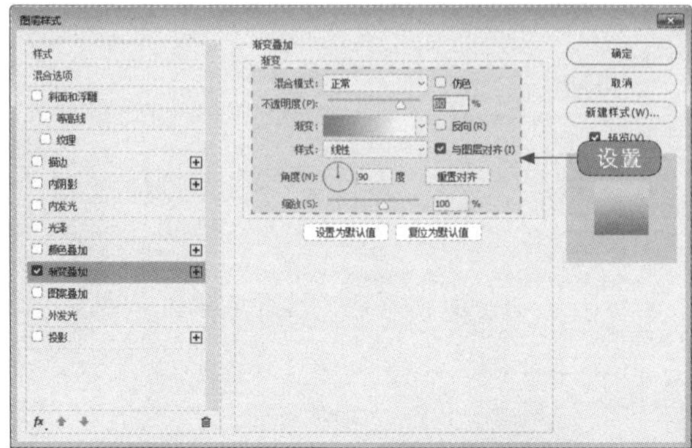

图 13-61 设置“渐变叠加”参数

专家指点

在 Photoshop 中，在英文输入法状态下，按【T】键，也可以快速切换至横排文字工具，然后在图像编辑窗口中输入相应文本内容即可，如果输入的文字位置不能满足用户的需求，此时用户可以通过移动工具，将文字移动到相应位置即可。

STEP 05 选中“投影”复选框，相关参数设置如图 13-62 所示。

STEP 06 单击“确定”按钮，添加相应的图层样式效果，如图 13-63 所示。

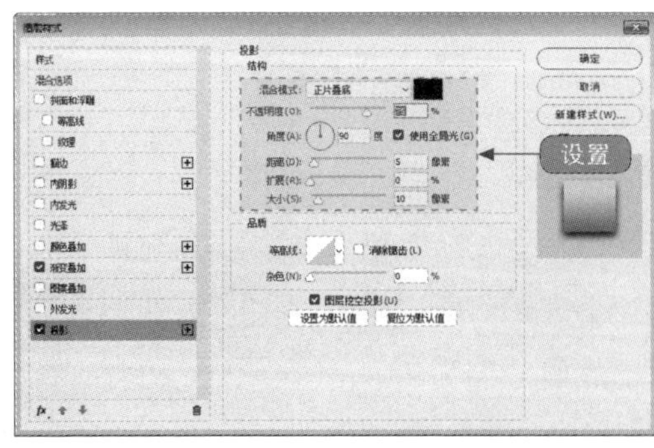

图 13-62 设置“投影”参数

图 13-63 添加图层样式效果

STEP 07 复制文字图层，适当调整其位置，制作立体文字效果，如图 13-64 所示。

STEP 08 新建“图层 3”图层，运用矩形选框工具创建一个矩形选区，如图 13-65 所示。

图 13-64 制作立体文字效果

图 13-65 创建矩形选区

专家指点

在创建选区后，为了防止错误操作而造成选区丢失，或者后面制作其他效果时还需要更改选区，用户可以先将该选区保存。单击菜单栏中的“选择”|“存储选区”命令，弹出“存储选区”对话框，在弹出的对话框中设置存储选区的各选项，单击“确定”按钮后即可存储选区。

STEP 09 选取工具箱中的渐变工具，在选区中间至四周填充蓝色（RGB 参数值分别为 50、65、120）到透明色的径向渐变，并取消选区，效果如图 13-66 所示。

STEP 10 选取工具箱中的横排文字工具，在“字符”面板中设置“字体系列”为“微软雅黑”、“字体大小”为 28 点、“颜色”为浅蓝色（RGB 参数值分别为 208、230、250），激活仿粗体图标，输入相应文字，效果如图 13-67 所示。

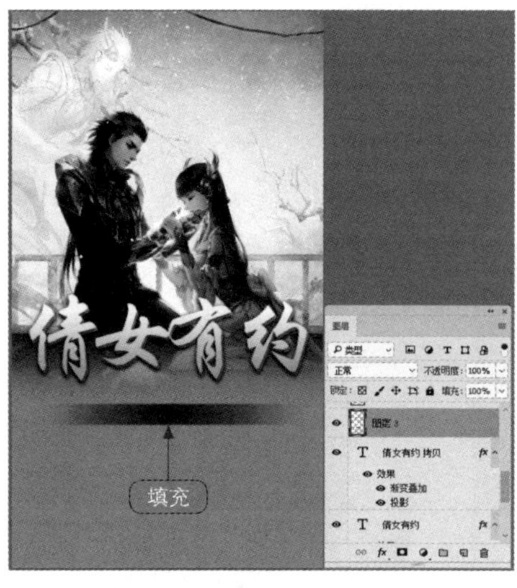

图 13-66　填充　径向渐变

图 13-67　输入相应文字

STEP 11 打开“文字 .psd”素材图像，运用移动工具将其拖动至当前图像编辑窗口中的合适位置处，效果如图 13-68 所示。

STEP 12 打开“按钮 .psd”素材图像，运用移动工具将其拖动至当前图像编辑窗口中的合适位置处，效果如图 13-69 所示。

图 13-68　添加文字素材

图 13-69　添加按钮素材

章前知识导读

随着移动设备端、移动互联网、社会化媒体的兴起与发展，新媒体短视频开始频繁走入大众的视野，与此同时，短视频营销也逐渐成长起来。本章主要介绍新媒视频设计的实例，包括风景视频、电商视频和婚纱影像的制作方法。

CHAPTER 14 视频设计：风景视频+电商视频+婚纱影像

新手重点索引

- 风景视频：《繁花似锦》
- 电商视频：《摄影图书》
- 婚纱影像：《执子之手》

效果图片欣赏

14.1 风景视频：《繁花似锦》

当我们置身于大自然中，很容易看到各式各样的美景，此时不妨拿起相机或手机记录这些美丽的画面。在一年四季中，我们总是可以看到各种美丽的花花草草，此时可以将其拍摄下来做成视频，以便更好地进行保存和分享。本节主要通过“多相机编辑器”视频功能剪辑《繁花似锦》视频片段的操作方法。

本实例最终效果如图 14-1 所示。

图 14-1 实例效果

<table>
<tr><td rowspan="3">配套资源下载</td><td>素材文件</td><td>素材\第 14 章\花卉 (1).mpg~ 花卉 (4).mpg、《繁花似锦》.VSP</td></tr>
<tr><td>效果文件</td><td>效果\第 14 章\《繁花似锦》.VSP、《繁花似锦》.mpg</td></tr>
<tr><td>视频文件</td><td>视频\第 14 章\14.1 风景视频：《繁花似锦》.mp4</td></tr>
</table>

14.1.1 通过命令打开多相机编辑器

在会声会影 2018 中，用户可以通过从不同相机、不同角度捕获的事件镜头创建外观专业的视频编辑。通过简单的多视图工作区，可以在播放视频素材的同时进行动态编辑。只需单击一下，即可从一个视频素材切换到另一个，与播音室从一个相机切换到另一个来捕获不同场景角度或元素的方法相同。

在会声会影 2018 中，当用户使用多相机编辑器剪辑视频素材之前，首先需要打开“多相机编辑器”窗口，下面介绍打开该窗口的方法。

STEP 01 进入会声会影编辑器，打开一个项目文件，在菜单栏中，单击“工具”|“多相机编辑器”命令，如图 14-2 所示。

STEP 02 执行操作后，即可打开“来源管理器”窗口，如图 14-3 所示。

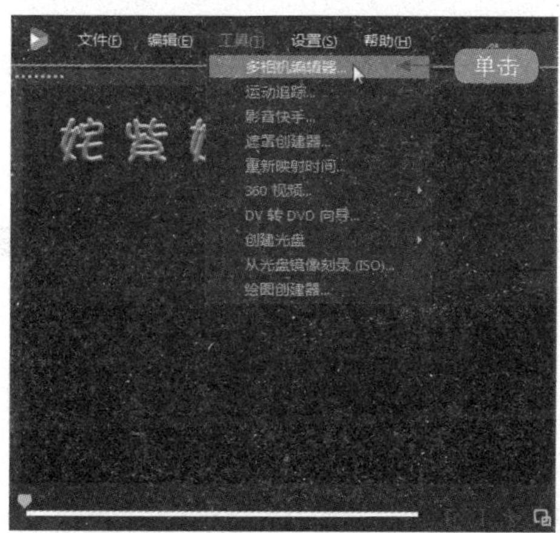

图 14-2 “多相机编辑器”命令

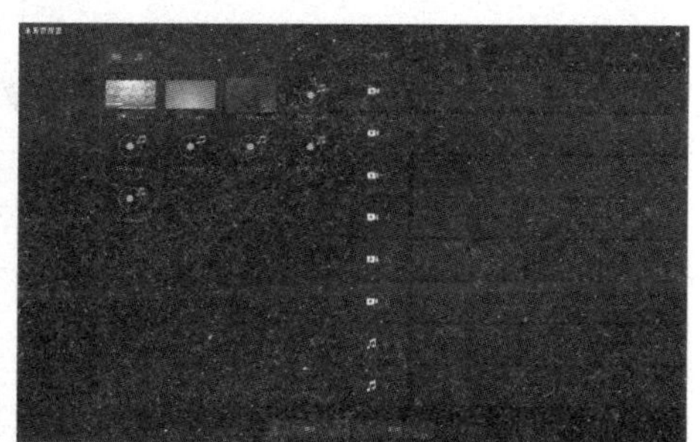

图 14-3 打开“来源管理器”窗口

STEP 03 在右上方的“相机 1”轨道右侧空白处右击，在弹出的快捷菜单中选择“插入视频”选项，如图 14-4 所示。

STEP 04 在弹出的对话框中选择需要添加的视频文件，单击“打开”按钮，如图 14-5 所示。

STEP 05 执行上述操作后，即可添加视频至“相机 1”轨道中，如图 14-6 所示。

STEP 06 用同样的方法，在其他相机轨道中添加相应的视频片段，如图 14-7 所示。

图 14-4　选择“插入视频”选项

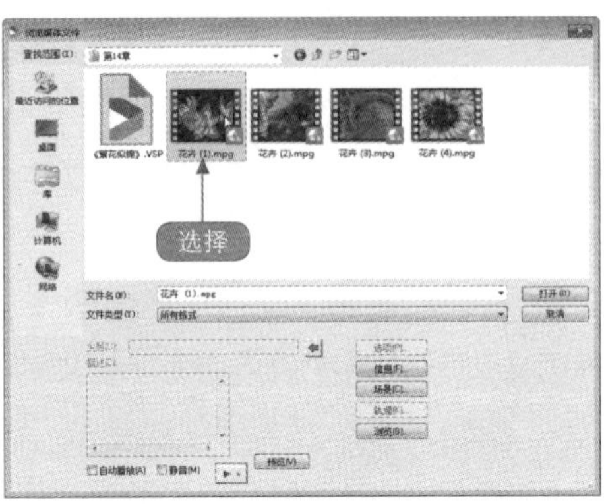

图 14-5　选择需要添加的视频

图 14-6　添加视频至“相机 1”

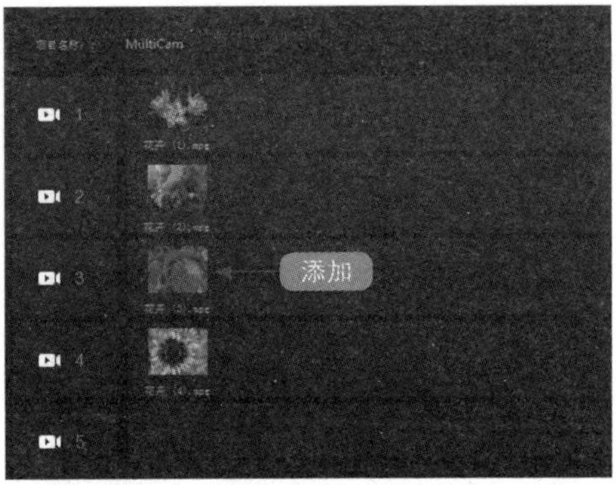

图 14-7　添加相应的视频片段

STEP 07 添加多个视频片段后，单击窗口下方的“确定”按钮，执行操作后，即可打开“多相机编辑器”窗口，如图 14-8 所示。

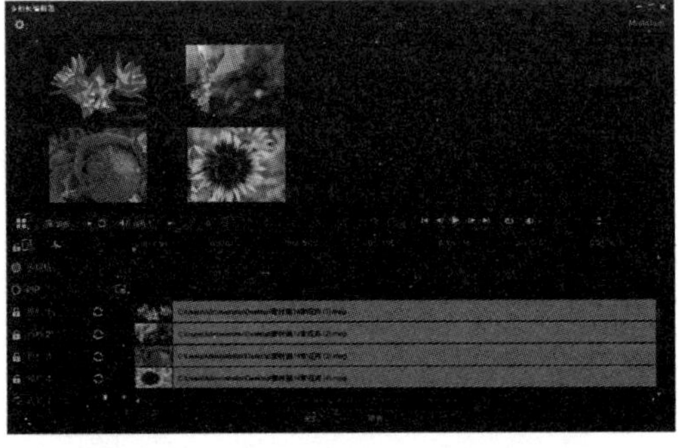

图 14-8　打开“多相机编辑器”窗口

14.1.2　通过剪辑合成高原湖泊视频

在会声会影 2018 中，使用“多相机编辑器”功能可以更加快速地进行视频的剪辑，可以对大量的素材进行选择、搜索、剪辑点确定、时间线对位等基本操作。

STEP 01 打开“多相机编辑器”窗口，选择“多相机”轨道，单击第 1 个相机窗口，即可在“多相机”轨道上添加“相机 1”轨道的视频画面，如图 14-9 所示。

STEP 02 拖动时间轴上方的滑块到 00:00:00:11 的位置处，单击左上方的预览框 2，此时在“多相机”轨道上的时间轴位置即时添加“相机 2”轨道的视频画面，对视频进行剪辑合并操作，如图 14-10 所示。

图 14-9 添加“相机 1”轨道的视频画面

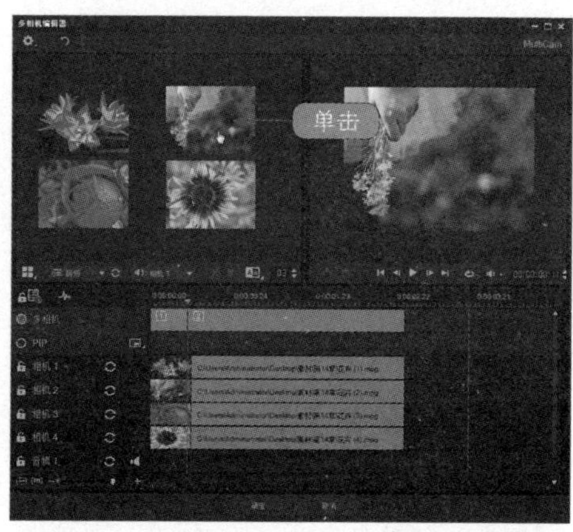

图 14-10 添加“相机 2”轨道的视频画面

STEP 03 拖动时间轴上方的滑块到 00:00:01:08 的位置处，单击左上方的预览框 3，此时在“多相机”轨道上的时间轴位置即时添加“相机 3”轨道的视频画面，对视频进行剪辑合并操作，如图 14-11 所示。

STEP 04 拖动时间轴上方的滑块到 00:00:02:05 的位置处，单击左上方的预览框 4，此时在“多相机”轨道上的时间轴位置即时添加“相机 4”轨道的视频画面，对视频进行剪辑合并操作，如图 14-12 所示。

STEP 05 视频剪辑合并完成后，单击对话框下方的“确定”按钮，此时剪辑合并后的视频文件显示在素材库中，如图 14-13 所示。

STEP 06 将视频文件拖动至时间轴面板中的开始位置，并调整标题轨中字幕文件至开始位置，时间轴面板如图 14-14 所示。

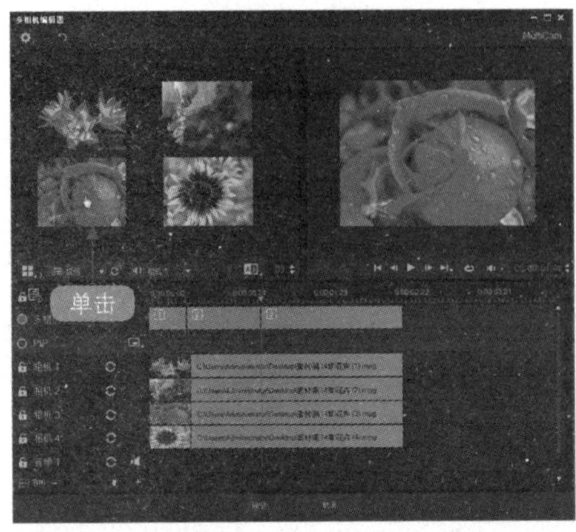

图 14-11　添加"相机 3"轨道的视频画面

图 14-12　添加"相机 4"轨道的视频画面

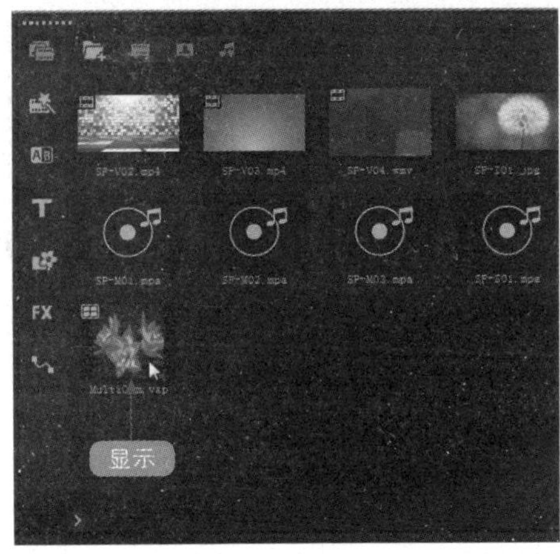

图 14-13　视频显示在素材库中

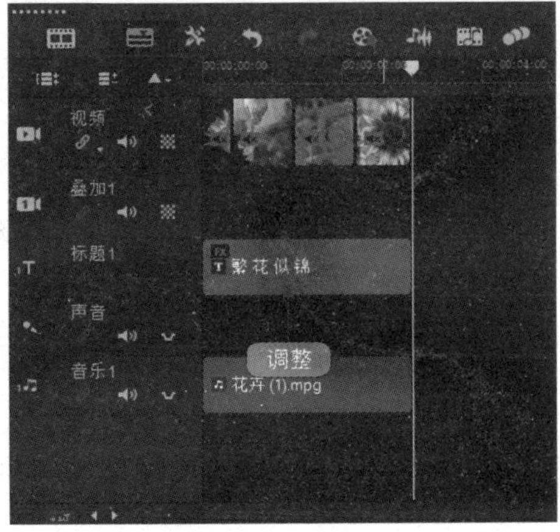

图 14-14　调整字幕文件至开始位置

STEP 07 单击"播放"按钮，预览剪辑后的视频效果，如图 14-15 所示。

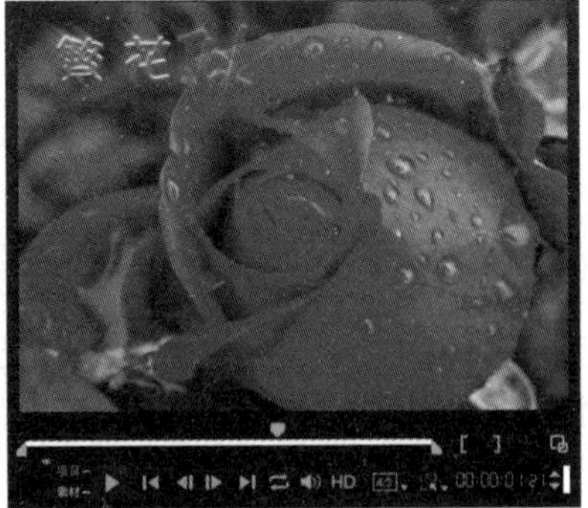

图 14-15　预览剪辑后的视频效果

14.2 电商视频：《摄影图书》

所谓电商产品视频，是指在各大网络电商贸易平台上投放的，对商品和品牌进行宣传的视频。本章主要向读者介绍制作电商产品视频的方法，包括导入视频文件、制作视频背景与片头特效、制作画中画覆叠特效、制作字幕特效以及渲染输出影片文件等内容。

在制作《摄影图书》电商宣传视频效果之前，首先预览项目效果，并掌握项目技术提炼等内容，希望读者学完以后可以举一反三，制作出更多精彩的影视短片作品。

本实例最终效果如图 14–16 所示。

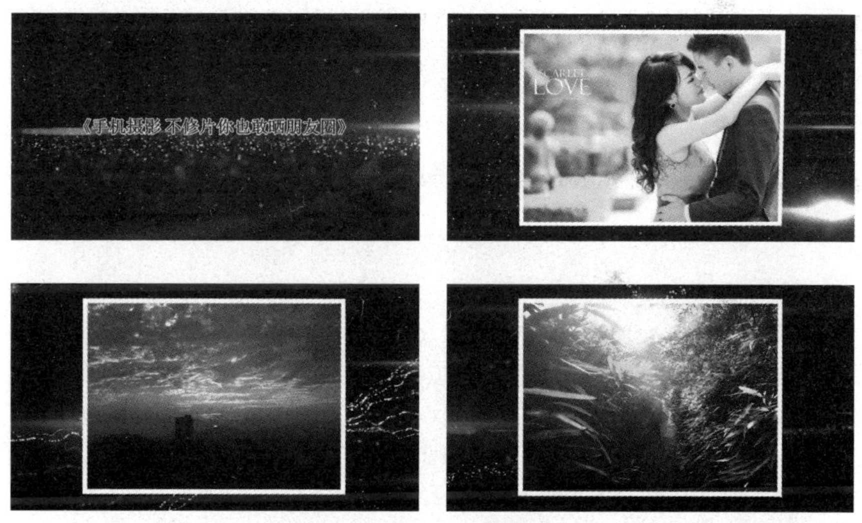

图 14–16 实例效果

配套资源下载	素材文件	素材 \ 第 14 章 \ 图书（1）.png~ 图书（4）.jpg、视频背景 .mp4、背景音乐 .wav
	效果文件	效果 \ 第 14 章 \《摄影图书》.VSP、《摄影图书》.mpg
	视频文件	视频 \ 第 14 章 \14.2 电商视频：《摄影图书》.mp4

14.2.1 导入电商视频素材

在编辑电商宣传视频之前，首先需要导入媒体素材文件。下面以“插入媒体文件”选项为例，介绍导入电商宣传视频素材的操作方法。

STEP 01 在界面右上角单击“媒体”按钮，切换至“媒体”素材库，展开库导航面板，单击上方的“添加”按钮，如图 14-17 所示。

STEP 02 执行上述操作后，即可新增一个“文件夹”选项，如图 14-18 所示。

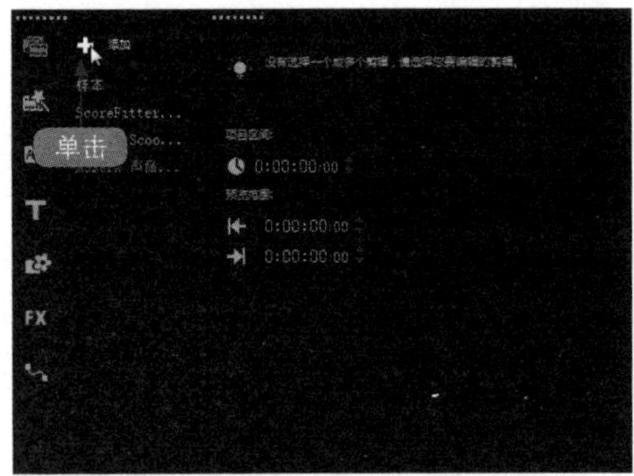

图 14-17　单击“添加”按钮

图 14-18　新增一个“文件夹”选项

STEP 03 在菜单栏中，单击“文件” | “将媒体文件插入到素材库” | “插入视频”命令，弹出“浏览视频”对话框，在其中选择需要导入的视频素材，单击“打开”按钮，即可将视频素材导入新建的选项卡中，如图 14-19 所示。

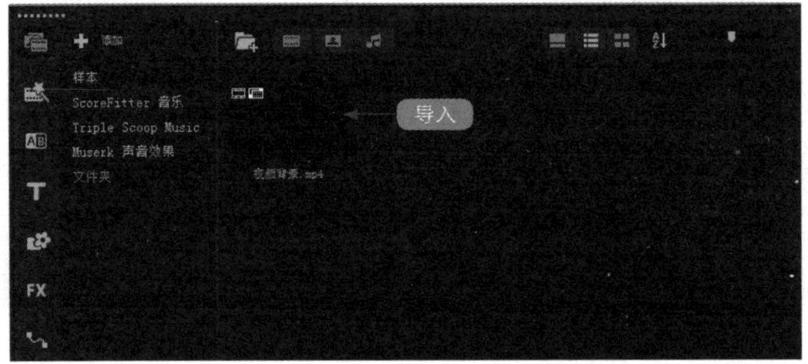

图 14-19　将视频素材导入新建的选项卡中

STEP 04 选择相应的电商宣传视频素材，在导览面板中单击“播放”按钮，即可预览导入的视频素材画面效果，如图 14-20 所示。

STEP 05 在菜单栏中，单击“文件” | “将媒体插入到素材库” | “插入照片”命令，弹出“浏览照片”对话框，在其中选择需要导入的多张电商宣传照片素材，单击“打开”按钮，即可将照片素材导入“文件夹”选项卡中，如图 14-21 所示。

图 14-20 预览导入的视频素材画面效果

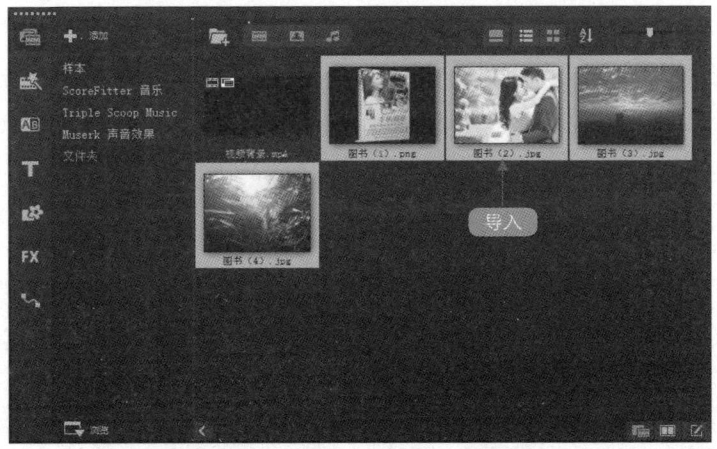

图 14-21 将照片素材导入素材库中

14.2.2 制作电商片头特效

在会声会影 2018 中，为电商宣传片制作片头动画效果，可以提升影片的视觉效果。下面介绍制作电商视频片头动画的操作方法。

STEP 01 在“文件夹”选项卡中，将“视频背景”素材添加到视频轨中，如图 14-22 所示。

STEP 02 执行操作后，即可将选择的视频素材插入视频轨中，在“编辑”选项面板中，将视频素材区间更改为 0:00:50:00，即可完成背景视频的添加，如图 14-23 所示，在预览窗口中可以查看添加的视频画面。

STEP 03 将时间线移至 0:00:06:00 的位置处，在素材库中，选择“图书（1）.png”图像素材，单击并将其拖动至覆叠轨中的时间线位置，在“编辑”选项面板中，设置区间为 0:00:10:00，如图 14-24 所示。

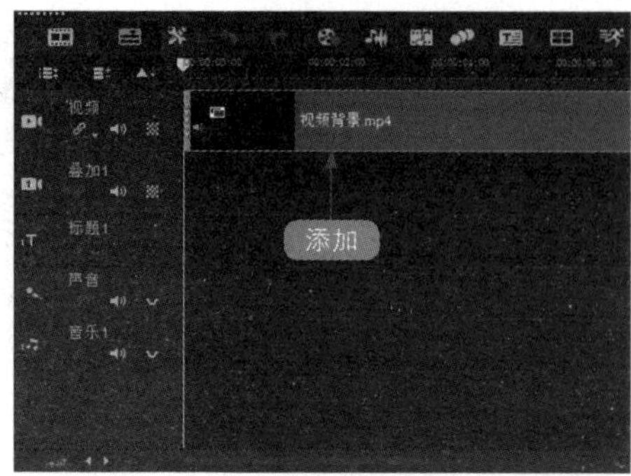

图 14-22　将素材添加到视频轨中

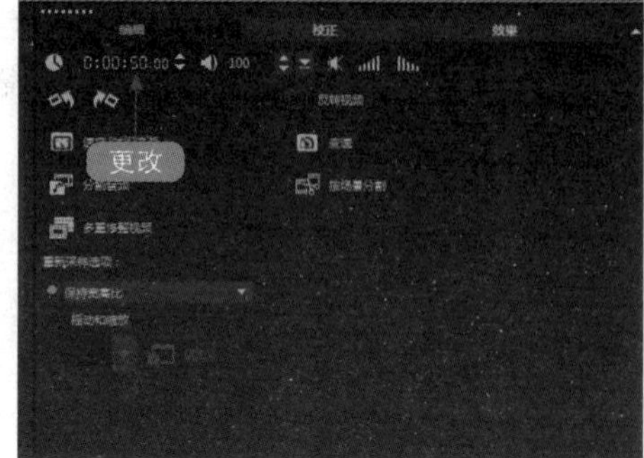

图 14-23　更改素材区间

STEP 04 在预览窗口中，调整覆叠素材的大小和位置，进入“效果”选项面板，❶在其中选中“基本动作”单选按钮；在“进入”选项区中，❷单击“从左边进入”按钮；在“退出”选项区中，❸单击“从右边退出”按钮，如图 14-25 所示。

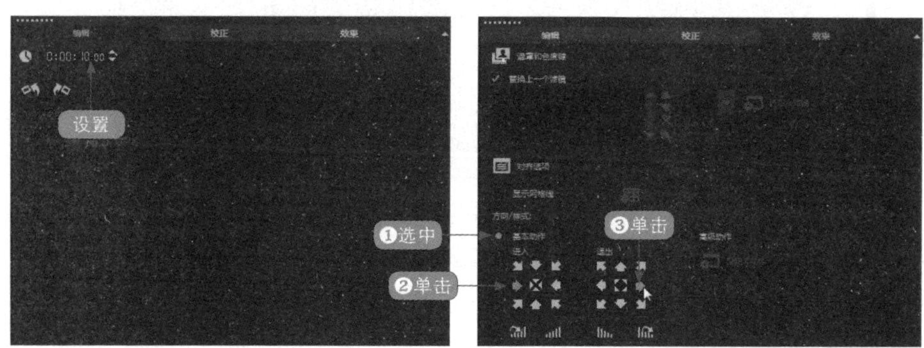

图 14-24　设置素材区间　　图 14-25　单击动画按钮

STEP 05 执行上述操作后，即可完成覆叠特效的制作，在预览窗口中可以预览制作的覆叠画面的效果，如图 14-26 所示。

图 14-26　预览制作的覆叠画面的效果

STEP 06 调整时间线滑块至 00:00:01:00 的位置处，切换至“标题”素材库，选择相应的标题字幕模板拖动到时间线上，为视频添加上相应的片头字幕，在“编辑”选项面板中设置字体的属性，如图 14–27 所示。

STEP 07 进入“属性”选项面板中，选中“动画”单选按钮和“应用”复选框，单击“应用”右侧的下三角按钮，在弹出的列表框中选择“淡化”选项，在其中选择第 1 排第 2 个预设样式，如图 14–28 所示。

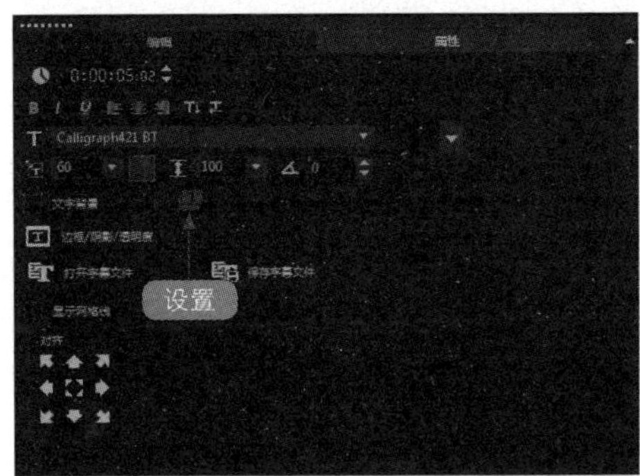

图 14–27　设置字体的属性

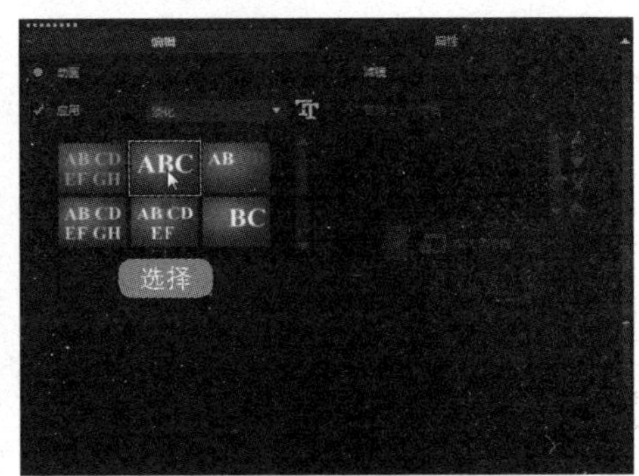

图 14–28　选择淡化样式

14.2.3　制作画中画宣传特效

在会声会影 2018 中，用户可以在覆叠轨中添加多个覆叠素材，制作视频的画中画特效，还可以为覆叠素材添加边框效果，使视频画面更加丰富多彩。本节主要向读者介绍制作画面覆叠特效的操作方法。

STEP 01 在视频轨中，移动时间线至 00:00:16:00 的位置处，在素材库中选择“图书（2）.jpg”图像素材，单击并将其拖动至覆叠轨中的时间线位置，在“编辑”选项面板中设置“区间”0:00:08:00，时间轴面板如图 14–29 所示。

STEP 02 进入“效果”选项面板，单击“遮罩和色度键”按钮，在其中设置“边框”为 2，“边框颜色”为白色，在预览窗口中可以调整素材的大小和位置，如图 14–30 所示。

STEP 03 在“效果”选项面板中，选择“基本动作”单选按钮，单击“从左上方进入”按钮，为素材添加动作效果，单击“播放”按钮，在预览窗口中预览覆叠画中画效果，如图 14–31 所示。

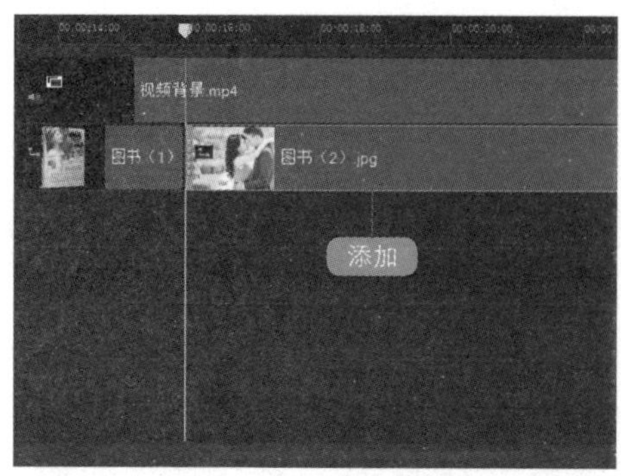

图 14-29　添加图像素材

图 14-30　调整素材的大小和位置

图 14-31　预览覆叠画中画效果

STEP 04 用同样的方法，在覆叠轨中的其他位置添加相应的覆叠素材，为覆叠素材添加边框与动作特效，单击“播放”按钮预览覆叠画中画效果，如图 14-32 所示。

图 14-32　预览覆叠画中画效果

14.2.4　制作视频背景音效

在会声会影 2018 中，为视频添加配乐，可以增加视频的感染力，下面介绍制作视频背景音乐的操作方法。

STEP 01 在“媒体”素材库中的空白位置上右击，在弹出的快捷菜单中选择“插入媒体文件”选项，弹出“浏览媒体文件”对话框，在其中选择需要添加的音乐素材，单击“打开”按钮，即可将选择的音乐素材导入素材库中，如图 14–33 所示。

STEP 02 在时间轴面板中将时间线移至视频轨中的开始位置，在“媒体”素材库中，选择“背景音乐 .wav”音频素材，单击并拖动至音乐轨中的开始位置，为视频添加背景音乐，在时间轴面板中，将时间线移至 00:00:50:00 的位置处，如图 14–34 所示。

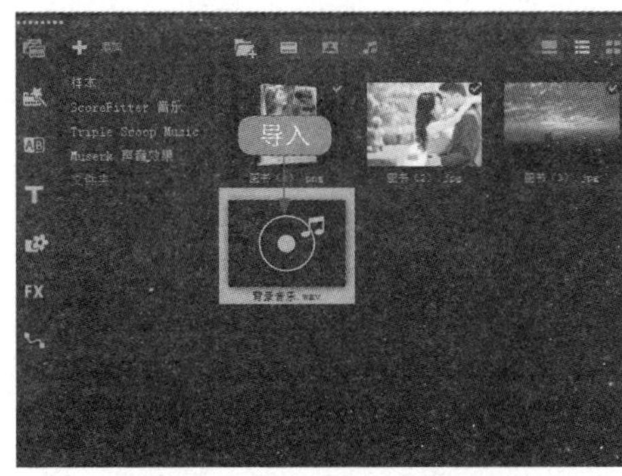

图 14–33　导入音乐素材

图 14–34　移动时间线的位置

STEP 03 选择音乐轨中的素材，右击，在弹出的快捷菜单中选择“分割素材”选项，即可将音频素材分割为两段，如图 14–35 所示。

STEP 04 选择分割的后半段音频素材，按【Delete】键进行删除操作，留下剪辑后的音频素材，如图 14–36 所示。

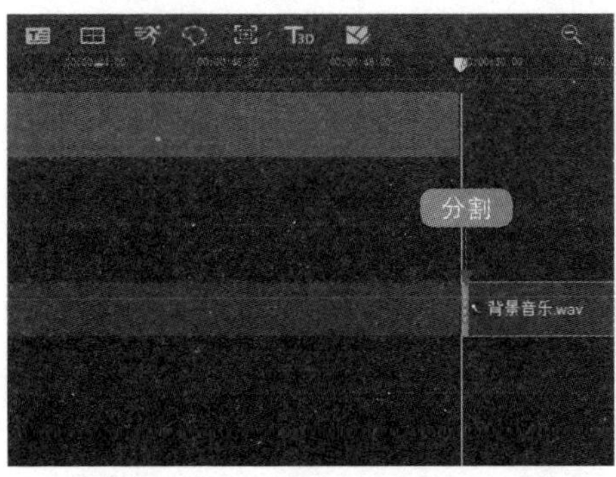

图 14–35　将音频素材分割为两段

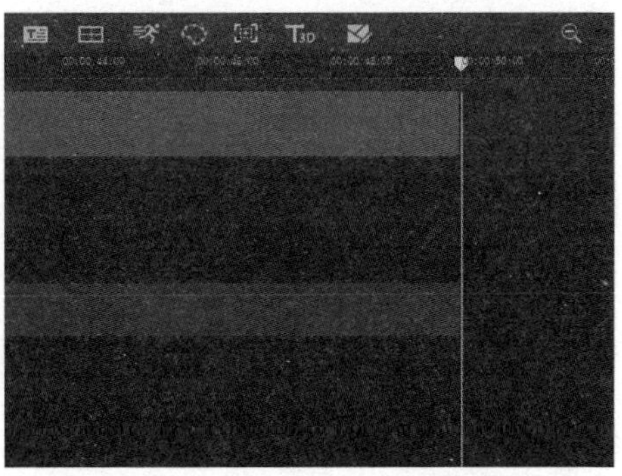
图 14–36　留下剪辑后的音频素材

STEP 05 在音乐轨中，选择剪辑后的音频素材，打开“音乐和声音”选项面板，在其中单击“淡入”按钮 和“淡出”按钮 ，如图 14-37 所示。设置背景音乐的淡入和淡出特效，在导览面板中单击“播放”按钮，预览视频画面并聆听背景音乐的声音。

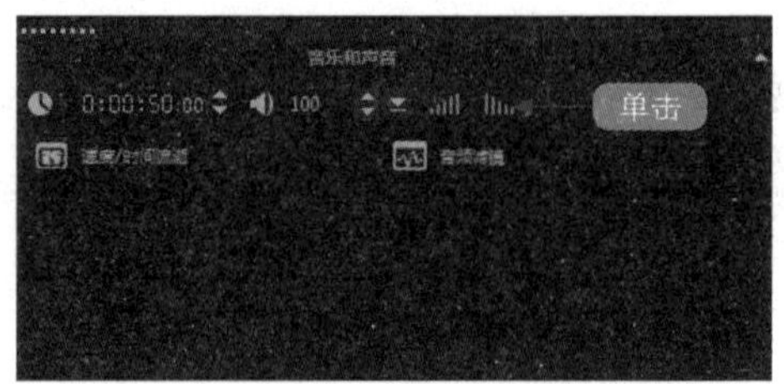

图 14-37 单击“淡入”按钮和“淡出”按钮

14.2.5 渲染输出电商视频

创建并保存视频文件后，用户即可对其进行渲染，渲染完成后可以将视频分享至各种新媒体平台，视频的渲染时间根据项目的长短以及计算机配置的高低而略有不同。下面介绍输出与分享媒体视频文件的操作方法。

STEP 01 切换至“共享”步骤面板，在其中选择 MPEG-2 选项，如图 14-38 所示。

STEP 02 在下方弹出的面板中，单击“文件位置”右侧的“浏览”按钮，弹出“浏览”对话框，在其中设置文件的保存位置和名称，如图 14-39 所示。

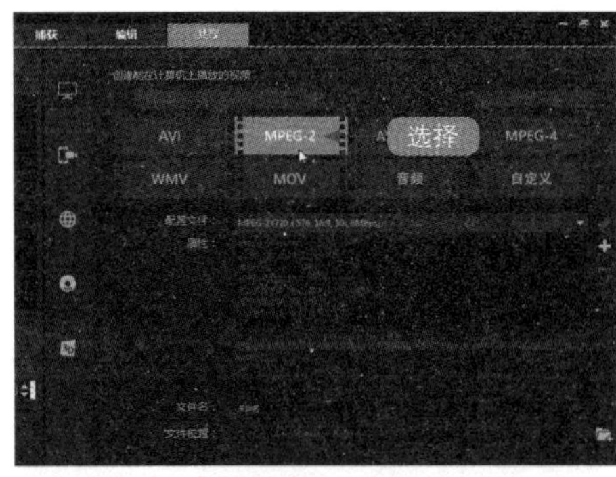

图 14-38 选择“MPEG-2”选项

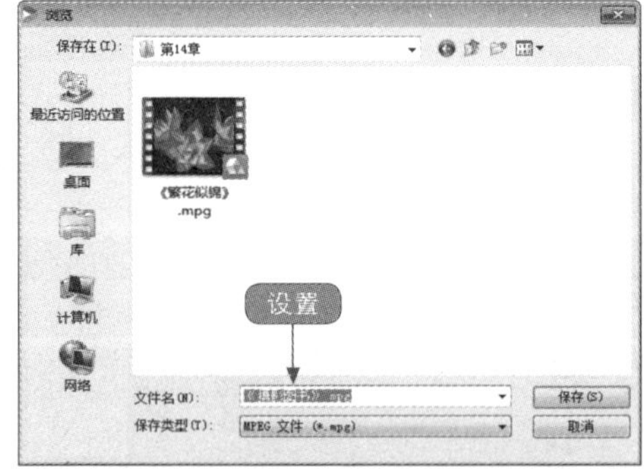

图 14-39 设置保存位置和名称

STEP 03 单击“保存”按钮，返回会声会影“共享”面板，单击“开始”按钮，即可开始渲染视频文件，并显示渲染进度。稍等片刻，弹出提示信息框，提示渲染成功，单击“确定”按钮，如图 14-40 所示。

STEP 04 切换至“编辑”步骤面板，在素材库中，查看输出的视频文件，在预览窗口中可以查看输出的视频画面效果，如图 14-41 所示。

图 14-40 单击“确定”按钮

图 14-41 查看输出的视频画面效果

14.3 婚纱影像：《执子之手》

爱情是人与人之间强烈的依恋、亲近、向往，以及无私专一并且无所不尽其心的情感。当爱情上升到一定程度后，相爱的两个人会步入婚姻的殿堂。在结婚之前，情侣们都会拍摄婚纱照，作为一段感情的见证。本章主要向读者介绍制作婚纱影像视频的操作方法，希望读者熟练掌握本节内容。

在会声会影中，用户可以将摄影师拍摄的各种婚纱照片巧妙的组合在一起，并为其添加各种摇动效果、字幕效果、背景音乐，并为其制作画中画特效。

本实例最终效果如图 14-42 所示。

图 14-42 《执子之手》视频效果

图 14-42 《执子之手》视频效果（续）

配套资源下载	素材文件	素材\第 14 章\婚纱（1）.jpg ~ 婚纱（4）.jpg、视频 1.mpg、视频 3.mpg、音乐 .mp3
	效果文件	效果\第 14 章\《执子之手》.VSP、《执子之手》.mpg
	视频文件	视频\第 14 章\14.3 婚纱影像：《执子之手》.mp4

14.3.1 导入婚纱媒体素材

在编辑婚纱素材之前，首先需要导入婚纱影像媒体素材。下面以“插入媒体文件”选项为例，介绍导入婚纱媒体素材的操作方法。

STEP 01 进入会声会影编辑器，在“媒体”素材库中新建一个“文件夹”素材库，在右侧的空白位置处右击，弹出快捷菜单，选择“插入媒体文件”选项，如图 14-43 所示。

STEP 02 弹出“浏览媒体文件”对话框，在其中选择需要插入的婚纱媒体素材文件，单击“打开”按钮，即可将素材导入“文件夹”选项卡中，如图 14-44 所示。

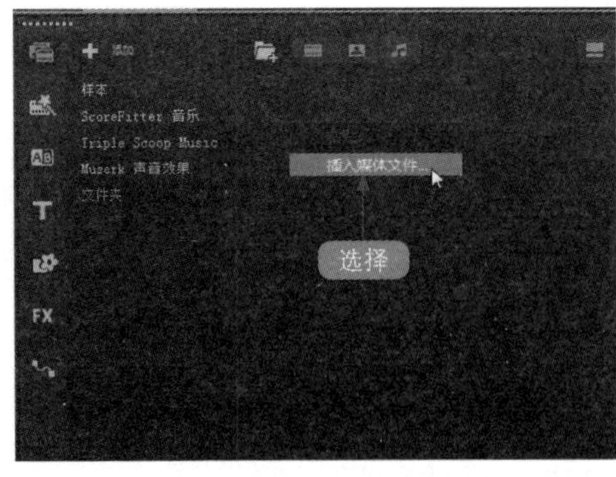

图 14-43 选择“插入媒体文件”选项

图 14-44 导入“文件夹”选项卡中

STEP 03 在“文件夹”选项卡中，依次选择“视频 1”和“视频 2”视频素材，单击并将其拖动至故事板中，如图 14–45 所示。

STEP 04 切换至时间轴视图，在“视频 2”素材的最后位置添加“淡化到黑色”转场效果，如图 14–46 所示。

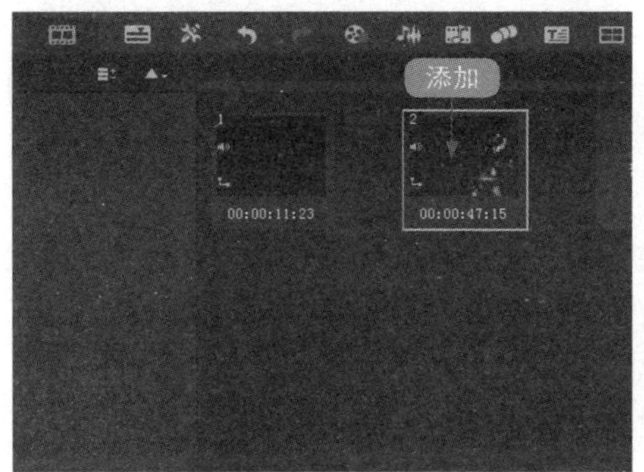

图 14–45 添加视频素材

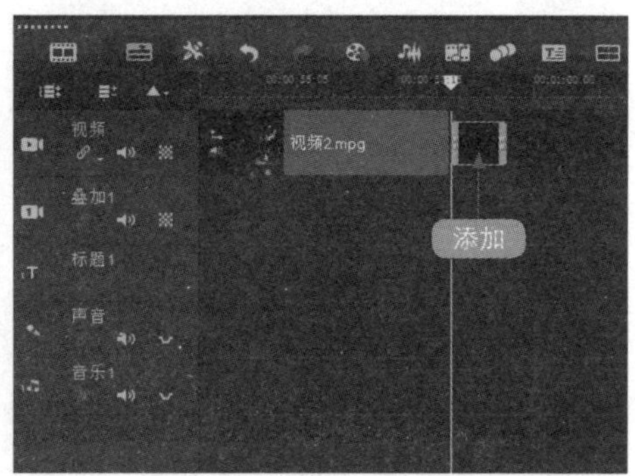

图 14–46 添加“淡化到黑色”转场

14.3.2 制作视频主体特效

在会声会影 2018 中，用户可以通过覆叠轨制作婚纱视频的画中画特效。同时为婚纱视频的片头制作字幕动画效果，可以使视频主题明确，传达用户需要的信息。

STEP 01 将时间线移至 00:00:10:00 的位置处，在覆叠轨中添加婚纱（1）.jpg 素材，并设置覆叠素材的区间为 0:00:10:00，在预览窗口中，调整覆叠素材的位置和大小，如图 14–47 所示。

STEP 02 在“效果”选项面板中，单击“淡入动画效果”按钮，设置覆叠素材的淡入动画效果，然后为覆叠素材设置相应的遮罩帧样式，如图 14–48 所示。

STEP 03 将时间线移至 00:00:20:00 的位置处，将婚纱（2）.jpg ~ 婚纱（4）.jpg 素材依次添加至覆叠轨中，在预览窗口中调整覆叠素材的大小，用同样的方法，为素材添加淡入动画效果和遮罩样式，单击导览面板中的“播放”按钮，即可在预览窗口中，预览制作的视频画中画特效，如图 14–49 所示。

图 14-47 调整覆叠素材的位置和大小

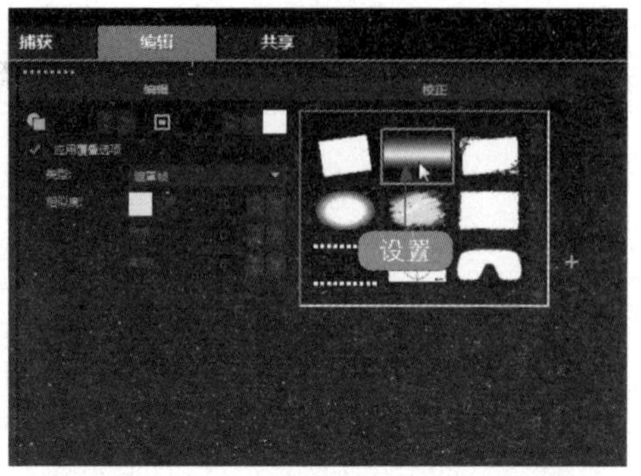

图 14-48 设置相应的遮罩帧样式

图 14-49 预览制作的视频画中画特效

STEP 04 将时间线移至 00:00:01:20 位置处，选择相应的字幕模板拖动至时间轴上，在预览窗口中输入“《执子之手》”，在“编辑”选项面板中设置字幕“区间”为 00:00:08:00，并设置文本的字体属性，如图 14-50 所示。

STEP 05 单击“边框 / 阴影 / 透明度”按钮，在弹出的“边框 / 阴影 / 透明度”对话框中，切换至“阴影”选项卡，单击“突起阴影”按钮，设置 X 为 5.0、Y 为 5.0、“突起阴影色彩”为黑色，如图 14-51 所示。

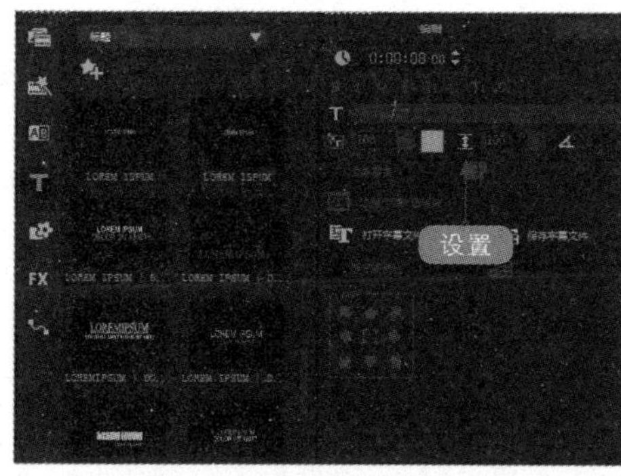

图 14-50 设置文本的相应属性

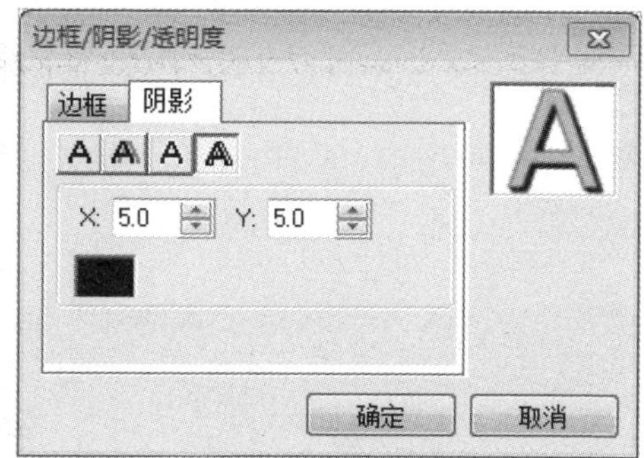

图 14-51 设置相应属性

STEP 06 设置完成后，单击“确定”按钮，切换至“属性”选项面板，选中“动画”单选按钮和“应用”复选框，设置“选取动画类型”为“下降”，在下方选择第 1 排第 2 个淡化样式，如图 14-52 所示。

STEP 07 在预览窗口中可以查看制作的视频片头字幕效果，如图 14-53 所示。

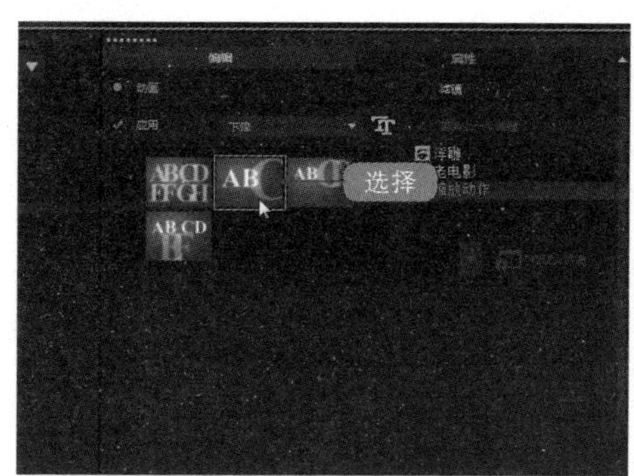

图 14-52 选择下降样式

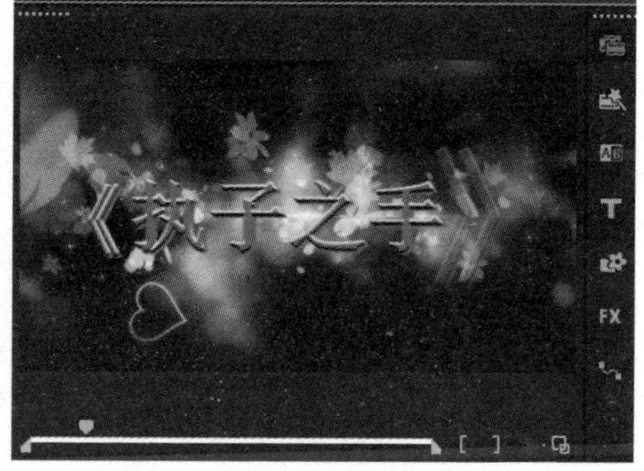

图 14-53 查看制作的视频片头字幕效果

14.3.3 制作视频背景音效

在会声会影 2018 中，为影片添加音频文件，在音频文件上应用淡入淡出效果，可以增加影片的吸引力。下面介绍制作婚纱视频的背景音乐特效的操作方法。

STEP 01 将时间线移至视频的开始位置，在“媒体”素材库中将“音乐 .mp3”音频文件拖动至音乐轨中的开始位置，并设置音频“区间”为 00:00:59:00，如图 14–54 所示。

STEP 02 打开“音乐和声音”选项面板，单击“淡入”和“淡出”按钮，如图 14–55 所示。设置音频淡入淡出特效，单击导览面板中的“播放”按钮，预览视频效果并试听音频效果。

图 14–54　设置音频“区间”

图 14–55　单击“淡入”和“淡出”按钮

文案
排版篇

章前知识导读

在新媒体运用中，文案对于自媒体的宣传、产品的销售与品牌的推广都起着决定性的作用，是每一位新媒体从业者都必须要了解的内容。本章主要针对新媒体文案进行分析，帮助新媒体运营者打造优质的标题和正文内容。

CHAPTER 15 文案撰写：打造优质的标题与正文

新手重点索引

- 文案标题：掌握标题类型和撰写技巧
- 文案布局：专业的文案表现手法
- 内容打磨：文案的多种写作技巧

效果图片欣赏

手机摄影构图大全

如何能最快的学好手机摄影？聪明的人是这样高效学习的！

原创 2018-04-21 构图君

手机摄影构图大全

摄影构图专家

几乎每天，都有人在微信、公众号留言，咨询构图君，**如何能最快的学好手机摄影？**

新手的做法：是自己想学时就学一下，不想学时就忘记了，这样基本跟没学一样，进步微弱。

中手的做法：是每天或每周坚持去公众号、网上，看、学一下摄影文章，这样还是有效果的。

高手的做法：是站在更高手的肩膀上，用最快的时间，如1周左右，学到他们1年，甚至10年实战摸索、总结出来的经验，比如学习他们呕心沥血写出的书，

15.1 文案标题：掌握标题类型和撰写技巧

在文案的诸多要素中，标题是较为突出的一个内容，优秀的标题是吸引读者的一个重要方面。本节主要针对文案标题进行全面分析，从作用、类型到实际写作，深入了解其应用，为读者分析并提供实用的实战内容。

15.1.1 文案标题的主要类型

在各类文案的创作中，标题的类型技巧早就被写手们深入探讨过，并实际应用于文案创作中。每一个创意人员都希望避免公式化的作风，尽可能地发挥原创性和充分表达全新的表现方式。

在实际的写作过程中，标题的类型是有很多的，根据个人的能力可以进行不同方面的侧重。下面主要针对多种标题类型进行筛选，选择其中 5 种具实用价值和借鉴价值的模式进行具体分析。

1. 直接展示类型

直接展示就是把用户想要的结果提炼在标题上，并以标题的形式直接展示出来。其中，最为常见的就是打折类活动文案标题，比如“某某 5 折起”，如图 15-1 所示。

直接展示类型的标题十分常见，尤其是在微店、微商、淘宝店铺等进行活动策划文案时，往往将最有利于受众的标题摆在显眼位置，吸引流量。

2. 文字暗示类型

文字暗示类型的标题比较常见于微信和今日头条等各类文章，尤其是部分文章还有各种图片暗示。对于文案写作而言，这也是重要的一种类型，能够通过勾起读者的兴趣而获得文案信息传播的成功。

如图 15-2 所示，其文案标题看似没有展现主要产品，但就是以暗示的方式来说明该产品将“改变世界”的特点。婉转暗示的标题同样目的是做产品推销，但是首先还是要勾起消费者的好奇心，然后再通过文字来解答读者的疑惑。

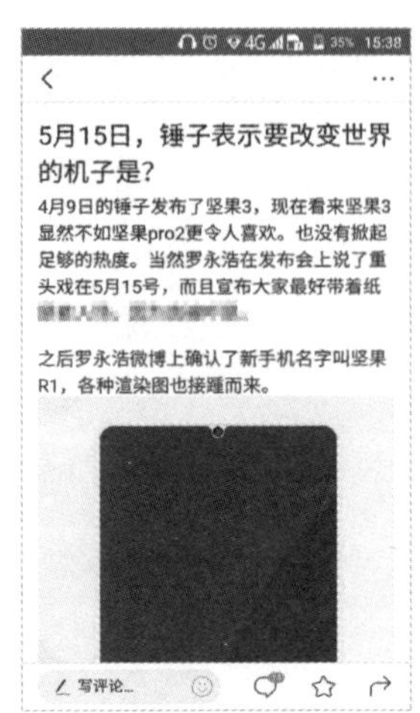

图 15-1　打折类活动文案标题　图 15-2　文字暗示类型的文案标题

3. 提问思考类型

在提问思考类型的文案标题中，常见的就是运用逆向思维进行标题构建。目前，这种逆向思维产生的标题很受消费者青睐，尤其是当代的青年群体。

提问思考类型的标题主要有两种作用，除了类似逆向思维的方式突出文案内容之外，还有一种就是通过读者的共鸣，激发阅读兴趣。提问思考是充分利用人类与生俱来的思维方式，尤其是在问题与本身存在一定的关联时进行的思考方式。越是有紧迫性的问题，越是充分展现其价值，从而也就更吸引大众的注意力。

4. 目标导向类型

数字在互联网时代的重要性就更加突出了。相比于烦琐的文字，数字的表现力更优秀。其中，目标导向类型的标题就会以在标题中添加数字和序号的形式呈现，如图 15-3 所示。目标导向型的标题能够更好地让受众产生探知欲望，往往效果比较实在。

5. 命令形式类型

还有一类标题是直接告诉受众应该如何做，从而吸引读者浏览文章内容。相比于其他类型的标题，命令的形式更能够为处于考虑阶段的受众提供相应的内容分析，从而引导他们做出决定。

图 15-3　标题中的数字导向

15.1.2 文案标题的撰写技巧

对于受众群体而言，每一个广告文案的标题在视野内停留的时间往往只有短短的一秒钟，是否要查看内文的主要原因就在于标题。那么，在忙碌而信息泛滥的现在，如何用几个字就吸引住潜在对象，让其相信文案的内容值得一读？这就需要善用技巧，打造标题并引导流量。从实用性出发，标题写作的技巧主要集中在以下 5 个方面。

1. 有效标题的四要素

在文案标题的写作中，较为常见的有效标题写作公式主要由以下 4 个要素组成，这被认为是可以根据要素进行评分来判断标题是否成熟的一种方法。

（1）体现急迫感：给读者一个立刻行动的理由。

（2）创造独特性：通过全新的方式去呈现信息。

（3）内容明确性：让读者着迷标题从而阅读内文。

（4）给受众益处：告诉受众与自身的利益相关。

在每一个文案标题拟定之后，都可以从这 4 个要素出发，考虑标题是否符合，以及实际的符合程度。需要注意的是，不仅仅只是文案标题可以采用这 4 个要素，其他类型也同样适用，比如电子邮件标题、网页标题、小标题，甚至是项目标题等。

文案写手从各个要素对标题进行评分之后，可以再重新拟定标题，设法提升标题的潜力，能够显著提升标题的阅读回应率。

2. 选择最优的标题

能够赢得注意力的标题往往才是文案成功的关键。第一印象要想吸引别人的注意力，就需要从众多标题中选择效果最为突出的那个。临时抱佛脚的方法并不可取，作为文案写手，必须准备一些标题范例。

在众多标题中选择最为优秀的那个，不仅仅能够让标题更为突出，也能让其他的备选标题成为副标题或者文案中的内文中心点。除此之外，也可以选择多个标题同时存在的方式表现内容。

3. 根据内容提炼中心

从内容本身出发，提炼中心语句，是与信息清单类似的作用。通过一连串与产品有关的词汇展示来重新排列组合，通过这种方式组成有效的标题。

从标题出发，根据整理的词汇清单内容，即可组合成为新的标题。如果是从长篇的文案内容中提炼出单一的标题，那么可以有 4 个主流方法，与之相关的分析如下所示。

◎内容关联分析法

内容关联分析法是较为常用的一种创造标题的方法，不仅仅局限于文案类型，而是根据标题与中心内容的关系和作用，直接选择重点词语完成标题，其特点和作用如图 15-4 所示。

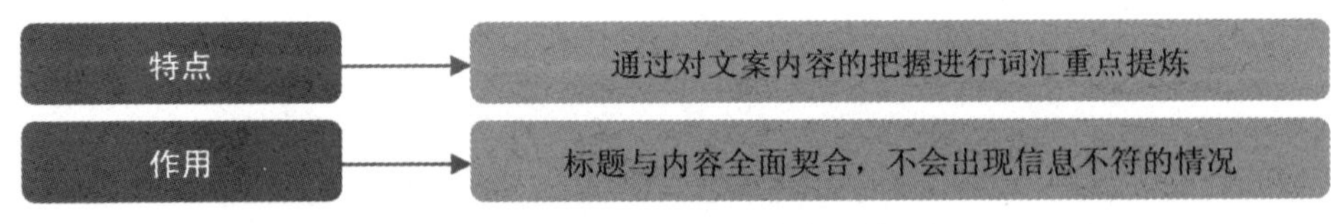

图 15-4　内容关联分析法的相关分析

◎位置关系分析法

先从文案内容的常规位置出发，到文章和段落的首、尾、中间找出重点语句，初步确定标题的中心，相关分析如图 15-5 所示。

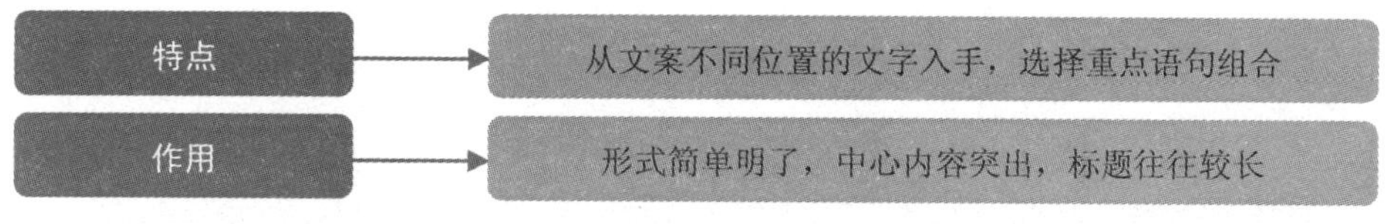

图 15-5 位置关系分析法的相关分析

◎语言标志分析法

语言标志主要是从位置关系分析的角度出发，进行的一种补充式分析。在文案中，一定的内容总有一定的形式标志。语言标志就是选择针对性内容的完整陈述，是一个完整的句子，相关分析如图 15-6 所示。

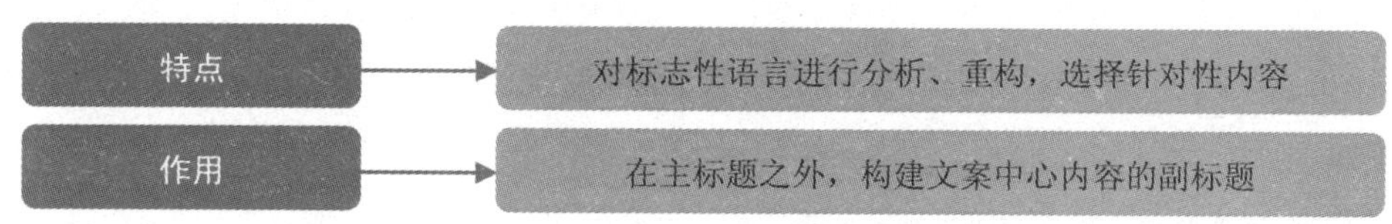

图 15-6 语言标志分析法的相关分析

◎归纳提炼分析法

在文案内容较多，但是主题较为集中时，就可以在标题的构建上选择归纳提炼的分析方法。归纳法一般有两种定义，一种定义为从文案内容的个别前提得出相对统一结论的方法，第二种定义为从个别前提得出必然结论的方法。

下面从文案出发，对标题的归纳提炼分析法进行图解分析，如图 15-7 所示。

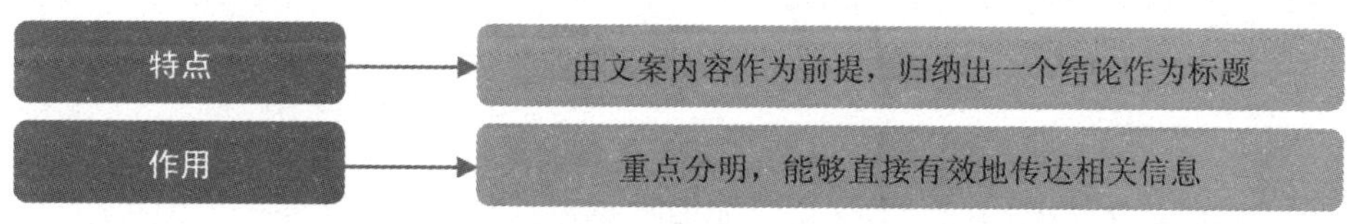

图 15-7 归纳提炼分析法的相关分析

4. 通过范例差异创新

差异创新的方法常常被同行业的竞争对手们拿来创造各类广告文案。例如，一大波企业针对旅行品牌“去哪儿”和“去啊”进行文案调侃，可以从中感受到这种差异创新的特点，如图 15-8 所示。

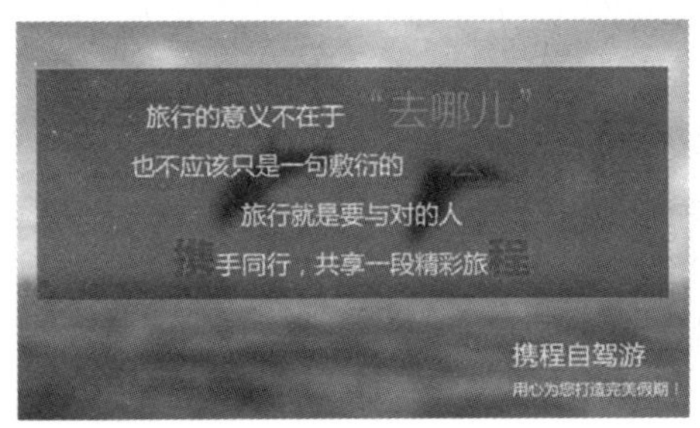

图 15-8　差异创新的广告文案

差异创新的源头往往有一个范例，无论是广告文案本身，还是文案的标题部分。比如原定的标题为"揭露华尔街的潜规则"就可以进行创新，改为"不能不知的潜规则，来自华尔街的秘密"。

文案是属于文字创意的工作，即使是差异创新，也必须要做到语不惊人死不休。所以做一个好文案很难，不仅需要具备广博的知识，而且要对文字有着相当精深的把握和运用能力。优秀的文案甚至能够成为网络段子，被无数人自主宣传。

5. 喜欢的就是好标题

标题是文案的组成部分，无论采取哪种方式构建，其功能在于引起注意，所以受众群体喜欢的就是好标题。从实用出发，标题或许并不需要设计得多么精妙，而是实用性强即可。对于大部分的文案写手而言，如果完成不了巧妙隐晦的高质量文案标题，那么简单直接也未尝不是一种选择。为了强求创意而进行创意构建，精心设计不一定就如意，如图 15-9 所示。简单的画面和文字或许就能够赢得意外的点击量。

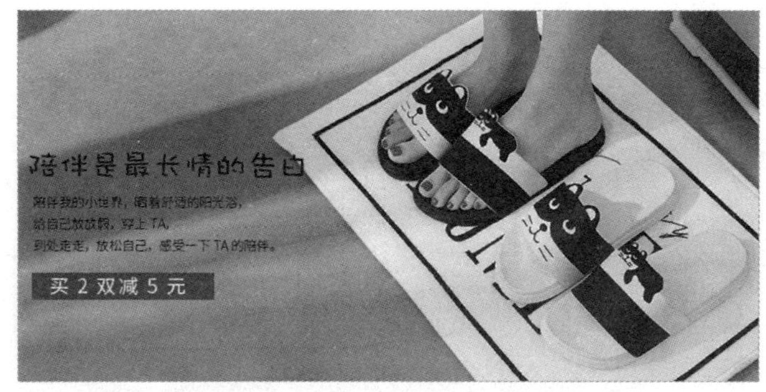

图 15-9　简单的画面和文字展现

在商业气息浓厚的文案领域，受众喜欢的其实是淡化商业味，传递温情，有幽默感的标题，能够让受众感觉到自身不是一个潜在的商品消费对象，而是一个活生生的人。

随着网络的发展，大众的口味越来越多元化，并不是传统的标题写作已经不适用，而是特色化将是未来的主流。读者喜欢的就是好标题，这种讲究幽默感、平易近人的广告方式将占据着未来更主要的文案标题空间。

15.2 文案布局：专业的文案表现手法

文案风格在网络时代有着不同的表现，就好比尽管一根针的样子是不变的，但是可以将这根针通过外力打造成为不同的形式。在常见的新媒体文案表现实例中，较为实用的主要有 4 种专业的表现手法，本节主要对这 4 种表现手法进行具体介绍。

15.2.1 有格局的精准文案

优秀的文案与产品结合，会产生原本无法想象到的效果。比如某位设计师为红旗轿车写的文案，只有一句话：从来没有一辆车，比它更适合检阅中国。由此可见，有格局的精准文案能够将产品本身的品质都提升上去。对于读者而言，广告文案应该是一种深层次的品位，而不是单调的代言词。

并不是每一个文案都能够成为有格局的文案，好的文案一定是深度挖掘目标群体的需求，结合产品自身差异化特质所达到的完美契合，最终的表现效果是能引起受众共鸣。如图 15-10 所示为汽车产品与文案本身内容的契合。

图 15-10　汽车产品与文案本身内容的契合

15.2.2　无装饰的精巧文案

无装饰的主要原因是文字足够打动人心，之所以敢于采用这种文案的产品凤毛麟角，是因为要想只通过文字去表现，却获得与图文类似的相同效果，只能通过品牌或创新两种方式，相关分析如图 15-11 所示。

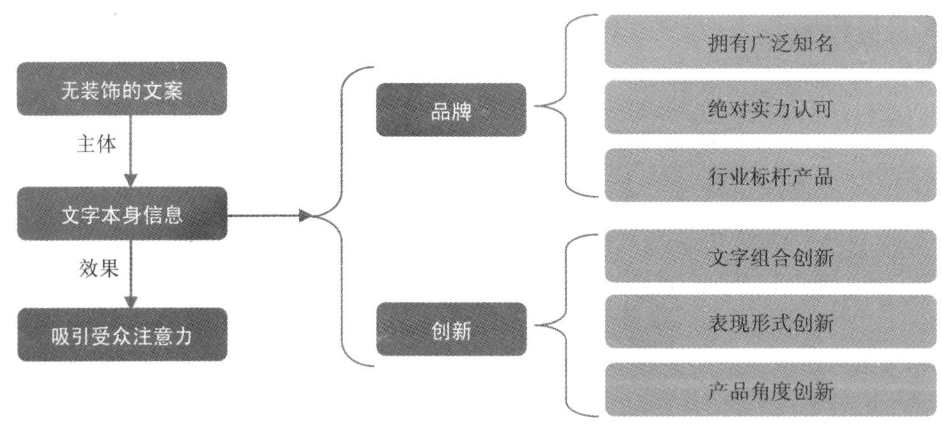

图 15-11　无装饰文案的相关分析

15.2.3　突出式的简短文案

对于文案而言，无论是多长的篇幅，都是为了突出文案的内容中心，如果只用几个字就能够达到效果，那么更为简洁的方式也是可行的。在某些文案中，往往只需要寥寥几个字就可以将产品内涵充分表现出来，如图 15-12 所示。

图 15-12　突出式的简短文案

在部分文案中，常常使用谐音的形式进行文案创作。比如，酱菜广告的“‘酱’出名门，传统好滋味”，这种突出式的文案运用得当能够更好地突出产品本身。

15.2.4 注重韵律斟酌表现

文案的重要性不言而喻，对文字的韵律斟酌也是必需的步骤，但是写手能力不同，会产生不同的效果。优秀的文案应该是简洁突出重点，适合产品、适合媒介、适合目标群体的，形式上不花哨更不啰唆。对于文案写手而言，要想达到内容简洁、斟酌表现的目标，在写作过程中主要需要注意以下 4 个方面，如图 15-13 所示。

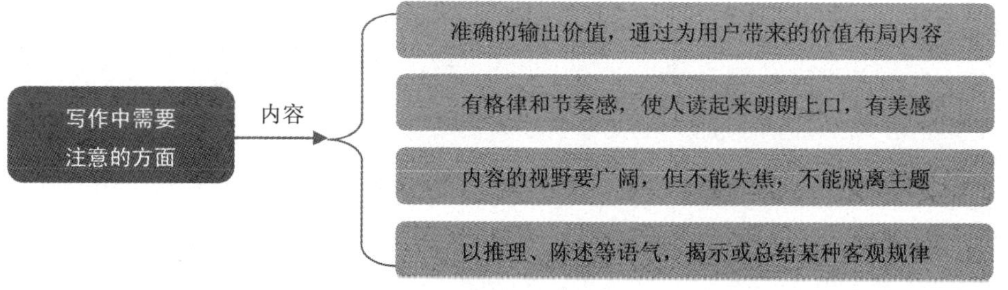

图 15-13　注重韵律斟酌表现的注意方面

15.3 内容打磨：文案的多种写作技巧

在互联网时代，小成本的公司大放异彩，比如凡客、雕爷牛腩以及皇太极煎饼等，而其成功的主要原因之一就在于文案创作的优秀。要想通过文案产生逆袭大品牌的效果，首先需要掌握的就是文案本身的内容打磨。

15.3.1 正文开头的写作方法

对于新媒体平台上的文章来说，正文的开头是一篇文章很重要的、决定读者对这篇文章内容的第一印象，因此对其要极为重视。在新媒体平台上，一篇优秀的文章，在撰写正文开头时一定要做到以下 4 点，具体如图 15-14 所示。

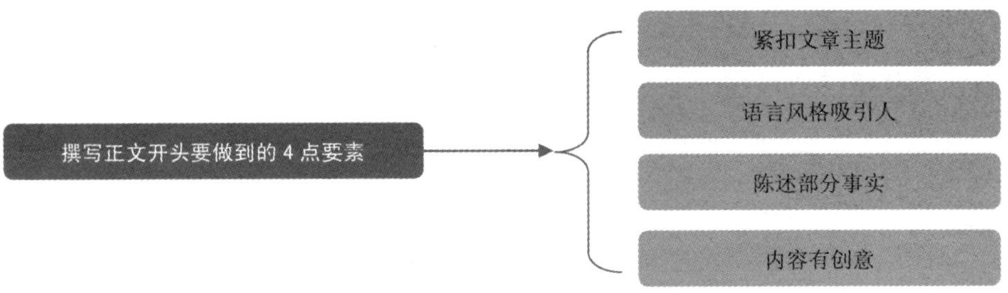

图 15-14 撰写正文开头要做到的 4 点要素

一个好的文章开头的重要性相信大家都很清楚了，接下来笔者将为大家逐一介绍正文开头的 5 种写作技巧，让运营者能够用一个好的开头赢得读者对自己的喜爱，从而吸引到大批的粉丝。

1. 想象与猜测

在写想象与猜测类型的正文开头时，可以稍稍运用一些夸张的写法，但不要太过夸张，基本上还是倾向于写实或拟人，能够让读者在看到文字的第一眼时就能展开丰富的联想，猜测在接下来的文章中会出现什么，从而产生强烈的继续阅读文章的欲望。

在使用想象猜测类型的文章开头的时候，要注意的就是开头必须有一些悬念，给读者以想象的空间，最好可以引导读者进行思考。

2. 波澜不惊

波澜不惊型也被称作平铺直叙型，表现为在撰写正文开头时，把一件事情或者故事有头有尾，一气呵成地说出来，平铺直叙，也有的人把这样的方式称作流水账，其实也不过分。

波澜不惊型的方式，正文中使用的并不多，更多的还是存在于媒体发布的新闻稿中。但是，在新媒体平台正文的开头中也可以选择合适的时候使用这种类型的写作方法，例如重大事件或者名人明星的介绍，通过正文本身表现出来的重大吸引力来吸引读者继续阅读。

3. 开门见山

开门见山类型的文章开头，需要作者在文章的首段就将自己想要表达的东西写出来，不隐隐藏藏而是干脆爽快。新媒体平台的文章编辑在使用这种方法进行正文开头创作的时候，可以使用朴实、简洁的语言，直接将自己想要表达的东西写出来，不用故弄玄虚。

在使用这种开门见山类型做正文开头的时候，要注意的是，正文的主题或者事件必须要足够吸引人，如果主题或者要表达的事件没办法快速地吸引读者，那这样的方法最好还是不要使用。

4. 幽默故事分享

幽默感是与他人之间沟通时最好的武器，能够快速搭建自己与对方的桥梁，拉近彼此之间的距离。幽默的特点就是令人高兴、愉悦。新媒体平台文章的编辑如果能够将这一方法使用到文章的正文开头写作中，将会取得不错的效果。

在新媒体平台上，有很多的商家会选择在文章中通过一些幽默、有趣的故事做开头，吸引读者的注意力。相信没有人会不喜欢看可以带来快乐的东西，这就是幽默故事分享型正文开头的存在意义。

5. 引用名人名言

在写新媒体平台文章时，使用名言名句开头的文章，一般会更容易吸引住受众的目光。因此，新媒体平台编辑在写文章的时候，可以多搜索一些跟文章主题相关的名人名言，或者是经典语录。

在新媒体平台文章的开头，编辑如果能用一些简单、精练同时又紧扣文章主题并且意蕴丰厚的语句，或者使用名人名言、民间谚语以及诗词歌赋等，这样能够使文章看起来更有内涵，而且这种写法更能吸引读者，可以提高新媒体平台文章的可读性，以及更好地凸显文章的主旨和情感。

除了用名言名句,还可以使用一些蕴含道理的故事作为文章正文的开头。小故事一般都简短但是有吸引力，能很好地引起读者的兴趣。

15.3.2 正文中间的写作方法

在介绍了新媒体平台正文开头的写作技巧之后，接下来笔者将为大家介绍正文中间部分的写作方法。正文中间部分的写作方法总的来说可以分为以下两大类型。

1. 常规型正文

一篇新媒体平台的正文，常规的写作方法有以下 5 种。这些写作方法虽然常规，但是只要写好了其作用却不容忽视。接下来，笔者将逐一为大家介绍这几种常规型的正文中间部分的写作方法。

◎情感型

情感的抒发和表达已经成为公众平台营销的重要媒介。一篇富有情感的文章往往能够引起很多消费者的共鸣，从而提高消费者对品牌的归属感、认同感和依赖感。

情感消费和消费者的情绪挂钩，一篇好的新媒体平台文章，主要是通过对文字、图片的组合，打造出一篇动人的故事，再通过故事挑动读者的神经。

因此，写情感类的新媒体平台文章需要富有感染力，尽量达到以下的某方面的作用，如图 15-15 所示。

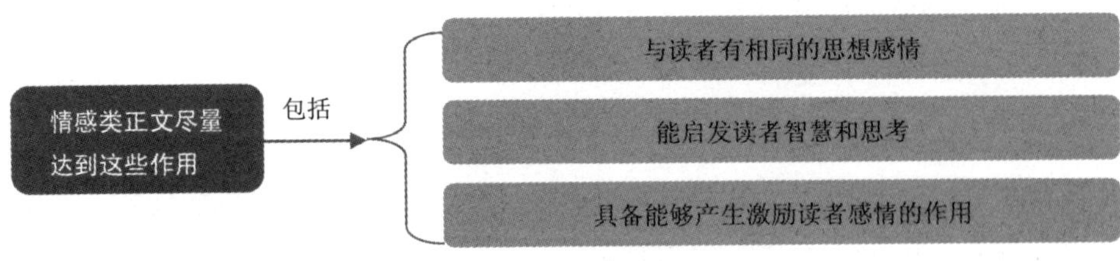

图 15-15　情感类正文尽量达到这些作用

那么情感应该从哪些方面挖掘呢？笔者给出四点建议，包括爱情、亲情、友情以及其他的情感需求。爱情、亲情、友情是人们老生常谈的三种感情，而第四种情感需求是指除了爱情、亲情、友情之外的所有情感因素，人的情感是非常复杂的，无论是满足人们的哪种情感或情绪需求，都能打动人心，走进消费者的内心，实现营销的目的。

◎故事型

故事型的新媒体正文是一种容易被用户接受的正文题材，一篇好的故事正文，很容易让读者记忆深刻，拉近品牌与用户之间的距离，生动的故事容易让读者产生代入感，对故事中的情节和人物也会产生向往之情，企业如果能写出一篇好的故事型正文，就会很容易找到潜在客户和提高企业信誉度。

对于文章编辑来说，如何打造一篇完美的故事型文章呢？首先需要确定的是产品的特色，将产品关键词提炼出来，然后将产品关键词放到故事线索中，贯穿全文，让读者读完之后印象深刻。同时，故事类的正文写作最好满足以下两个要点，如图 15-16 所示。

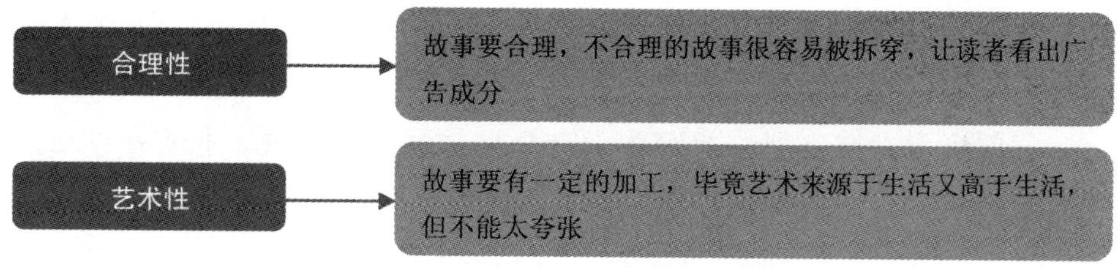

图 15-16 故事类正文需要满足的要点

◎促销活动型

促销式正文其实是一种比较直白的推广方法，甚至是越直白越好，它是如今企业用得比较多的一种新媒体平台软广告植入文章营销的方法。一般来说，促销式正文可以分为如图 15-17 所示的两种形式。

新媒体平台的文章编辑在撰写促销式正文的时候，其可以使用的方法有如图 15-18 所示的几点。除了撰写方法之外，促销活动型正文还要注意两点：不要做没有计划性的创作，因为这样就没有自己的特色，很容易受到读者的忽视；切忌不要虚假宣传，一定要实事求是的进行促销式软文的撰写。

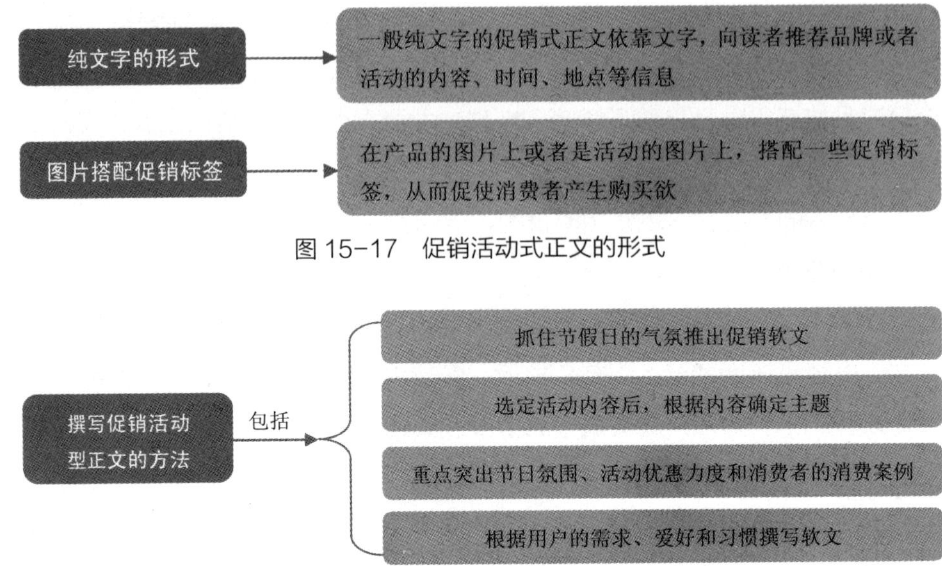

图 15-17　促销活动式正文的形式

图 15-18　撰写促销活动型正文的方法

◎技巧型

技巧式新媒体正文是指文章以向读者普及一些有用的小知识、小技巧为中心主题。对于很多行业的商家产品来说，非常适合用使用技巧式正文来进行宣传、推广，如某类软件的使用方法、生活中某类需要掌握的小知识等。

一般来说，技巧型的新媒体正文好写又好用，在网络上随处可见，它内容简短，写作的时候耗费少，实用性高，所以很受新媒体运营者的追捧。

◎逆向型

逆向型的新媒体平台正文是指不按照大家惯用的思维方法去写文章，而是采用反向思维的方法去进行思考、探索。人们的惯性思维是按事情的发展正向方向去思考某一件事情，并且寻找该事件的解决措施。但是，有时候换一种思考方向可能事情会更容易解决。

2. 创新型正文

读者都喜欢创新的东西，所以在撰写新媒体平台文章正文的时候，可以尝试给软文增加一些创新型的内容。接下来笔者将为大家介绍几种创新型正文的写作方法。

◎悬念型

所谓悬念，就是人们常说的“卖关子”。作者通过悬念的设置，激发读者丰富的想象和阅读兴趣，从而达到写作的目的。

正文的悬念型布局方式，是指在正文中的故事情节、人物命运进行到关键时刻设置疑团，不及时作答，而是在后面的情节发展中慢慢解开，或是在描述某一奇怪现象时不急于说出产生这种现象的原因。这种方式能使读者产生急切期盼知道答案的心理。

也就是说，悬念式正文就是将悬念设置好，然后嵌入情节发展中，让读者自己去猜测、去关注，等到吸引了受众的注意后，再将答案公布出来。制造悬念通常有三种常用方法，具体内容如图 15-19 所示。

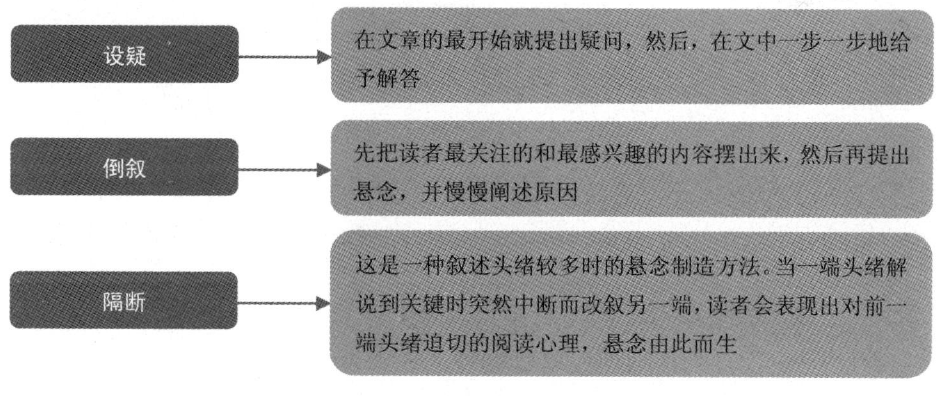

图 15-19 制造悬念的方法

◎新闻型

新闻型正文是指正文通过模仿新闻媒体的口吻，进行正文的撰写，例如公司内的大事，公益事业，都可以通过新闻式的正文形式写出来进行发布。

在互联网时代，新闻型正文的主要特点是能够进行二次传播，也就是企业的新闻软文发布出来后，很容易被其他的网站或者平台进行转载，这就是新闻型正文的二次传播特性。新闻型正文有很多特点，正是由于这些特点的存在，才使得新闻型正文一直备受欢迎，如图 15-20 所示。

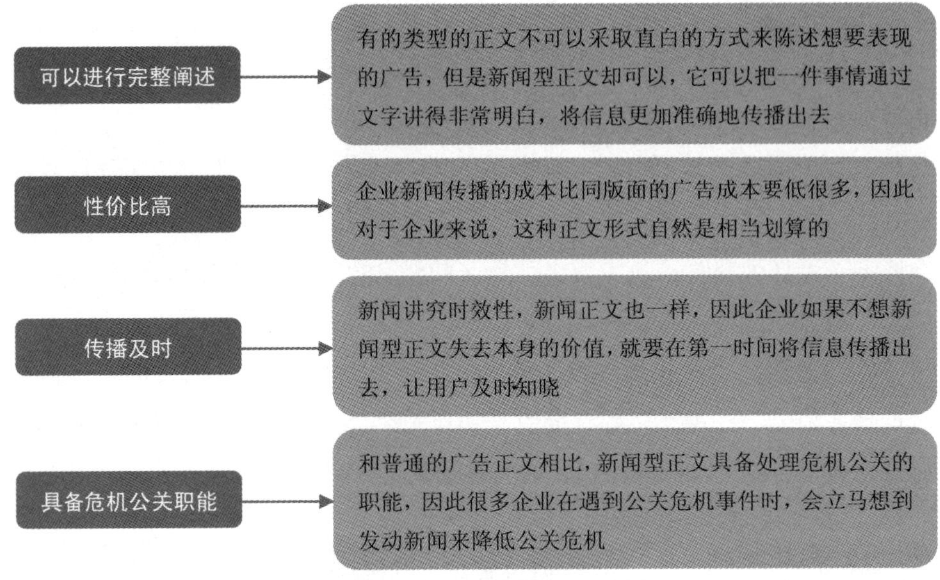

图 15-20　新闻型正文的特点

◎知识型

对于专业性比较强的产品，诸如电器、家居和保健品等商品，可以运用知识传递型的正文内容来吸引受众的眼光。因为这类文章往往专业性比较强，对于特定人群来说，内容的可读性和接受度都是比较高的。

◎实战分享型

实战分享型是比较受欢迎的一种类型，主要就是让公众平台的文章编辑以消费者的口吻写，站在消费者的视角，自然地将经验引入，从而让读者逐渐接受，得到读者认同的一种新媒体文章正文的写作方法。

15.3.3 正文结尾的写作方法

一篇优秀的新媒体平台文章，不仅需要一个好的标题、开头以及中间内容，同样也需要一个符合读者需求、口味的结尾。那么，一篇优秀的软文结尾应该如何写呢？接下来笔者将为大家介绍几种实用的新媒体平台正文结尾的写作方法。

1. 抒情法

使用抒情法作为文章的结尾，通常较多的是用于写人、记事、描述的新媒体平台文章的结尾中。新媒体平台文章的编辑在用抒情法进行文章结尾的时候，一定要将自己心中真实的情感释放出来，这样才能激起读者情感的波澜，引起读者的共鸣。

2. 祝福法

祝福法是很多新媒体平台文章编辑在文章结尾时会使用的一种方法。因为这种祝福形式的结尾能够给读者传递一份温暖，让读者在阅读完文章后，感受到你对他们的关心与爱护，这也是非常能够打动读者内心的一种文章结尾方法，如图 15-21 所示。

图 15-21　公众号“御剑情缘”推送的以祝福法结尾的文章案例

3. 首尾呼应法

首尾呼应法就是常说的要在文章的结尾点题，做到首尾呼应，文章开头提过的内容、观点，在正文结尾的时候在提一次。

一般来说，新媒体平台的文章很多采用的都是总—分—总的写作方式。首尾呼应的结尾法能够凭借其严谨的文章结构、鲜明的主题思想给读者留下深刻的印象，引起读者对文章中提到的内容进行思考。如果新媒体运营者想要读者对自己传递的信息留下深刻印象，那么首尾呼应法是一种非常实用的方法。

4. 号召法

新媒体平台运营者如果想让读者加入某项活动中就经常会使用号召法对

文章进行结尾，同时很多公益性的新媒体账号推送的文章中，也会有比较多使用这种方法进行结尾的文章。号召法结尾的文章能够在读者阅读完文章内容后，使得读者对文章的内容产生共鸣，从而产生更强烈的加入文章中发起的活动中去的意愿。

如图 15-22 所示，是“湖南电信”微信公众号推送的一篇号召人们“懂得爱自己”的文章案例，在文章的结尾处，号召力十分明显。

图 15-22　以号召法结尾的文章案例

章前知识导读

如果说在新媒体平台上的文章里，内容是文章的实力担挡、图片是文章的颜值担当，那么排版就是文章的视觉担当。只有将排版做好，才能给读者最佳的阅读体验，让他们成为新媒体账号的忠实粉丝。本章将以微信为例，介绍一些提升新媒体视觉效果的相关内容。

CHAPTER 16 排版实战：微信后台与专业排版器的应用

新手重点索引

- 视觉体现：微信公众号栏目设置
- 排版技巧：提升版式视觉效果的技巧
- 特殊引流：开头、结尾版式的作用
- 排版工具：3 种最常用的编辑器介绍

效果图片欣赏

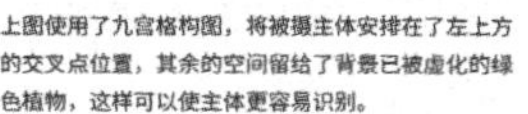

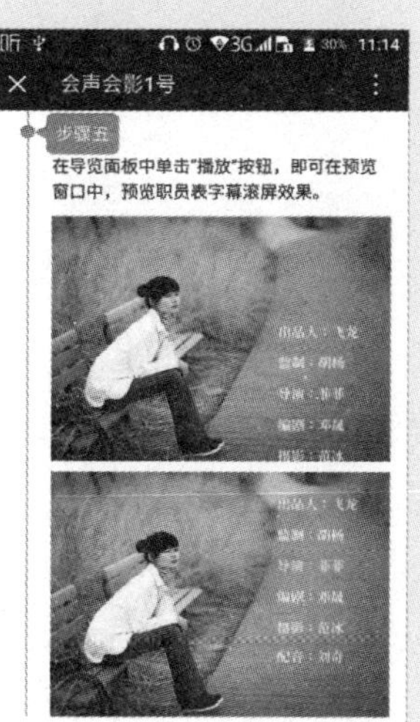

16.1 视觉体现：微信公众号栏目设置

如果企业或者个人要进行微信公众平台运营，那么了解一些公众号栏目设置的相关知识是非常有必要的。在本节中，笔者从两个方面为大家介绍微信公众号栏目设置的相关知识。

16.1.1 栏目设置对平台的重要性

在介绍栏目设置对平台的重要性之前，笔者先为大家介绍一下什么是微信公众平台的栏目设置。微信公众平台的栏目设置包括两个方面，即自定义菜单栏和文章的分类栏。

1. 微信公众平台的自定义菜单栏

微信公众平台的自定义菜单栏是指微信订阅者在点开或者关注某一个微信公众号之后，出现在页面下方的几个栏目，具体如图 16-1 所示。

图 16-1　自定义菜单栏

微信公众号的自定义菜单栏是可以由微信公众平台的运营者自行设置的，有的公众号会有自定义菜单栏，以如图 16-2 所示的“微信游戏”公众号为例，但有的公众号就没有菜单栏，以如图 16-3 所示的“腾讯新闻”公众号为例。

进行微信公众平台栏目设置对于运营一个公众平台来说是必不可少的。在了解了什么是微信公众平台的自定义菜单栏目之后，接下来笔者就来为大家分析一下微信公众平台菜单栏目设置对平台的重要性。

图 16-2　有自定义菜单栏的公众号案例　图 16-3　没有自定义菜单栏的公众号案例

微信公众平台菜单栏目设置的重要性主要体现在以下 4 个方面。

◎为订阅者提供方便

微信公众平台运营者在平台上设置一个自定义菜单栏，能够为平台的订阅者提供更多的便利。对于新订阅该公众号的用户来说，他只要在自定义菜单栏里即可了解到该公众号提供的大致服务内容的范围，并且能够通过菜单栏的分类清楚自己要找的信息分类，从而以更短的时间准确找到自己想要的信息。

订阅者在查找信息时，相对于一条一条地去翻看公众平台的历史消息来说，通过使用自定义菜单要简单方便得太多。

◎展示公众号的特色

微信公众平台运营者在自己经营的平台上设置自定义菜单栏，能够将自己平台上所具有的服务直接展示在订阅者的面前，让订阅者一眼就能看出平台所具有的特色以及能为其提供的价值。

只要平台的内容与服务对订阅者确实是非常有价值的，那么就能提高订阅者对该公众号的黏性，从而逐渐将其培养成公众号的忠实粉丝。

◎带来更多的点击量

微信运营者在微信公众平台上设置自定义菜单栏时，可以设置一些签到送优惠、送礼物这种类型的小活动，由此吸引订阅者每天都来平台签到，这样可以增加订阅号的点击量。

而且，如果订阅者来公众平台签到，那么他点击平台上的文章或者其他功能的概率就会非常大，这也在无形之中为公众平台增加了点击量。

◎增加平台的主动性

在微信公众平台的后台有一个自动回复功能，如图 16-4 所示。微信运营者可以将这个功能与自定义菜单栏结合起来，通过对平台的订阅者进行操作指导，引导读者点击自定义菜单栏中的各类子菜单，这样就提高了平台的主动性，能够让读者在公众平台的指导下进行各种信息浏览。

图 16-4　微信公众平台后台中的自动回复功能

2. 文章的分类栏

文章的分类栏是指公众号对平台上推送的文章进行类别分类，在推送文章的时候可以将符合该类型的文章放入该栏目中。

设置文章分类栏对微信平台来说是十分重要的，其重要性体现在以下两个方面，具体如图 16-5 所示。

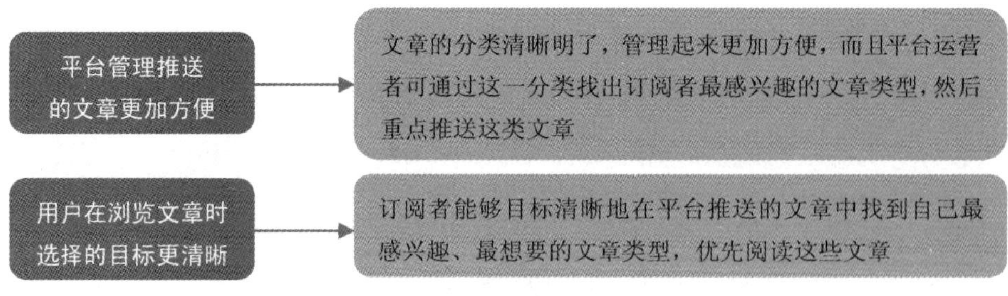

图 16-5　体现文章分类栏对平台的重要性的两个方面

16.1.2 怎样进行公众号栏目设置

在了解了栏目设置对微信公众平台的重要性之后，接下来笔者将给大家介绍怎样进行公众号栏目设置，介绍步骤同样也从自定义菜单栏设置和文章分类栏设置开始。

1. 自定义菜单栏设置

微信公众平台运营者在给自己的平台设置自定义菜单栏之前，首先需要清楚在公众平台上可以添加多少个菜单。

根据微信公众平台规定，一个公众号可以添加 3 个一级菜单，而一个菜单下最多可以添加 5 个子菜单。在清楚了公众平台的菜单栏的具体情况之后，接下来笔者为大家介绍怎么给自己的微信公众添加菜单栏。

设置“自定义菜单”的操作流程：登录进入微信公众号平台后台首页，❶单击功能栏中的“自定义菜单”按钮，进入“自定义菜单”界面；❷单击界面下方的“+ 添加菜单”按钮，如图 16-6 所示。进入“菜单编辑中”页面，在这个页面已经出现了一级菜单，只要在页面中的“菜单名称”栏中，输入自己想要设置的名称即可，如图 16-7 所示。

图 16-6 进入“自定义菜单”界面

图 16-7 完成一级菜单名称设置

一级菜单名称设置成功之后，运营者需要进行菜单内容设置。在菜单内容设置中，有“发送消息”和“跳转网页”两个选项可以选择，运营者可以根据自己的需求进行选择。需要注意的是，在设置完一级菜单之后，如果需要在一级菜单下添加子菜单，一级菜单中的内容设置就会被清除。

2. 文章的分类栏设置

文章的分类栏设置可以先从如图 16-8 所示的两个案例来分析一下它是怎么设置的。以招商银行的公众号为例（左），它是在标题的最前面以文字的形式加上一个分类，而“灵魂有香气的女子”公众号（右）是在文章的侧面中以图片为分类标志。

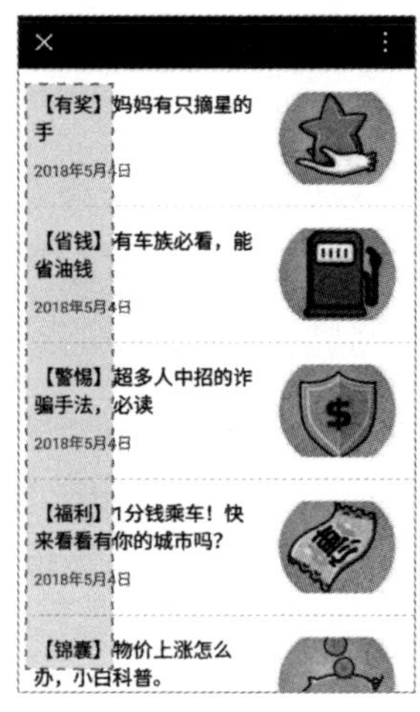

图 16-8　文章的分类栏

从上面的案例我们可以分析得出，文章的分类栏可以以两种方式来设置，即通过标题最前面的文字标出与在文章列表中用侧图标出。

◎标题最前面的文字标出

微信公众平台运营者如果要在文章标题的最前面用文字对文章进行分类，那么就需要根据文章的具体内容总结出它是属于哪种文章的范畴，然后加上相应的分类即可，同时还可以用符号将标题最前面的分类隔开，使其显得更加突出。

例如，在标题前设置一个定义为攻略分类栏，那么就可以写成“【攻略】+标题”、“攻略：+标题”等形式，运营者可以自由发挥想象，设置自己最满意的形式。

对微信公众平台运营者来说，这种文章分类方法虽然具有一定的好处，但也有不足之处，具体如图 16-9 所示。

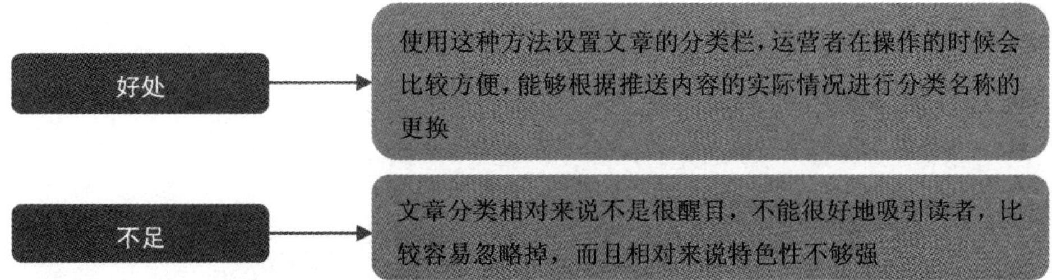

图 16-9 标题最前面的文字标出的优缺点分析

◎在文章列表中用侧图标出

微信公众平台运营者还可以使用在文章推送列表的文章侧图的地方进行文章的栏目分类。运营者在使用这种方法的时候，只要根据文章内容的情况，给其配上相应的分类侧图就可以达到文章分类的效果。

需要注意的是，使用这种方法进行文章分类栏目设置会相对于在标题前用文字标出的方法复杂一些，因为运营者要在图片中配上相应的文字。但是这种方法的好处在于，只要公众号每次推送的文章类型是固定的，那么就不用每次都制作图片分类标签。而且，它相对于前一种方法来说会更突出，读者更容易分辨，而且能形成属于公众号的特色。

16.2 排版技巧：提升版式视觉效果的技巧

如果说文章中的内容是让作者与读者之间产生思想上的碰撞或共鸣的武器，那么作者对文章的格式布局与排版就是给读者提供一种视觉上的享受。排版对一篇文章有很重要的作用，它决定了读者是否能够舒适地看完整篇文章。

因此，微信运营者在给读者提供好内容的同时也要注意文章的排版，让读者拥有一种精神与视觉上的双重体验。接下来笔者将为大家介绍一些提升排版视觉效果的小技巧，让微信公众平台运营者用这些小技巧给读者带去更好的阅读体验。

16.2.1 排版风格要选好

说到给微信公众平台上的文章内容排版，选择合适的排版风格是十分必要的，其意义表现在以下两个方面，具体如图 16-10 所示。

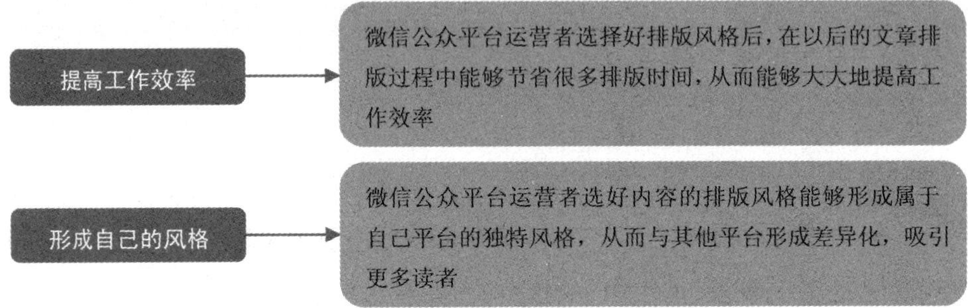

图 16-10　选好内容排版风格的意义

不同的公众号因其所要传达的内容不同，在内容的排版风格上也会有所差异。以微信公众平台“手机摄影构图大全”为例，因为其主要是教摄影构图技巧，所以它的排版风格就是以图文结合的形式为主，但是属于这个平台自己特色的排版方式是，文章排版者会在放图片的时候，先放一张图片拍摄成品图，然后再放一张技巧讲解图，从而形成鲜明对比，如图 16-11 所示。接下来我们就来欣赏一下该微信公众平台的排版风格。

图 16-11　“手机摄影构图大全”公众平台排版风格

16.2.2 色彩搭配要适宜

微信运营者在进行文章内容排版的时候，要特别注意色彩的搭配。人们的眼睛对色彩非常敏感，不同的颜色能够向人们传递各种不同的感觉，例如人们经常说的“红色给人以热情、奔放的感觉，蓝色给人以深沉、忧郁的感觉”。

微信运营者在进行文章内容排版的时候，涉及色彩搭配的是以下两个方面，具体包括文章中所用文字色彩和图片的色彩搭配。

1. 文章中所用文字的色彩搭配

对于大部分的公众号文章而言，文字是一篇文章中的一个重要组成部分，它们是读者接受文章信息的重要渠道。

文字的颜色是可以随意设置的，并不只是单调的一个颜色。从读者的阅读效果出发，将文字颜色设置为最佳的颜色是非常有必要的。文字的颜色搭配适宜是让文章获得吸引力的一个重要因素，其意义具体如图 16-12 所示。

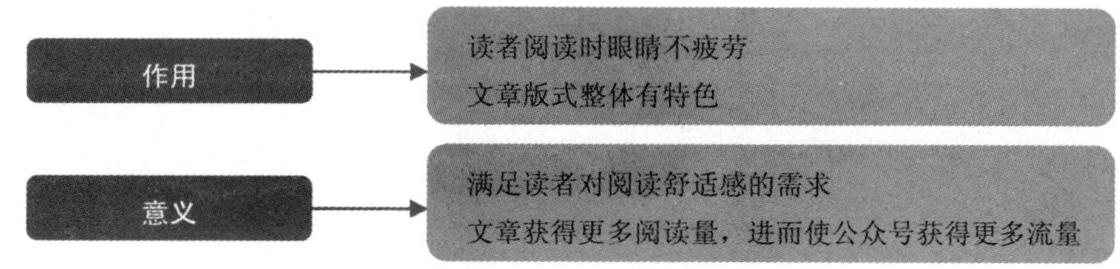

图 16-12 适宜的文字颜色搭配的作用和意义

微信运营者在进行字体颜色设置的时候，要以简单、清新为主，尽量不要在一篇文章中使用多种颜色的字体，这样会使得整篇文章给读者一种调色盘的感觉。同时，文字的颜色要以清晰可见为主，不能使用亮黄色、荧光绿这类让读者看久了眼睛容易产生不舒适感的颜色，尽量以黑色或者灰黑色的颜色为主。

专家指点

需要注意的是，微信公众号运营者如果要对文章中某一句话或者词进行特别提示，使读者能一眼就注意到，可以使用一些不同的颜色来对该文字进行特别标注，使其更加显眼。

在介绍了适宜的文字颜色搭配会产生的作用之后，接下来我们欣赏一下“十点读书”公众号中文字的颜色搭配，其文字颜色搭配看起来非常舒适，如图 16−13 所示。“手机摄影构图大全”公众号中使用其他颜色特别标出关键字的效果展示，其效果特别突出，让读者一眼就能看出重点所在，如图 16−14 所示。

图 16−13　文字颜色搭配舒适的案例

图 16−14　用其他颜色标出关键字的案例

2. 文章中所用图片的色彩搭配

图片同样也是微信公众号文章的重要组成部分，有的微信公众号在推送的文章中有时就只有一张图片或者全篇都是图片。

图片的色彩搭配适宜，主要需要做到以下 3 点，具体如图 16−15 所示。

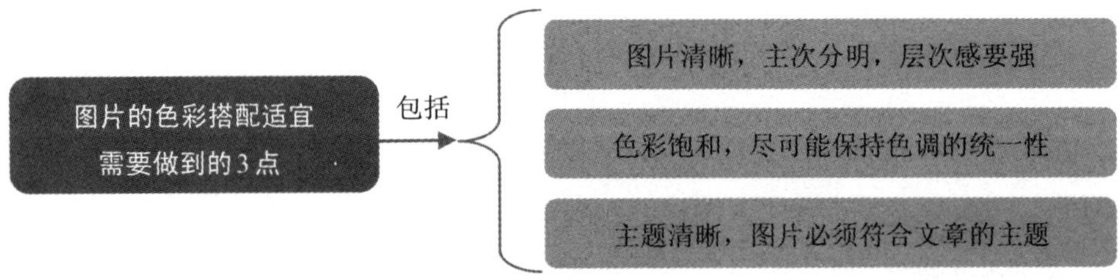

图 16−15　图片的色彩搭配适宜需要做到的 3 点

16.2.3　文字间距要适宜

文字排版中，文字之间的间距的把握很重要，尤其是对于用手机浏览文章的微信用户来说。文字间距要适宜主要指的是文字三个方面的距离要适宜，具体包括字符间距、行间距和段间距。

1. 字符间距

字符间距指的是横向间的字与字之间的间距，字符间距宽与窄会影响到读者的阅读体验，也会影响到文章篇幅的长短。

在微信公众号的后台没有可以调节字符间距的功能按钮，所以微信运营者如果想要对公众平台上的文字进行字符间距的设置，可以先在其他编辑软件上编辑好，然后再复制粘贴到微信公众平台的文章编辑栏中。

在这里笔者以 Word 为例来为大家讲一下文字的字符间距。在 Word 中字符间距的标准有三种，分别是宽、标准、窄，如图 16-16 所示。这三种的距离可以在根据个人的喜好进行调整。字符间距宽，同样字数的一段话，它所占的行数就会多，相反则会少。

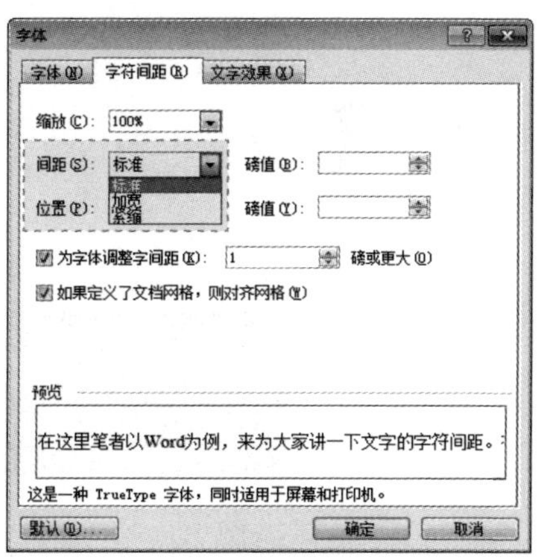

图 16-16 Word 中的字符间距的标准

接下来，笔者为大家展示将字数相同的一段文字按 Word 中标准、加宽 1.5 磅、紧缩 1.5 磅 3 种形式，复制粘贴到微信公众平台后台群发功能中的新建图文消息中的图文编辑栏中，呈现出的效果如图 16-17 所示。

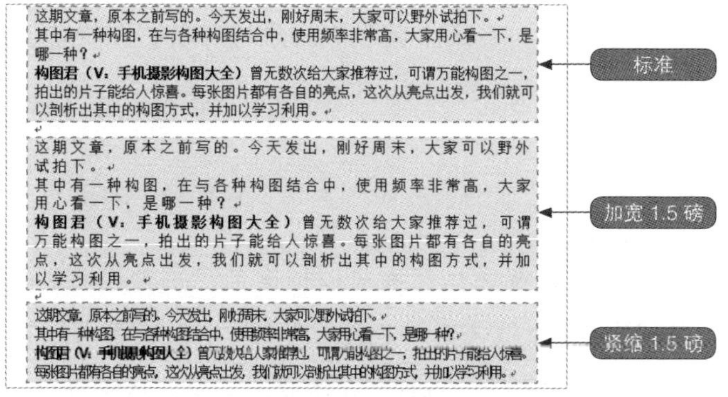

图 16-17 Word 中的字符间距设置

由图 16-17 可以看出，文字的字符间距对微信公众平台上文章的排版是有一定影响的，并且会影响到读者的阅读体验，所以运营者一定要重视对字符间距的排版。

2. 行间距

行间距指的是文字行与行之间的距离，行间距的大小决定了每行文字间纵向间的距离，行间距的宽窄也会影响到文章的篇幅长短。在微信公众号后台，设有行间距排版功能，其提供的可供选择的行间距宽窄有 7 种，具体如图 16-18 所示。

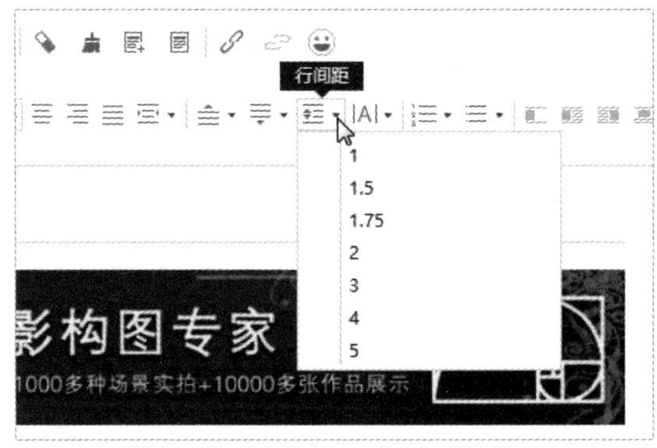

图 16-18 微信公众平台后台的行间距选项

基于读者的阅读体验，一般会将行间距设置在 1.5 倍到 2 倍之间，其排版效果相比起来视觉体验会更好一些。

3. 段间距

文字的段间距指的是段与段之间的距离，段间距的大小也同样决定了每行文字间纵向间的距离。在微信公众号后台，图文消息的段间距设置分为段前距与段后距两种，这两种段间距功能提供了 5 种间距范围的选择，如图 16-19 所示。

专家指点

微信公众平台运营者可以根据自己平台读者的喜好去选择合适的段间距。微信公众平台运营者要弄清楚读者喜好的段间距风格，可以采用给读者提供几种间距版式的文章让读者进行投票选择。

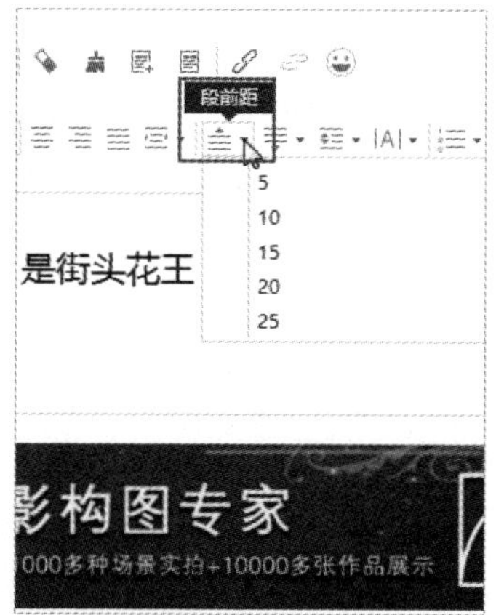

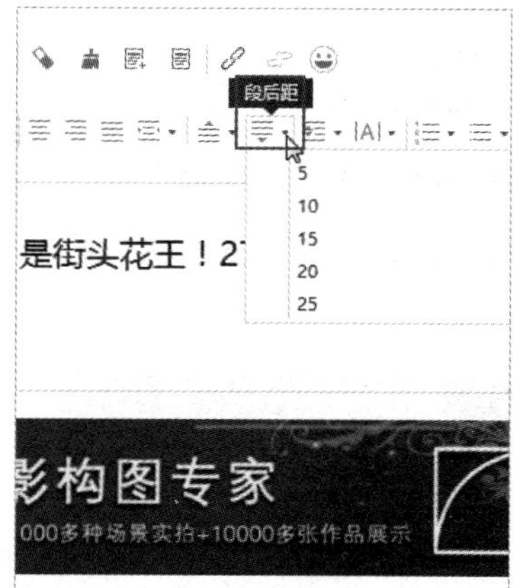

图 16-19 微信公众平台的段前距与段后距功能

16.2.4 分隔线的妙用

在微信公众号后台对图文内容进行排版时，可以利用分隔线把一些内容区分开来，这样，当文字内容较多的时候才不会错看，而且能很好地提升读者的阅读体验。下面介绍添加分隔线的具体操作方法。

移动鼠标，❶定位至段与段之间的空白位置，然后❷单击“分隔线”按钮，如图 16-20 所示。执行操作后，即可在鼠标指针所在行的上方❸插入一根分隔线，如图 16-21 所示。

图 16-20 定位鼠标并单击“分隔线”按钮

图 16-21 插入分隔线

专家指点

微信公众号后台的新建图文编辑中的“分隔线”，其功能与秀米编辑器中的“分割线”相似，只是后者的种类和样式更多一些，而前者只有一种形式可供选择。

16.2.5 图文结合要谨慎

虽然现在文章的内容形式有语音、视频等多种形式，但是大多数公众号的文章还是以图文结合为主。所以如果要说公众平台文章的排版，就不得不提文章的图文排版。微信运营者在进行文章图文排版的时候，如果想让版式看起来舒适需要注意以下两点。

1. 图片版式、大小一致

在同一篇文章中，用到的图片与版式要一致，这样给读者的感觉就会比较统一，有整体性。图片的版式一致指的是如果微信运营者在文章内容的最开始用的是圆形图，那么后面的图片也应该用圆形的，同样，如果第一章是矩形，后面的也要用矩形。

以公众号“手机摄影构图大全为例”，它在“放大招了！如何拍出花主体亮、背景黑的效果？只有高手才会哦！”这一篇文章中使用的图片版式跟图片大小就是一致的，如图 16-22 所示。这样能给读者带来整体感。

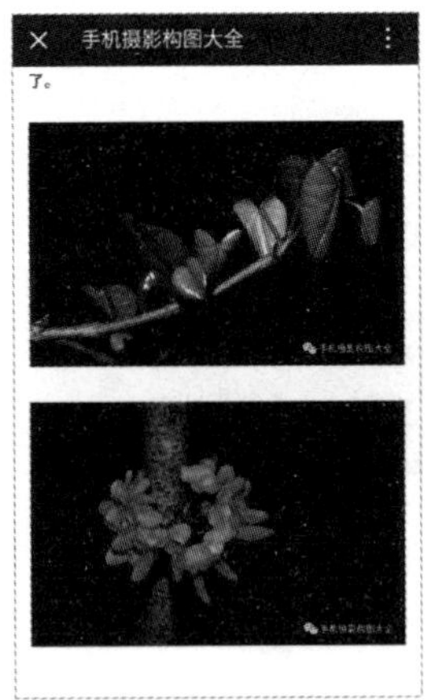

图 16-22 图片版式、大小一致的公众号案例

2. 图文间要有间距

图文间要有间距可以分为两种，一种是图片跟文字间要隔开一段距离，不能太紧凑。如果图片跟文字隔的太近，会让版面显得很拥挤，给读者带来的阅读效果不佳。

另一种是图片跟图片之间不要隔得太紧凑，要有一定的距离。如果两张图片之间没有距离，就会给读者带来是一张图的错觉。尤其是连续在一个地方放多张图片的时候，特别要注意图片之间的距离。

专家指点

微信公众号后台默认的背景是白色的，如果运营者想要为图文信息或其中的某一部分添加背景色，可以通过“背景色”功能按钮来设置。如果运营者想要为整个版面添加底纹，可以先在Word文档中为内容添加底纹，然后再复制并粘贴到微信公众号后台上。当然，也可以通过其他编辑器设置好之后再同步到微信公众号。

16.2.6 版式简洁更舒适

随着第三方编辑器的出现，很多微信公众平台运营者放弃了微信公众平台自带的编辑功能，纷纷投入第三方编辑器的怀抱，于是微信公众平台上出现了各种各样关于版式的文章。

版式多样是能够吸引到读者的。但是如果在同一篇文章中使用过多的排版方式就会使版面显得非常杂乱，反而会让读者在阅读文章的时候产生不适感。因此，微信运营者在追求版式特色的同时也要注意版式的简洁，在一篇文章中不要使用太多的排版方式。

有时候简洁的版式反而会在众多杂乱的版式中自成一股清流，拥有自己的特色，吸引到更多的读者。以微信公众号“会声会影1号”为例，其文章的排版就非常简单，但又有自己的特色，如图16-23所示。

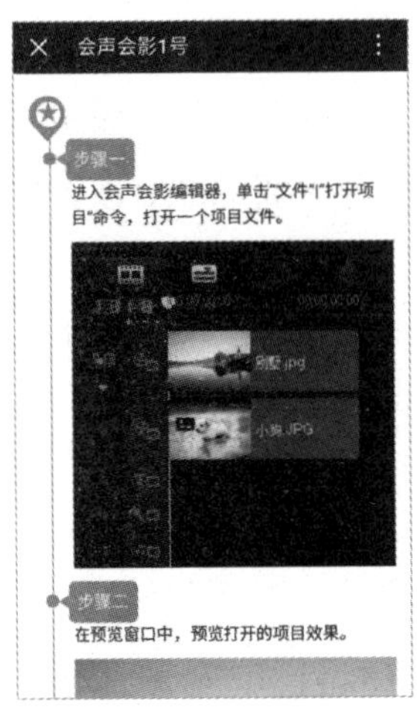

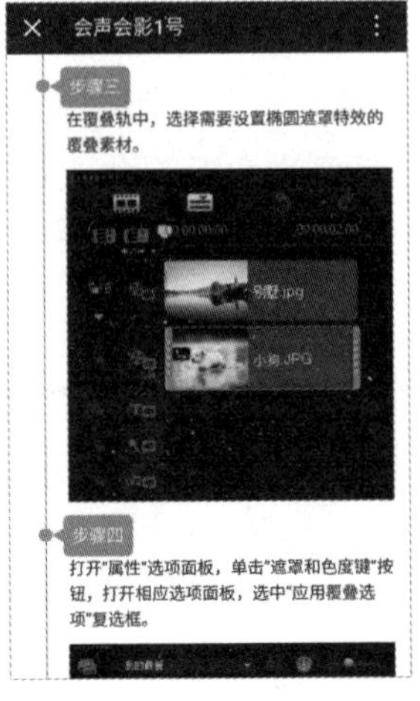

图 16-23　公众号“会声会影 1 号”文章的排版

16.3 特殊引流：开头、结尾版式的作用

在进行公众平台内容排版的时候，不仅要做好正文内容的排版，还要将文章开头、结尾的排版也做好。因为有时候这些小细节也能给微信运营者的运营工作带来很不错的运营效果。接下来笔者就为大家分析一下开头、结尾版式的作用。

16.3.1 文章开头增加关注

相信大部分人每天都会阅读微信公众平台推送的消息，那么大家有注意到文章的开头部分的排版有什么秘密吗？每个微信平台上的文章，运营者都会在文章的开头处放上如图 16-24 所示的一段邀请读者关注公众号的话语或图片。

专家指点

这段话或者这张图片，为什么要排在文章的开头呢？其实，把它排版在开头的作用是为了让读者在点开文章的时候就能够点击关注公众平台，以达到增加平台关注量的目的。

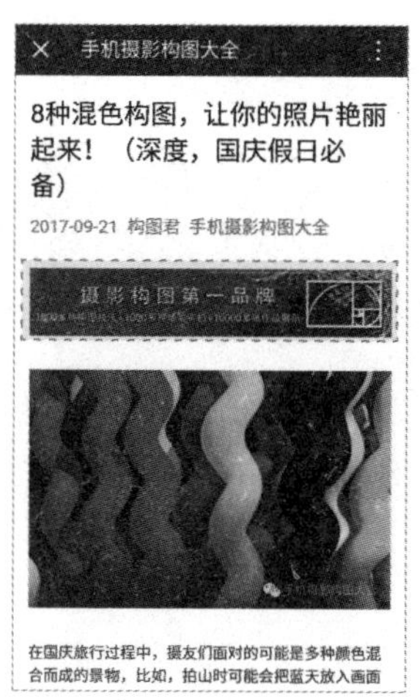

图 16-24　文章开头排版的公众号案例

16.3.2 文章结尾增加点击量

很多微信公众号都会在文章结尾处的排版中留一个版面对平台上之前已经推送过的文章进行推荐，以“手机摄影构图大全”公众号为例，它就是在文章结尾处排版时设置了“推荐阅读”，如图 16-25 所示。还有的公众号因为拥有自己的网站或者店铺，所以一般会在文章的最下面设置一个“阅读原文”的按钮，如图 16-26 所示。这两种做法，都能给平台的运营者增加点击量。

图 16-25　文章结尾排版设置“推荐阅读”

图 16-26　文章结尾排版设置“原文阅读”

16.4 排版工具：3 种最常用的编辑器介绍

微信公众号作为微信运营的重要平台，运营者应该为微信公众平台多费一些心思，但平台上所能提供的编辑功能是有限的，只有最简单的内容排版功能，这一情况和事实对使用微信公众平台的商家来说就难免显得过于单调，不能够吸引读者的眼球。

因此，运营者需要借助一些功能更齐全的第三方编辑器来帮助自己设计出更多有特色的内容版式，达到引流的目的。

16.4.1 秀米编辑器

秀米编辑器是一款优秀的内容编辑器，其官网网址为 http://xiumi.us/，下面为大家介绍一下秀米编辑器的排版操作流程。

专家指点

运营者可以在秀米编辑器中绑定微信公众号，这样就可以将编辑完的图文消息同步到微信公众平台上，从而能够节省一定的推送图文消息的时间。接下来笔者就将为大家介绍这个过程的详细步骤。

当运营者编辑完一篇文章之后，可以在图文消息的结尾处添加公众号的名片信息，也就是添加自己微信公众号的二维码，这样可以引导那些没有关注自己公众号的读者关注公众号。

运营者在已经登录秀米账户的前提下，在其首页❶单击“我的秀米”按钮，进入“我的图文”页面；❷单击该页面上的“添加新的图文”按钮，如图 16-27 所示。即可进入相应页面进行图文编辑了。

执行操作后，即可进入“图文模板”页面，❶单击“我的图库”按钮，跳转到相应页面；❷单击图文编辑区域的封面位置，会出现相应提示——“点击封面换图，按【Delete】键删除图片，图片不小于 300×300，如图 16-28 所示。

图 16-27　添加新的图文

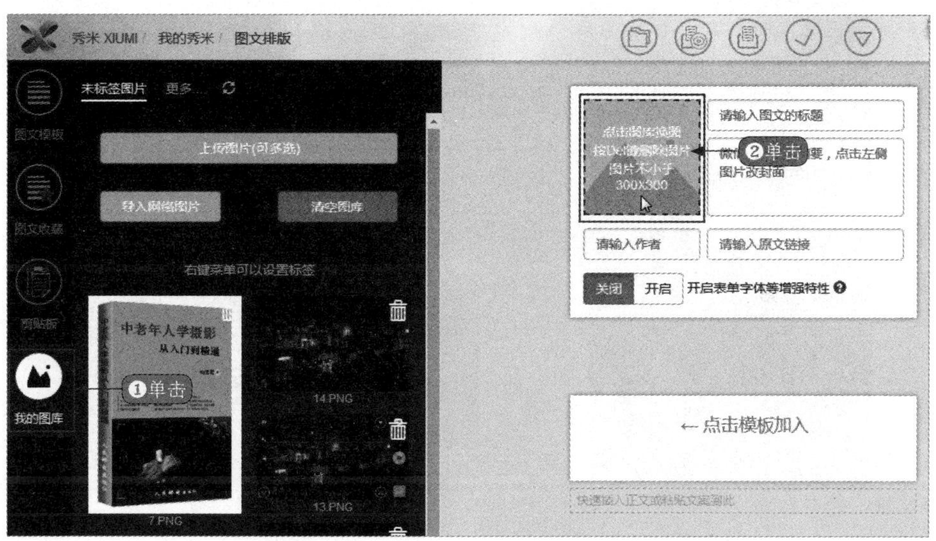

图 16-28　进入相应的“图文模板”页面

❶在图库中选中一张图片作为推送消息的封面；同时❷输入图文标题；然后❸单击“图文模板”按钮进入相应页面；在该页面选择模板，并❹单击“输入标题”按钮，如图 16-29 所示。

执行操作后，在相应的编辑位置❶输入标题；然后❷单击“我的图库”按钮，进入相应页面；❸进行图片和文字的编辑，如图 16-30 所示。当把所有内容都编辑好后，对图文进行保存和预览，即可完成图文编辑。

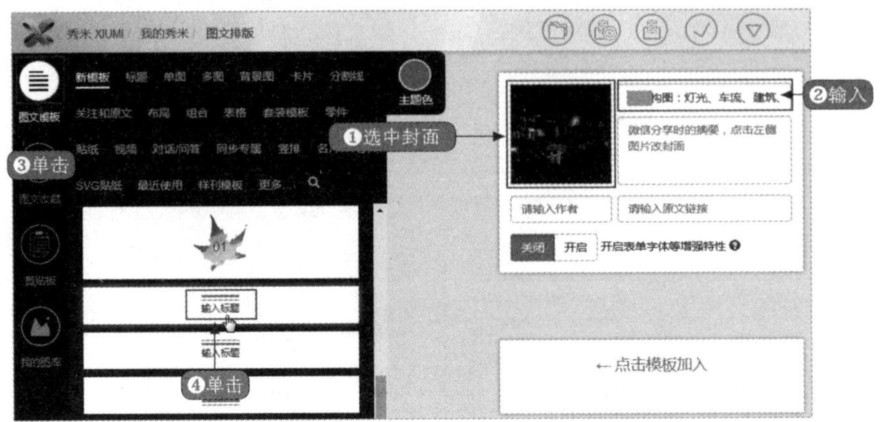

图 16-29　上传封面

图 16-30　输入标题

专家指点

在秀米编辑器的“图文模板”页面上，单击该页面中的“单图”、“多图”或“背景图”按钮，在此笔者选择单击“多图”按钮，在该页面的左侧会出现各种图片模板。此时，运营者可以先单击要添加图片之处，然后在图片模板中选中自己想要的图片，该图片就可以插入图文消息中。

16.4.2 135 微信编辑器

135 微信编辑器（http://www.135editor.com/）主要用于简单的长图文编辑，其主界面和秀米编辑器有点类似，如图 16-31 所示。

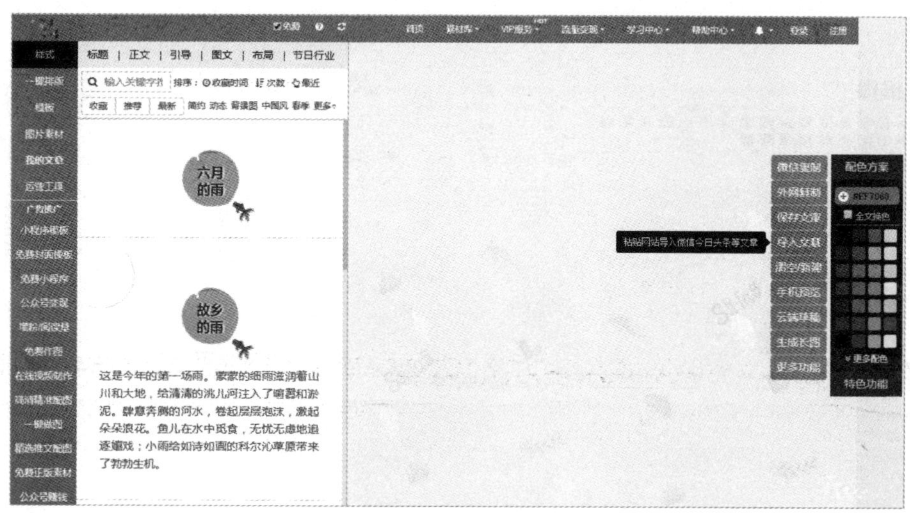

图 16-31　135 微信编辑器页面

如图 16-32 所示为两张微信公众平台的图文截图，左图是直接在微信公众平台后台对图文进行编辑的图文效果，右图是利用免费编辑器进行图文编辑的效果，大家可以将两张图进行对比，看看哪一种效果更好。

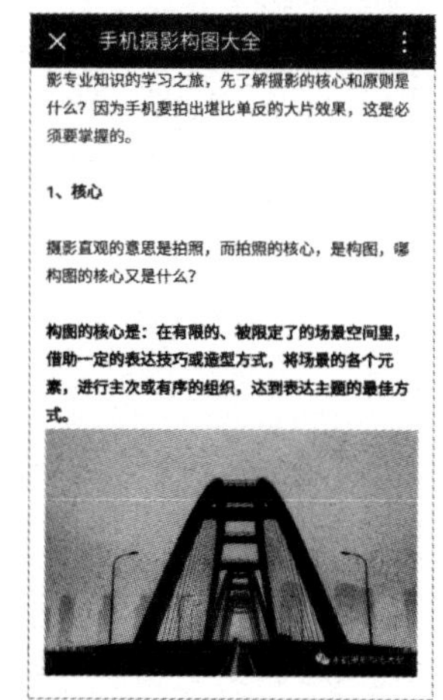

图 16-32　图文对比

16.4.3　i 排版编辑器

i 排版（官网 http://www.ipaiban.com/）编辑器也是一款很不错的内容编辑器，用户通过微信扫一扫功能进行注册，就能在电脑端进行操作了，如图 16-33 所示为 i 排版的首页。

图 16-33　i 排版的首页

i 排版可以一键排版，而其最大的特色是可以设计签名，微信运营者可以将设计好的签名和二维码一起放在图文的最后。

视觉
运营篇

章前知识导读

要想提高新媒体文章内容的点击率，增加平台的关注度与曝光度，新媒体运营者就必须让用户对其提供的信息眼前一亮。而要做到这一点，图片的选择和设计尤为重要。本章主要介绍图片编辑技巧，让你的图片“颜值”更高。

CHAPTER 17 图片编辑：超高颜值引爆读者眼球

新手重点索引

- 挑选图片：优质好图的挑选技巧
- 图片布局：掌握多种构图技巧
- 图片编辑：超高颜品，一秒吸睛

效果图片欣赏

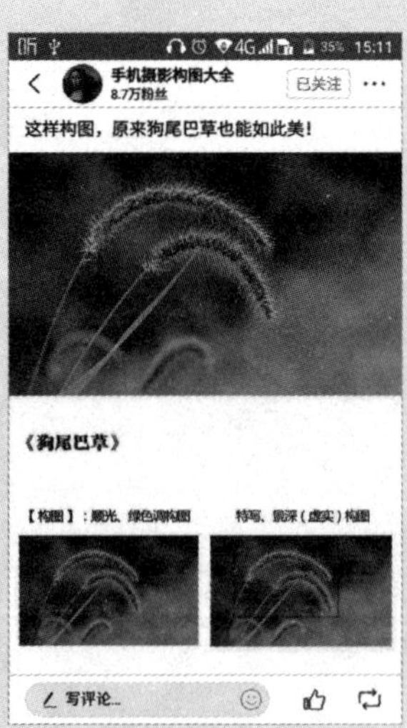

17.1 挑选图片：优质好图的挑选技巧

图片是新媒体运营的有力武器，一张合适的图片有时能胜过千言万语。图片能给新媒体平台上的读者带来更好的视觉效果，也能为平台上的文章锦上添花。

17.1.1 掌握图片的基本特征

新媒体用户在搜索关键词之后，跳转的页面中会出现一系列文章的封面图片，而图片质量的高低直接影响到新媒体平台的相关推送的阅读量与点击率。如果封面图片制作切合推送的主题，符合用户的审美标准，那么就能激发用户的好奇心，从而提高文章的阅读量。

那么优质的封面好图应该具备哪些基本特征呢？下面以图解的形式介绍优质好图的基本特征，如图 17-1 所示。

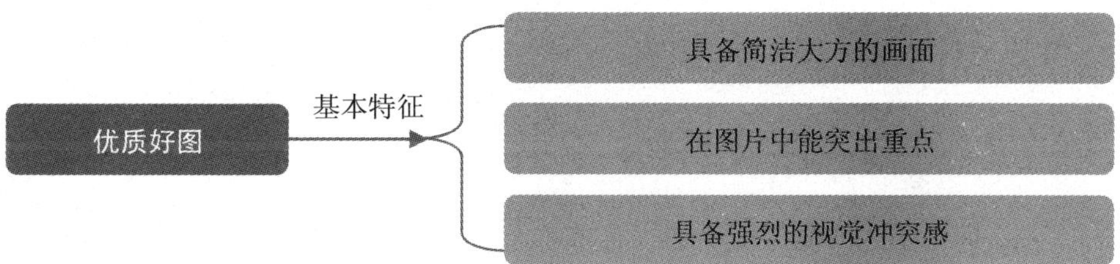

图 17-1　优质好图的基本特征

一张优质的图片能对新媒体用户产生强烈的视觉冲击感，在一定程度上节约了平台推广的成本支出。对于新媒体平台的运营者来说，好的封面会让用户眼前一亮，向用户传递产品的重要信息，从而引发用户的阅读兴趣。

17.1.2 掌握选图的基础要素

图片素材是指没有经过任何艺术的加工、零散而没有系统分类的图片。图片素材选择是否合理是打造亮眼的视觉效果的基础。运营者只有对符合产品主题并且质量较高的图片素材进行适当的艺术加工，才能真正地为产品页面增添色彩。一般来说，好的图片一般包括 8 个方面的基础要素，具体内容如下：

1. 拥有高的清晰度

高清的图片是获得平台用户良好第一印象的法宝，它体现了商品价值的高低，直接影响着用户的价值判断。如图 17-2 所示为一款主体清晰的图片，它不仅采用虚实对比的手法，而且拍摄的角度也比较合理，从而能通过意境的设计凸显图片的主题。

图 17-3 所示为背景杂乱的图片素材，不难看出，这张图片带给用户的是一种毫无亮点，平淡无奇的感觉。如果在新媒体营销与运营中选择这样的图片素材，肯定难以激发用户的好奇心，达不到好的视觉效果。

图 17-2　图片清晰的主图

图 17-3　背景杂乱的图片素材

2. 合适的颜色搭配

图片的颜色搭配合适能够给读者一种顺眼、耐看的感觉，对新媒体平台而言，一张图片颜色搭配要合适需要做到以下两个方面，一方面是选择的图片要亮丽夺目，另一方面是选择图片的颜色搭配要与文章的内容符合。

其中，选择的图片素材是否亮丽夺目是吸引读者关注的重要因素，舒适美观的视觉配色有利于提高图片的亮点与辨识度。因此，在没有特殊要求的情况下，图片要尽量选择色彩明亮的，因为这样的图片能给平台带来更多的点击量。下面以图解的形式介绍选择亮眼图片提高点击量的具体原因，如图 17-4 所示。

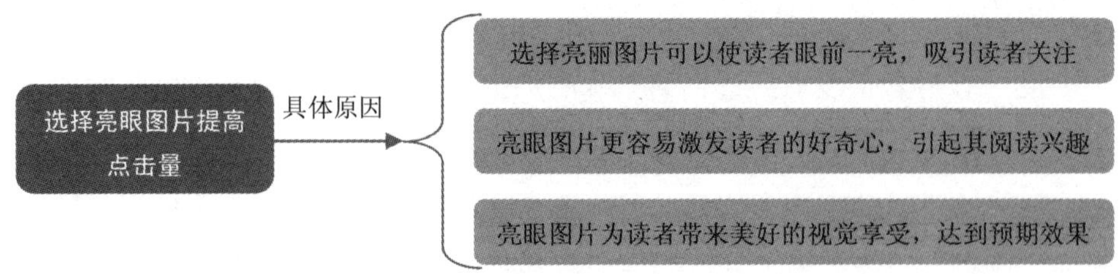

图 17-4　选择亮眼图片提高点击量的原因

很多读者在阅读文章的时候希望能有一个轻松、愉快的氛围，不愿在压抑的环境下阅读，而色彩明亮的图片不会给读者带来一种压抑、沉闷的感觉，恰好能给读者带来舒适轻松的阅读氛围。

当然，图片除了亮丽夺目之外，在颜色选择上还有一个与内容是否符合的因素存在，这也是在图片的细节处理中需要注意的问题，在新媒体平台上的各种图片处理也是如此。如果推送的内容是比较悲沉、严谨的，那就应该选择与内容相适应的颜色的图片——不可使用太过活泼的颜色，因为这样会使得整体感觉不搭。

3. 视觉光线要充足

一般而言，视觉光线较好的图片素材相较于光线昏暗的图片素材，会更容易给用户带来好的视觉享受。如果在进行视觉设计时没有把握好视觉光线，一方面容易导致呈现的图片无法达到预期的视觉效果；另一方面这样的视觉图片也不足以引起读者的阅读兴趣。图 17–5 所示为一张视觉光线不足的图片。

图 17–5 由于拍摄者在拍摄时没有把握好视觉光线，从而导致整个视觉画面呈现出一种昏暗无光的感觉。毫无亮点的图片，缺乏质感的视觉效果是新媒体运营者进行营销与运营的大忌。再来看光线把握得当的图片示例，如图 17–6 所示。整个图片给人明亮、简洁的视觉感受，体现了图片的质感。

图 17–5 视觉光线不足的图片示例

图 17–6 光线得当的图片示例

4. 科学的视觉角度

要打造好的视觉效果，需要新媒体运营者在进行视觉设计时选择具有科学合理的视觉角度的图片素材，从而为文章增添亮点，提高文章的可读性。下面以图解的形式介绍选择视觉展示角度合理的图片素材的好处，如图 17–7 所示。

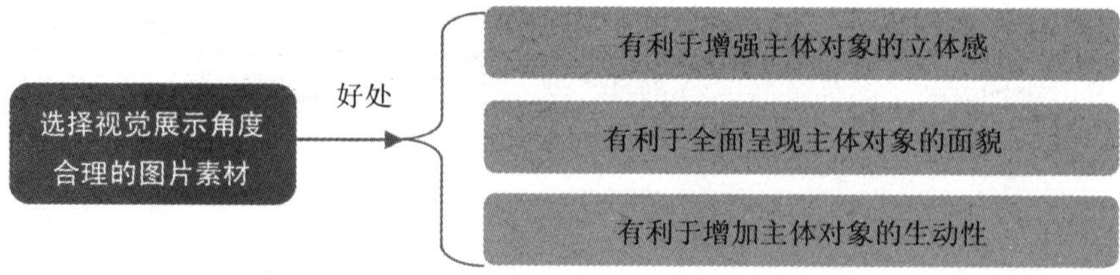

图 17-7　选择视觉展示角度合理的图片素材的好处

图 17-8 所示为展示角度合理的图片示例。不难发现，这张图片的角度有利于充分展示商品的全貌，较为立体地展示了商品的特征。

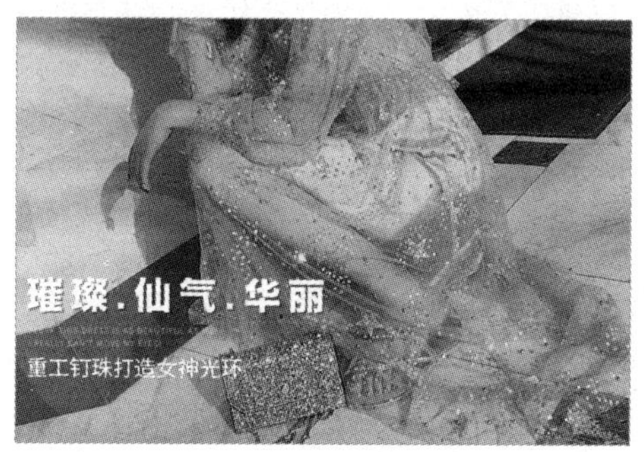

图 17-8　展示角度合理的图片素材示例

5. 富有创意的设计

清晰度再高、视觉光线再充足或是展示角度再准确立体，如果所采用的图片素材都是千篇一律，缺乏创新点，那么对用户的吸引力也是有限的。要保持对新媒体用户长久的吸引力，需要运营者在视觉设计上富有创意，持续保持用户对新媒体平台的新鲜感。独具匠心的图片往往能够激发用户的好奇心理，给予用户最佳的视觉享受，从而增加对产品的好感度，扩大其影响。

专家指点

选择视觉角度合理的图片素材，不仅是新媒体平台运营者营造最佳视觉效果的前提条件，也是激发用户好奇心、引起用户关注的最重要影响因素，试想，如果用户无法从接收的图片中寻找到亮点与独特性，长此以往，也会大大降低用户对平台的信任度与品牌认知度。

例如，在摆放较为柔软的商品时，通过对其外形进行二次设计，增加画面的美感。如图 17-9 所示。将皮带卷起来摆放，不但可以兼顾皮带的头尾，而且还可以显得更加大方利落。

图 17-9　皮带造型的二次设计

6. 图片的美妆效果

企业、个人在进行新媒体平台运营时是离不开图片的，图片是让平台内容变得更加生动的一个重要武器，会影响到读者的点击阅读量。因此，在使用图片给新媒体平台增色的时候也可以通过一些方法给图片“化妆”，让图片更加有特色，提高视觉上的精美度，从而吸引到更多的读者。

正所谓“红花还需绿叶配”，在拍摄或处理新媒体图片时，还需要对环境进行一些适当的设计，为主体对象添加一些装饰物来进行搭配，可以让其显得更加精致。如图 17-10 所示。搭配物可以是其他颜色的同类产品，也可以是一些比较养眼的植物盆栽等。

图 17-10　通过环境搭配来给图片“化妆”

7. 合适容量，打开顺畅

在选择新媒体平台中推送内容的图片时，除了要选择符合产品主题内容的图片和注重图片的精美度外，还需要选择容量适宜的图片，便于用户的阅读。运营者应尽量将单张图片的容量大小控制在 1.5MB 到 2MB 之间为最佳。然后在这个容量限制的基础上，对选定的图片素材进行编辑。

之所以说要选择合适的图片容量，主要是从给读者阅读体验出发——不想让过大的图片耗费读者大量流量的同时，还要耗费图片加载的时间，从而给读者带来不佳的阅读体验。在此分两种情况介绍，具体如下：

（1）如果平台定位的读者一般习惯晚上 8、9 点阅读文章，而这个时间段基本上人们都是待在家里，读者可以使用 Wi-Fi 打开进行阅读，不用担心读者的流量耗费也不用担心图片加载过慢，那么就可以适当的将图片的容量放大一些，给读者提供最清晰的图片，让读者拥有最好的阅读体验。

（2）如果平台定位的读者大部分都是在早上 7、8 点钟阅读文章，那么使用手机流量上网的可能性就会比较大，这种情况下如果平台推送消息，就需要将图片容量控制在上面所说的 1.5MB 到 2MB 之间，为读者节省流量的同时，也节省图片加载时间。

8. 尺寸适宜，顺利上传

除了上面提及的几个方面的要素外，新媒体平台运营者还应注重选择合适的图片尺寸，一方面便于图片的顺利上传；另一方面保证整个视觉页面的协调。

图片的尺寸并不仅仅指图片本身的大小（即像素），它还指在文章排版中图片显示的尺寸。图片在排版中的尺寸一般有一个固定范围内的大小，不可能做太大的调整，因此，为了保持图片的清晰度，必须保证图片本身的尺寸大小，以提高图片的分辨率，这是实现图片高清显示的最基本保证。

然而，图片高清显示的容量大小又关系到读者点击阅读软文信息时的用户体验。因此，在保持图片的高分辨率、不影响观看以及顺利上传、快速打开的情况下，怎样处理图片尺寸成为一个非常关键的问题。换句话说，即应该运用怎样的方法才能让高清图片改为普通大小。

17.1.3 注重体现图片的质感

新媒体运营者在选择图片时，应注重体现图片的质感。高质感的视觉图片会更容易抓住新媒体用户的眼球，带给用户最佳的视觉感受。不同质感的图片会在无形之中影响读者的心理感受，他们会从不同的角度关注产品信息，如图 17-11 所示。

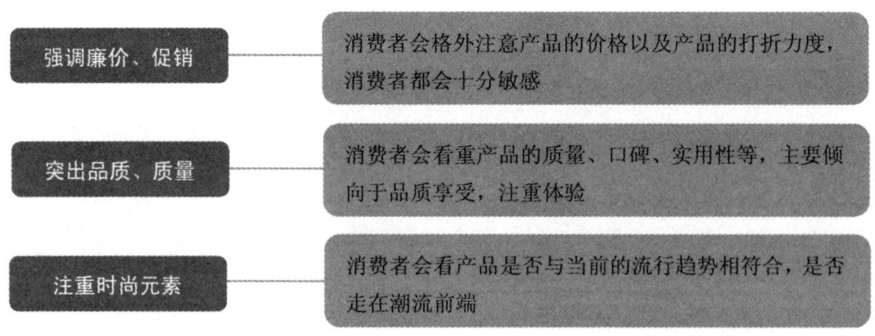

图 17-11　不同质感的产品主图对消费者的心理感受的影响

不同的物体，它的质感也是不一样的，通过不同的质感，可以展现出物体的特殊性。在摄影中，被拍摄的对象可能通过自身材质或光线衬托，表现出一种特殊的质感。如图 17-12 所示，通过明暗对比和特写构图的方式拍摄树叶局部，展现被拍摄主体的质感。

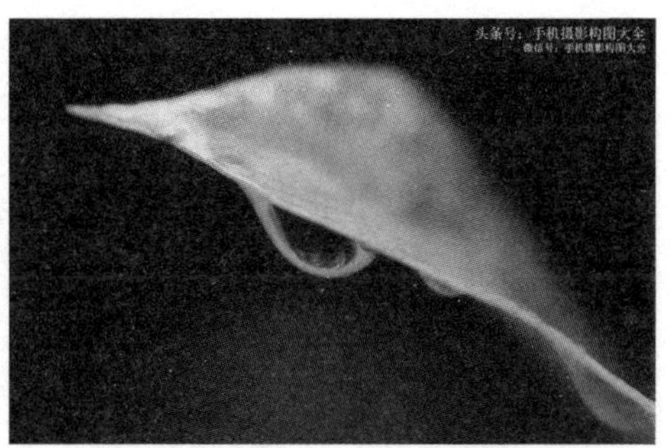

图 17-12　体现图片的质感

17.2 图片布局：掌握多种构图技巧

在拍摄新媒体图片的过程中，也需要对摄影主体进行适当构图，遵循构图原则，才能让拍摄的图片更加富有艺术感和美感，更加吸引粉丝的眼球。

17.2.1 分隔构图：展示全貌，清晰明了

产品主图在构图上也需要进行认真的设计，因为不同的构图方法可以打造不同的视觉关注点，从而形成风格各异的产品氛围，给消费者带来视觉享受。

例如，针对服装类产品，运用得比较多的是分隔构图方法。新媒体平台运营者采用分隔构图方法时，因为平台页面的限制，为了全面展示产品的面貌，需要将画面分隔成几个部分。图 17-13 所示为采用分隔构图法的产品图片。

采用分隔构图法的好处，一是可以全方位展示产品特点，让消费者买得放心，二是可以呈现出产品的不同颜色和款式，从而吸引消费者的注意力。虽然分隔构图法主要用于服装类商品的展示中，但也不排除有别的品类的产品可以采用这种构图法，如图 17-14 所示。

这张商品主图运用分隔构图法的主要表现是在画面中将主图分隔成 3 个部分，然后每个部分展示了不同摆放方式的产品，让消费者能够清晰明了地看到产品的特征以及多样性。

图 17-13　采用分隔构图法的产品图片（1）

图 17-14　采用分隔构图法的产品图片（2）

17.2.2　直线构图：提供的不是一种选择

直线构图法就是在展示画面主体的过程中，采用的是以直线呈现的方式，或在垂直方向上，或在水平方向上，产品连成一条直线。图 17-15 所示为运用水平直线构图法呈现的图片，拍摄出更加宽广的海面，而且画面的纯粹感与集中度也会得到提高。如图 17-16 所示。利用整齐排列建筑的垂直线，进行构图取景，给人以一种非常稳定的感觉，加上水里的倒影，更加对称。

图 17-15　水平直线构图

图 17-16　垂直直线构图

17.2.3　发散构图：扩展目光 or 聚集焦点

发散构图法就是在展示产品的过程中，产品的一端的延长线会集中指向某一点，而另一端按照一定的规则向四周分散开来。发散构图法一般适用于比较细长的商品类型，其构图优势包括画面动态感更强、有力突出发散中心以及强烈的视觉冲击感。

图 17-17 所示为产品主图的发散构图方式，拖鞋呈发散式向四周扩散，既能够扩展消费者的目光，又可以聚集视觉的焦点。如果想要让消费者注意到商品的品牌，还可以在焦点处放置品牌的标识，以达到宣传推广的目的。

图 17-17　商品主图的发散构图法

17.2.4　渐进构图：明显的立体感与空间感

渐进构图法就是对主体元素有组织、有顺序地进行排列，比如由大到小、由远及近，这样做的好处有很多，包括增强画面的空间感、让主体对象陈列更加丰富多彩以及主体部分重点更加突出等。

图 17-18 所示为产品图片的渐进构图法，立体感和空间感都很明显。

图 17-18　产品图片的渐进构图法

17.3　图片设计：超高颜品，一秒吸睛

图片是打造一个吸睛新媒体账号必不可少的武器，如果说将新媒体账号看成是一个团体，里面的每一个功能与设置都是组成这个团体的一部分，那么图片毫无疑问就是这个团体的颜值担当。

17.3.1　长图文：连贯的图与文，相辅相成

长图文通过将多张图片素材进行拼接组合，以滚动形式向读者展示文章内容。新媒体平台运营者利用长图文，带给用户新的阅读体验的同时，也对

用户形成了较大的视觉冲击，如图 17-19 所示。

图 17-19　长图文

可见，长图文是使新媒体平台的图片能获得更多关注的一种好方法。它将文字与图片融合在一起，借文字描述图片内容的同时，用图片更生动、形象地传达信息，二者相辅相成，配合在一起，能够使文章的阅读量得到提升。

专家指点

在制作长图文的过程中，应注重图片素材选择的连贯性，保证推送内容的一致性。另外，要想长图文取得好的视觉效果，除了注重图片选择外，还要注重过渡语言的书写。

17.3.2 水印：贴上专属标签，自动推广

要想让新媒体平台的图片引爆读者的眼球，如何给图片打上标签也是新媒体运营者需要注意的一个问题。给图片打上标签，就是给图片加上专属于某一个公众号、APP 以及其他新媒体账号的水印，从而推广相应的新媒体平台，扩大平台的影响力。

新媒体平台运营者如果要给图片加上专属标签，可以在平台后台进行操

作。接下来以微信公众号为例，给大家介绍一下具体的添加专属标签的操作方法。

进入微信公众平台后台，❶单击“公众号设置”按钮，如图 17-20 所示，❷单击“功能设置”按钮，即可看到设置水印一栏，如图 17-21 所示。❸单击“设置”按钮，就会弹出相应的“图片水印设置”页面，如图 17-22 所示。

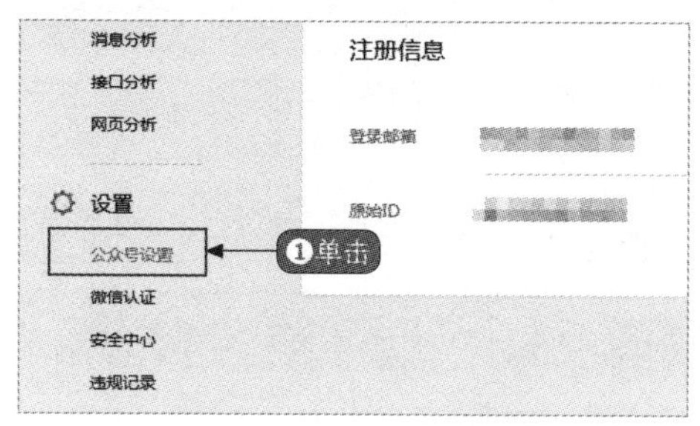

图 17-20　单击“公众号设置”按钮

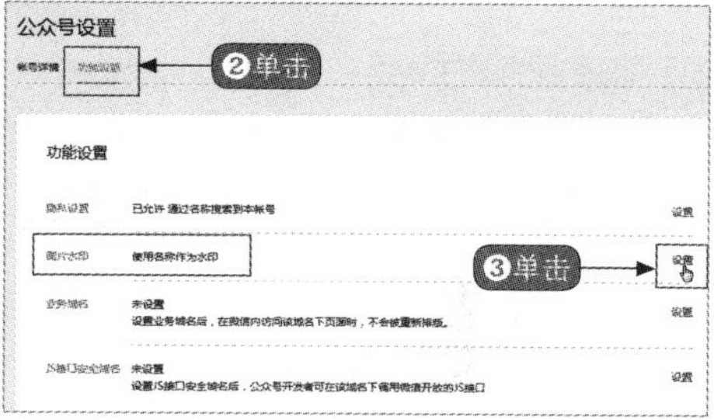

图 17-21　设置水印一栏

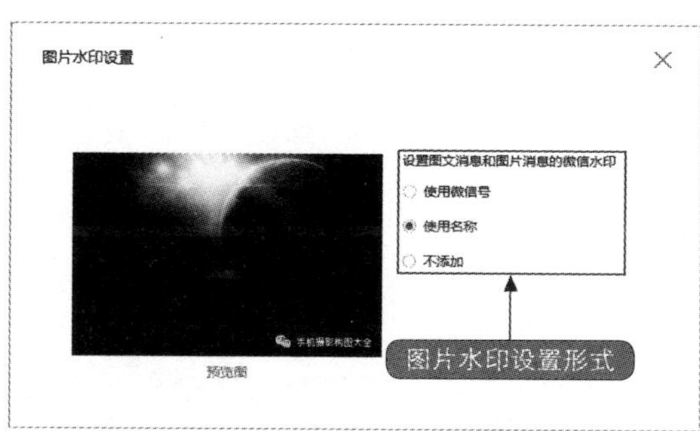

图 17-22　图片水印设置界面框

从图 17-22 中可以看到，图片水印的设置共有使用微信号、使用名称、不添加 3 种形式。既然我们的目的是要给图片打上标签，那就可以选择忽视第三种形式，微信公众运营者可以在第一种和第二种形式中根据自己的喜好选择一种为微信公众号推送内容中图片的水印设置形式。

17.3.3　二维码：5 种类型，到处是商机

在现实生活中，随处可见二维码的身影，二维码营销已经成为一种很常见的营销方式。二维码对于新媒体平台来说也是非常重要的一种吸引读者的手段，同时它也是新媒体平台的电子名片。

因此，企业或者个人在运营自己的平台时，可以采用制作多种类型和形态的二维码进行平台推广与宣传，以便吸引不同审美类型的读者。将我们生活中见到的二维码进行分类，可以分为 5 种类型，如图 17-23 所示。

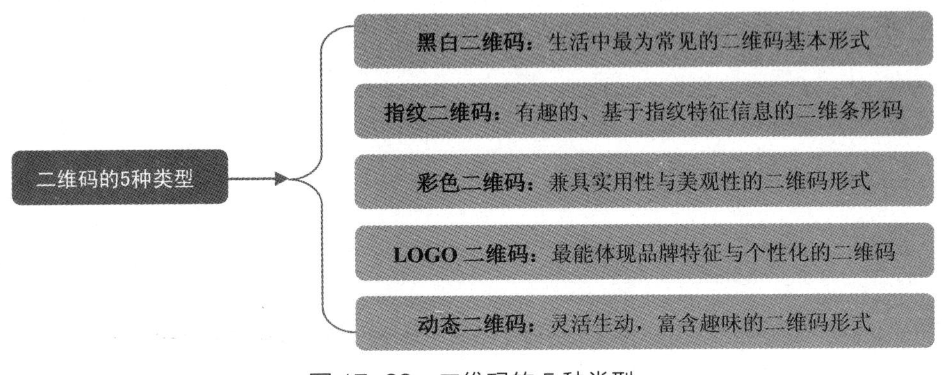

图 17-23　二维码的 5 种类型

章前知识导读

随着新媒体的迅速崛起，如何在新媒体大环境中进行视觉营销与运营，以此提高品牌知名度、创造利益，是新媒体运营者关注的重点，同时也是难点。新媒体运营者只有注重视觉设计，才能保证良好的营销效果，这就是视觉营销与运营的意义所在。

CHAPTER 18 视觉运营：美与卖点二者还须兼得

新手重点索引

☑ 页面展示：注重细节抓住消费者心理

☑ 形式美感：字体 + 按钮和箭头 + 气氛

☑ 广告视觉：通过视觉设计提升转化率

效果图片欣赏

18.1 页面展示：注重细节抓住消费者心理

视觉营销的英文为“Visual Merchandising”，简称“VM”或者“VMD”。对于新媒体美工来说，视觉营销首先就是页面的展示效果设计，这是用户对产品的第一印象，只有将各种新媒体平台的内容页面做好，才能给人留下良好的印象。

18.1.1 陈列信息：导航清晰，重点突出

通常，当面临太多选择时人们都会难以抉择，从而造成疲于选择的后果。杂乱无章的信息分布，没有条理的商品位置摆放，会让受众难以分辨销售商品的重点，从而失去点击和购买的欲望。

如图 18-1 所示，这个公众号的内容页面给人以一种舒适的视觉效果，不仅在色彩上十分和谐，而且对信息进行了合理的布局，重点突出，导航清晰。显而易见，这样的视觉效果更容易得到受众的青睐，激发他们的浏览、转发和消费欲望。

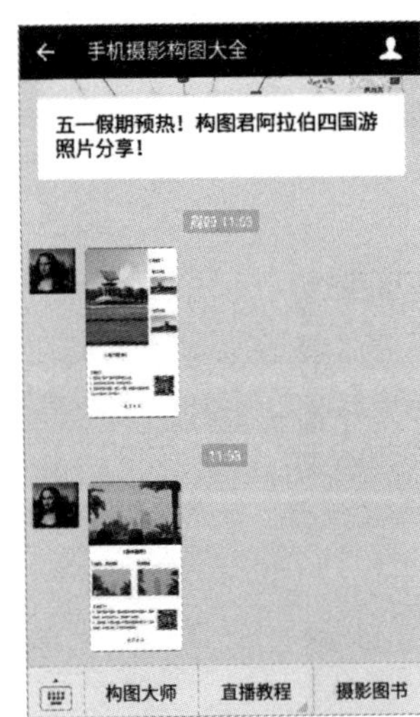

图 18-1　色彩一致、陈列有序的首页

一般而言，陈列信息的视觉布局是否能给受众呈现一种清晰明确、舒适的视觉享受，对于页面的点击率等数据都会产生潜在影响。

18.1.2 重点信息：放在显眼的有效范围内

受众在新媒体平台浏览信息时，停留在一个页面的时间极短。当他们发现页面提供的信息没有吸引力、缺乏浏览价值时，就会快速跳过该页面。根据这一心理，企业和商家必须在受众短暂停留的时间内，将具有吸引力的视觉信息传递给他们。

要做到这一点，要求企业和商家在进行视觉设计时，要将营销活动的重点信息放在页面的显眼位置，从而在有效的视觉范围之内，凸显重要的活动信息。

一般而言，图形是有界限的，包括一定的范围，而画面之中的内容所处的位置代表了它的地位。重要的信息经常会放在显眼的位置，而次要的信息则会放在角落。因此，在进行视觉营销时，要把重要的信息放在图片中间，而且想让受众一次性看完的信息要放在一起，尽量避免分开。

如图 18-2 所示为品牌广告对重点信息的凸显，在这一品牌广告中将“新奇特”、“配饰”以及“绽放最惊艳的你！”等对受众极具吸引力的字眼放在图片的显眼位置，并且用不同颜色、字体和底纹来凸显重要的活动信息。

图 18-2 品牌广告对重点信息的凸显

18.1.3 场景带入：须与受众心理高度契合

受众在新媒体平台浏览信息时常常会不自觉地被与自身高度契合的图片吸引。这种情况的出现其实就是受众把自己带入图片的场景中去了，特别是当画面场景与受众心理高度契合的时候，效果就会更加显著。因此，商家在拍摄产品时，应该首先找准目标受众，然后对产品进行准确的定位，最后再根据定位和受众来拍摄画面。如图 18-3 所示。针对中年女性推出的套装产品，通过图文场景的带入，画面和文字都非常有吸引力。

图 18-3 图文场景

在新媒体平台的营销与运营过程中，场景的带入需要利用消费者的感性心理，要让他们在看到图片后就能够产生情感共鸣，从而对商品产生好感。当然，这就需要商家在设计视觉效果时把握好场景和产品的契合度，尽量选择恰当的图片，继而从视觉效果中传达出自己的品牌理念及产品特色。

18.1.4 凡事至简：不费力地快速获取信息

凡事至简其实才是最不容易做到的，而简洁对于打造视觉营销和运营效果而言也是重要的原则之一。实际上，消费者都比较喜欢简洁而且不费力的视觉效果，这样的话就能够更加快速地获取想要的信息。图 18-4 所示为十分简单的页面设计，重点突出，一目了然。

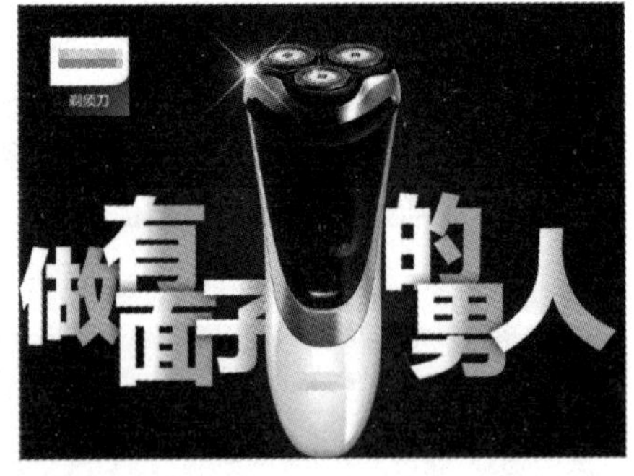

图 18-4 遵从简洁原则设计的视觉效果

18.1.5 通感效应：通过联想打造逼真效果

人的不同感官的感觉可以通过联想的方式联系在一起，比如俗语中的“一朝被蛇咬，十年怕井绳”中就涵盖了这种心理现象。企业和商家在借助新媒体平台进行视觉营销与运营时也可利用消费者这一心理。尤其是对于食物类的产品而言，如果将视觉效果打造得格外细腻、逼真，或者看起来让人垂涎欲滴，就能够达到营销的目的。图 18−5 所示为看起来十分美味的糕饼类食物。

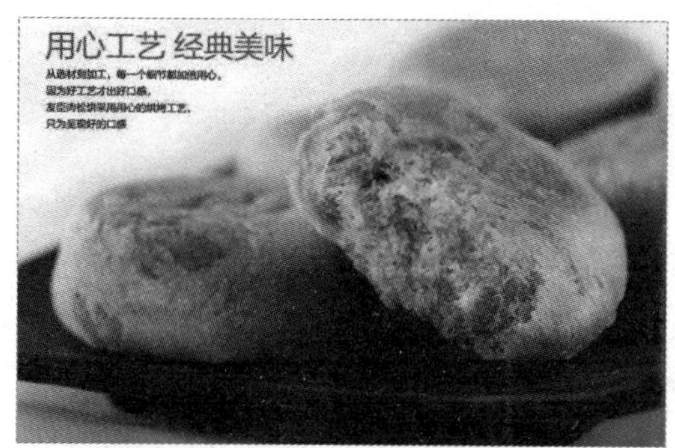

图 18−5　产品图对通感效应的应用

18.2 形式美感：字体 + 按钮和箭头 + 气氛

形式充满美感听起来就比较笼统，简洁、大气、美观等词语都适用于美感，那么在新媒体营销与运营中，具体应该如何才能达到充满美感的视觉效果呢？下面将从以下几个角度进行详细介绍。

18.2.1 字体选择：重要程度不同的信息的传递

通常字体的选择会给视觉效果带来不一样的感受，同时也传递了不同重要程度的信息。除了字体的粗细外，还有不同字体的组合，使得画面更为丰富，吸引眼球。图 18−6 所示为一个游戏广告，各种不同的字体形成碰撞，融合，在画面里充分展现出来。

图 18−6　不同字体的碰撞融合

18.2.2 按钮和箭头：引导受众进行购物

通常，在新媒体平台出现的许多产品广告图和活动图中，都会出现引导受众进行购物的按钮或者箭头，这样做一是为了方便消费者直接进入购物页面，二是为了暗示，起到引流的作用。图 18-7 所示为搜狗游戏中心，可以看到画面的右下侧有一个“开始游戏”的引导按钮，它是根据用户从左到右、从上到下的浏览习惯设计的，能够起到引导用户点击的作用。

图 18-7　运用按钮进行引导

18.2.3 气氛的营造：通过画面字眼来实现

在利用视觉效果进行营销与运营时，可以通过画面中的字眼来营造紧张的气氛，从而引起消费者的注意，让他们主动进行购物。图 18-8 和图 18-9 所示为各种营造紧张气氛的方法。

图 18-8　时间的限制

图 18-9　数量的限制

18.3 广告视觉：通过视觉设计提升转化率

视觉营销作为日益发展壮大的新媒体电商的重要营销手段，不断推陈出新。在新媒体美工和店铺图文内容设计中，需要运用视觉营销为用户营造一种“秀色可餐”的广告氛围。

18.3.1 钻展广告：增加有活力，提升点击率

钻石广告展示位置，简称“钻展广告”，当消费者被各种各样的广告环绕，什么样的广告才是他们所喜爱的呢？而你即使有资本投入钻展广告，又应该如何让其发挥显著的作用，提升广告的点击率呢？

从一些优秀的钻展广告中的分析中不难得出，一个想要获得大量点击率的广告需要具备如图 18-10 所示的特点。

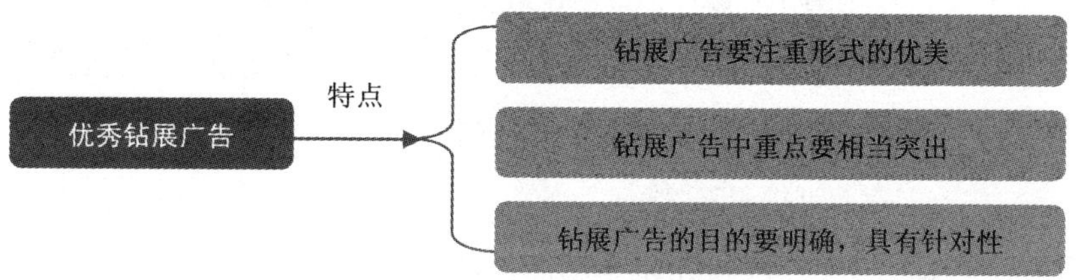

图 18-10 优秀钻展广告的特点

同时，对于钻展广告的设计步骤也有所要求，具体内容如图 18-11 所示。

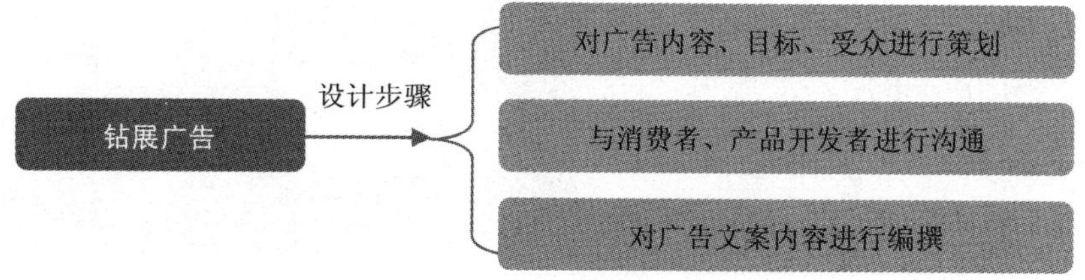

图 18-11 钻展广告的设计步骤

专家指点

对钻展广告设计的时候，沟通是其中重要的环节，如果不了解受众的产品体验，就无法把握其消费需求。当然，策划和设计也是不可缺少的，三者是环环相扣、有机结合。

18.3.2 产品内页：要注重将卖点融入效果中

产品内容页面的设计对于提升转化率而言，其作用和重要性是不言而喻的，甚至比首页的作用还要大。因此，新媒体平台的运营者在进行产品内容页面设计时，要想打造最佳的视觉效果，应要注重将产品的卖点融入其中。因为受众会针对产品进行仔细筛选和观察，能不能经得起观察和考验，需要产品内容页面全面介绍产品及其要点，具体内容如图 18-12 所示。

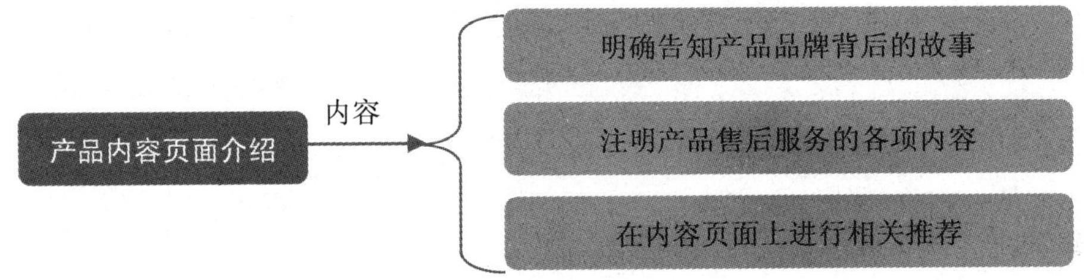

图 18-12 产品内容页面需要介绍的内容

产品内容页面的设计需要从细节方面慢慢琢磨，寻求将产品卖点转化为视觉效果的方法。接下来介绍具体的转化技巧。

1. 宣传文案：要极具吸引力

产品内容页面中的广告图是相当重要的一部分，它承载着提升转化率的重要责任，而将提炼出来的产品卖点通过视觉效果表现出来则是内容页面设计的较好操作方法。如果选择极具吸引力的宣传文案与图片组合，将有利于突出产品的卖点，增强产品的竞争优势。图 18-13 所示为喜马拉雅 FM 中的页面广告图，文案和图片相得益彰，很好地吸引了受众的注意力。

图 18-13 喜马拉雅 FM 中的页面广告图

2. 宣传方式：讲述产品卖点

在将产品卖点视觉化的时候，可以利用相应的方法和技巧来达到比较好的效果，选择新颖的宣传方式突出产品的卖点，从而提升产品的转化率。比如利用卡通形象或第一人称来讲述卖点，如图 18-14 所示。

3. 体现产品原料：增强信赖

还有一种将产品卖点视觉化的方法就是在展示产品的同时把制作产品的原料也展示出来，让消费者对产品更加信赖，如图 18-15 所示。值得注意的是，制作原料并不是简单的摆放，而是通过在展示产品全貌的同时，体现原料，为消费者带来强烈的视觉冲击，突出产品的特征，增强消费者对产品的记忆点，这也是卖点视觉化的技巧。

图 18-14 利用卡通形象讲述卖点

图 18-15 体现产品原料

产品的内容页面设计需要是商家经过认真考虑的，不仅仅局限于产品卖点的简单罗列，而是要将其卖点融入视觉效果中，让受众从图片和文案中感受到来自产品的双重冲击。当然，设计的时候除了上面提到的方法之外，还有许多值得借鉴和参考的视觉转化技巧，设计者可以在全面学习其他优秀的视觉化方法之后，再对自己的新媒体内容页面进行设计。设计需要跟上潮流，需要不断进步，设计没有止境。

18.3.3 连续卖点：重视组合视觉，摆脱乏味

受众在阅读产品内容页面时，通常要看很久，因为页面一般比较长，涵盖的信息也比较全面。因此，大部分消费者会通过滑动滚轮翻页，而遇到图文并茂的视觉效果时，一般会采用图文混排的组合视觉设计方式，如图 18-16 所示。

总的来说，图文混排的方式较好地营造了组合视觉的效果，让受众不至于因为一直浏览单一的版面设计而感到枯燥乏味。当然，在设计的过程中，一定要注意卖点图之间的联系，保持吸引受众的注意力，不然就会造成流量

的白白流失。

专家指点

组合视觉效果指的是在卖点图连续出现的时候，不能够随意排列，要对它们之间的联系重视起来。组合视觉效果要做的就是解决一个屏幕范围之外的视觉设计问题，因为很多设计者在对新媒体内容页面进行设计时，无法注意到全部的版面设计。

图 18-16　图文混排的新媒体页面

视觉效果的设计是为了给受众提供更为便捷和舒适的购物体验。因此，在进行组合视觉设计的时候，必须要考虑受众为浏览新媒体内容页面而花费的成本问题，这些成本主要包括如图 18-17 所示的几个方面。

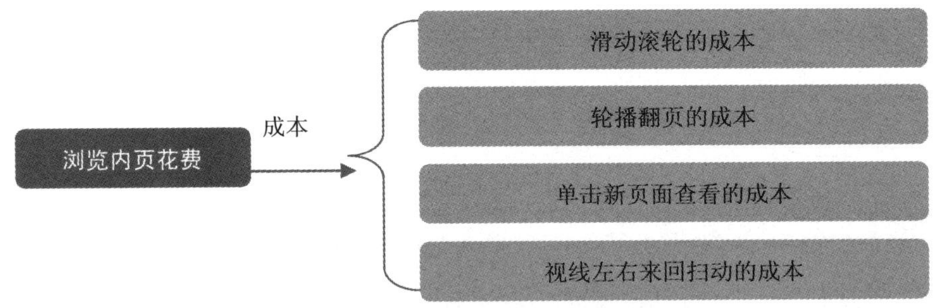

图 18-17　受众浏览产品内容页面花费的成本

针对这些消费者所花费的成本，在进行视觉营销的时候，就应该有效避免或相应降低这些成本，那么，应该怎么做呢？具体方法如图 18-18 所示。

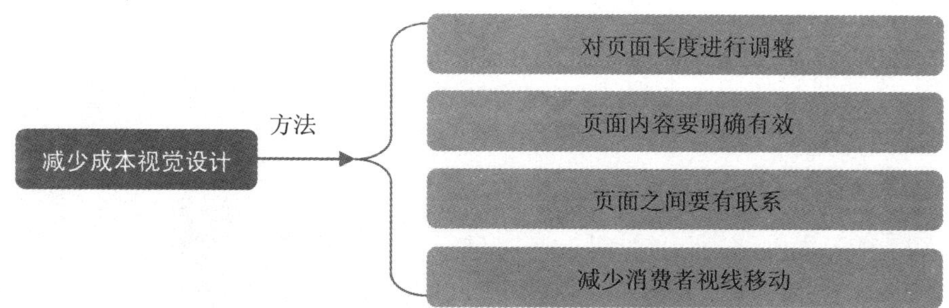

图 18-18 减少受众阅读成本的视觉设计方法

18.3.4 主题视觉化：吸引注意，提升转化率

新媒体的主题方案与视觉设计是密不可分的，因为一般都是根据方案的主题来对产品进行视觉化设计，这样做的途径有很多，可以利用的工具也很多。千万不要觉得将方案的主题视觉化是一件很困难的事情，其实在设计的过程你就会发现，不同主题方案之间的区别也不过是素材、颜色以及对比等设计技巧的不同罢了。

在制作新媒体广告时，大家容易进入一个误区，那就是太过重视视觉化的设计，而忽略了宣传主题的展现。例如，很多新媒体广告看起来非常华丽、高雅，但消费者并不知道其要表达的是什么信息，此时消费者可能就会与商品失之交臂。

因此，我们在重视新媒体广告视觉化设计的同时，还需要适当地添加一些介绍文字来展现自己的宣传主题。如图 18-19 所示。告诉消费者你买我的产品，能得到什么。这样才能更好地促进商品转化。

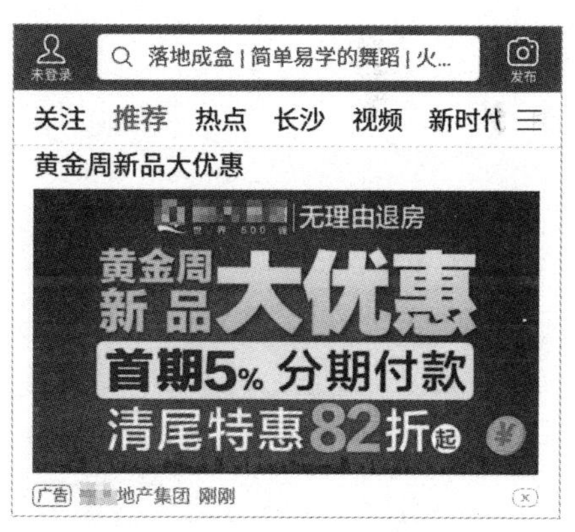

图 18-19 广告主题视觉化

18.3.5 技术实现：精细设计，阐述产品卖点

技术实现讲的是更加细致的设计技巧，主要围绕典型的案例来描述产品卖点。图 18-20 所示为水密码的卖点图，不难看出是为了突出产品的补水、

易吸收效果。

在画面中突出这一效果，一方面突出了产品的功能卖点，另一方面有利于对产品原理进行细致展现，让受众增加对产品的了解，提高他们的信任度。画面将产品功能和产品原材料连接在一起，利用装载产品容器的形状，层层分析产品“渗透更深入，多倍吸收”的原理，整个页面也是以水蓝色为背景，体现产品补水保湿的特点。

图 18-20 水密码旗舰店的卖点图

总结起来，为了运用视觉营销来体现该产品中所使用的技术，主要表现在以下几个方面。

◎背景色调一致，做出渐变效果。

◎在产品容器中层层体现原材料。

◎在素材选取方面为产品包装瓶。

◎在画面构图方面把图文分开。